CEDU(쎄듀)는 A **C**omprehensive **E**nglish e**DU**cation(종합적 영어교육)의 약자입니다.

펴낸이   김기훈 김진희

펴낸곳   ㈜쎄듀/서울시 강남구 논현로 305 (역삼동)

발행일   2023년 3월 2일 제1개정판 1쇄

내용 문의   www.cedubook.com

구입 문의   콘텐츠 마케팅 사업본부
           Tel. 02-6241-2007
           Fax. 02-2058-0209

등록번호   제22-2472호

ISBN   978-89-6806-277-3

수능영어
절대유형

20
24

저자

김기훈　現 ㈜ 쎄듀 대표이사

現 메가스터디 영어영역 대표강사

前 서울특별시 교육청 외국어 교육정책자문위원회 위원

저서　천일문 / 천일문 Training Book / 천일문 GRAMMAR

첫단추 BASIC / 어법끝 / 문법의 골든룰 101 / Grammar Q

어휘끝 / 쎄듀 본영어 / 절대평가 PLAN A / 독해가 된다

The 리딩플레이어 / 빈칸백서 / 오답백서 / 거침없이 Writing

첫단추 / 파워업 / ALL씀 서술형 / 수능영어 절대유형 / 수능실감 등

쎄듀 영어교육연구센터

쎄듀 영어교육센터는 영어 콘텐츠에 대한 전문지식과 경험을 바탕으로
최고의 교육 콘텐츠를 만들고자 최선의 노력을 다하는 전문가 집단입니다.

김진경 전임연구원

마케팅	콘텐츠 마케팅 사업본부
제작	정승호
영업	문병구
인디자인 편집	올댓에디팅
디자인	윤혜영·이승연
표지 일러스트	이승연
영문교열	Stephen Daniel White

Preface

2018학년도부터 수능 영어영역이 절대평가로 바뀌고 몇 차례 시험을 치른 지금, 당초 예상과는 달리 시험은 그리 쉬워지지도 않았고 1등급 비율도 낮게는 5.3%, 높게는 10% 이상 배출되며 난이도 조절에도 어려움을 겪고 있는 것으로 보입니다.

수시 전형에서는 영어를 전략 과목으로 삼아 최대한 좋은 등급을 받으면 수능 최저등급 충족에 매우 유리할 수 있습니다. 정시는 대학에 따라 더 다양하게 반영이 되는데, 크게 '등급별 가산점, 감점 반영'과 '등급별 환산점수 + 반영 비율 적용' 대학으로 나눌 수 있습니다. 대부분의 대학이 적용하는 '등급별 환산점수 + 반영 비율 적용' 방식은 등급별 점수 차가 커서 영어의 비중이 상대적으로 높습니다. 그러므로 영어 영역은 확실한 1등급 실력을 갖추어야 하고, 주요 대학의 최저학력 기준인 2등급은 반드시 충족하도록 해야 할 것입니다.

상위권으로 도약하기 위해서, 그리고 안정적으로 상위권을 유지하기 위해서 필수적으로 갖춰야 하는 것은 글의 대의파악 능력, 즉 요지(Main Idea)를 파악하는 능력입니다. 이는 대의파악 유형뿐만 아니라, 빈칸 추론, 무관 문장, 글의 순서, 요약문 완성 등 수능에 출제되는 다른 거의 모든 유형의 문제 풀이를 위해서도 반드시 갖춰야 하는 능력입니다. 따라서 글의 요지를 찾는 문제 풀이를 꾸준히 하여 실력을 탄탄히 쌓고, 이를 다른 유형 문제 풀이 능력 향상으로 이어지도록 해야 할 것입니다.

본 교재는 이를 위해 대의파악 문제 유형(20번~24번)을 집중적으로 공략하도록 기획되었습니다.

1. 주제문의 특징과 유형별 전략 제시
대의파악 문제 풀이에서 가장 중요한 것은 주제문을 찾는 것입니다. 주제문이 갖는 공통적 특징을 익혀 글의 요지를 빠르고 정확하게 파악하도록 했고, 수능 및 모의 기출 문제를 철저히 분석한 유형별 전략을 통해 문제를 더욱 효율적으로 접근할 수 있도록 했습니다.

2. 고품질 2024 모의고사
앞서 살펴본 전략을 적용하여 확실한 실력을 갖출 수 있게 하는 실전 모의고사로, 최근 수능 경향에 맞는 문제를 매회 수록하여 더욱 탄탄히 대비할 수 있도록 했습니다.

3. PLUS 변형 문제
단순히 문제의 정답을 찾는 데 그치지 않고, 요약문 완성과 제목 유형의 변형 문제를 지문마다 배치하여 독해력 강화에 도움이 되도록 했습니다.

상대평가인 다른 과목과 달리, 영어는 학습하면 반드시 성적 향상으로 이어지는 영역입니다. 전략적 학습을 겨냥한 본 교재로, 반드시 여러분의 목표를 달성하시기 바랍니다.

저자

Preview

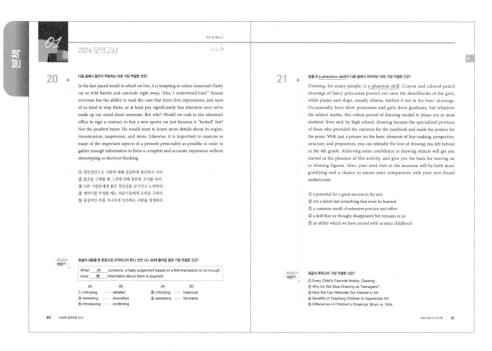

◆ 고품질 2024 모의고사 25회분으로 대의파악 유형 완벽 대비

◆ 지문 내용 이해를 한 번 더 체크하는 PLUS 변형문제로 실력 UP!

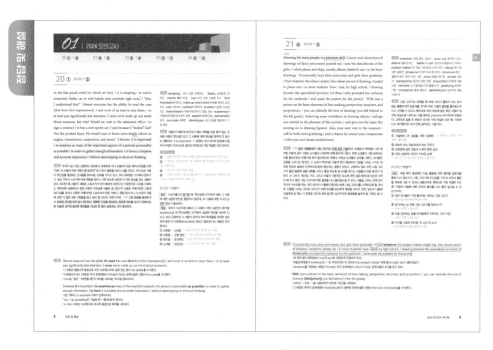

◆ 해석 및 해설, 오답 Check, PLUS 해설까지 수록된 친절한 해설

◆ 상세한 지문 분석(주제문 표시, 끊어 읽기 등)

◆ 복잡한 문장의 이해를 돕는 구문 해설

Contents

I.

주제문의 특징

1. 주장을 나타내는 표현이 있다.
2. 포괄적인 의미의 어구가 있다.
3. 앞 내용을 반박하는 어구가 있다.
4. 전체 내용을 요약하거나 결론을 내린다.
5. 질문이나 문제 제기에 대한 답이나 해결책을 제시한다.
6. 글의 어디에나 올 수 있다.

II.

2024 유형별 전략

20번 문항 : 주장	1 주장 표현에 주목해 주제문을 찾아 요지를 파악한다. 2 주제문이 없다면 글의 내용을 종합적으로 이해한다.
21번 문항 : 함의추론	1 밑줄 친 어구의 본래 의미를 확인한다. 2 추론 근거에 의거해 문맥상 의미를 파악한다.
22번 문항 : 요지	1 주제문을 찾아 요지를 파악한다. 2 주장 유형에 비해 소재가 다양하고 필자의 주장이 더 완곡하게 표현됨에 유의한다.
23번 문항 : 주제	1 주제문을 찾아 요지를 파악한다. 2 말바꿈 표현(paraphrasing)에 유의한다.
24번 문항 : 제목	1 주제문을 찾아 요지를 파악한다. 2 선택지가 압축적이고 상징적이므로 글의 내용과 잘 연결되는지 유의한다.

I. 주제문의 특징

1 주장을 나타내는 표현이 있다.

주제문은 흔히 글쓴이의 견해를 나타내므로 주장을 나타내는 표현이 포함되는 경우가 많다.

---

1. Unless your company offers a class on how to give and receive feedback, don't assume those around you, including your boss, know how to give negative feedback. They may be too aggressive. Too direct. Maybe even a little mean. ... **Try to brush aside** the stuff that offends or upsets you to really **try to hear** what they are saying you can do better next time. ... [모의]

> 정답 부정적인 피드백에 불쾌해하지 말고 문제 해결에 향후 힘써야 한다.

명령문은 필자의 주장이 드러나는 가장 강력한 표현 중 하나이므로 주제문일 가능성이 매우 높다.

해석 여러분의 회사가 피드백을 주고받는 방법에 대한 강좌를 제공하지 않는 한, 여러분의 상사를 포함한 여러분 주변의 사람들이 부정적인 피드백을 주는 방법을 알고 있다고 가정하지 마라. 그들은 너무 공격적일 수 있다. 너무 직설적일 수 있다. 아마 약간 심술궂을 수도 있다. … 다음번에 여러분이 더 잘할 수 있는 것이 무엇이라고 그들이 말하는지 정말로 듣기 위해서는 여러분을 불쾌하게 하거나 속상하게 하는 것들을 **제쳐놓도록 노력하라**.

---

2. We argue that the ethical principles of justice provide an essential foundation for policies to protect unborn generations and the poorest countries from climate change. ... [수능]

> 정답 coping with climate change by reforming aid and policies (원조와 정책들을 개선함으로써 기후 변화에 대응하는 것)

I[we] think / believe / insist / argue 등 '~라고 생각하다, 주장하다'라는 표현도 필자의 의견을 강하게 드러내므로 이러한 표현이 쓰였다면 주제문일 가능성이 높다.

해석 우리는 정의의 윤리적 원칙이 태어나지 않은 세대와 기후 변화로부터 가장 가난한 국가를 보호하는 정책에 필수적인 토대를 제공한다고 **주장한다**.

---

3. To become a better leader, you **have to step out of your comfort zone**. You have to challenge the conventional ways of doing things and search for opportunities to innovate. ... [수능]

> 정답 지도자는 현재의 자신을 넘어서는 도전을 해야 한다.

should, have to, must, had better 등 '~해야 한다'는 당위성을 나타내는 조동사, 동사(구)는 필자가 자신의 주장을 펼칠 때 많이 쓰는 표현이다.

해석 더 나은 지도자가 되기 위해서는, 당신이 편안하게 느끼는 곳에서 **벗어나야 한다**. 일을 하는 기존의 방법에 도전하고 혁신할 기회를 찾아야 한다.

---

2 포괄적인 의미의 어구가 있다.

1. When consumers lack `adequate information` **to make informed choices**, governments frequently step in to require that firms provide information. In the United States, we are all familiar with **the mandatory nutritional information** placed on food products. ... [모의]

정답 Disclosing Truth: The Push for Market Credibility
(진실을 밝히는 것: 시장 신용성에 대한 독려)

주제문은 구체적으로 무엇을 뜻하는지가 애매한 포괄적 의미의 어구를 포함하고 있다. 그 구체적인 내용은 글의 다른 문장들에 의해 보충 설명된다.

해석 소비자들이 **정보에 근거한 선택을 하기 위한** `적절한 정보`가 부족한 경우, 정부는 회사들이 정보를 제공해야 한다고 요구하기 위해 자주 개입한다. 미국에서는, 우리들 모두 식료품에 표기된 **필수 영양 정보**에 익숙하다.

▶ adequate information이라는 애매한 의미의 어구가 뒤에 이어지는 문장에서 the mandatory nutritional information이라는 구체적인 어구로 보충 설명되고 있다.

2. ... `Small changes` in the sensory properties of foods are sufficient to increase food intake. **For example**, subjects who were presented with **different shapes of pasta** showed increased hedonic ratings and increased energy consumption relative to subjects eating only a single shape of pasta. [수능]

정답 impact of food variety on the amount of food people consume
(사람들이 섭취하는 음식량에 대한 음식 다양성의 영향)

뒤에 for example과 같은 연결사가 쓰였다면 더욱 확실한 단서가 된다.

해석 음식의 감각적 특성에 있어 `작은 변화`라도 음식 섭취를 증가시키는 데 충분하다. 예를 들어, **각기 다른 모양의 파스타**를 제공받은 피(被)실험자들은 단지 한 가지 모양의 파스타를 먹은 피실험자들에 비하여 증가된 쾌락적 평점과 에너지 소모량을 보여주었다.

▶ small changes에 대한 구체적인 예시가 For example 이후에 different shapes of pasta로 제시되고 있다.

3. ... `Twin sirens` hide in the sea of history, tempting those seeking to understand and appreciate the past onto the reefs of misunderstanding and misinterpretation. These twin dangers are **temporocentrism and ethnocentrism**. [수능]

정답 beliefs that cause biased interpretations of the past
(과거의 편향된 해석을 유발하는 믿음들)

해석 `한 쌍의 사이렌`이 역사의 바다 위에 숨어서 과거를 이해하고 올바로 인식하기 위해 노력하는 사람들을 유혹하여 오해와 오역이라는 암초 위에 올려놓는다. 이러한 두 가지 위험들은 바로 **자기 시대 중심주의와 자기 민족 중심주의**이다.

▶ 은유적으로 표현된 Twin sirens가 가리키는 것은 다음 문장에서 나오는 temporocentrism (자기 시대 중심주의)와 ethnocentrism(자기 민족 중심주의)이다.

③ 앞 내용을 반박하는 어구가 있다.

앞서 진술된 내용에 반대되는 진술, 혹은 일반적인 사람들의 생각(Myth)을 반박하는 사실(Truth)은 주제문일 가능성이 크다.

---

1. Libraries are becoming increasingly interested in the services they are providing for their users. This is an important focus — especially as more and more information becomes available electronically. **However**, the traditional strengths of libraries have always been their collections. ...

[모의]

정답 lasting significance of library collections even in the digital age
(디지털 시대에도 지속되는 도서관 소장 도서의 중요성)

but, however, nevertheless, on the other hand 등의 연결어 뒤에는 글쓴이가 전하고자 하는 핵심 내용이 언급되는 경우가 많다.

해석 도서관들은 이용자들에게 제공하고 있는 서비스에 점점 더 많은 관심을 갖고 있다. 이것은 중요한 중점 사항인데, 점점 더 많은 정보가 전자적으로 이용 가능하게 됨에 따라 특히 그러하다. **하지만** 도서관들의 전통적인 힘은 항상 소장 도서에 있었다.

▶ 전자적으로 이용 가능한 정보가 많아지고 있다는 내용이 진술된 뒤, 이를 반박하는 내용으로 도서관의 소장 도서가 여전히 중요하다고 진술하고 있다.

---

2. Racial and ethnic relations in the United States are better today than in the past, **but** many changes are needed before sports are a model of inclusion and fairness. ... [모의]

정답 On-going Challenges in Sports: Racial and Ethnic Issues
(스포츠에서 계속되는 도전과제: 인종 및 민족 문제)

해석 미국의 인종 및 민족 관계는 과거보다 오늘날 더 낫**지만**, 스포츠가 포용과 공정성의 모델이 되기까지 많은 변화가 필요하다.

▶ 과거에 비해 오늘날 인종과 민족 관계가 더 낫다는 진술이 나온 후, 역접 연결어 but 뒤에 여전히 많은 변화가 필요하다는 반박 내용이 진술되고 있다.

---

3. Psychologist Mihaly Csikszentmihalyi suggests that **the common idea** of a creative individual coming up with great insights, discoveries, works, or inventions in isolation **is wrong**. Creativity results from a complex interaction between a person and his or her environment or culture, and also depends on timing. ... Individuals are only "a link in a chain, a phase in a process," he notes. [모의]

정답 Individual creativity emerges only in its necessary conditions.
(인간의 창의력은 그것이 필요한 조건에서만 나타난다.)

역접의 의미를 갖는 연결사가 제시되지 않더라도, **통념(myth) 이후에 반대되는 사실(truth)**이 이어진다면 그 '사실'이 주제문일 가능성이 매우 높다.

해석 심리학자 Mihaly Csikszentmihalyi(미하이 칙센트미하이)는 뛰어난 통찰력, 발견, 작품 또는 발명을 생각해 내는 창의적인 개인들이 홀로 고립되어 있다는 **일반적인 생각은 잘못되었다**고 시사한다. 창의력은 사람과 그 사람의 환경 혹은 문화 간의 복잡한 상호 작용으로부터 나오며, 타이밍에도 달려있다. … 개인은 단지 '사슬의 한 연결 고리, 과정의 한 단계'일 뿐이라고 그는 언급한다.

▶ the common idea ~ is wrong에서 통념이 잘못되었다고 진술한 후, 그에 반대되는 내용을 진술하고 있다.

4 전체 내용을 요약하거나 결론을 내린다.

---

1. One difference between winners and losers is how they handle losing. ... That's why the ability to recover quickly is **so important**. ... **Thus**, a key factor in high achievement is bouncing back from the low points. [수능]

정답 실패를 빨리 극복하는 것이 성공의 열쇠이다.

thus, as a result, therefore 등의 **연결사** 가 쓰인 문장은 글 전체의 내용을 요약하거나 결론을 내리는 경우가 많으며, 따라서 주제문일 가능성이 높다.

해석 승자와 패자의 차이점 중 하나는 패배를 다루는 방법이다. ... 그것이 빠른 회복 능력이 **그토록 중요한** 이유이다. ... **따라서** 높은 성과의 핵심 요소는 낮은 지점에서 회복하는 것이다.

---

2. ... **Therefore**, the extended copyright protection frustrates new creative endeavors such as including poetry and song lyrics on Internet sites. [수능]

정답 Does Extended Copyright Truly Enhance Protection and Creation? (확장된 저작권은 정말로 보호와 창의성을 강화하는가?)

해석 **따라서**, 확장된 저작권 보호는 인터넷 사이트의 시와 노래 가사를 포함한 새로운 창의적인 노력을 좌절시킨다.

---

3. ... Your strengths are more important than your passions. **Studies show that** the best career choices tend to be grounded in things you're good at, more so than your interests and passions. ... [모의]

정답 직업을 선택할 때 본인의 강점을 우선적으로 고려해야 한다.

연구(study), 조사(research), 실험(experiment) 에 관한 글에서는 그 **결과** 혹은 **시사점**에 해당하는 문장이 주제문인 경우가 많다.

해석 당신의 강점이 열정보다 더 중요하다. **연구 결과는** 최선의 직업 선택은 당신의 관심이나 열정보다는 당신이 잘하는 것에 기초하는 경향이 있다는 것을 **보여준다**.

---

5 질문이나 문제 제기에 대한 답이나 해결책을 제시한다.

1. When we hear a story, we look for beliefs that are being commented upon. Any story has many possible beliefs inherent in it. [질문] But how does someone listening to a story find those beliefs? [대답] We find them by looking through the beliefs we already have. ... Our understanding of the new story becomes a function of the old story. ... [모의]

> **정답** the role of our existing beliefs in comprehending a new story
> (새로운 이야기를 이해하는 데 우리의 기존 생각이 하는 역할)

지문 내에 질문이 등장할 경우, 그 질문은 글의 중심 소재이고 그에 대한 **대답**이 주제문에 해당한다.

해석 우리가 이야기를 들을 때, 우리는 논평되고 있는 믿음들을 찾는다. 모든 이야기에는 그 안에 내재된 많은 생각이 있다. 하지만 이야기를 듣고 있는 사람은 어떻게 그런 생각을 찾을까? 우리는 이미 가지고 있는 생각을 살펴봄으로써 그것들을 찾는다. ... 우리가 새로운 이야기를 이해하는 것은 오래된 이야기가 하는 기능이 된다(= 새로운 이야기를 이해하는 데 오래된 이야기가 기능한다).

---

2. ... [문제점] **Meeting someone when you are extremely stressed can create an inaccurate impression of you.** For this reason, recognize that our first impressions of others also may be perceptual errors. [해결책] **To help avoid committing these errors, engage in perception checking**, which means that we consider a series of questions to confirm or challenge our perceptions of others and their behaviors. ... [모의]

> **정답** 상대방에 대한 자신의 인식에 오류가 없는지 점검하라.

글에서 어떠한 문제가 제기된다면 그에 대한 **해결책**이 주제문에 해당한다.

해석 당신이 극도로 스트레스를 받았을 때, 누군가를 만나는 것은 당신의 (다른 사람에 대한) 부정확한 첫인상을 줄 수 있다. 이러한 이유로, 다른 사람들에 대한 우리의 첫인상은 인식상의 오류일 수 있음을 인식하라. **이러한 오류를 저지르는 것을 피하려면, 인식 점검에 참여해라.** 그것은 우리가 다른 사람과 그들의 행동에 대한 우리의 인식을 확인하거나 의심하는 일련의 질문들을 고려하는 것을 의미한다.

▶ 극도로 스트레스를 받았을 때 다른 사람에게 안 좋은 첫인상을 남길 수 있다는 문제점이 제기되었고, 그에 대해 자신의 인식에 오류가 없는지 점검하라는 해결책이 제시되고 있다.

---

3. [문제점] The negative effects of extrinsic motivators such as grades have been documented with students from different cultures. ... ~, we agree with Richard Ryan and his colleagues that [해결책] people across different cultures are likely to express more satisfaction with their lives **when their primary goals are intrinsic rather than extrinsic**. ... [수능]

> **정답** 내적 동기 부여가 문화적 배경이 다른 학생들의 교육에 효과적이다.

해석 성적과 같은 외적인 동기 부여 요인의 부정적인 영향은 다양한 문화권 출신의 학생들에게서 서류로 입증되어 왔다. ... ~, 우리는 다양한 문화에 걸쳐있는 사람들은 **그들의 주된 목표가 외적이기보다는 내적일 때** 그들의 삶에 더 만족감을 표현할 가능성이 있다는 Richard Ryan과 그의 동료들에게 동의한다.

▶ 다양한 문화권 출신의 학생들에게는 성적과 같은 외적인 동기 부여가 부정적인 영향을 미친다는 문제점이 제기되고, 그에 대해 내적 동기 부여를 통해 삶에 더 만족감을 줄 수 있다는 해결책이 제시되고 있다.

6 글의 어디에나 올 수 있다.

주제문은 글의 처음, 중간, 끝 어디에나 올 수 있다. 주제문의 위치에 상관없이 글의 나머지 문장은 모두 주제문을 보충 설명한다.

1. 두괄식

| (Introduction) Topic Sentence |
| Supporting Detail 1 |
| Supporting Detail 2 |

글의 첫 한두 문장에서 글 전체 내용을 포괄하는 주제문이 제시되는 경우이다. 이때 이어지는 내용은 주제문의 내용을 뒷받침하는 예시, 상술 등의 보충 설명 문장이다. 글의 첫 문장은 글의 흐름을 자연스럽게 하기 위한 도입문(Introduction)인 경우도 많다.

2. 중괄식

| Introduction or Supporting Details |
| Topic Sentence |
| Supporting Details |

도입문의 내용이 다소 길어져 주제문이 글 중반에 위치하거나, 보충 설명 내용이 글 전반부에 먼저 제시된 후 주제문이 글 중반에 나오는 경우에 해당한다.

3. 미괄식

| Supporting Detail 1 |
| Supporting Detail 2 |
| Topic Sentence |

주제문이 글의 마지막 부분에 위치하는 경우로, 연구, 조사, 실험에 관한 내용이 전개되다가 그 결과나 시사점에 해당하는 문장이 글 마지막에 등장하는 경우가 많다.

4. 양괄식

| (Introduction) Topic Sentence |
| Supporting Detail 1 |
| Supporting Detail 2 |
| Topic Sentence |

글의 첫 부분에 주제문이 제시되고, 그 주제문에 대한 보충 설명이 이어지다가 마지막 부분에서 글 내용을 한 번 더 요약하거나 결론을 내리는 문장이 나오는 경우이다. 주제문이 반복되기 때문에 글의 요지를 파악하는 데 용이하다.

5. 주제문이 없는 경우

| (Introduction) Supporting Detail 1 |
| Supporting Detail 2 |
| Supporting Detail 3 |

글은 뚜렷한 주제문이 없다 하더라도 하나의 핵심 내용을 갖는다. 그러므로 각 문장에서 공통되는 내용을 종합하여 핵심 내용을 파악하거나 결론 또는 시사점을 도출해야 한다.

II. 유형별 전략

20번 문항 | 주장

1 주장 표현에 주목해 주제문을 찾아 요지를 파악한다.

---

1. ... A love note is a piece of paper that is a little piece of your heart. **Teach your child** how to write love notes, and **I promise** you will have many, many happy returns. [모의]

정답 자녀가 글을 통해 마음을 표현하도록 가르쳐라.

해석 러브 노트는 마음의 작은 조각인 종이이다. 러브 노트 쓰는 법을 **당신의 아이에게 가르쳐라**. 그러면 나는 당신이 많은 행복을 되받게 될 것이라고 **장담한다**.

▶ 주장 유형의 문제는 필자의 주장이 그대로 드러나는 경우가 많으며, 명령문은 강한 주장 표현이다. 주장 표현이 쓰인 주제문의 내용을 우리말로 해석한 것이 정답에 해당한다.

---

2. [문제점] Probably **the biggest roadblock to play for adults** is the worry that they will look silly, improper, or dumb if they allow themselves to truly play. ... [해결책] **The thing is this**: You **have to** give yourself permission to improvise, to mimic, to take on a long-hidden identity. [수능]

정답 어른도 규범에 얽매이지 말고 자유롭게 놀이를 즐겨야 한다.

해석 아마도 성인이 놀이를 하는 데 가장 큰 장애물은 그들이 실제로 놀 수 있게 되면 어리석거나 부적절하거나 멍청하게 보일 것이라는 걱정일 것이다. ... **중요한 것은** 당신 자신에게 즉흥적으로 행동하고, 흉내를 내며, 오랫동안 숨겨진 정체성을 취할 자유를 허락**해야 한다**는 것이다.

▶ 글 앞부분에서 최상급 표현을 이용해 문제점을 제기한 후, 필자는 the thing is this라는 표현을 써서 그에 대한 해결책을 제시하고 있다. 해결책(= 주제문)의 내용을 우리말로 표현한 선택지를 고르면 된다.

---

3. ... ~, **it's time to rethink** what we're doing. What kids **do need** is unconditional support, love with no strings attached. That's not just different from praise — it's the *opposite* of praise. [수능]

정답 아이들을 칭찬하는 습관을 그만두어야 한다.

해석 ~, 우리가 하고 있는 것에 대해 **다시 생각해 봐야 할 때이다**. 아이들이 **정말 필요로 하는** 것은 아무런 조건도 없는 무조건적인 사랑이다. 그것은 단지 칭찬과 다를 뿐 아니라, 칭찬의 반대이다.

▶ it's time to rethink는 완곡한 주장 표현에 해당한다. '우리가 하고 있는 것에 대해 다시 생각해 봐야 할 때이다'라는 주제문 이후에 구체적으로 서술된 내용을 종합해보면 '칭찬하는 것은 무조건적인 사랑의 반대이다.'가 되므로, '아이들을 칭찬하는 것을 그만두어야 한다.'는 것이 필자가 주장하는 내용임을 알 수 있다.

---

2 주제문이 없다면 글의 내용을 종합적으로 이해한다.

We say to ourselves: "There is plenty of time. I'll manage somehow or other when the time comes for action." We are rather proud of our ability to meet emergencies. So [문제점] **we do not plan and take precautions to prevent emergencies from arising. It is too easy to drift through school and college**, ... And so [문제점] **we drift, driven by the winds of circumstance, tossed about by the waves of tradition and custom.** Eventually, **most men find they must be satisfied with "any port in a storm."** Sailors who select a port because **they are driven to it have scarcely one chance in a thousand of dropping anchor in the right one**.

[모의]

[정답] 안일함을 버리고 미래를 준비하는 자세를 가져야 한다.

모든 글에 주제문이 있는 것은 아니므로 뚜렷한 주제문이 없는 경우 글의 내용을 종합하여 글쓴이가 말하려고 하는 바를 찾는다.

해석 우리는 우리 자신에게 "충분한 시간이 있어. 행동을 취해야 할 때가 오면 어떻게 해서든 난 시간을 관리할 거야."라고 말한다. 우리는 긴급 상황에 맞서는 우리의 능력에 대해 어느 정도 자랑스러워한다. 그래서 우리는 계획을 하거나 긴급 상황이 일어나는 것을 막기 위한 예방 조치를 취하지 않는다. 학교를 정처 없이 떠돌기는 너무 쉽다. … 그리하여 바람이라는 환경에 의해 날리거나 전통과 관습이라는 파도에 의해 흔들리면서 우리는 표류한다. 결국, 대부분의 사람들은 '폭풍 속에서는 어떠한 항구에도' 만족해야 한다는 것을 발견한다. 그들이 그곳에 떠밀려왔기 때문에 항구를 선택한 선원들은 수천 개의 닻을 버리고 하나의 올바른 닻을 선택할 기회가 거의 없다.

▶ 필자는 지문 전체에 걸쳐 우리의 안일한 태도를 지적하고 있다. 필자가 제기한 문제에 대한 해결책이 주장하는 내용이라고 할 수 있는데, 따로 **주제문이 명시되지 않았으므로 해결책을 도출해** 답을 고른다. '안일한 태도를 버리고 미래를 준비하는 자세를 가지라'는 것이 필자의 견해라고 할 수 있다.

21번 문항 | 함의추론

1 밑줄 친 어구의 본래 의미를 확인한다.

2 추론 근거에 의거해 문맥상 의미를 파악한다.

밑줄 친 어구의 표면적 의미가 아닌 문맥상 의미를 찾아야 하는 유형으로, 글의 요지를 파악해야 정확한 의미를 알 수 있는 경우가 많다.

밑줄 친 "Garbage in, garbage out"이 다음 글에서 의미하는 바로 가장 적절한 것은?

[추론 근거] Many companies confuse activities and results. As a consequence, they make the mistake of designing a process that sets out milestones in the form of activities that must be carried out during the sales cycle. [추론 근거] Salespeople have a genius for doing what's compensated rather than what's effective. If your process has an activity such as "submit proposal" or "make cold call," then that's just what your people will do. No matter that the calls were to the wrong customer or went nowhere. No matter that the proposal wasn't submitted at the right point in the buying decision or contained inappropriate information. The process asked for activity, and activity was what it got. Salespeople have done what was asked for. "Garbage in, garbage out" they will delight in telling you. "It's not our problem, it's this dumb process." [모의]

> [정답] Processes focused on activities end up being ineffective.
> (활동에 초점을 맞춘 절차들은 결국 비효율적이 된다.)

해석 많은 회사가 활동과 성과를 혼동한다. 그 결과, 그들은 판매 주기 동안 수행해야 하는 활동의 형태로 획기적인 일을 제시하는 과정을 기획하는 실수를 범한다. 판매원들은 효과적인 일보다는 보상받은 일을 하는 데 비범한 재능이 있다. 만약 당신의 과정에 '제안 제출하기'나 '임의의 권유 전화 걸기'와 같은 활동이 있다면, 그것은 그저 당신의 아랫사람들이 할 일이다. 전화가 잘못된 고객에게 갔거나 아무 성과를 보지 못했어도 그것은 문제가 아니다. 제안이 구매 결정의 적절한 시점에 제출되지 않았거나 부적절한 정보를 포함했더라도 그것은 문제가 아니다. 과정이 활동을 요구했을 뿐이고, 활동은 그것(= 과정)으로 인한 것이었다. 판매원들은 요구받은 일을 한 것이다. 그들은 "콩 심은 데 콩 나고, 팥 심은 데 팥 나지요. 그것은 우리의 문제가 아니라 이 바보 같은 과정 때문이에요."라고 당신에게 말하기를 즐길 것이다.

▶ **밑줄 친 어구의 원래 의미를 파악한다.**

garbage in, garbage out은 본래 '콩 심은 데 콩 나고, 팥 심은 데 팥 난다'의 의미이다. 이 말이 지문 내에서 어떤 의미로 쓰였는지 찾아야 한다.

▶ **글을 읽어내려 가면서 추론 근거를 찾는다.**

글의 첫 문장에서 회사들이 '활동'과 '성과'를 혼동한다고 했으며, 글 중반에서 판매원들은 효율성, 즉 결과보다는 자신들이 한 일(= 활동)에 대한 보상만 중요하게 여긴다는 내용이 나온다. 다시 말해, 자신들이 하는 일이 효율적인 것인가에 대한 고려 없이 주어진 일을 단순히 수행하기만 한다는 내용이므로, 밑줄 친 어구는 '과정이 활동에만 초점을 맞춘다면 결과는 비효율적이다'라는 의미임을 알 수 있다.

22번 문항 | 요지

1 주제문을 찾아 요지를 파악한다.

2 주장 유형에 비해 소재가 다양하고 필자의 주장이 더 완곡하게 표현됨에 유의한다.

---

1. With the industrial society evolving into an information-based society, **the concept of information as a product, a commodity with its own value, has emerged.** ... Obviously many of these areas overlap, but **it is clear** that information has taken on a life of its own outside the medium in which it is contained. Information has become a recognized entity to be measured, evaluated, and priced. [수능]

정답 정보 기반 사회에서 정보는 독자적 상품 가치를 지닌다.

해석 산업 사회가 정보에 기반한 사회로 진화하면서, **하나의 상품, 그 나름의 가치를 가진 하나의 제품으로서의 정보의 개념이 등장했다.** … 이 많은 분야들이 서로 겹치는 것은 분명하지만, 정보가 그것이 포함되는 매체를 벗어나 그 나름의 생명력을 얻어 왔다는 것은 **분명하다**. 정보는 측정되고, 평가되고, 값이 매겨지는 인정받는 실재가 되었다.

▶ 양괄식 지문으로, 글의 첫 문장에서 '상품으로서 가치를 갖는 정보의 개념이 생겼다'는 주제문이 제시되고, 마지막 문장에서 it is clear~ 표현을 써서 다시 서술하고 있다. 즉, '정보는 그 자체로 상품 가치를 지닌다.'는 것이 글의 요지이다.

---

2. There is **a strong research evidence** that children perform better in mathematics if music is incorporated in it. It has been shown that mathematics is related with music in various known ways so much that not putting the relationship to good use in and out of school could only be to our disadvantage. ... [모의]

정답 음악이 수학적 능력을 향상시키는 데 도움이 된다.

해석 음악이 수학에 통합되면 아이들이 수학을 더 잘한다는 **강력한 연구 증거**가 있다. 수학은 알려진 다양한 면에서 음악과 매우 관련이 있어서 학교 안팎에서 그 관련성을 잘 활용하지 않는 것은 우리에게 불리할 수 있을 뿐이라는 것이 밝혀졌다.

▶ 글의 첫 문장에서 a strong research evidence라는 표현을 쓰며 주제를 드러내고 있으며, 이어지는 내용은 주제문에 대한 부연 설명이다. 수학이 음악과 결합되었을 때 아이들의 수행이 더 좋은 결과를 보였다는 것이 글의 요지이다.

---

3. ... The media is the primary source of information about genetic advances and their applications, but **it does not provide a neutral discourse.** Rather, information is selectively included or ignored, and scientific and clinical implications of genetic discoveries are often inaccurate or overstated. ... [모의]

정답 대중 매체는 건강에 관한 유전학의 성과를 부정확하게 전달한다.

해석 대중 매체는 유전학의 진보와 그 응용에 관한 정보의 주요 원천이지만, **그것이 중립적 담론을 제공하지는 않는다.** 오히려 정보는 선택적으로 포함되거나 무시되며, 유전적 발견의 과학적, 임상적 함의는 흔히 부정확하거나 과장된다.

▶ 대중 매체가 유전학의 성과에 대한 주요 정보원이라는 진술이 나온 후, 역접 연결어 but과 함께 '대중 매체가 그러한 성과를 중립적으로 전달하지 않는다'는 주제문이 이어진다. 이어지는 내용은 주제문을 보충 설명하므로 '대중 매체가 유전학의 성과를 부정확하게 전달한다'는 것이 글의 요지이다.

23번 문항 | 주제

1 주제문을 찾아 요지를 파악한다.
2 말바꿈 표현(paraphrasing)에 유의한다.

---

1. It is a strategic and tactical mistake to give an offensive position away to those who will use it to attack, criticize, and blame. Since opponents will undoubtedly attack, criticize, and blame, anyway, the advantages of **being proactive**, airing one's own "dirty laundry," and "telling on oneself" are **too significant to ignore**. ... [모의]

> **정답** importance of taking the initiative in managing a crisis
> (위기를 헤쳐 나가는 데 있어서 선수를 치는 것의 중요성)

해석 공격하고, 비판하고, 비난하기 위해 공격의 위치를 이용할 사람에게 그것을 주는 것은 전략과 전술상의 실수이다. 상대는 어쨌든 분명히 공격하고, 비판하고, 비난할 것이므로, **상황을 앞서서 주도하고**, 자기 자신의 '치부'를 발표하고, '스스로를 고자질하는 것'의 장점은 **무시하기에는 너무 중요하다.**

▶ 주제문의 too significant to ignore가 importance로 being proactive가 taking the initiative로 정답에서 말바꿈되었다.

---

2. ... The very trust that this apparent objectivity inspires is what makes maps such powerful carriers of ideology. However unnoticeably, maps do indeed reflect the **world views** of either their makers or, more probably, the supporters of their makers, in addition to the political and social conditions under which they were made. ... [수능]

> **정답** ideologies lying beneath the objectivity of maps
> (지도의 객관성 아래 놓인 이념들)

해석 이 외관상의 객관성이 불러일으키는 바로 그 신뢰성이 지도를 매우 강력한 이데올로기의 전달자로 만드는 것이다. 아무리 눈에 띄지 않는다 할지라도, 지도는 정말로 그 지도가 만들어지는 정치적, 사회적 환경뿐만 아니라, 지도 제작자 혹은 더 가능성 있게는 제작자의 후원자들의 **세계관**을 반영한다.

▶ 주제문의 word views가 ideologies로 정답에서 말바꿈되었다.

---

3. ... It is for this reason that manuals of "good manners" addressed to the aristocracy always have a negative reference to the peasant who behaves badly, who "doesn't know" what the rules are, and for this reason is excluded from the lordly table. **Food etiquette** had become **a sign of social barriers** and of the impossibility of breaking them down. [모의]

> **정답** table manners as a marker for class distinction
> (계층 구별을 위한 표지로서의 식사 예절)
> **매력 오답** roles of manners in uniting people from different backgrounds (다른 배경의 사람들을 통합함에 있어 예절의 역할)

해석 귀족 계층에 초점이 맞추어진 '좋은 예절'의 교범이 예의범절이 좋지 않은 소작농을 항상 부정적으로 언급했던 것은 이런 이유에서인데, 그런 소작농은 규칙이 무엇인지를 '알지 못하며', 이런 이유로 귀족의 식탁에서 배제되는 것이다. **음식 예절**은 **사회적 장벽**, 그리고 그 장벽 타파의 불가능성에 대한 **표시**가 되어 버렸다.

▶ food etiquette이 table manners로, a sign이 marker로, social barriers가 class distinction으로 말바꿈된 정답 선택지

▶ 지문에 나온 어휘를 이용한 오답. table manners를 roles of manners로 일반화하고, 계층을 분리한다는 주제와 반대되는 uniting을 이용했다.

24번 문항 | 제목

1 주제문을 찾아 요지를 파악한다.

2 선택지가 압축적이고 상징적이므로 글의 내용과 잘 연결되는지 유의한다.

---

1. ... The loss of biodiversity has generated concern over the consequences for ecosystem functioning and thus understanding the relationship between both has become a major focus in ecological research during the last two decades. The "biodiversity-invasibility hypothesis" by Elton suggests **that high diversity increases the competitive environment of communities and makes them more difficult to invade.** ... [수능]

정답 Guardian of Ecology: Diversity Resists Invasion
(생태계의 수호자: 다양성이 침입에 저항한다)

해석 다양성의 손실은 생태계 기능에 대한 결과에 대해 우려를 만들어 냈고 그래서 둘 사이의 관계에 대한 이해가 지난 20년간 생태학적 연구에서 주요한 관심사가 되었다. Elton이 세운 "생태계 다양성 – 침입성 가설"은 **높은 다양성은 군집의 경쟁 환경을 증가시키고 그 군집들을 침입하기가 더 어렵게 만든다**고 제안한다.

▶ high diversity increases the competitive environment of communities and makes them more difficult to invade에서 높은 다양성이 그 군집에 침입하는 것을 어렵게 만든다는 것으로 보아 Diversity Resists Invasion을 유추할 수 있고, 그것이 생태계를 보호하는 역할을 한다는 제목의 Guardian of Ecology를 추론할 수 있다.

---

2. ... Any scientist who announces a so-called discovery at a press conference without first permitting expert reviewers to examine his or her claims is automatically castigated as a publicity seeker. The norms of scientific communication presuppose that nature does not speak unambiguously, and that **knowledge isn't knowledge unless it has been authorized by disciplinary specialists.** A scientific truth has little standing until it becomes a collective product. ...

[모의]

정답 Path to Scientific Truth: Scientific Community's Approval
(과학적 진실로 가는 길: 과학 공동체의 승인)

해석 먼저 전문적인 검토자에게 자신의 주장을 검증하도록 허용하지 않은 채로 기자 회견에서 이른바 발견을 발표하는 과학자는 누구나 자동으로 명성을 좇는 사람이라는 혹평을 받는다. 과학적 의사 전달의 기준은 자연은 모호하지 않게 말하지 않으며, **지식은 학문 분야의 전문가들에게 정당성을 인정받지 않은 한 지식이 아니라**는 것을 전제한다. 과학적 진실은 집단의 산물이 아닌 한 설 자리가 거의 없다.

▶ 주제문의 knowledge isn't knowledge unless it has been authorized by disciplinary specialists에서 과학적 발견이 사실로 인정받기 위해서는 전문가들의 승인을 받아야 한다는 내용이 제목에서 Path to Scientific Truth와 Scientific Community's Approval로 상징적으로 표현되었다.

---

3. ... The location of senile mental deterioration was no longer the aging brain but **a society that, through involuntary retirement, social isolation, and the loosening of traditional family ties, stripped the elderly of the roles that had sustained meaning in their lives**. When elderly people were deprived of these meaningful social roles, when they became increasingly isolated and were cut off from the interests and activities that had earlier occupied them, not surprisingly their mental functioning deteriorated. ... [모의]

정답 What Makes the Elderly Decline: Being Left Out Socially
(노인을 쇠하게 만드는 것: 사회적으로 배제되는 것)

해석 노쇠한 이들의 정신적 노화의 장소는 더 이상 노화한 뇌가 아니라 **비자발적 퇴직, 사회적 고립, 그리고 전통적인 가족 유대감의 해체를 통해 노인들로부터 그들의 삶에서 의미를 유지했던 역할을 빼앗아 버린** 사회였다. 노인들이 이 의미 있는 사회적 역할을 박탈당했을 때, 그들은 점점 더 고립되었고, 예전에 그들의 마음을 사로잡았던 흥미와 활동으로부터 단절되었을 때, 그들의 정신적 기능이 노화한 것은 당연한 일이다.

▶ 글의 소재인 '노쇠'를 제목에서 the Elderly Decline으로 표현하였고, 주제문의 a society that ~ in their lives에서 노쇠의 원인으로 언급된 사회적 지위와 역할의 상실이 Being Left Out Socially로 말바꿈되었다.

4. ... **When information overloads working memory** this way, it can make brokers — and the rest of us — **scrap all the strategizing and analyses and go for emotional, or gut, decisions**. [모의]

정답 How Information Overload Can Cloud Your Judgment
(정보 과부하가 어떻게 사람의 판단력을 흐리게 할 수 있는가)

해석 정보가 이런 식으로 작동 기억에 과부하를 걸리게 하면, 그 때문에 주식 중개인과 나머지 우리들은 그 모든 빈틈없는 계획과 분석을 버리고 감정적인, 즉 직감적인 결정을 택하게 된다.

▶ 주제문의 When information overloads working memory가 제목의 Information Overload로, scrap all ~ decisions가 이성이 아닌 감정을 따르는 것이 판단을 흐리게 한다는 의미의 Cloud Your Judgment로 말바꿈된 정답 선택지

5. ... However, language offers something more valuable than mere information exchange. Because **the meanings of words are not invariable and because understanding always involves interpretation, the act of communicating is always a joint, creative effort**. Words can carry meanings beyond those consciously intended by speakers or writers because listeners or readers bring their own perspectives to the language they encounter. ... [수능]

정답 What in Language Creates Varied Understanding?
(무엇이 언어에서 다양한 이해를 만들어내는가?)

해석 그러나 언어는 단순한 정보의 교환보다 더 가치 있는 것을 제공한다. **단어들의 의미가 불변이 아니고, 이해는 언제나 해석을 포함하기 때문에, 의사소통 행위는 항상 공동의 창의적인 노력이다.** 단어는 화자나 필자에 의해 의식적으로 의도된 의미를 초월하는 의미를 전달하는데, 이는 청자나 독자들은 자신이 접하는 언어에 자신의 관점을 가져오기 때문이다.

▶ 주제문의 the meanings of words ~ a joint, creative effort에서 언어의 이해를 다양하게 하는 원인으로 단어의 다양한 의미와 이해에 해석이 수반된다는 것을 정답 선택지에서 '무엇이 언어에서 다양한 이해를 만들어내는가?'라고 반문하는 형태이다.

2024 모의고사

18 min.

20 ◆

다음 글에서 필자가 주장하는 바로 가장 적절한 것은?

In the fast-paced world in which we live, it is tempting to notice someone's flashy car or wild hairdo and conclude right away, "Aha, I understand him!" Almost everyone has the ability to read the cues that form first impressions, and most of us tend to stop there, or at least pay significantly less attention once we've made up our mind about someone. But why? Would we rush to the salesman's office to sign a contract to buy a new sports car just because it "looked" fast? Not the prudent buyer. He would want to know more details about its engine, transmission, suspension, and more. Likewise, it is important to examine as many of the important aspects of a person's personality as possible in order to gather enough information to form a complete and accurate impression without stereotyping or shortcut thinking.

① 첫인상만으로 사람에 대해 성급하게 판단하지 마라.
② 물건을 구매할 때 그것에 대해 충분한 조사를 하라.
③ 다른 사람들에게 좋은 첫인상을 남기려고 노력하라.
④ 계약서를 작성할 때는 전문가들에게 조언을 구하라.
⑤ 물질적인 부를 지나치게 강조하는 사람을 경계하라.

PLUS +
변형문제

윗글의 내용을 한 문장으로 요약하고자 한다. 빈칸 (A), (B)에 들어갈 말로 가장 적절한 것은?

When ___(A)___ someone, a hasty judgement based on a first impression is not enough: more ___(B)___ information about them is required.

	(A)		(B)		(A)		(B)
①	criticizing	⋯⋯	detailed	②	criticizing	⋯⋯	balanced
③	assessing	⋯⋯	diversified	④	assessing	⋯⋯	favorable
⑤	introducing	⋯⋯	conflicting				

21 ◆

밑줄 친 a phantom skill이 다음 글에서 의미하는 바로 가장 적절한 것은?

Drawing, for many people, is <u>a phantom skill</u>. Crayon and colored pencil drawings of fancy princesses poured out onto the sketchbooks of the girls, while planes and ships, usually aflame, battled it out in the boys' drawings. Occasionally boys drew princesses and girls drew gunboats, but whatever the subject matter, this robust period of drawing tended to phase out in most students' lives and, by high school, drawing became the specialized province of those who provided the cartoons for the yearbook and made the posters for the prom. With just a primer on the basic elements of line-making, perspective, structure, and proportion, you can rekindle the love of drawing you left behind in the 4th grade. Achieving some confidence in drawing objects will get you started in the pleasure of this activity, and give you the basis for moving on to drawing figures. Also, your next visit to the museum will be both more gratifying and a chance to amaze your companions with your new-found aestheticism.

① a potential for a great success in the arts
② not a talent but something that must be learned
③ a common result of extensive practice and effort
④ a skill that we thought disappeared but remains in us
⑤ an ability which we have carried with us since childhood

PLUS +
변형문제

윗글의 제목으로 가장 적절한 것은?

① Every Child's Favorite Hobby: Drawing
② Why Do We Stop Drawing as Teenagers?
③ How We Can Rekindle Our Interest in Art
④ Benefits of Teaching Children to Appreciate Art
⑤ Differences in Children's Drawings: Boys vs. Girls

22 ◆

다음 글의 요지로 가장 적절한 것은?

There is a very old story, often told to fill time during training courses, involving a man trying to fix his broken boiler. Despite putting in a lot of effort over many months, he simply can't mend it. Eventually, he gives up and decides to seek the assistance of an expert. The engineer arrives, gives one gentle tap on the side of the boiler, and stands back as it springs to life. The engineer presents the man with a bill for the service rendered, and the man argues that he should be charged only a small fee as the job took the engineer only a few moments. The engineer quietly explains that the man is not paying for the time he took to tap the boiler but rather the years of experience involved in knowing exactly where to tap. Just like the expert engineer tapping the boiler, effective change does not have to be time-consuming. In fact, it can take less than a minute and is often simply a question of knowing exactly where to tap.

① 남이 하는 쉬운 일이 나에게는 어려울 때가 있다.
② 효과적인 변화는 정확한 지식에서 나오는 것이다.
③ 전문가의 지식은 다양한 경험들이 축적된 것이다.
④ 진정한 감사는 상대방에 대한 이해에서 비롯된다.
⑤ 시작과 끝이 같은 사람이 큰 변화를 만들어 낸다.

PLUS⁺
변형문제

윗글의 내용을 한 문장으로 요약하고자 한다. 빈칸 (A), (B)에 들어갈 말로 가장 적절한 것은?

A successful change can occur in a ___(A)___ period; it is ___(B)___ knowledge that matters.

(A)	(B)		(A)	(B)
① timely	⋯⋯ precise		② continuous	⋯⋯ broad
③ temporary	⋯⋯ shared		④ brief	⋯⋯ precise
⑤ limited	⋯⋯ broad			

23 ◆

다음 글의 주제로 가장 적절한 것은?

In 1913, when Henry Ford created the assembly line and dramatically improved the efficiency with which his company could manufacture cars, he proudly announced that customers could have his automobiles in any color they wanted as long as that color was black. In other words, in exchange for allowing customers to purchase a quality product at a low price, the assembly line model traded off the ability to build a large variety of cars for the ability to build standardized cars more efficiently. In the century since Ford revolutionized manufacturing, the mass production process has become increasingly flexible and efficient. Today, automobile manufacturers from Ford to BMW offer consumers the option of buying a car that has been customized using a variety of components. On a smaller scale, retailers such as Build-A-Bear charge customers a premium price for the opportunity to custom build their own products. Even Starbucks sells thousands of unique drinks that can be customized to the tastes of individual consumers through different combinations of milk, espresso, and other ingredients.

① differences between objects produced today and in the past
② change in the mass production of goods over the last century
③ effects of improved manufacturing efficiency on product prices
④ methods of production negatively influencing the cost of products
⑤ small retailers winning over mass producers through customization

PLUS +
변형문제

윗글의 내용을 한 문장으로 요약하고자 한다. 빈칸 (A), (B)에 들어갈 말로 가장 적절한 것은?

> The ___(A)___ in mass production made it possible for customers to have a product that matches their ___(B)___ requirements better than one hundred years ago.

(A)	(B)	(A)	(B)
① advances	······ specific	② developments	······ complete
③ decreases	······ specific	④ emphases	······ complete
⑤ investments	······ environmental		

24

다음 글의 제목으로 가장 적절한 것은?

Do children do better at school if reinforced by gold stars, prizes or even monetary rewards? Do incentive plans increase productivity at work? Reinforcement theory says that giving rewards leads to repetition of the behavior rewarded and punishment reduces repetition. Given that most children love candy, reinforcement theory says that if you give candy to a child who has sat quietly in his or her chair for five minutes, that child will quickly learn to sit quietly all the time. Against the major principles of reinforcement, some behavioral scientists argue that the more you reinforce a person for doing a certain thing, the faster that person will lose interest in the very thing that they are being rewarded for. Some studies have shown that if you reward children for sensible behavior, they tend to see the behavior as a "special-occasion" thing rather than something to make a habit of, and therefore they are less likely to change in the long term than those not rewarded.

① How Giving Rewards Leads to Repetition of Behavior
② Are Rewards Effective for Reinforcing Behavior?
③ The Effects of Praise: Good Motive for Children
④ Side Effect: The Danger of Giving Rewards
⑤ Why Is Reinforcement Theory Effective?

PLUS +
변형문제

윗글의 내용을 한 문장으로 요약하고자 한다. 빈칸 (A), (B)에 들어갈 말로 가장 적절한 것은?

There are ___(A)___ points of view on whether or not giving rewards for a repeated behavior brings about the ___(B)___ outcome for people.

(A)	(B)		(A)	(B)
① neutral	…… positive		② opposing	…… disastrous
③ contrasting	…… desired		④ similar	…… predictable
⑤ practical	…… varied			

02

2024 모의고사

18 min.

20 ◆ 다음 글에서 필자가 주장하는 바로 가장 적절한 것은?

Humans have evolved a high disgust instinct. That instinct may have evolved to protect us from disease. We're instinctively disgusted by blood, bodily waste and rotting food. All of those, for our ancestors, were potential threats to survival. The disgust instinct also drove early opposition to medical technologies that seemed "gross." The smallpox vaccine, blood transfusions, organ treatments, and fertility treatments all suffered from this early on. All are now accepted in society. Similarly, genetic modification of plants and animals seems alien and is likely to provoke our opposition by stimulating our instinct. However, as agriculture production and land resources stay the same or shrink, genetically modified organisms can be a critical tool in feeding the world, while improving environmental sustainability. They can contribute to a reduction in the amount of land, water and chemicals needed to produce more food. As we look at these facts, using genetic technology to improve our farming seems more and more attractive. It's reasonable to be cautious but we'd better go against our hardwired emotional responses and accept the change.

① 유전자 변형 식품의 잠재적 위험을 숙지해야 한다.
② 수명 연장을 위해서는 위생 환경이 개선되어야 한다.
③ 모든 계층의 사람들이 의료 혜택을 누릴 수 있어야 한다.
④ 유전자 변형 식품 표기를 의무화하여 소비자 선택권을 강화해야 한다.
⑤ 식량과 환경 문제 해결에 효과적인 유전자 변형 농산물을 수용해야 한다.

PLUS⁺
변형문제

윗글의 내용을 한 문장으로 요약하고자 한다. 빈칸 (A), (B)에 들어갈 말로 가장 적절한 것은?

As we take advantage of medical technologies which ___(A)___ with our disgust instinct, we need to ___(B)___ genetically modified organisms, considering the merits they have for agriculture and the environment.

	(A)	(B)		(A)	(B)
①	conflict	embrace	②	develop	disapprove
③	comply	admire	④	interact	overcome
⑤	coexist	abandon			

21

밑줄 친 <u>the historian is a historical actor</u>가 다음 글에서 의미하는 바로 가장 적절한 것은?

A century ago, historians had little difficulty with the notion that an objective account of history was possible. The historian Fustel de Coulanges lectured his colleagues in 1862, "History is not pursued merely to entertain our curiosity. It is and should be a science." The library and the archive were laboratories, and historical evidence strictly tested and objectively presented could be used to prove, or disprove, hypotheses about the past. However, a historian is a person living in a time and place, not an objective observer. Some think that historians "want" to show the past as it happened. What stops them? The fact that <u>the historian is a historical actor</u>. As historian Carl Becker said, the history written by historians is a convenient blend of truth and fancy, of what we commonly distinguish as 'fact' and 'interpretation.' Cultural historian Hayden White put the matter even more bluntly. For White, the entire enterprise of doing history is akin to the tricks that men of letters play on their audiences all the time. History is always propaganda or flight of fancy. All history was "figurative."

① Historians don't portray the past just as it is.
② Historians are accurate in reproducing the past.
③ Historians find irrefutable evidence in research.
④ Historical biases are reflected in how we think today.
⑤ We easily understand the past because history doesn't lie.

PLUS +
변형문제

윗글의 제목으로 가장 적절한 것은?

① Should We Call History Fiction or Fact?
② Understand the Present Through the Past
③ History: Subjective vs. Objective Viewpoints
④ Why History Should Be Considered a Science
⑤ Be on the Right Side of History: Time and Place

22 ◆ 다음 글의 요지로 가장 적절한 것은?

You might argue that our culture has changed over many decades and that many people are allowing themselves more flexibility in their choices than a patriarchal system of the past would allow. Most women now are able to find fulfillment in work and creative pursuits as well as motherhood and relationships, and most men have more choice about the kinds of activities they are able to participate in too. But consider this: although we have so many more choices now, many of us live with feelings of internal guilt, confusion and self-criticism, and judgment of others as we go about our lives. Much of this negativity comes from our inner patriarch. So even though we have changed much on the outside, this inner voice still echoes the values of the past. Just as with any inner self, it is valuable to make the effort to become aware of this part of your psyche so you can deal with it consciously and are no longer the victim of its judgments about you and others.

*patriarchal: 가부장제의

① 과거의 가치에 얽매이면 오늘날 주어진 자유를 누릴 수 없다.
② 타인에게 관대한 사람이 자신에게 오히려 엄격한 경우가 많다.
③ 과거의 전통을 폐기하기 위해서는 새로운 질서의 수립이 필요하다.
④ 현대 사회가 제시하는 폭넓은 선택은 우리에게 평등한 기회를 제공한다.
⑤ 부정적으로 보이는 과거의 전통도 당대에는 사회에 기능적인 역할을 했다.

PLUS⁺
변형문제

윗글의 내용을 한 문장으로 요약하고자 한다. 빈칸 (A), (B)에 들어갈 말로 가장 적절한 것은?

If we are ____(A)____ to the past on the inside, we cannot fully enjoy our ____(B)____ set of choices on the outside.

	(A)		(B)			(A)		(B)
①	disconnected	......	personal		②	disconnected	......	universal
③	restricted	......	random		④	tied	......	broad
⑤	tied	......	simultaneous					

다음 글의 주제로 가장 적절한 것은?

Psychological speculation focuses on the importance of the sense of touch in perception. On the assumption that visual perception is based on optical projection, the sense of sight was deemed incapable of conveying a truthful image of what three-dimensional things really look like. One psychologist reasoned: Touch is not dependent on projections by light across empty space; touch relies on direct contact with the object; it applies from all sides. Touch can be trusted to provide objective information. But recent research shows that infants come to know physical objects as solid and tangible through visual experience instead of a reliance on touch. This is not surprising once we realize that perceiving the shape of an object by touch is not simpler or more direct than perceiving by vision. The infant takes hold of the world with his eyes long before he does so with his hands. During the first eight weeks of life the hands remain predominantly fisted, while the eyes and brain are busy with looking, staring, seeking and apprehending.

① importance of the sense of touch in identifying objects
② role of the senses of sight and touch in object perception
③ effectiveness of touch and sight working together in perception
④ necessity of prior knowledge for perceiving the shape of an object
⑤ perception of objects by sight not being more effective than touch

PLUS⁺
변형문제

윗글의 내용을 한 문장으로 요약하고자 한다. 빈칸 (A), (B)에 들어갈 말로 가장 적절한 것은?

> Though the sense of touch gives us objective information when we _____(A)_____ something, infants tend to rely more on _____(B)_____ information.

	(A)		(B)			(A)		(B)
①	observe	······	varied		②	feel	······	accurate
③	assume	······	extensive		④	perceive	······	optical
⑤	project	······	tactile					

02

24 ◆

William James, an American psychologist, argued that one's ability to feel satisfied with oneself does not rely on experiencing success in every area of endeavor. He said that our goals dictate what we will interpret as a triumph and what must count as a catastrophe. We are humiliated only if we invest our pride and sense of worth in a given goal and then we fail to reach that goal. James himself was very proud of being a Harvard professor and prominent psychologist, and he admitted that he would feel envious and ashamed if he found that someone else was more of an expert psychologist than he was. On the other hand, because he had never set out to learn Latin, he knew that he would not feel bad at all to hear that someone could appreciate and translate the entire works of Cicero, Virgil, and Ovid.

① How Can Success Be Achieved?
② Self-Satisfaction Depends on Your Mind
③ Goals Determine Your Success or Failure
④ Be Proud of Yourself: the Road to Success
⑤ Relations Between Success and Self-Satisfaction

PLUS +
변형문제

윗글의 내용을 한 문장으로 요약하고자 한다. 빈칸 (A), (B)에 들어갈 말로 가장 적절한 것은?

Since the pleasure we feel about our ___(A)___ depends on whether we devote ourselves to achieving our goals, we don't feel ___(B)___ by the failure of things we don't intend to pursue.

	(A)		(B)		(A)		(B)
①	reputation	……	confident	②	morality	……	affected
③	fortunes	……	discouraged	④	situations	……	motivated
⑤	accomplishments	……	distressed				

2024 모의고사

20 ◆ 다음 글에서 필자가 주장하는 바로 가장 적절한 것은?

When an Aboriginal mother in Australia is pregnant and feels the baby kick for the first time, she calls the shaman to identify that child's spirit guide. As the child grows, he or she learns the song of this spirit guide. Coded into the song are the features of the local landscape — where to find food, water, shelter, and safe travel routes. An Aborigine who goes on a journey of self-discovery calls on this song to guide him or her, and when Aborigines meet, they swap songs. This sharing relationship extends the territory of each and binds one to another through song. To find new territory and new routes in life, we all need to learn new songs. This earth and its working are beyond what we were once taught. At the limits of our songs, we need one another so that we can be adaptive in a world made of bundles of energy in motion.

① 지식을 서로 공유하면서 변화하는 세상에 적응해야 한다.
② 과거의 지식과 새롭게 발견된 지식을 잘 융합시켜야 한다.
③ 새로운 일을 시작할 때는 새로운 사람들과 함께 해야 한다.
④ 변화는 선택의 문제가 아니라 생존의 문제임을 알아야 한다.
⑤ 과도한 욕심을 부리지 않고 현재에 만족하는 삶을 살아야 한다.

PLUS+
변형문제

윗글의 내용을 한 문장으로 요약하고자 한다. 빈칸 (A), (B)에 들어갈 말로 가장 적절한 것은?

> As the native peoples of Australia exchange their songs that ___(A)___ for survival are coded into in order to travel unknown lands, we need others' help to ___(B)___ to the evolving world.

	(A)	(B)		(A)	(B)
①	opportunities	...... sing	②	lessons	...... adjust
③	inquiries	...... agree	④	answers	...... adhere
⑤	inspirations	...... apply			

03

21

밑줄 친 swinging from tree to tree가 다음 글에서 의미하는 바로 가장 적절한 것은?

Buddhist meditation instructor Kathleen Thurston says that our lives are filled with too much stress caused by our addiction to activities. She says we shouldn't pride ourselves on our multitasking abilities because they are just other means of creating distractions for ourselves. She quotes recent studies that show our performance is actually reduced, not boosted, when we do more than one complex task at a time. Thurston also says we are allowing ourselves to be overwhelmed by the distracting thoughts that fill our heads like so much mental clutter. Buddhists aptly call this phenomenon "monkey-mind". If you are stressed and overwhelmed by so many activities, it's time to stop <u>swinging from tree to tree</u>.

① putting off urgent tasks
② caring what other people think
③ avoiding conflict in the workplace
④ paying attention to different things
⑤ focusing on the things you can't control

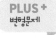

윗글의 제목으로 가장 적절한 것은?

① Why You Should Stop Multitasking
② The Link Between Productivity and Health
③ Dangers of Perfectionism: The Overwhelmed Brain
④ Stress Management: Managing Your Time
⑤ How to Eliminate Distractions at Work

22 ◆

다음 글의 요지로 가장 적절한 것은?

As children develop, they learn to satisfy their needs for praise in a variety of ways. For one thing, they find out what is praiseworthy to people who matter to them, such as parents, teachers, and peers. It doesn't take most children very long to realize that sports provide many opportunities for approval and praise. Many parents communicate very positive attitudes about sports and exhibit a great deal of interest in such activities, for example, leading children to pursue sports. When they score a goal or win a match for the first time, the unmistakable pleasure on their parents' faces as well as the words of congratulations motivates them to continue playing their sport. It is almost impossible to overestimate the importance of approval and praise to the developing child. Indeed, almost all of the positive attributes that can be developed through sport participation — achievement motivation, sportsmanship, teamwork, unselfishness — are ultimately strengthened through the approval of people such as parents and teammates.

① 스포츠는 아동의 인정 욕구를 충족해준다.
② 스포츠 활동은 아동의 인성 발달에 도움이 된다.
③ 아동기에 받는 칭찬의 효과가 과대평가되는 경향이 있다.
④ 스포츠 선수로서 성공하는 데는 부모의 헌신이 뒤따른다.
⑤ 칭찬은 자신이 좋아하는 사람으로부터 받을 때 효과가 있다.

PLUS +
변형문제

윗글의 내용을 한 문장으로 요약하고자 한다. 빈칸 (A), (B)에 들어갈 말로 가장 적절한 것은?

Sport participation allows children to fulfill their desire to be ___(A)___ by people close to them, and children can also develop helpful ___(B)___ through it.

	(A)		(B)		(A)		(B)
①	tested	·····	relationships	②	pleased	·····	qualities
③	acknowledged	·····	traits	④	accepted	·····	strategies
⑤	influenced	·····	attitudes				

23 ◆ 다음 글의 주제로 가장 적절한 것은?

How reliable a guide is conscience? People often say, "Follow your conscience," but is such advice really helpful? We may notice that there are times when our conscience doesn't know what to do. When it is not possible to do both, should we keep our promise to a colleague or come to the aid of an old friend? To be told that we should follow our conscience is no help at all. In addition to this, it may not always be good for us to listen to our conscience. It all depends on what our conscience says. Sometimes people's consciences do not bother them when they should — perhaps because they didn't think through the implications of a decision or perhaps because they failed to internalize strongly enough the appropriate moral principles. On the other hand, a person's conscience might disturb the person about something that is perfectly all right.

① pros and cons of following a reliable guide
② importance of conscience as a guide to our mind
③ reasons why following our conscience is encouraged
④ necessity of being doubtful of following your conscience
⑤ difficulties of expecting the implications of our decisions

---

PLUS +
변형문제

윗글의 내용을 한 문장으로 요약하고자 한다. 빈칸 (A), (B)에 들어갈 말로 가장 적절한 것은?

> Following one's conscience is not always ___(A)___ because it isn't very useful when it comes to making a decision on conflicting matters and it's ___(B)___ as moral guidance.

(A)	(B)		(A)	(B)
① productive	······ imperfect		② meaningful	······ exclusive
③ productive	······ harmless		④ meaningful	······ extraordinary
⑤ painful	······ reasonable			

다음 글의 제목으로 가장 적절한 것은?

Imagine that a large number of observers are shown a glass jar containing coins and are challenged to estimate the number of coins in the jar. This is the kind of task in which individuals do very poorly, but pools of individual judgments hit the mark. The mechanism is straightforward: the average of many individual errors tends toward zero. However, this works well only when the observers are completely independent from one another. If the observers lean in the same direction, the collection of judgments will not help. For this reason, when there are multiple witnesses to an event, they are not allowed to discuss their testimony beforehand. The goal is not only to prevent the cheating of hostile witnesses, but it is also to prevent unbiased witnesses from affecting each other. When this practice is not enforced, witnesses will tend to make similar errors in their testimony, which reduces the total value of the information they provide.

① Fix Your Biases to Make Good Decisions
② How to Reduce Your Individual Mistakes
③ For the Best Results, Work Independently
④ The Importance of Observations in Judging
⑤ Group Judgment: Necessity of Independence

PLUS +
변형문제

윗글의 내용을 한 문장으로 요약하고자 한다. 빈칸 (A), (B)에 들어갈 말로 가장 적절한 것은?

> Though it is unlikely that a single individual can make a(n) ___(A)___ judgment, a group of individuals acting ___(B)___ tend to succeed at doing so because the average of errors is more likely to be low.

	(A)		(B)		(A)		(B)
①	wrong	······	together	②	accurate	······	separately
③	fair	······	collectively	④	biased	······	reasonably
⑤	independent	······	poorly				

04

2024 모의고사

18 min.

20

다음 글에서 필자가 주장하는 바로 가장 적절한 것은?

Power is an intensely practical subject for all international negotiators, who by their very natures are intensely practical persons. Diplomats, business executives, and other practitioners of negotiation apply power in all phases of the negotiating process. For them, power means the negotiating ability to move the decisions of the other side in a desired way. They devise their strategies and tactics with this end in mind, but they hardly ever spend time speculating on the nature of power. This neglect of such an important element in any negotiation may limit their potential. Negotiators, in their training and in their preparation for specific negotiations, should spend more time explicitly considering the nature, sources, and implications of power. Perhaps this could enable them not only to obtain what they want in a negotiation, but also to reach the kinds of agreements that are the most advantageous for both sides of the negotiating table.

① 협상 결렬에 대비해 항상 차선책을 마련해두어야 한다.
② 성공적인 협상을 위해서는 상대방의 성향을 파악해야 한다.
③ 협상에서 원하는 것을 모두 얻으려는 전략은 실패하기 쉽다.
④ 협상가들은 협상에 적용되는 파워를 세세하게 고려해야 한다.
⑤ 협상 전략을 구상할 때에는 원리보다 실용성을 염두에 두어야 한다.

PLUS⁺
변형문제

윗글의 내용을 한 문장으로 요약하고자 한다. 빈칸 (A), (B)에 들어갈 말로 가장 적절한 것은?

Though negotiators constantly ___(A)___ power while negotiating, they tend to ___(B)___ to take into account the nature of power.

	(A)	(B)		(A)	(B)
①	employ	hesitate	②	employ	fail
③	desire	cease	④	desire	struggle
⑤	sense	forget			

21

밑줄 친 an entirely different calculus가 다음 글에서 의미하는 바로 가장 적절한 것은?

As the evidence of the growing risks of climate change mounted over the last three decades, the political response nonetheless was a combination of denial and delay. Confronted with evidence, many in positions of influence in U.S. politics ignored and then later denied the facts. When the facts could no longer be denied, they quibbled about the details of the scientific evidence and the costs of action necessary to head off the worst possibilities. In the meantime, months, years, and decades slipped away. Some chose to dismiss the evidence as "doom and gloom," but as individuals they lived by <u>an entirely different calculus</u>. They have household, auto, and health insurance for protection against vastly smaller risks at an insignificantly smaller scale, and most did not dismiss health warnings from their doctors. When it is merely the future of the Earth, however, they have been willing to risk irreversible changes.

*calculus: 계산법

① providing against the possible dangers to individual welfare
② continuing to deny the facts regarding climate change
③ making secret efforts to solve environmental disasters
④ spending less time on thinking about climate change
⑤ considering the environmental issue a high priority

PLUS+
변형문제

윗글의 제목으로 가장 적절한 것은?

① The Growing Risks of Climate Change
② To Fix the Climate, Focus on Yourself First
③ Politicians' Lack of Awareness of Planetary Crisis
④ Why Do Politicians Keep Ignoring Climate Change?
⑤ Political Action Must Be Taken for Climate Change

22 ◆

다음 글의 요지로 가장 적절한 것은?

The nature of the past is of primary concern to the historian since "the past" is his sole subject matter. From his standpoint, the past exists only as it is recreated in the historian's mind. The concrete events of the past are forever gone, and they can be re-created again in the historian's imagination only to the extent that records of some kind have survived from those who witnessed the events. The telltale signs left by events are many: words of eyewitnesses who selected what aspects of any event were significant to them, plus their interpretation and valuation; fossil tracks, leaves, bones; geological records in rocks, volcanic layers, seamounts, oceanic trenches; and so on. If an event leaves no record, then it is forever irretrievable; no historian can reconstruct it, nor, for that matter, would he have reason to guess that it had ever occurred.

*telltale: 명백한 **irretrievable: 복구할 수 없는

① 증거를 바탕으로 하는 기록이 있는 사건만 역사가 된다.
② 역사가는 자신의 관점으로 과거의 기록을 재해석해야 한다.
③ 과거의 기록이 없다면 역사를 재구성하는 것은 불가능하다.
④ 역사의 재창조는 다양한 기록의 해석을 통해 이루어져야 한다.
⑤ 역사가에게 가장 중요한 역량은 사건을 재구성하는 상상력이다.

PLUS+
변형문제

윗글의 내용을 한 문장으로 요약하고자 한다. 빈칸 (A), (B)에 들어갈 말로 가장 적절한 것은?

Past events are ___(A)___ by historians using records that ___(B)___ in any forms.

(A)	(B)		(A)	(B)
① overlooked	⋯⋯ exist		② overlooked	⋯⋯ continue
③ restored	⋯⋯ collapse		④ restored	⋯⋯ remain
⑤ ranked	⋯⋯ appear			

다음 글의 주제로 가장 적절한 것은?

Ecotourism, or tourism in exotic, threatened environments to support local conservation efforts and observe wildlife, has a potentially less adverse effect on local culture than conventional mass tourism, and even a positive effect on some communities. Overall, ecotourism represents a significant opportunity for economic growth in rural communities because of its preference for remote destinations with little prior industrial activity. The small-scale nature of ecotourism makes local start-up businesses a viable option. Locally owned ecotourism operations can contribute to the income opportunities of the local population more effectively and make the community socioeconomically stronger, thus contributing to sustainability and poverty reduction. However, environmentally competitive tourism businesses may in some cases require investment capital that is locally unavailable, thus causing the need to attract investors to the area and diverting the tourism revenue into anything but local income. Suggested solutions range from community-based management to benefit sharing, but the economic needs and pressures of external investments remain problematic.

① economic benefits of ecotourism in the rural society
② extensive efforts to overcome the limits of ecotourism
③ advantages and limits of ecotourism for local communities
④ reasons why ecotourism is popular compared to mass tourism
⑤ necessity of local investment in environmentally competitive tourism

PLUS+
변형문제

윗글의 내용을 한 문장으로 요약하고자 한다. 빈칸 (A), (B)에 들어갈 말로 가장 적절한 것은?

Ecotourism seems reasonable since it can ___(A)___ local economies while not threatening the environment, but the need for capital from external sources could be a problem as they could ___(B)___ the benefits of the income from tourists.

	(A)	(B)		(A)	(B)
①	develop	reduce	②	impact	misuse
③	discover	demand	④	strengthen	dominate
⑤	explore	transfer			

24 ◆

다음 글의 제목으로 가장 적절한 것은?

Few conditions are more distressing to people than loneliness. In fact, the foundation of nearly every major approach to psychotherapy is anchored in theories that involve interpersonal relationships. Psychologist Irvin D. Yalom stated: "People need people — for initial and continued survival, for socialization, for the pursuit of satisfaction. No one — not the dying, the outcast, or the mighty — transcends the need for human contact." Perhaps the longing for human connection and response, at least partially, explains why prehistoric humans stained the walls of the caves at Lascaux, and why the Rapa Nui inhabitants of Easter Island sculpted their monumental statues. Acts of creation are invitations to relate. By making things artists take images from within and give them visible form in the world. In profound ways, art making is an act of acknowledgment of the *others* beyond the boundaries of the self — the beholders, members of the audience, the community and the group.

*Lascaux: 라스코 ((프랑스 남서부의 구석기 시대의 벽화로 유명한 동굴이 있는 곳))

① Why Do We Need Others? To Make Art
② Try Psychotherapy, Improve Your Artworks
③ Essential for Living: Make Contact with Others
④ How to Stop Being Alone: Long for Connection
⑤ Understand Our Ancestors Through Ancient Art

PLUS+
변형문제

윗글의 내용을 한 문장으로 요약하고자 한다. 빈칸 (A), (B)에 들어갈 말로 가장 적절한 것은?

> As we are instinctively afraid of being ___(A)___ from others, we have created artworks since prehistoric times as an effort to make a ___(B)___ by reaching out to others.

	(A)		(B)			(A)		(B)
①	isolated	······	bond		②	distressed	······	difference
③	denied	······	community		④	different	······	friend
⑤	discouraged	······	change					

2024 모의고사

18 min.

20 ◆ 다음 글에서 필자가 주장하는 바로 가장 적절한 것은?

In theory, the more challenges we face, the more strong neural connections we should have, and the smarter we should become. Because of this, some experts emphasize the importance of environment. They suggest we control children's surroundings in a very specific way, introducing them to specific activities at different points of their development, to stimulate the growth of the neural connections in the brain. It's true that the experiences we give our children shape the way they think and learn. But every individual brain is different. So while the experts' suggestion can sound reassuring to parents who want to make a difference, the idea of providing wall-to-wall challenges for your child should be treated with some caution. In the right surroundings a child's brain just can't help but learn. Playing with a selection of toys, engaging in a healthy variety of activities, spending time with a range of adults and other children; all of these will stimulate a child's mind and help with the development of his brain.

① 아동의 연령에 알맞은 신체 활동을 제공해야 한다.
② 아동의 두뇌 발달을 위해 도전적 과제를 늘려가야 한다.
③ 아동 교육은 개인적인 발달 차이를 반드시 고려해야 한다.
④ 아동의 두뇌 발달을 위한 환경 통제는 신중을 기해야 한다.
⑤ 아동의 두뇌, 신체, 정서가 균형 있게 발달하도록 해야 한다.

PLUS+
변형문제

윗글의 내용을 한 문장으로 요약하고자 한다. 빈칸 (A), (B)에 들어갈 말로 가장 적절한 것은?

> Since there are differences between individual children and common activities in their daily lives leading to ___(A)___, we can't be sure whether controlling children's environment is ___(B)___ in making them smarter.

	(A)	(B)		(A)	(B)
①	growth	······ rare	②	realization	······ helpful
③	potential	······ possible	④	learning	······ helpful
⑤	development	······ possible			

21 ◆ 밑줄 친 **an economic passport**가 다음 글에서 의미하는 바로 가장 적절한 것은?

Human capital is <u>an economic passport</u> — literally, in some cases. When I was an undergraduate in the late 1980s, I met a young Palestinian man named Gamal Abouali studying engineering. Gamal's family, who lived in Kuwait, were insistent that their son finish his degree in three years instead of four as they believed the sooner he had his degree, the more secure he would be. This required taking extra classes each quarter and attending school every summer, all of which seemed rather extreme to me at the time. What about internships and foreign study, or even a winter in Colorado as a ski lover? I had lunch with Gamal's father once, and he explained that the Palestinian existence was itinerant and precarious. Mr. Abouali was an accountant, a profession that greatly opened up his options wherever he might go. The family had lived in Canada before moving to Kuwait; they could easily be somewhere else in five years, he said.

① expertise desired in most parts of the world
② provision of chances for professional growth
③ economic benefits by accepting job offers abroad
④ professional opportunity obtained through hard work
⑤ resource allowing financial freedom in other countries

PLUS +
변형문제

윗글의 제목으로 가장 적절한 것은?

① What Are the Benefits of Graduating Early?
② Make More Money: Study Harder in School
③ Develop Human Capital, Get More Opportunities
④ The Key to Success in Life: International Education
⑤ Buy the Economic Passport, Get Job Offers Abroad

2024 모의고사 05회 **41**

다음 글의 요지로 가장 적절한 것은?

William Shakespeare once wrote, "a rose by any other name would smell as sweet." The idea, of course, is that a thing is what it is, independently of the label placed on the thing. The process of labeling or naming is a secondary process, and one that does not change the nature of the thing being named. In other words, changing the name does not change the thing itself. However, some things are what they are not because of their material properties but because of human social agreements. Let's consider things like "money." Something is money only on the condition that a community recognizes it as money. If we cease to recognize a thing as money, it ceases to be money. Francs, which used to be money in France, are no longer recognized as money as the French have moved on to use Euros. Money by any other name — without social agreement — will not be the same thing. Thus, Shakespeare's idea fits with common sense, but it is completely wrong most of the time.

① 호칭은 인간의 관계를 나타내는 사회적 약속이다.
② 사회적 합의를 얻지 못하는 정책은 혼란을 초래한다.
③ 사물의 본질은 사회적 합의에 따라 달라질 수도 있다.
④ 사물의 가치는 상대적인 것으로 시대에 따라 변화한다.
⑤ 사물은 이름이 달라져도 그 본질까지 달라지지 않는다.

PLUS +
변형문제

윗글의 내용을 한 문장으로 요약하고자 한다. 빈칸 (A), (B)에 들어갈 말로 가장 적절한 것은?

In contrast to Shakespeare's suggestion that the _____ (A) _____ of a thing is unchangeable regardless of its label, it actually changes as a result of societal _____ (B) _____ .

	(A)	(B)		(A)	(B)
①	advantage	requirement	②	essence	indication
③	perspective	appreciation	④	quality	belief
⑤	identity	acknowledgement			

23 ♦

다음 글의 주제로 가장 적절한 것은?

There seems to be a noticeable trend in the present-day investment strategy in basic science. It is rare to see any sponsors, including government entities, spending funds on basic studies lasting more than a few years. The trend has been to find small and short-term projects. In this climate researchers are not allowed enough resources and time to concentrate on long-term and large scientific problems, although all the faculty at the nation's major research universities have become very adept at breaking up a career-long major research problem into tasks that can be accomplished by small teams in shorter time periods and funded piecemeal. Following the survival-of-the-fittest trend, then, today's scientists behave more like technologists in the society's eye. They make devices, bring new technologies to the newest applications, and try to solve many of our present-day problems.

*piecemeal: 소량, 조금 **survival-of-the-fittest: 적자생존

① conflict between basic science and applied science
② the effect of current investment strategies in basic science
③ the necessity of encouraging short-term projects in science
④ the effectiveness of government-led projects in the scientific field
⑤ the importance of basic science for the development of technology

PLUS +
변형문제

윗글의 내용을 한 문장으로 요약하고자 한다. 빈칸 (A), (B)에 들어갈 말로 가장 적절한 것은?

Today, it is ___(A)___ for sponsors to only support small-scale scientific projects, which has resulted in a ___(B)___ trend in basic science.

	(A)	(B)		(A)	(B)
①	common	······ destructive	②	common	······ observable
③	harmful	significant	④	mandatory	positive
⑤	mandatory	repetitive			

24 ◆

다음 글의 제목으로 가장 적절한 것은?

If there are only five potential buyers for a new idea or a product based on it, the potential rewards are smaller than if there are 500 or 5 million potential buyers. Perhaps that, in part, explains the increase in innovation in developed countries. Economist Charles Jones has calculated that in the combined economies of the United States, the United Kingdom, France, Germany, and Japan, the total number of people working in research and development has risen four to five times faster than the population has increased since 1950. A larger market has increased the rewards for innovation, drawing more people and resources to it. And growing wealth for the world means a larger market for any new innovation. That larger market for new goods of all sorts would draw more people and more resources, and produce more innovations. As the poor world gets richer, the rewards for innovation there will grow, continuing that trend, and further fueling innovation.

① Gain Rewards Fast! Find More Buyers
② The More We Create, the Richer We Get
③ Virtuous Circle of Wealth and Innovation
④ Grow Your Wealth: Escape from the Market
⑤ Why Combining Economies Sparks Innovation

윗글의 내용을 한 문장으로 요약하고자 한다. 빈칸 (A), (B)에 들어갈 말로 가장 적절한 것은?

> Innovation is driven by ___(A)___ growth, attracting more people and resources, and this results in the attainment of more ___(B)___, which leads to new innovation.

(A)	(B)		(A)	(B)
① potential	⋯⋯ goals		② market	⋯⋯ benefits
③ population	⋯⋯ resources		④ quantitative	⋯⋯ wealth
⑤ economic	⋯⋯ products			

06

2024 모의고사

18 min.

20 ◆

다음 글에서 필자가 주장하는 바로 가장 적절한 것은?

Sometimes, it seems there isn't enough time to do everything that you need to do. This can easily result in a build-up of stress when preparing for examinations, or during your final year of high school when you have to combine the pressures of intensive study with finding time to apply for colleges. That's why good management of your time is particularly important. This doesn't mean doing more work. It means focusing on the tasks that matter and will make a difference. Whether it's in your job or your lifestyle as a whole, learning how to manage your time effectively will help you feel more relaxed, focused, and in control. The aim of good time management is to achieve the goals you want without losing the balance of your mind.

① 일을 할 때는 반드시 우선순위를 먼저 정하라.
② 시간 관리를 통해 짧은 시간에 더 많은 일을 하라.
③ 훌륭한 시간 관리를 통해 스트레스 없이 과업을 완수하라.
④ 바쁜 생활 속에서도 혼자만의 시간을 확보하도록 하라.
⑤ 중요한 일은 충분한 시간을 가지고 숙고하라.

PLUS+
변형문제

윗글의 내용을 한 문장으로 요약하고자 한다. 빈칸 (A), (B)에 들어갈 말로 가장 적절한 것은?

> If you want to reach your goals, it is important to manage your time ___(A)___ because it helps you ___(B)___ on what you have to do and feel more relaxed.

	(A)		(B)		(A)		(B)
①	simply	·····	work	②	efficiently	·····	concentrate
③	carelessly	·····	plan	④	regularly	·····	focus
⑤	tightly	·····	depend				

In the course of your life you will come upon people with overly emphatic traits, which generally rest on top of the opposite traits, concealing them from public view. One of the types is *the Saint*. These people are paragons of goodness and purity. They support the best and most progressive causes. They are above the corruption and compromises of politics, or they have endless compassion for every type of victim. This saintly exterior, however, developed early on as a way to disguise their strong hunger for power and attention. Over the years they hone and perfect this public image. By projecting this saintly aura to the nth degree they will gain great power, leading a cult or political party. And once they are in power, <u>the Shadow will have space to operate</u>. They will become intolerant, railing at the wrong-doers, punishing them if necessary. Maximilien Robespierre (nicknamed the Incorruptible), who rose to power in the French Revolution, was such a type. After all, the guillotine was never busier than under his reign.

*hone: 연마하다 **guillotine: 단두대

① people will look up to the saint's holy aura
② a desire for things other than power will grow
③ they will fabricate personalities for public image
④ a spiritual commander will control our behavior
⑤ they will reveal their hidden and repressed traits

PLUS +
변형문제

윗글의 제목으로 가장 적절한 것은?

① Why Can't Saints Be Corrupted?
② The Influence of Religion on Politics
③ Don't Be Fooled by Superficial Traits
④ Absolute Power Corrupts Absolutely
⑤ How to Be a Leader with Authority

22 ◆

다음 글의 요지로 가장 적절한 것은?

Perhaps one of the most notable technologies integrated directly in our lives is the digital camera. My daughter's first digital photo, for example, was taken within a few hours of her birth, and then texted to family members and posted to Facebook. In the moment when I posted the photo, I thought only about sharing my joyous moment and my pride in having such a beautiful newborn. The day after I posted this first photograph, I realized that this baby photo had taken on a life of its own. A friend had downloaded the photo and manipulated it using Photoshop, inserting my daughter's face into several other images, so that she became fictional front-page news and was featured on a magazine cover. Though we enjoyed this creative tribute to our newborn, at the same time, a mere day into motherhood, I realized that I was not in control of my daughter's image. The contrast between my own childhood, when a camera required physical film that had to be processed before photos were generated, shocked me.

① 아이의 초상권은 존중되어야 할 권리이다.
② 필름 사진은 디지털 사진과 다른 가치가 있다.
③ 디지털 기술은 현대인의 일상을 다채롭게 해 준다.
④ 디지털 사진이 공유되면 게시자가 통제하기 어렵다.
⑤ 디지털 사진의 무단 유포에 대한 처벌 강화가 필요하다.

PLUS+
변형문제

윗글의 내용을 한 문장으로 요약하고자 한다. 빈칸 (A), (B)에 들어갈 말로 가장 적절한 것은?

In addition to the benefits we get from the ___(A)___ of digital cameras, there is a risk that photos can be used without the ___(B)___ of the one who took them once they are posted on the Internet.

	(A)		(B)			(A)		(B)
①	evolution	……	knowledge		②	feasibility	……	device
③	accessibility	……	expectation		④	technology	……	help
⑤	convenience	……	permission					

다음 글의 주제로 가장 적절한 것은?

Early experiences in the arts are important because they produce intellectual as well as aesthetic gains. In the best-researched example, participation in music seems to do mysterious but wonderful things, contrasting greatly with children's use of technology. Music educators have recently become so concerned about parents sending kids off to computer camps instead of music lessons that they have begun funding some expert studies. Researchers at the University of California, Irvine, studied how regular piano practice and computer training affect children's spatial-temporal skills. Such skills are key to understanding proportion, geometry, and other mathematical and scientific concepts. After six months, the piano-taught children in the study had dramatically improved their scores on a spatial-temporal task, whereas the computer training had shown little effect. "If I were a parent, I'd want to take these findings into consideration," reported one of the experiment's designers.

*spatial-temporal skills: 시공간적 능력

① necessity of art education in early childhood
② problem of learning technology in early childhood
③ parents' role in educating their children about the arts
④ economic support of educators to facilitate art education
⑤ methods of improving spatial-temporal skills in childhood

PLUS +
변형문제

윗글의 내용을 한 문장으로 요약하고자 한다. 빈칸 (A), (B)에 들어갈 말로 가장 적절한 것은?

> Childhood participation in ___(A)___ activities fosters a variety of benefits, with researchers' finding that spatial-temporal skill ___(B)___ was greater in students who studied music than those who studied computers.

	(A)	(B)		(A)	(B)
①	technological	participation	②	artistic	growth
③	social	advancement	④	physical	decline
⑤	various	discovery			

24 ◆

다음 글의 제목으로 가장 적절한 것은?

There is a lot of exaggeration in the business press about the dangers of clinging to the past, and much of it is justified. But all the excitement about building better products and companies can make us forget that existing products and companies are here for a reason. After all, that is what Darwinism predicts. The death rate of new products and companies is dramatically higher than that of old ones. Dozens of new breakfast cereals fail every year, while the original cornflakes persists. Hundreds of new toys are introduced every year, yet most are failures. Even toys that were wildly popular for a while, like the Furby or Beanie Babies, have faded from the scene, while the Barbie doll persists. If there was truth in advertising, the slogan "innovate or die" would be replaced with "innovate and die." To sum up, tried and true wins out over new and improved most of the time.

① Breaking from the Past Is Not Easy
② Innovate or Die: the Truth in Advertising
③ Improved Goods Winning over Existing Ones
④ Trend of Advertising: Replace Existing Models
⑤ Effect of Darwinism on Economy and Business

PLUS +
변형문제

윗글의 내용을 한 문장으로 요약하고자 한다. 빈칸 (A), (B)에 들어갈 말로 가장 적절한 것은?

Though the importance of innovation is ____(A)____ in the world of business, the truth is that many old and existing products ____(B)____ new and inventive ones.

	(A)	(B)		(A)	(B)
①	ignored	survive	②	emphasized	survive
③	evaluated	upgrade	④	disregarded	upgrade
⑤	evident	reform			

2024 모의고사

18 min.

20 ◆ 다음 글에서 필자가 주장하는 바로 가장 적절한 것은?

Most people love to give advice and will jump at any opportunity to do so. Some have good intentions, while others seek to gain something by guiding you toward the goals they deem important. Be honest with yourself, seek no advice from those who are not worthy to give it, even if they happen to be friends, and be especially wary of anyone who is envious of you. The corrupt feelings within them will affect the counsel they give and likely lead you down a path of destruction. Associate with those who are like yourself and those who will stand by you every step of the way. Moreover, listen to your own heart and counsel, for there is no one that you can depend on more than yourself. Your spirit can reveal your situation, and it can help you get through it.

① 철저한 자료 조사와 사전 준비를 마친 후 상담에 임하라.
② 친구들이 조언을 구할 때 성실하게 경청하고 의견을 제시하라.
③ 문제 발생 시 최대한 많은 조언을 구한 후 장단점을 비교해 보라.
④ 신뢰할 수 있는 조언자를 구하고 자신의 내면의 목소리를 따르라.
⑤ 친구 혹은 주변의 지인보다는 전문가 집단으로부터 조언을 구하라.

PLUS+
변형문제

윗글의 내용을 한 문장으로 요약하고자 한다. 빈칸 (A), (B)에 들어갈 말로 가장 적절한 것은?

When seeking advice from someone, you'd better seek it not only from a _____(A)_____ person but also from your own _____(B)_____ voice.

	(A)	(B)		(A)	(B)
①	professional	...... biased	②	professional	...... informed
③	positive	...... fake	④	trustworthy	...... outer
⑤	trustworthy	...... inner			

21

밑줄 친 shifting to weekend time이 다음 글에서 의미하는 바로 가장 적절한 것은?

Jet lag is a temporary physical condition characterized by sleepiness, insomnia, bad moods, and physical weakness. It's caused by long-distance air travel across time zones, and its severity varies according to one factor in particular: jet lag hits hardest if you fly east rather than west. Ask anybody who regularly does a London-New York round trip. They will tell you that they feel totally exhausted for at least three days after arriving in London, but have no problems at all when they arrive in New York. They say that flying west is like <u>shifting to weekend time</u>, when you stay out late and wake up to a late brunch. But going east is like going to bed six hours too early and being awakened in the middle of the night.

① having extra free time
② keeping a daily routine
③ moving without a break
④ creating a clear destination
⑤ setting a regular sleep schedule

07

PLUS +
변형문제

윗글의 제목으로 가장 적절한 것은?

① Common Myths About Sleep
② How Long Does Jet Lag Last?
③ Why Jet Lag Is Worse Than You Think
④ Jet Lag: Prevention and Recovery Tips
⑤ The Direction of Your Flight Affects Jet Lag

다음 글의 요지로 가장 적절한 것은?

Our emotionally driven urges to behave come from a very primitive part of the human brain. Those urges are not always in our best interests. Even though we feel like hitting someone during a peak moment of anger, for example, it's not a good idea. Similarly, even though we feel like running offstage when we're afraid to give a speech, that's usually not a good idea, either. Fortunately, there's another major player inside us — our ability to think. As human beings evolved, the primitive parts of their brain were overlaid with new regions of gray matter. These regions are devoted to making decisions, solving problems, and creating new options. This enhanced brainpower means that we don't always have to believe the first thoughts that pop into our head. Nor do we have to act on the first urges that we feel. We can weigh the benefits and costs first. Even in moments of distress, we have the power to choose.

*gray matter: (뇌·척수의) 회백질

① 우리는 충동이 아닌 사고 능력을 발휘함으로써 이익을 추구할 수 있다.
② 향상된 지적 능력 덕분에 인간은 감정적 충동으로부터 자유로워졌다.
③ 충동은 종종 인간의 이성을 지배하여 잘못된 선택을 초래한다.
④ 순간적인 충동은 대개 개인의 이익에 부합하지 않는다.
⑤ 인간은 선택을 할 때 감정에 치우치는 경향이 있다.

PLUS+
변형문제

윗글의 내용을 한 문장으로 요약하고자 한다. 빈칸 (A), (B)에 들어갈 말로 가장 적절한 것은?

> Even though we have ___(A)___ impulses to behave irrationally, we have also developed the capability of ___(B)___ every option before selecting one to pursue.

	(A)	(B)		(A)	(B)
①	unwanted	····· comparing	②	strong	····· realizing
③	selfish	····· judging	④	innate	····· considering
⑤	several	····· hypothesizing			

23 ◆

다음 글의 주제로 가장 적절한 것은?

We can all think of charismatic business leaders who lead like heroes on horseback. Extroversion, agreeableness, and openness to new experience are easily regarded as critical traits of successful leaders. But most business leaders are not of that sort. In 2009, a study called "Which CEO Characteristics and Abilities Matter?" was completed. The researchers relied on detailed personality assessments of 316 CEOs and measured their companies' performances. There is no one personality style that leads to corporate or any other kind of success. But they found that the traits that correlated most powerfully with success were attention to detail, persistence, efficiency, analytical thoroughness, and the ability to work long hours. This is consistent with Jim Collins' 2001 study *Good to Great*. He found many of the best CEOs flamboyant visionaries. They were humble, self-effacing, diligent, and resolute souls who found one thing they were really good at and did it over and over again. They did not spend a lot of time on internal motivational campaigns. They demanded discipline and efficiency.

① physical attributes that every corporate leader must have
② personality style shared between heroes and business leaders
③ characteristics related to leadership success in the business world
④ importance of personality assessments in judging CEO potential
⑤ role of business leaders in leading a company to success

PLUS +
변형문제

윗글의 내용을 한 문장으로 요약하고자 한다. 빈칸 (A), (B)에 들어갈 말로 가장 적절한 것은?

> While it can be difficult to ___(A)___ the essential personality of successful business leaders, it is ___(B)___ that certain traits are shared among CEOs who have had success.

	(A)	(B)		(A)	(B)
①	retain	obvious	②	distinguish	controversial
③	foster	acceptable	④	define	inarguable
⑤	investigate	agreeable			

다음 글의 제목으로 가장 적절한 것은?

A major issue of post-war trials is whether it's reasonable for prosecutors to hold defendants responsible for acts that were not prohibited at the time they were committed. Many of the Nazi defendants at the Nuremberg trials after World War II, for example, argued that no existing laws or international standards banned their conduct during the war. Consequently, they argued, there can be no legal basis for prosecuting them. Such claims are based on a fundamental precept of the rule of law: no crime, no punishment without a legal prohibition. To counter these arguments at Nuremberg, prosecutors strained to find sources in existing international law that did forbid aggressive war but they couldn't, so they moved to associate many of the other crimes of which the Nazis were accused with the start of such war. The prosecution also had difficulty looking for a legal doctrine that would allow them to convict a large group of people for belonging to the Nazi war machine. Here, too, a creative solution was found: the Nazis would be tried as part of a criminal conspiracy.

*Nuremberg: 뉘른베르크 《나치 전범의 재판을 한 독일 남부 도시》 **precept: (행동) 수칙

① Why Did Prosecutors Punish the Nazis?
② The Trouble with Post-War Trials: Illegal Methods
③ Obstacles to Punishing War Criminals and Creative Solutions
④ The Nuremberg Trials: A Controversial Symbol of Justice
⑤ Find Creative Solutions for Your Problems

PLUS +
변형문제

윗글의 내용을 한 문장으로 요약하고자 한다. 빈칸 (A), (B)에 들어갈 말로 가장 적절한 것은?

> Prosecutors at the Nuremberg trials resorted to finding ___(A)___ excuses for punishing post-war criminals as they struggled with clarifying the ___(B)___ grounds for their punishments.

	(A)	(B)		(A)	(B)
①	exceptional	creative	②	general	legal
③	unitary	existing	④	indirect	legal
⑤	absolute	existing			

2024 모의고사

18 min.

08

20 ◆ 다음 글에서 필자가 주장하는 바로 가장 적절한 것은?

In a job interview, the first ten seconds and the first ten words are the most important. Dramatize the opening of your interview with a line or a catchy phrase that telegraphs your value. It should convey your unique selling point (USP). What are the marketable qualities or talents unique to you? How are you different? In the branding world, the USP is the basis of a brand's tagline or catchphrase. It's the theme tying everything together that conveys what is different, relevant, and meaningful about the brand. You want to do the same. This sentence — the essence of your personal brand value — should be simple enough to fit on the back of a business card. If it can't be stated briefly and clearly, it is probably muddled and complicated. Your USP should dramatize a benefit and solve a problem. And it should be distinctive enough to intrigue people and make them curious about you.

① 취업 면접을 볼 때는 간단명료한 답변을 해야 한다.
② 홍보 전략은 소비자들의 호기심을 불러일으켜야 한다.
③ 브랜드가 성공하려면 그것만의 고유한 가치가 있어야 한다.
④ 구직 면접 초반에 자신의 고유한 장점을 전달해야 한다.
⑤ 상품 개발 시 다른 제품과의 차별성을 고려해야 한다.

PLUS+
변형문제

윗글의 내용을 한 문장으로 요약하고자 한다. 빈칸 (A), (B)에 들어갈 말로 가장 적절한 것은?

The fundamental value of a(n) ___(A)___ brand should be delivered at the beginning of an interview to ___(B)___ the interviewee's unique selling point.

	(A)	(B)		(A)	(B)
①	distinctive	require	②	influential	claim
③	simple	assess	④	marketable	propose
⑤	personal	maximize			

21

밑줄 친 underlined uncertainty became an asset가 다음 글에서 의미하는 바로 가장 적절한 것은?

An artist's fears arise when they look back, and the fears arise when they look ahead. If they're prone to disaster fantasies they may even find themselves caught in the middle, staring at their half-finished canvas and fearing both that they lack the ability to finish it, and that no one will understand it if they do. More often, though, fears rise in moments when vision races ahead of execution. Consider the story of David Bayles, who studied piano with a master. After a few months' practice, David lamented to his teacher, "I can hear the music so much better in my head than I can get out of my fingers." To which the Master replied, "What makes you think that ever changes?" That's why they're called *Masters*. He knew that vision should always be ahead of execution, which is an unchangeable fact. When he raised David's observation from an expression of self-doubt to a simple observation of reality, <u>uncertainty became an asset</u>. If his vision didn't exceed his capabilities, he wouldn't be able to learn.

① Hard work matters more than talent.
② Vision explains how to overcome fear.
③ Awareness allows opportunities to blossom.
④ Self-doubt is a guiding light for improvement.
⑤ Learners have unlimited potential for development.

PLUS +
변형문제

윗글의 제목으로 가장 적절한 것은?

① Negative Effects of Fears on Growth
② Avoid Uncertainty, Complete Your Work
③ The More We Work, the More We Worry
④ Inevitable Fears Artists Must Acknowledge
⑤ The Secret to Becoming a Master: Practice

22 ◆

다음 글의 요지로 가장 적절한 것은?

Texts on time management are remarkably similar in their advice: keep a log to see where your time is "going," schedule every day, establish short-term and long-term goals, organize your workspace, and learn to say "no." While the order to plan, prioritize, and organize is not wrong, it tends to exacerbate our anxiety over time poverty by always measuring it. Dividing our time into ever smaller and precise segments is not a long-term solution. In this sense, time management is rather like those diets which exhort us to keep a food diary, plan meals, set goals, and so on. Although this is not incorrect, it does not sufficiently take into account the reasons we may overeat in the first place and the factors which have contributed to the "obesity epidemic." Like the dietary focus on the restriction of calories which produces deprivation, time management books tend to engender deprivation, a sense of time poverty, with less-than-desirable results.

① 시간 관리에 관한 지침들이 항상 도움이 되는 것은 아니다.
② 시간 관리의 목표에는 심리적인 안정도 포함해야 한다.
③ 자신에게 맞는 시간 관리법을 찾는 것이 필수적이다.
④ 시간 관리는 체계적인 계획과 꾸준한 실천이 중요하다.
⑤ 시간 관리 기법은 다이어트에도 성공적으로 응용될 수 있다.

PLUS+
변형문제

윗글의 내용을 한 문장으로 요약하고자 한다. 빈칸 (A), (B)에 들어갈 말로 가장 적절한 것은?

> Time management texts tend to exert ___(A)___ adverse effects on us and cannot be a fundamental ___(B)___ to the failure of time management.

	(A)		(B)		(A)		(B)
①	peculiar	·····	contributor	②	direct	·····	defense
③	psychological	·····	solution	④	countless	·····	reason
⑤	unfamiliar	·····	explanation				

23 ◆

다음 글의 주제로 가장 적절한 것은?

Patients sometimes like more medical care even if it doesn't improve their health. Many people with medical problems like more attention and having more things done. Maybe they feel that their problems are being taken more seriously, maybe they feel more reassured, maybe they feel more cared for, or maybe they prefer actively doing something to a "wait and see" approach. For those with insurance, the response may be, "Who cares? It's relatively harmless, and people like it." Because insurance picks up the tab, it seems free. But the rising cost of insurance — in some cases, to pay for things that don't improve health — is exactly why more and more people can't afford insurance. And unnecessary medical care isn't always harmless. So an important question becomes, how much are you willing to increase your insurance premiums or Medicare taxes to accommodate medical care that satisfies but doesn't improve health?

*Medicare: (미국에서 65세 이상된 사람에 대한) 노인 의료 보험 제도

① the costs of excessive medical care
② advantages of increasing care for social matters
③ the importance of universal health care for equality
④ the prospect of more care leading to improving health
⑤ the necessity of increasing medical taxes in an aging society

---

PLUS +
변형문제

윗글의 내용을 한 문장으로 요약하고자 한다. 빈칸 (A), (B)에 들어갈 말로 가장 적절한 것은?

Health care can provide patients with psychological ___(A)___ , but if it is overused, it can result in ___(B)___ insurance premiums, reversing the positive effect.

	(A)	(B)		(A)	(B)
①	comfort	diminishing	②	comfort	elevated
③	maturity	frozen	④	anxiety	diminishing
⑤	anxiety	elevated			

24 ◆

08

다음 글의 제목으로 가장 적절한 것은?

Many American myths, legends, and tall tales are incomprehensible apart from the geographical and spatial contexts within which they occur. In the case of Paul Bunyan, for example, loggers wove tales about a giant with superhuman strength within an environment that required physical toughness to survive. His legendary feats were located in settings that matched the dimensions of his size and strength, particularly the vast stretches of virgin forest in the upper middle west. In effect, storytellers established a relationship between the scale of the human figure in the story and the scale of the geographical setting where his legendary exploits occurred. They populated the American West with its limitless horizons, towering mountains, and expansive canyons with the sort of legendary heroes one might expect to find on such a grand stage. This is because America itself has always been a land of mythic proportions in the collective imaginations of its myriad peoples.

① The Link Between Geography and Scale in Myths
② Tell Better Stories by Using Massive Locations
③ Paul Bunyan: The Man Who Became the Myth
④ Was the American West Really That Large?
⑤ How Do Storytellers Create Their Tales?

PLUS⁺
변형문제

윗글의 내용을 한 문장으로 요약하고자 한다. 빈칸 (A), (B)에 들어갈 말로 가장 적절한 것은?

> The ___(A)___ of America tended to influence the size and ability of characters of traditional American tales, causing them to match the ___(B)___ scale of their environment.

	(A)	(B)		(A)	(B)
①	history	relative	②	geography	vast
③	politics	temporal	④	religions	existing
⑤	culture	actual			

2024 모의고사

18 min.

20 ◆ 다음 글에서 필자가 주장하는 바로 가장 적절한 것은?

To live is to be in a constant state of adjustment. It can be difficult to understand the changes in our life. One guide to keep in mind is that when we feel distracted, something's up. Distraction is really another word for saying that something is new, strange, or different. We should pay attention to that feeling. Distraction can help us pinpoint areas where we need to pay more attention, where there is a mismatch between our knee-jerk reactions and what is called for in the situation at hand. When something to interrupt our efficiency comes along, we can become aware of patterns normally invisible to us. Becoming aware allows us to either change the situation or our behavior. In the end, distraction is one of the best tools for innovation we have at our disposal — for changing out of one pattern of attention and beginning the process of learning new patterns. Only when we are disrupted by something different from our expectations do we become aware of the blind spots that we cannot see on our own.

*knee-jerk reaction: 예상대로의 반응

① 산만한 환경을 통제해 학습 능률을 높여야 한다.
② 주의가 분산되는 느낌을 혁신의 도구로 삼아야 한다.
③ 변화에 적응하기 위해 유연한 사고방식을 가져야 한다.
④ 위기를 도약의 기회로 삼는 의식의 전환이 필요하다.
⑤ 창의적인 관점에서 세상을 바라보아야 한다.

PLUS⁺
변형문제

윗글의 내용을 한 문장으로 요약하고자 한다. 빈칸 (A), (B)에 들어갈 말로 가장 적절한 것은?

Distraction helps us ___(A)___ the things that we need to concentrate on, and this allows us to make ___(B)___ in the ways we live.

	(A)	(B)		(A)	(B)
①	detect	····· modifications	②	control	····· meanings
③	observe	····· disruptions	④	predict	····· alterations
⑤	eliminate	····· improvements			

21 ◆

밑줄 친 **The grass on your side of the fence is the greenest**가 다음 글에서 의미하는 바로 가장 적절한 것은?

Many important things we do, like accepting a job or buying a house, involve making difficult choices. Many people draw up lists of pluses and minuses to help them make a well-informed choice. Study after study has shown that we justify our decisions after having made them by upgrading the decision we have made and downgrading the decision we turned down. This is called "buyer's nostalgia." People more often, more enthusiastically, and more closely read advertisements for products after (not before) they make the purchase. After a decision has been made, "The grass on your side of the fence is the greenest." Studies have shown that gamblers say they feel more confident about winning after they place their bets rather than before they place them, and voters feel more positive towards a candidate after voting for the candidate than before voting.

*nostalgia: 향수(鄕愁), 과거에 대한 그리움

① An objective viewpoint is needed in decision making.
② Past experience is the key to making decisions.
③ We believe what we want to believe.
④ More information leads to better decisions.
⑤ When making a choice, we rationalize the decisions.

PLUS +
변형문제

윗글의 제목으로 가장 적절한 것은?

① How Do We Make Wise Decisions?
② We Put More Value on Our Choices
③ Impact of Advertisements on Purchases
④ How to Be Satisfied with Your Decisions
⑤ Compare Merits and Demerits When Making Decisions

22 ◆ 다음 글의 요지로 가장 적절한 것은?

The value of personalized and mass-customized offers based on data about individuals can be extraordinary. Customers receive products and services that closely match their needs, and retailers build stronger personal relationships. However, with an ever-greater amount of personal consumer data comes an ever-greater responsibility to safeguard that information. In addition, consumers are increasingly aware that they are making a trade-off between the value they receive and the data they surrender. Retailers that misuse or misappropriate consumer data risk violating customers' trust and wiping out any investments that have been made in relationship building. As a result, protecting consumer information and using it appropriately are of paramount importance to the future of individual-level consumer marketing. Companies such as Google, for example, have an increasingly transparent approach to the management of personal data, while Apple is advocating against collecting and storing this type of customer data.

① 기업은 개인 정보를 통해 고객의 기호를 파악한다.
② 개인 정보를 확보하는 것은 기업 경쟁력의 핵심이다.
③ 정보 사회에서 개인 정보의 유통 제약이 사라지고 있다.
④ 맞춤형 제품과 서비스 기업은 고객 정보 보호가 중요하다.
⑤ 수집한 개인 정보를 이용하는 기업 홍보는 큰 효과를 보기 어렵다.

PLUS+ 변형문제

윗글의 내용을 한 문장으로 요약하고자 한다. 빈칸 (A), (B)에 들어갈 말로 가장 적절한 것은?

Although it is ____(A)____ for companies to use consumer information in providing customized products and service, keeping it ____(B)____ should be a priority.

	(A)	(B)		(A)	(B)
①	risky	······ shared	②	advisable	······ accessible
③	tempting	······ intact	④	appreciated	······ confidential
⑤	necessary	······ secure			

23 ◆

다음 글의 주제로 가장 적절한 것은?

The diversity of the phenomena scientists try to understand and organize makes it difficult to formulate general laws at the level of the observed phenomena. It is difficult, for example, to discover the general laws that govern chemical reactions by simply documenting the nature of the chemicals involved in various reactions. Similarly, it is difficult to explain the diversity of species in the world by cataloging the features of various animals. Major progress in science comes from analyzing phenomena at a more elemental or molecular level. For example, by the nineteenth century, chemists knew many specific facts about what would happen when various chemicals were combined. However, a general account of chemical reactions had to await the development of the periodic table of the elements, which organized chemical elements in terms of their constituent atomic components.

① role of general laws in expanding our comprehension of science
② causes of the difficulty of documenting observed laws of science
③ observing natural phenomena to uncover essential scientific facts
④ degree of analysis required for discovering general laws of science
⑤ researching characteristics leading to major progress in science

PLUS +
변형문제

윗글의 내용을 한 문장으로 요약하고자 한다. 빈칸 (A), (B)에 들어갈 말로 가장 적절한 것은?

As scientific phenomena can be quite complex, common rules can be found not through a ___(A)___ investigation, but by a(n) ___(B)___ level of analysis.

	(A)	(B)		(A)	(B)
①	detailed	⋯⋯ advanced	②	superficial	⋯⋯ atomic
③	general	⋯⋯ individual	④	passive	⋯⋯ statistical
⑤	physical	⋯⋯ specific			

24 ◆ 다음 글의 제목으로 가장 적절한 것은?

We humans are not alone on the Earth. Our lives, our culture, our technology, and our art have been greatly enriched because our ancestors learned to watch, listen to, and imitate the other creatures that share the land and sea with us. The ancient Greek philosopher Democritus was among the first to point this out. He imagined that people learned how to weave from spiders and how to sing from songbirds, swans, and nightingales. Humans got the inspiration to build houses of clay from watching swallows at work on their nests. "In the most important matters," he wrote, "we are students of the animals." A more recent author, Steven Lonsdale, argued in a remarkable book packed with examples from every corner of the world that dance owes its origin and development to human imitation of the varied movements of mammals, reptiles, amphibians, fish, birds, and even invertebrates.

*invertebrate: 무척추동물

① Humans Learn from Animals
② The Earth Doesn't Belong to Us
③ Are Humans the Smartest Animal?
④ How to Protect Animals with Your Actions
⑤ Art Sets Humans Apart in the Animal Kingdom

PLUS⁺
변형문제

윗글의 내용을 한 문장으로 요약하고자 한다. 빈칸 (A), (B)에 들어갈 말로 가장 적절한 것은?

Human society has been deeply ____(A)____ by animals because people have ____(B)____ their behaviors and abilities.

	(A)	(B)		(A)	(B)
①	weakened	······ mimicked	②	determined	······ dismissed
③	influenced	······ adopted	④	motivated	······ diversified
⑤	damaged	······ underestimated			

2024 모의고사

18 min.

20 ◆ 다음 글에서 필자가 주장하는 바로 가장 적절한 것은?

When developing future technologies, it is tempting to examine technological novelties developed in laboratories today and scale them according to the use of future consumers. When, for example, a brain-computer interface is being developed in a laboratory, we can assume that perhaps in twenty years' time, it will be in general use by consumers. If its development advances quickly and the technology is universally approved, perhaps cars will also be steered by the power of thought, and teachers' lessons smoothly transferred into students' minds. However, technology does not develop in a vacuum: it is a dialogue with many factors, such as societal norms, consumer attitudes, the market, law and politics. All of these factors determine which technology catches on and how and to what extent it spreads into our society. Considering only their use by future consumers is therefore insufficient; their context within society itself must be considered as well.

① 기술을 상용화하기 전에 적절성을 따져보아야 한다.
② 기술 개발은 여러 사회적인 맥락이 고려되어야 한다.
③ 기술 개발에 대한 지속적인 투자가 이루어져야 한다.
④ 기술은 참신성과 유용성을 기준으로 평가되어야 한다.
⑤ 기술은 시급성에 따라 우선순위를 두어 개발해야 한다.

PLUS+
변형문제

윗글의 내용을 한 문장으로 요약하고자 한다. 빈칸 (A), (B)에 들어갈 말로 가장 적절한 것은?

Though we may assume that advances in technology occur in a(n) ___(A)___ way, technology develops based on the ___(B)___ circumstances that surround it.

	(A)		(B)		(A)		(B)
①	innovative	······	scientific	②	predictable	······	commercial
③	innovative	······	experiential	④	predictable	······	societal
⑤	novel	······	regional				

21 ◆ 밑줄 친 part of a worldwide web of mythology가 다음 글에서 의미하는 바로 가장 적절한 것은?

Children in Papua New Guinea know Baya Horo: a monster of gigantic size, whose teeth are long and sharp, and highly suitable for munching his favorite victims — children. He has one huge eye and lives in a cave. No one supposes that the tales of Homer's *Odyssey* somehow penetrated the dense rainforests of Papua New Guinea. But Baya Horo shares some key monstrous features with the Cyclops — one-eyed giants, who are killed by Odysseus in *Odyssey* — and comparable similarities have been noticed in diverse storytelling cultures from around the world. In *The Arabian Nights*, for example, we find a tale about *Sinbad the Sailor* in which the hero and his shipmates are stranded on an island and encounter a savage giant 'as tall as a palm tree', who shuts them in his palace and eats them until they blind him and escape. Thus, the story of an adventure involving close confinement with a cannibalistic giant, and escape brought about by blinding the predator, is part of a worldwide web of mythology.

① Some cultures share their stories with other cultures.
② There are similarities between each hero's appearance.
③ The Internet allows easy access to other cultures' stories.
④ It is easy to identify the history of a society's mythology.
⑤ Common themes are present in many other cultures' mythology.

PLUS⁺
변형문제

윗글의 제목으로 가장 적절한 것은?

① How Does Mythology Spread?
② The Universal Character: Savage Giants
③ Why Do Some Stories Exist in Many Cultures?
④ Mythology, the Fundamental Force Uniting Us
⑤ International Storytelling: Similarities and Differences

22

다음 글의 요지로 가장 적절한 것은?

A likely determinant of technological creativity is the level of nutrition of a society. It is well known that "hidden hunger," i.e., significant long-term shortfalls in food intake, reduces the level of energy at which the individual operates. Thus, the output of energy is adjusted to the intake, and what is often described as "laziness" is really the result and not the cause of poverty and malnutrition. A particularly vicious form of hidden hunger is infant protein deficiency syndrome (IPDS), which can permanently cripple mental development. For an individual to break out of a predetermined work routine, energy and initiative as well as the ability to think clearly on an intuitive level are required. Brain damage caused by inadequate nutrition irreparably impairs this ability. Thus it may have come to pass that some societies had a larger supply of intelligence per capita than others not because of any biological differences between races, but because of poverty and ignorance about the nutritional needs of infants.

① 성장기 아동의 단백질 결핍은 영구적인 뇌 손상을 야기한다.
② 인간의 게으름의 원인 중 하나는 가난과 영양 결핍이다.
③ 기술적 창의성은 생물학적 특성에 일부 기인한다.
④ 한 사회의 지적 수준은 영양 섭취의 정도에 달려 있다.
⑤ 문화권별 아동 발달 속도의 차이는 경제력의 차이 때문이다.

PLUS⁺
변형문제

윗글의 내용을 한 문장으로 요약하고자 한다. 빈칸 (A), (B)에 들어갈 말로 가장 적절한 것은?

There is an undeniable connection between nutrition and the ___(A)___ of the people in a society, as ___(B)___ as a child leads to a lower capacity for the employment of the energy necessary to succeed.

	(A)		(B)		(A)		(B)
①	health	……	hunger	②	creativity	……	discouragement
③	laziness	……	poverty	④	development	……	indifference
⑤	intelligence	……	undernourishment				

23 ◆

다음 글의 주제로 가장 적절한 것은?

A study was performed in which spouses were asked, "How large was your personal contribution to keeping the place tidy, in percentages?" There were also similar questions about "taking out the garbage," "planning social engagements," etc. Would the self-estimated contributions add up to 100 percent, or more or less? As you might guess, the self-assessed contributions add up to more than 100 percent. The reason is straightforward: both spouses remember their own individual efforts and contributions much more clearly than those of the other. This bias is not necessarily self-serving: spouses also overestimated their contribution to creating arguments, although to a lesser extent than their contributions to comparatively positive outcomes. The same bias is behind the common observation that many members of a collaborative team feel they have done more than their share and also believe that the others are not displaying sufficient gratitude for their individual contributions.

① methods of increasing efficiency of doing housework
② importance of collaborative work in achieving higher goals
③ ways to stop fighting with your spouse about household chores
④ necessity of objective assessment of your commitment to teamwork
⑤ our tendency to overestimate the contribution we have made to any task

---

PLUS⁺
변형문제

윗글의 내용을 한 문장으로 요약하고자 한다. 빈칸 (A), (B)에 들어갈 말로 가장 적절한 것은?

> We have a tendency of attributing a high ___(A)___ to our involvement in couple or group activities as we are better at ___(B)___ our own actions than those of others.

	(A)	(B)		(A)	(B)
①	result	memorizing	②	percentage	ignoring
③	value	recollecting	④	usefulness	denying
⑤	bias	sharing			

24 ◆ 다음 글의 제목으로 가장 적절한 것은?

When architecture focuses on human beings and their needs, cultural sensitivity, the climate, and regional issues, traditional architecture and urbanism have a lot to offer. On the other hand, when technology, quality and quantity of structures, quality of life, comfort, and environmental issues are the main aspects of consideration, then modern and contemporary architecture are the main sources of solutions. In other words, even though there are various methods and approaches to achieve sustainable architecture, the intelligent integration of traditional and contemporary architecture could be the most promising approach because of its dual roots in past and present. Such an approach benefits from the best characteristics of both traditional and modern architecture.

① Put the Environment First before It's Too Late!
② The Two Distinct Sides of Traditional Architecture
③ History and Principles of Sustainable Development
④ The Inevitable Downfall of Conventional Architecture
⑤ Look to the Past and the Present for Architectural Solutions

PLUS +
변형문제

윗글의 내용을 한 문장으로 요약하고자 한다. 빈칸 (A), (B)에 들어갈 말로 가장 적절한 것은?

____(A)____ classic and modern styles is an effective way to make architecture more sustainable because it ____(B)____ the advantages of each style.

(A)	(B)	(A)	(B)
① Unifying	⋯⋯ utilizes	② Unifying	⋯⋯ emphasizes
③ Sorting	⋯⋯ secures	④ Sorting	⋯⋯ overlooks
⑤ Considering	⋯⋯ shortens		

20 ◆ 다음 글에서 필자가 주장하는 바로 가장 적절한 것은?

I don't know anyone who doesn't feel overwhelmed by responsibilities while at the same time drained by trying to keep up. And although we think we're doing ourselves good by, say, taking a time-out at work to surf the Internet or respond to messages from friends, we could actually be doing a great disservice to our brains. Creativity and insight cannot be born from a brain living in a culture of distraction. Nor can fast, productive thinking happen when we're under the duress of stimulating activities. We are living with the same brains that our caveman forebears developed for us centuries ago, and those brains are not adapted to the realities of our modern era that have us navigating so many sources of information and stimulation. Being surrounded by so many distractions can lead to inability to focus or concentrate, stress, anxiety, and so on. We need to adjust our lifestyle today, before it's too late.

① 자신이 맡은 책임을 완수하기 위해 최선을 다해야 한다.
② 생산성 향상을 위해 정기적인 휴식 시간을 가져야 한다.
③ 일과 삶의 균형을 맞추기 위한 제도적 장치가 필요하다.
④ 집중을 방해하는 요소가 없는 생활환경을 조성해야 한다.
⑤ 경쟁 사회에서 도태되지 않으려면 변화에 빨리 적응해야 한다.

PLUS+
변형문제

윗글의 내용을 한 문장으로 요약하고자 한다. 빈칸 (A), (B)에 들어갈 말로 가장 적절한 것은?

The things arousing our interest may actually be ___(A)___ us, because our brains cannot keep up with the ___(B)___ surrounding us in the modern world.

	(A)		(B)		(A)		(B)
①	navigating	......	distractions	②	overwhelming	......	insights
③	navigating	......	information	④	overwhelming	......	creativity
⑤	harming	......	stimulation				

21 ◆ 밑줄 친 the opposite of the actual direction이 다음 글에서 의미하는 바로 가장 적절한 것은?

Two different videotaped interviews were conducted with the same individual — a college instructor who spoke English with a European accent. In one of the interviews the instructor was warm and friendly, but in the other, cold and distant. The subjects who saw the warm instructor rated his appearance, mannerisms, and accent as appealing, whereas those who saw the cold instructor rated these attributes as irritating. These results indicate that global evaluations of a person can induce altered evaluations of the person's attributes, even when there is sufficient information to allow for independent assessments of such attributes. Furthermore, the subjects were unaware of this influence of these global evaluations on their ratings of attributes. In fact, the subjects who saw the cold instructor actually believed that the direction of influence was <u>the opposite of the actual direction</u>. They reported that their dislike of the instructor had no effect on their ratings of his attributes, but that their dislike of his attributes had lowered their global evaluations of him.

① voice is an important attribute in assessing instructors
② subjects tend to judge others depending on appearance
③ evaluation of attributes contribute to the global evaluations
④ sufficient information leads to accurate evaluations of others
⑤ evaluation based on one's attitude affects their global grading

PLUS+ 변형문제

윗글의 제목으로 가장 적절한 것은?

① Be Doubtful of Information in Interviews
② Two-Faced Instructors: Friendly or Distant
③ Keep Your Attitude Consistent in Any Circumstances
④ What Unexpectedly Impacts Our Judgment of Others?
⑤ Reasons Why We Need to Maintain Objectivity in Interviews

다음 글의 요지로 가장 적절한 것은?

With the modern-day explosion of the self-improvement phenomenon, we hear over and over again how important it is to have high self-esteem. Believe in yourself, all the self-help experts say, and you will easily succeed. But for many people, the reverse is the recipe for their personal success. These people achieve recognition and fulfillment not because of their supposed stores of self-belief but because of their acute fears of failure. Feelings of inadequacy force these people to prove themselves capable of great things. This was the view of the famed writer and critic Edmund Wilson, who cited the philosopher Karl Marx and the poet Edna St. Vincent Millay as two people whose fears of failure forced them to work harder and harder and never give up. The bottom line is that the fear of failure keeps us from settling for "good enough." And not settling is essential to success.

① 자신감이 성공에 가장 중요한 요소이다.
② 지나친 자신감은 성공을 방해하기도 한다.
③ 실패에 대한 두려움이 사람들을 성공에 이르게 한다.
④ 실패에 대한 두려움을 극복하려면 많은 노력이 필요하다.
⑤ 작가들과 지식인들이 실패에 대한 두려움을 가장 잘 느낀다.

PLUS +
변형문제

윗글의 내용을 한 문장으로 요약하고자 한다. 빈칸 (A), (B)에 들어갈 말로 가장 적절한 것은?

The key to success is derived from the ____(A)____ that we have for ourselves, which ____(B)____ us from being satisfied with our current state and pushes us to our limits.

(A)	(B)		(A)	(B)
① investment	······ shields		② self-doubt	······ prevents
③ success	······ stops		④ recognition	······ deters
⑤ observation	······ defends			

23 ◆

다음 글의 주제로 가장 적절한 것은?

Every so often, humanity experiences a technological revolution, a rapid and dramatic change in how we use tools and techniques to structure our systems of production, our culture and civilization, and our everyday lives. Even more than these impacts, though, technological revolutions typically lead to changes in consciousness, that is, changes in how we understand the world, ourselves, and others. The Agricultural Revolution around 10,000 years ago was characterized by the notion of 'putting down roots' and marking off our own territory. Subsequently, in the Industrial Revolution in the late eighteenth century, we saw the introduction of large-scale markets and ideas like capitalism and socialism. And the Third, the Digital Revolution, changed our sociocultural structures and the ways we think about our world and our relation to it. Presently, we are arguably undergoing a Fourth Revolution which is distinguished by a fusion of physical, digital and biological technologies. Developments in biotechnology and AI compel us to redefine our values and moral boundaries on what it means to be human by pushing back the current thresholds of life span, health and cognition.

① role of technological revolutions in human paradigm shifts
② aspects of revolutions leading to more advanced technology
③ causes of technological revolutions occurring in human society
④ technological revolutions causing a transformation in relations
⑤ characteristics of digital revolution distinguished from other revolutions

---

PLUS⁺
변형문제

윗글의 내용을 한 문장으로 요약하고자 한다. 빈칸 (A), (B)에 들어갈 말로 가장 적절한 것은?

> Through different revolutions, the ___(A)___ of scientific knowledge has caused a radical shift in our lifestyle, and more significantly a change in the way we ___(B)___ ourselves and the things around us.

(A)	(B)		(A)	(B)
① structure	····· inspire		② obscurity	····· describe
③ application	····· define		④ advancement	····· perceive
⑤ diffusion	····· treat			

24

다음 글의 제목으로 가장 적절한 것은?

A first challenge in reading world literature is the fact that literature has meant many different things over the centuries and around the world. Even in the English-speaking world today, the term can be applied very broadly or quite restrictively. At its most general, "literature" simply means "written with letters." In the examination room following an accident, when your surgeon says "I've pulled up the latest literature on compound fractures," she means medical reports and statistics, not Thomas Mann's novels. In its cultural sense, "literature" refers first and foremost to poems, plays, and prose fiction: works of creative imagination written in heightened and pleasurable language. Yet even in this focused sense, literature's boundaries are blurry. Advertising jingles are rarely assigned in literature courses, for example, even though they represent a form of poetry. This comes from readers only admitting some poems and novels into the category of "real" literature and considering the rest "trash."

① Why Is Some Literature Difficult to Understand?
② The Trouble with Literature: Too Many Books
③ Diverse Approaches to Defining Literature
④ Learn the Differences: Real and Fake Literature
⑤ What Are the Characteristics of Good Literature?

PLUS +
변형문제

윗글의 내용을 한 문장으로 요약하고자 한다. 빈칸 (A), (B)에 들어갈 말로 가장 적절한 것은?

The meaning of the term "literature" has not been ___(A)___ over time and cultures, and the borders of literature are ___(B)___ even in the way readers use the term now.

	(A)		(B)		(A)		(B)
①	consistent	……	ambiguous	②	broad	……	persuasive
③	significant	……	indefinite	④	respective	……	understandable
⑤	considerable	……	general				

20

다음 글에서 필자가 주장하는 바로 가장 적절한 것은?

Usually, only one of two possibilities will result when two people communicate or work together. Either the more negative person will lower the spirits of the more positive person, or the more positive person will somehow lift the spirits of the other. Your best chance of distancing yourself from the effects of negativity is to remain enthusiastic yourself, therefore being part of the solution rather than contributing to the problem. Instead of focusing on how hard it is to be around a negative person, or over-analyzing the reasons why the person is the way he is, try instead to be genuinely enthusiastic about your work and about your life in general. In all likelihood, you will have a significant effect on the negative people you work with. But, even if you don't, you'll be assured of being less adversely affected.

① 부정적 성향의 영향을 받지 않으려면 열정을 가져야 한다.
② 문제의 잘잘못을 따지기보다 해결책을 찾는 것이 더 중요하다.
③ 인간관계에서 상처 입지 않기 위해 적당한 거리를 두어야 한다.
④ 타인의 영향에서 자유롭기 위해서 자주적인 사람이 되어야 한다.
⑤ 타인에게 긍정적인 영향을 미치기 위해 자신의 감정을 다스려야 한다.

PLUS⁺
변형문제

윗글의 내용을 한 문장으로 요약하고자 한다. 빈칸 (A), (B)에 들어갈 말로 가장 적절한 것은?

> Our ___(A)___ can affect the people with whom we interact, which is why it is best to stay ___(B)___ rather than focus on the negative.

	(A)	(B)		(A)	(B)
①	spirit	kind	②	emotion	cautious
③	attitude	passionate	④	performance	eager
⑤	opinion	optimistic			

21 ◆ 밑줄 친 free riders가 다음 글에서 의미하는 바로 가장 적절한 것은?

We all have <u>free riders</u> in our bodies. We easily understand that every organ has a natural function and it is designed to fulfill its purpose. The natural function is not just any benefit or effect provided by an organ, but a benefit or effect that explains through evolutionary theory why the organ exists or why it has the form that it does. Certain organs are naturally selected because of the beneficial effects that they have on the organism's survival, and those beneficial effects are the natural functions of those organs. Still, there may be other body parts which are also inherited in the following generations, partly because they are causally connected to the crucial organs. But these themselves do not contribute positively to survival. They are evolutionary features that arise as by-products from the process of adaptations. For instance, the human appendix has nothing to do with our survival, but we have had it and still have it.

① organs being passed on to later generations
② organs not benefiting survival existing in organisms
③ alternative organs compensating for genetic weakness
④ organs that prove influential in maintaining the population
⑤ body parts contributing to survival in a certain environment

PLUS +
변형문제

윗글의 제목으로 가장 적절한 것은?

① How to Adapt to a New Environment
② Not All Inherited Organs Are Essential
③ Complex Process of Genetic Evolution
④ Population's Properties: Inherited or Adapted
⑤ Biological Structures Affecting Growth and Development

다음 글의 요지로 가장 적절한 것은?

Public officials, journalists, and political scientists often worry about low levels of citizen participation in politics — especially if voter turnout is not high. A vigorous civic life in which citizens are active as individuals and in organizations confers many benefits. For example, for individuals, political engagement can be educational — cultivating useful organizational and communications skills and broadening their understanding of their own and others' best interests. For the political system, citizens who have ample opportunities to express their political views are more likely to accept government actions as legitimate. Still, it is the equality of political voice rather than its quantity that matters. Public officials cannot consider voices they do not hear. As Lindblom, a political scientist, commented: "If poorer, less educated minorities participate less, their judgments about what problems deserve government's attention will attain less proportionate weight." As politics involves conflict among those with clashing interests, it is impossible to equally satisfy everyone. Yet it is desirable for all to be heard and for everyone's views to be considered on an equal basis.

① 민주주의 국가에서 국민은 정부의 정책 결정에 따를 의무가 있다.
② 다수의 국민이 정치에 참여할 때 비로소 민주주의가 실현된다.
③ 동등한 정치적 발언권 부여를 위한 정치적 개혁이 필요하다.
④ 개인의 정치 참여 수준보다 다양한 의견 수렴이 더 중요하다.
⑤ 개인의 정치 참여가 궁극적으로 사회 다수의 이익이 된다.

PLUS +
변형문제

윗글의 내용을 한 문장으로 요약하고자 한다. 빈칸 (A), (B)에 들어갈 말로 가장 적절한 것은?

> Although there is concern about levels of citizen participation in politics, it is not the ___(A)___ of participation that matters, but the ___(B)___ perspectives from diverse groups.

	(A)	(B)		(A)	(B)
①	quality	balanced	②	quantity	critical
③	types	unified	④	varieties	unified
⑤	amount	balanced			

다음 글의 주제로 가장 적절한 것은?

One strategy for studying behavior is to observe and record events as they naturally occur in life. Researchers utilizing this method, called naturalistic observation, do not bring their subjects into the laboratory and manipulate their behavior in any way. Nor do they choose groups of subjects or create different experimental conditions. Naturalistic observation is commonly used to study animal behavior, such as the hibernation habits of bears or the maternal behavior of hens. It is important, however, that the subject be unaware that he is being observed. For example, a psychologist using naturalistic observation to study how children of various races play together would watch groups of children playing in the school yards or parks, but he would remain at a distance so as not to be detected. If the children noticed that a strange adult was watching, they might behave differently than they otherwise would.

① importance of complying with regulations in a study
② dangers of manipulating participants when studying behavior
③ strategy for conducting behavioral studies in natural situations
④ precautions preventing observers from making experiment errors
⑤ preference for voluntary participation in conducting behavioral studies

PLUS +
변형문제

윗글의 내용을 한 문장으로 요약하고자 한다. 빈칸 (A), (B)에 들어갈 말로 가장 적절한 것은?

When studying the behavior of subjects, one strategy is to ____(A)____ the subjects in a way that they will not ____(B)____ that they are being involved in an experiment.

	(A)	(B)		(A)	(B)
①	trust	discover	②	analyze	deny
③	utilize	ensure	④	monitor	notice
⑤	guide	signify			

24 ◆

다음 글의 제목으로 가장 적절한 것은?

Whenever a youngster rescues himself from boredom by generating his own amusements, it strengthens his feelings of self-worth and boosts his overall confidence in his ability to solve problems. Another significant advantage is that children who learn to cope with boredom tend to do better in situations that involve extended periods of waiting. Children who have developed their own private resources — who have learned to occupy their time with games of make-believe and imagination — tend to be less restless, demanding, and stressed when they have to tolerate tedious delays and waits. Finally, boredom is often the "trigger" for daydreaming. The capacity to be alone thus becomes linked with self-discovery and self-realization — with becoming aware of our deepest needs, feelings, and impulses. We may be sure that such moments do not occur when the child is playing football, but rather when he is on his own.

① Boredom Is the Enemy of Creativity
② Presents that Idle Time Gives to Children
③ Children's Games That Help Develop Social Skills
④ Eliminate Boredom and Enhance Your Life!
⑤ A Necessary Component of Creativity

12

PLUS+
변형문제

윗글의 내용을 한 문장으로 요약하고자 한다. 빈칸 (A), (B)에 들어갈 말로 가장 적절한 것은?

Children can ___(A)___ confidence in problem-solving, learn how to be more patient, and have the opportunity to fulfill themselves by overcoming boredom ___(B)___ .

	(A)	(B)		(A)	(B)
①	cultivate	······ successively	②	cultivate	······ independently
③	promote	······ promptly	④	lose	······ officially
⑤	lose	······ reluctantly			

2024 모의고사

18 min.

20

다음 글에서 필자가 주장하는 바로 가장 적절한 것은?

For the antiglobalization movement around the world, the problem is not that globalization is bad or wrong but that governments are managing it poorly — largely for the benefit of special interests. Globalization can be used as effectively to spread greed and misery as to promote prosperity. The same is true for the market economy. At their best, markets have played a central role in improving productivity and standards of living in the past two hundred years. Markets, however, can also concentrate wealth, pass environmental costs on to society, and abuse workers and consumers. For all these reasons, it is plain that markets must be tamed and tempered to make sure they work to the benefit of most citizens. And that has to be done repeatedly, to ensure that they continue to do so. The consequences of not doing so are serious: within a meaningful democracy, where the voices of ordinary citizens are heard, we cannot maintain an open and globalized market system, if that system year after year makes those citizens worse off.

*special interest: 특별 이익 단체 《법률상 특별한 이익을 갖고 있거나 추구하려는 단체·법인·개인》

① 시장은 국민의 이익을 보장하도록 관리되어야 한다.
② 불평등을 조장하는 세계화 정책의 수정이 필요하다.
③ 특정 이익 집단에 집중된 부(富)를 재분배해야 한다.
④ 정부는 자유 시장 운영 실패에 대한 책임을 져야 한다.
⑤ 세계화를 유지하기 위해 각국의 협력을 강화해야 한다.

PLUS +
변형문제

윗글의 내용을 한 문장으로 요약하고자 한다. 빈칸 (A), (B)에 들어갈 말로 가장 적절한 것은?

> Though markets have played a significant role in the ___(A)___ of our way of life, they are also easily corrupted, so they must be better ___(B)___ to ensure the interests of most citizens.

(A)	(B)		(A)	(B)
① regression	...... revised		② advancement	...... disclosed
③ transition	...... freed		④ misery	...... reviewed
⑤ improvement	...... controlled			

21 ◆ 밑줄 친 a winding path가 다음 글에서 의미하는 바로 가장 적절한 것은?

When we really want something from someone, many of us take predictable steps, each one making us more upset than the last. We may start by waiting, not saying anything. Next, we may talk "around" the need we have, but never directly bring it up. Later, we may start asking in an irritated manner, or even making aggressive and angry demands. This can happen with a boss, a colleague, a family member, or a friend. We may think those steps are a more polite course of action, but they do not produce the desired results. We should focus on solving the problem we have, rather than on our desire to seem polite. When we are focused on finding solutions, it is perfectly clear that a winding path is not the most productive approach to take.

① failing to say no
② assuming the worst
③ refusing to ask for help
④ going round and round
⑤ placing blame on each other

13

PLUS +
변형문제

윗글의 제목으로 가장 적절한 것은?

① Finding Courage to Ask for Help
② Being Polite Is Not Always the Best Policy
③ Talk Less, Listen More: The Role of Silence
④ The Art of Persuasion: Connect Emotionally
⑤ Small Mistakes Can Destroy Your Relationship

22 ◆ 다음 글의 요지로 가장 적절한 것은?

Humans have long attempted to define what intelligence is. Contemporary views see psychometric intelligence, the intelligence of IQ and standardized tests, as an important component of intelligence, but not the only component. A broader definition of intelligence certainly includes creativity and maybe a category that we could call personality or social intelligence, which includes factors like flexibility, motivation, and curiosity. Furthermore, neither intelligence nor creativity resides in one spot in the brain, but rather involves networks of different parts of the brain, all working together. Scientists have now mapped out the brain network responsible for psychometric intelligence and also the brain network for creative intelligence — and, unsurprisingly, they are different. The brain network for social intelligence is different still. This means that being good at one of these three forms of intelligence does not necessarily mean you are good at the others. Genetic differences and environmental effects, particularly in early childhood, lead to individual differences, which is why we are all stronger or weaker in one form of intelligence than others.

① 인간의 잠재성은 무한해서 한계를 측정할 수 없다.
② 심리적인 요인은 창의 지능 형성에 영향을 끼친다.
③ 뇌의 각 영역은 네트워크로 긴밀하게 연결되어 있다.
④ 어린 시절의 다양한 경험이 사회 지능 발달에 도움이 된다.
⑤ 인간 지능의 여러 요소들은 뇌의 각기 다른 부분에서 작용한다.

PLUS +
변형문제

윗글의 내용을 한 문장으로 요약하고자 한다. 빈칸 (A), (B)에 들어갈 말로 가장 적절한 것은?

> Several types of ___(A)___ exist and each of them is different from one another, so having a high capacity in one type of them doesn't ___(B)___ being good at the others.

	(A)	(B)		(A)	(B)
①	creativity	indicate	②	intelligence	guarantee
③	networks	suggest	④	genius	regulate
⑤	definitions	require			

다음 글의 주제로 가장 적절한 것은?

For the Celts, an ancient group located in what is now modern-day Europe, the forest was the embodiment of all that is sacred. They had a forest goddess and sacred forests, and the Druids, the spiritual leaders of the Celts, were the forest (or tree) wise men. Julius Caesar described the Druids he encountered while serving as Governor of the Roman province of Gaul: The Druid's education lasted twenty years, a span of time during which they lived "like the deer" in the forest and learned its secrets. Merlin, the archetypal Druid, was depicted as a forest dweller in the company of a bear and a male deer. Wild animals, such as the deer, bear, and wild boar, embodied the soul of the forest, or were considered manifestations of the gods, while the forest symbolized the world itself. The forest was long-lived, its foliage was a protection, it supplied food, and it was thus clearly the friend of man. For these reasons, and because it was the most persisting and living thing men knew, it became the worldly home of the gods.

*Druid: 드루이드 ((고대 켈트족 종교였던 드루이드교의 성직자)) **archetypal: 전형(典型)인

① importance of the forest to the religious life of the Celts
② spiritual nature of Druids impacting religious life of Celts
③ link between Celts' forest religion and other people groups
④ reason why the Celts found religious worship so important
⑤ purpose of animal symbolism in ancient Celtic religious culture

PLUS +
변형문제

윗글의 내용을 한 문장으로 요약하고자 한다. 빈칸 (A), (B)에 들어갈 말로 가장 적절한 것은?

For ancient Celts, the forest was a ___(A)___ place regarded as the world itself and wild animals were considered to be physical ___(B)___ of the gods.

	(A)	(B)		(A)	(B)
①	symbolic	demonstrations	②	holy	representations
③	differentiated	religions	④	sacred	powers
⑤	traditional	features			

24 ◆ 다음 글의 제목으로 가장 적절한 것은?

Digital spaces — social media sites, websites, chat areas, discussion boards, online games, workspaces, classes, conferences, and hangouts, even the spaces in which we share email and text messages — are sometimes called virtual. Digital work teams and organizations, in particular, are commonly described as virtual in nature. The use of the term *virtual* is misleading, though, for it implies that something is almost, but not quite, real. And where digital spaces are concerned, that is simply not the case. As sociologist W. I. Thomas has classically stated (in what has come to be called the Thomas Theorem), if people "define situations as real, they are real in their consequences." Digital experiences and the spaces in which they take place are quite real and have real, definite consequences. For this reason, many consider descriptors such as *sociomental*, *networked*, and/or *digital* preferable to virtual in describing these spaces and societies.

*theorem: 정리(定理)

① Are Digital Spaces Virtual or Authentic?
② Digital Terms and How They Are Applied
③ Digital Spaces: The Double Edges of a Sword
④ Social Rules to Make Digital Spaces Comfortable
⑤ Creating Digital Spaces with Communicative Power

PLUS⁺
변형문제

윗글의 내용을 한 문장으로 요약하고자 한다. 빈칸 (A), (B)에 들어갈 말로 가장 적절한 것은?

It is ___(A)___ to call digital spaces virtual because they create real, ___(B)___ results, which means they are, to a certain degree, actual spaces.

	(A)		(B)		(A)		(B)
①	worthwhile	……	desirable	②	worthwhile	……	concrete
③	appropriate	……	distinct	④	inadequate	……	consistent
⑤	inadequate	……	legitimate				

20

다음 글에서 필자가 주장하는 바로 가장 적절한 것은?

Societies do not simply exist; they are created by human languages, practices and habits. However, most of us take the world for granted: we rarely stop to question how it got to be the way it did, or what social and historical conditions made our world possible. When we take the world for granted, it becomes almost "natural" to us, and as such we cannot see the social work that produced it — how those conditions and the world they create serve the interests of some groups at the expense of others. That's why we need to have a critical viewpoint on those "natural" things and discover the world. Most Muslims might look at the Koran and think: "sacred book." Those with a critical viewpoint, by contrast, will look at it and attempt to reveal its assumed "sacredness" by asking these questions: How and when was this book written? Who wrote it? Why do some people view this book as authoritative, but not others? Whose interests are served when this book is taken for granted as sacred?

*Koran: 코란 ((이슬람교의 경전))

① 종교와 문화의 다양성은 보장되어야 한다.
② 사회 현상을 비판적인 시각으로 바라보아야 한다.
③ 대화를 통해 갈등을 해결할 사회적 합의를 도출해야 한다.
④ 사회 불평등을 야기하는 기득권층의 탐욕을 경계해야 한다.
⑤ 민주 시민 사회 구현을 위해 사회 문제에 관심을 가져야 한다.

PLUS+
변형문제

윗글의 내용을 한 문장으로 요약하고자 한다. 빈칸 (A), (B)에 들어갈 말로 가장 적절한 것은?

Since our ___(A)___ attitude toward social phenomena can blind us, we need to have a critical eye to ___(B)___ those who are trying to take advantage of us.

	(A)		(B)		(A)		(B)
①	unconditional	……	choose	②	indecisive	……	evaluate
③	indifferent	……	detect	④	demanding	……	satisfy
⑤	hesitative	……	protect				

21 ◆

밑줄 친 a kind of shield가 다음 글에서 의미하는 바로 가장 적절한 것은?

We are generally afraid of confrontations. Conflict and friction are evil; we are encouraged to be respectful and agreeable. When dealing with the aggressors around us we can be quite naive; we want to believe that people are basically peaceful and desire the same things as ourselves. We avoid conflicts until they reach a point where they no longer are neglected. To overcome this, we need to realize that the ability to deal with conflict is a function of inner strength against fear, and that it has nothing to do with goodness or badness. When you feel weak and afraid, you have the sense that you cannot handle conflict. Your main goal then is to be liked to keep everything smooth and even. This becomes <u>a kind of shield</u>. However, what you want instead is to feel secure and strong from within. You are willing to occasionally displease people and take on those who stand against your interests. From such a position of strength, you can handle friction effectively, being bad when appropriate.

① a balance which weighs our inner strengths and fears
② a barrier between what we want and what we need
③ a means to prevent fear of conflict with others
④ a mirror that indicates our hidden desires in life
⑤ a method appealing to the aggressors surrounding us

PLUS +
변형문제

윗글의 제목으로 가장 적절한 것은?

① Love Yourself, You Deserve It
② Conflict: Our Greatest Fear to Overcome
③ Be Strong! Learn How to Handle Conflict
④ The Disconnect Between Fear and Strength
⑤ Why Aggression Matters: Winning in a Conflict

다음 글의 요지로 가장 적절한 것은?

Physical ageing has an influence on a number of cognitive skills, including an increasing difficulty in learning new skills and remembering and recalling new information related to these new skills. This may include seemingly simple tasks, such as using a web browser or logging into an email account, and remembering passwords, as well as learning how to handle new software, such as social media and smartphone applications. In addition, physical barriers, such as deteriorating vision or problems with arthritis, may play a role in preventing older people from using the Internet at the same intensity or agility as younger people. However, newer technologies provide an opportunity to address some of these issues. We are moving towards more 'intuitive' touchscreen technologies in tablets, which allow setting bigger icons on the screens. As a result, the use of fickle gadgets, such as physical keyboards and a mouse, may become obsolete in the future.

*arthritis: 관절염

① 기술의 발전으로 컴퓨터는 점점 기능이 복잡해지고 있다.
② 노인들의 사회성과 신기술 이용률은 정비례한다.
③ 세대 간 인터넷 이용률 격차가 심화되고 있다.
④ 과도한 디지털 기기 사용으로 인한 질환이 늘고 있다.
⑤ 신기술이 노화로 인한 컴퓨터 이용의 어려움을 해결하고 있다.

PLUS⁺
변형문제

윗글의 내용을 한 문장으로 요약하고자 한다. 빈칸 (A), (B)에 들어갈 말로 가장 적절한 것은?

> As advancements in technology continue to make our using technological devices more and more ____(A)____, everyday struggles we experience while growing older will ____(B)____.

	(A)	(B)		(A)	(B)
①	convenient	····· continue	②	convenient	····· emerge
③	uncomplicated	····· vanish	④	uncomplicated	····· increase
⑤	comfortable	····· matter			

다음 글의 주제로 가장 적절한 것은?

Emotional intelligence is the ability to monitor one's own and others' feelings and emotions, to discriminate among them, and to use that information to guide one's thinking and actions. Because the face is the primary canvas used to express distinct emotions nonverbally, the ability to read facial expressions is particularly vital, and thus a crucial component of emotional intelligence. This is because individuals focus more attention on projecting their own facial expressions and perceiving others' facial expressions than they do on other nonverbal channels of communication, such as vocal inflections and body movements, and often more than they focus on verbal communication. Moreover, information from the face is privileged relative to other communication channels. For example, when inconsistent or mixed messages are communicated via different channels of communication — such as a positive facial expression with a negative spoken message — the facial information tends to carry relatively more weight.

① diverse factors contributing to understanding the emotions of others
② differences between verbal and nonverbal forms of communication
③ facial expressions corresponding with messages sent through speech
④ type of facial expression positively influencing the way others view us
⑤ reading facial expressions as a crucial component of emotional intelligence

PLUS +
변형문제

윗글의 내용을 한 문장으로 요약하고자 한다. 빈칸 (A), (B)에 들어갈 말로 가장 적절한 것은?

As our faces convey our ____(A)____ more than any other nonverbal communication method, being able to ____(B)____ others' facial expressions is a major aspect of emotional intelligence.

	(A)		(B)			(A)		(B)
①	personality	……	mimic		②	concerns	……	estimate
③	intentions	……	sense		④	feelings	……	interpret
⑤	messages	……	judge					

24 ◆

다음 글의 제목으로 가장 적절한 것은?

Without your realizing it, others have a huge influence on almost every aspect of your life, and it goes without saying that the more you like someone, the more he or she is likely to influence you. But research by social scientists on this straightforward idea can help you become more influential in your everyday interactions. The researchers identified a range of factors, including physical attractiveness and social status, that affect how much a person will like another. Among the factors, one stood out as singularly powerful: similarity. In a simple demonstration of how this can work, researchers mailed out questionnaires. All the questionnaires were signed by a researcher, but some of the signatures were faked to make the name resemble the recipient's (e.g., Elliott Smith might receive a letter signed Dr. Elliott Simon.) Although identical in all other aspects, the questionnaires that had similar names were twice as likely to be completed and returned.

① Why Are We Attracted to Similar People?
② Undeniable Truth: Everyone Is Affecting You
③ How Can We Find Similarities with Others Easily?
④ What Decisive Factor Affects the Preferences of People?
⑤ Study on Revealing Influential Factors on People's Emotion

PLUS +
변형문제

윗글의 내용을 한 문장으로 요약하고자 한다. 빈칸 (A), (B)에 들어갈 말로 가장 적절한 것은?

Everyone is susceptible to being ___(A)___ by others and we tend to have a favorable attitude toward people with whom we have a(n) ___(B)___ .

	(A)		(B)		(A)		(B)
①	compared	⋯⋯	openness	②	differentiated	⋯⋯	attractiveness
③	identified	⋯⋯	identity	④	influenced	⋯⋯	resemblance
⑤	impacted	⋯⋯	distance				

15

18 min.

20 ◆

다음 글에서 필자가 주장하는 바로 가장 적절한 것은?

In the corporate world, it's not unusual to see managers, supervisors, quality-control inspectors and cost analysts wave their reports in the air and complain that costs are rising, quality is down, and orders have yet to be filled. When asked if the people doing the work are aware of this, the response often is, "Well, they ought to be, they're the ones causing the problem," or "Sure they are! I told them quality was declining at our informative meeting last month and nothing's changed." An army of analysts, statisticians, and chart makers in your company pumping out stacks of performance reports is useless unless this information gets back to the people who are directly responsible for doing the work. Simply by mounting a large bulletin board in the work area, posting several key performance measurement charts, and having the area supervisor or manager gather the employees in front of the board on a regular basis to explain the results and identify specific performance concerns can remarkable results be achieved.

① 성과 중심의 보상으로 근로자의 사기를 높여야 한다.
② 경쟁력 확보를 위해 경영 쇄신 방안을 마련해야 한다.
③ 직급을 폐지하여 수평적인 조직 문화를 만들어야 한다.
④ 성과를 높이려면 실무자에게 업무 수행 현황을 알려야 한다.
⑤ 업무 효율성을 높이기 위해 부서 간 소통을 활성화해야 한다.

PLUS +
변형문제

윗글의 내용을 한 문장으로 요약하고자 한다. 빈칸 (A), (B)에 들어갈 말로 가장 적절한 것은?

> There is no point in having reports ___(A)___ company performance produced if the administration does not give ___(B)___ to the workers on their performance.

	(A)	(B)		(A)	(B)
①	emphasizing	privileges	②	analyzing	feedback
③	elaborating	discretion	④	underrating	motivation
⑤	overestimating	visions			

21 ◆ 밑줄 친 take snapshots using a still camera가 다음 글에서 의미하는 바로 가장 적절한 것은?

You need to change the lens through which you observe and interpret our increasingly interdependent world — a world that's getting more and more complicated every day. You can neither capture nor appreciate the full richness and complexity of the physical world if you only take snapshots using a still camera. Rather, you need to train your mind to act as a sophisticated "mental camera" to gain a dynamic view of the rapidly-changing world. For example, a still picture of Usain Bolt sprinting in a 100m race won't unveil his sheer velocity; but a 10-second video will do justice to his lightning-speed performance. Fortunately, in today's fast-paced digital-information environment, it's easier for us to form opinions and make decisions based on a dynamic view of an issue as we have access to more information.

① believe the hard facts
② value the outcomes
③ work on your own
④ remember the details
⑤ maintain a fixed position

PLUS +
변형문제

윗글의 제목으로 가장 적절한 것은?

① Are You Creating or Capturing Value?
② How to Properly View Our Complex World
③ Back to Basics: Decision Making in the Digital Age
④ The Dark Side of Technology in a Connected World
⑤ Leading Lasting Change in an Ever-Changing World

다음 글의 요지로 가장 적절한 것은?

There are several issues when we conceive of the philosophy of art. One issue is raised by the question: what is art? Most commonly, one attempts to resolve it by providing a definition, which attempts to identify the essential nature of art, or at least principles of classification for distinguishing art from nonart. Traditionally it searches for characteristics that all artworks share and all nonartworks lack. The conception of art has a neat answer: something is art if it is made to create significant aesthetic value. However, this answer has carried less and less conviction as art has developed through the twentieth and twenty-first centuries. We have countless examples of items put forward as art that aim for something other than artistic satisfaction: pop art replicas of soup cans, lint scattered across a gallery floor, and so on. Some of these works may have an aesthetic value, but appreciation of them requires much contextual understanding. The seemingly strange turns art has taken over the recent past is an important reason why the concept of art should be reformed.

① 예술의 가치는 시대 흐름을 따라 계속 변화한다.
② 예술의 심미적 가치에 대한 대중의 관심이 줄어들고 있다.
③ 심미적 가치는 예술과 비예술을 나누는 주요한 분류 기준이다.
④ 예술의 전통적 개념이 적용되지 않는 현대 예술 작품이 많다.
⑤ 현대 예술 범위가 실험적인 작품으로 확대되고 있다.

PLUS +
변형문제

윗글의 내용을 한 문장으로 요약하고자 한다. 빈칸 (A), (B)에 들어갈 말로 가장 적절한 것은?

> When we determine whether something is art,   (A)   qualities have been appreciated, but this should be changed since so many artworks these days have other purposes than giving artistic   (B)   .

	(A)		(B)		(A)		(B)
①	visual	.....	inspiration		②	intellectual	.....	expression
③	aesthetic	.....	gratification		④	physical	.....	excellence
⑤	contextual	.....	achievement					

23 ◆

다음 글의 주제로 가장 적절한 것은?

An individual's reputation relies on the number of people who hold the same opinion on them. The typical individual knows only a small fraction of the people in their society, and only trusts a proportion of the people that they know. That is, when people occupy specialized roles in society, others are generally more concerned about how they play their roles than what they do when out of role. For example, some famous entertainers may be trusted to deliver value-for-money performances, while being distrusted in matters relating to their private lives. In daily life, moreover, we often ask one person to help us in one way but not in another; one advantage of having a wide range of contacts is that help can always be obtained from a trustworthy source whatever the problem happens to be. Thus, reputation is often specific. The efficient exploitation of a limited supply of trust requires that trustworthy people have wide reputations. These reputations will therefore attract other people to deal with them instead of with people who lack reputation.

① ways of specializing our role to earn reputation from others
② trustworthy nature of people helping others to rely on them
③ necessity of having a specialty to improve how we are seen
④ importance of reputation in finding our position in society
⑤ necessity of a wide reputation in gaining trust from others

PLUS +
변형문제

윗글의 내용을 한 문장으로 요약하고자 한다. 빈칸 (A), (B)에 들어갈 말로 가장 적절한 것은?

Since we have restricted personal connections and trust only the ___(A)___ roles people play, people with ___(B)___ reputations have more power, which allows more people to turn to them.

	(A)	(B)		(A)	(B)
①	proper	narrow	②	single	broad
③	precise	decent	④	specific	wide
⑤	typical	direct			

다음 글의 제목으로 가장 적절한 것은?

You probably haven't noticed, but the world is significantly darker today than it was 40 years ago. A few years ago, a scientific study released data confirming "global dimming" as a phenomenon. The study analyzed water evaporation rates around the world. Because Earth has warmed substantially, it would stand to reason that water would evaporate faster now than it did in the 1960s. But observations show otherwise. Evaporation has been, on average, declining. Recently, some researchers argued that the dimming is caused by such substances as carbon dioxide and other air pollutants, ash from volcanic eruptions, and smoke from fires; this theory has been approved by many scientists. Tiny chemical particles thrown into the atmosphere reflect sunlight back into space and contribute to heavier cloud formation. These are producing a barely noticeable yet steady darkening of the planet.

① Damages of a Dimming Atmosphere

② How to Measure Water Evaporation Rates

③ The Evidence and Reasons for Global Dimming

④ Why Is the Dimming of the Sky Unnoticeable?

⑤ Steps Required to Clean Up a Polluted Atmosphere

PLUS +
변형문제

윗글의 내용을 한 문장으로 요약하고자 한다. 빈칸 (A), (B)에 들어갈 말로 가장 적절한 것은?

In a scientific study, the ___(A)___ of water evaporation proved the fact that the earth is getting darker, and more recently it is believed that ___(B)___ substances in the air is at fault.

	(A)	(B)		(A)	(B)
①	phenomenon	…… watery	②	influence	…… chemical
③	analysis	…… artificial	④	increase	…… unwanted
⑤	decrease	…… polluting			

20 ◆

다음 글에서 필자가 주장하는 바로 가장 적절한 것은?

While the educational level of tourists is relatively high, facilitating communication and information campaigns, tourists are in an unknown environment when visiting a foreign country. While tourists may learn from repeat visits, there is a considerable danger that, through lack of experience, they may disregard warning signs of impending disaster which the local population would tend to heed. This is a matter which must be taken into account in developing educational material and warning services for tourists. It will be especially important in the case of the risk of avalanches, flash floods and tropical storms. The provision of easy-to-understand guidance (flags on beaches or exposed coastal areas; avalanche warnings to mountaineers; severe weather warnings for campers and other tourists whose activities are likely to be affected by dangerous weather conditions or sudden floods) will assist in bridging this particular communication gap.

① 해외여행자는 사고에 대비하기 위해 여행자 보험에 가입해야 한다.
② 해외여행자는 여행지에서 발생할 수 있는 위험을 숙지해야 한다.
③ 해외여행 전에 해당 지역에 관한 충분한 정보를 습득해야 한다.
④ 해외여행자들도 이해하기 쉬운 재난 경고를 제공해야 한다.
⑤ 자연 재난에 대비한 정기적인 안전 교육을 실시해야 한다.

PLUS⁺
변형문제

윗글의 내용을 한 문장으로 요약하고자 한다. 빈칸 (A), (B)에 들어갈 말로 가장 적절한 것은?

It is important to provide ____(A)____ signs for warnings about natural disasters so that foreign tourists don't ____(B)____ crucial information in an unfamiliar environment.

	(A)	(B)		(A)	(B)
①	attractive	trade	②	accurate	forget
③	alternative	neglect	④	educational	omit
⑤	straightforward	overlook			

21

밑줄 친 a Gandhian approach: not "them" but "us"가 다음 글에서 의미하는 바로 가장 적절한 것은?

In India, various projects are now approved according to a Gandhian approach: not "them" but "us". Seventy-five villages in Lathur, in southern India, are identified as being below the poverty line and in need of aid. Even though the aid is coming from the central authority, it is the village residents who decide which individuals should receive aid. The residents' will is expressed by each village council of 40 people elected annually. Consider Mr. Rajamani, who thought he could double his income if his well were deeper, so he applied to the village council for a loan. The village council assessed his proposal and approved the necessary loan. Eventually, he repaid it plus interest to the village council, which then repaid the central authority. This is the route by which aid flows to the village community. Most loans are satisfactorily repaid, enabling the community to build up a fund. When it reaches a certain size the authority withdraws and the village itself continues with the process, using its own accumulated funds. In such a manner, everything in India flows from the local community.

① A penny saved is a penny earned.
② Local communities must govern themselves.
③ Helping others is eventually helping yourself.
④ When you live simply, you can gain time and space.
⑤ Central governments should provide public welfare.

PLUS+
변형문제

윗글의 제목으로 가장 적절한 것은?

① How to Build a Solid Local Community
② Support Your Community: Donate More
③ Critical Views on the Gandhian Approach
④ Gandhi's Principle: Truth and Nonviolence
⑤ Key to Achieving Economic Independence in India

22 ◆

다음 글의 요지로 가장 적절한 것은?

In 1883, Francis Galton, cousin of the famous biologist Charles Darwin, came up with a new, unique technique called composite photography, which he believed could be used to identify different "types" of people based solely on their physical appearance. To prove his belief, he created photographic composite images of the faces of vegetarians and criminals, which were used to see if there was a typical facial appearance for each. While the resultant "averaged" faces did little to allow the identification of either criminals or vegetarians, Galton observed he noticed that the mixed images were more attractive than any of the individual images. A group of researchers reproduced the result under more controlled conditions and found that the computer-made, mathematical average of a series of faces is rated more favorably than individual faces.

① 현대인의 외모에는 개성이 사라져가고 있다.
② 외모가 평균값에 가까울수록 매력도가 크다.
③ 같은 직업의 사람은 얼굴이 닮은 점이 있다.
④ 이상적인 외모는 합성 사진에서만 존재한다.
⑤ 대부분의 범죄자는 평범한 외모를 가지고 있다.

PLUS +
변형문제

윗글의 내용을 한 문장으로 요약하고자 한다. 빈칸 (A), (B)에 들어갈 말로 가장 적절한 것은?

> According to the study, ___(A)___ images of faces are rated more ___(B)___ than individual ones.

(A)	(B)	(A)	(B)
① blended ······ negatively		② blended ······ highly	
③ widespread ······ positively		④ consistent ······ accurately	
⑤ consistent ······ poorly			

23 ◆ 다음 글의 주제로 가장 적절한 것은?

Theater is an ensemble art. Focusing only on the inner mental states of the individual performers will miss the most fundamental aspects of performance creativity: the emergence of a unique performance from the unpredictable and always changing interactions among performers on stage. If every group used a script, there would be a lot less variability from night to night. But theater isn't about predictability. Groups attain their best performances by staying in an improvisation zone between complete predictability and being out of control. They can't just develop the scene in a conventional way, because that would be boring. But they also can't do something so radical that it doesn't make sense, surprising all of the other actors and puzzling the audience. The challenge of staying in this zone leads to the group getting immersed in their task simultaneously, which actors speak of as "a state of unselfconscious awareness in which every individual action seems to be the right one and the group works with apparent perfect synchronicity."

① difficulties in social interaction and communication
② interaction between actors leading to a superlative play
③ importance of communicating with the audience on stage
④ mentality of actors creating predictability in their performance
⑤ reasons why improvisation contributes to positive group morale

PLUS +
변형문제

윗글의 내용을 한 문장으로 요약하고자 한다. 빈칸 (A), (B)에 들어갈 말로 가장 적절한 것은?

> The best theater performances occur when the individual performers develop ___(A)___ between themselves while acting, keeping a balance between following the script and ___(B)___ .

	(A)	(B)		(A)	(B)
①	relationships	interacting	②	communication	improvising
③	attachments	preparing	④	understandings	rehearsing
⑤	bonds	continuing			

24 ◆

다음 글의 제목으로 가장 적절한 것은?

Modern mathematics has been developed step by step over many centuries, which means the histories of the most recent theories — having been built upon countless prior developments — can seem inaccessible to students. At the same time, the level of mathematical sophistication needed to grasp these theories in their final states is incredibly high. For exactly these reasons, math educators often make the mistake of neglecting the history of mathematical development in favor of presenting topics in their modern form. While this may seem like an ideal way to give students a great deal of relevant knowledge in a short time, it leaves many students lost in a sea of remote and arbitrary abstract concepts. This is a shame because every high-level concept being taught today was originally motivated by simple, common-sense principles. Exposing students to this initial motivation, along with a theory's evolution, firmly places the final concept within a rational framework, where it can then be applied correctly in practice.

① How to Inspire Lifelong Math Learning
② Mathematics: The Essence of All Subjects
③ History: The Most Remote Relative of Math
④ Problem-Solving Is the Best Motivator for Math
⑤ Teach the History of Difficult Math to Aid Understanding

PLUS +
변형문제

윗글의 내용을 한 문장으로 요약하고자 한다. 빈칸 (A), (B)에 들어갈 말로 가장 적절한 것은?

In order to help students ____(A)____ their practical math skills, teachers should make an effort to present the history of modern mathematics to students instead of ____(B)____ it.

(A)	(B)	(A)	(B)
① test ······ distorting		② review ······ ignoring	
③ build ······ elaborating		④ foster ······ disregarding	
⑤ advance ······ summarizing			

2024 모의고사

18 min.

20

다음 글에서 필자가 주장하는 바로 가장 적절한 것은?

We have an unlimited selection of words we use daily. In fact, it's not the quantity, but the quality of the words that you speak that will give you a good return. Whether in correcting, instructing, or even in casual conversation, words should be fair, rational, and governed by reason. Once in a store, I heard a mother ordering her child not to dare touch whatever the child was reaching for. The child asked why she couldn't touch it. The mom's response was, "Because I said so, that's why!" The reason behind her answer had nothing to do with why the child could not touch whatever she wasn't allowed to touch in the first place. Good communication is not always the easiest route to take when you're in a hurry or the kids are acting up, but it is by far the best. No matter how many whys we hear in a day from our children, we should always try to give reasonable answers.

① 오는 말이 고우려면 가는 말이 고와야 한다.
② 대화에서 상대가 하는 말을 잘 경청해야 한다.
③ 부모는 자녀를 하나의 인격체로 존중해야 한다.
④ 대화에서는 합리적이고 공정하게 말해야 한다.
⑤ 부모는 자녀의 눈높이에 맞춰 대화해야 한다.

PLUS +
변형문제

윗글의 내용을 한 문장으로 요약하고자 한다. 빈칸 (A), (B)에 들어갈 말로 가장 적절한 것은?

> In order to maintain the ___(A)___ of the words we use in communication, words should be ___(B)___ no matter whom we converse with in any circumstances.

	(A)	(B)		(A)	(B)
①	quantity	clear	②	quantity	meaningful
③	quality	sensible	④	quality	decent
⑤	faith	appropriate			

밑줄 친 flip the inner switch of someone else가 다음 글에서 의미하는 바로 가장 적절한 것은?

The burden to please or impress others can be overwhelming. It can cause us to mortgage our lives to the limit and compromise our self-worth in the process. People pleasing is the opposite of the self-sabotaging behavior coming from the thought that others should make you happy. If you believe that your job in life is to make others happy or at least to impress them, you will suffer from the attitudes and behaviors of always trying to please others. If at first you do not accomplish this, you will try longer and harder. Then if you get unsatisfactory responses, you will become frustrated and even depressed. The inability to <u>flip the inner switch of someone else</u> is enough to drive a people-pleaser insane. The need to make people happy appears selfless, but it will destine a person to a life filled with anxiety and disappointment.

*mortgage: (목숨·명예 등을) 내걸고 달려들다, 헌신하다 **self-sabotaging: 자기 태만

① adjust to stressful events
② let go of old relationships
③ say no to others' requests
④ control other people's attitudes
⑤ consider the emotional state of others

PLUS+
변형문제

윗글의 제목으로 가장 적절한 것은?

① How to Make Selfish People Cooperate
② Why It Doesn't Pay to Be a People-Pleaser
③ Overcoming Other People's Negative Opinions
④ Happiness Comes From Making Others Happy
⑤ Mind Your Own Business: You Cannot Change Others

다음 글의 요지로 가장 적절한 것은?

Uncertainty about what tool or procedure to use is a problem common to all the scientific disciplines. The development of new tools allows scientists to answer questions they could not answer in the past, and the answers to those questions will lead to new questions, and so on. Therefore, new technologies and procedures are crucial to the progress of science. At the same time, other scientists unfamiliar with a new tool may express skepticism and call for others to replicate the experiments. People find this skepticism annoying because they are not familiar with the fact that uncertainty about experimental tools is an aspect of science. From their perspectives, the skepticism may seem like waffling, especially when they are trying to make decisions on the basis of scientific information. However, if a new technique is the source of the uncertainty, time and future experiments will confirm or disconfirm its usefulness and clear it up.

*skepticism: 회의론 **waffle: 쓸데없는 말을 하다

① 과학자들의 회의론은 발전을 저해하는 불필요한 요소이다.
② 과학 기술의 급속한 발전은 과학자들의 혼란을 가중시킨다.
③ 신기술에 대한 과학자들 간의 대립이 또 다른 신기술을 낳는다.
④ 신기술에 대한 회의론은 과학 발전에 대한 비판적 시각을 갖게 한다.
⑤ 신기술은 과학 발전에 중요하며 불확실성은 차차 제거되기 마련이다.

PLUS⁺
변형문제

윗글의 내용을 한 문장으로 요약하고자 한다. 빈칸 (A), (B)에 들어갈 말로 가장 적절한 것은?

There is no doubt that new technologies and procedures bring about scientific development, but due to scientists'   (A)   with new tools, they are also responsible for uncertainty, which   (B)   as time goes by and advancements are continuously made.

(A)	(B)		(A)	(B)
① ignorance	⋯⋯ explodes		② skepticism	⋯⋯ increases
③ weakness	⋯⋯ rises		④ inexperience	⋯⋯ decreases
⑤ criticism	⋯⋯ vanishes			

23 ◆

Plants firmly rooted in place in temperate zones must disperse their offspring by various means including wind and gravity. Some plants are often inferior to others, so they must disperse as widely as possible to find new places to grow that give better chances of survival. Other plants may persist in old habitats; but young plants must be able to move far enough away from their parents not to have to compete with them, and to avoid enemies like predators and disease that may accompany their parents. Tropical plants face the same dispersal problems that temperate zone plants do, and plants in both regions do show some of the same solutions to the problem. But in a tropical rainforest the favored solutions are ones seldom used in a temperate woodland. This is because many of the dispersal methods, including dispersal by wind and gravity, are not particularly well suited for most plants in a mature rainforest. Instead, plants in rainforests must rely on other methods, such as dispersal by animals.

① methods used by plants to seek better ways of spreading seeds
② environmental causes for difficulty in dispersing seeds of plants
③ problems plants have in finding a safe environment to grow well
④ circumstances affecting mechanisms of seed dispersal and its variations
⑤ common difficulties of plants from different regions in dispersing seeds

PLUS +
변형문제

윗글의 내용을 한 문장으로 요약하고자 한다. 빈칸 (A), (B)에 들어갈 말로 가장 적절한 것은?

> Plants in moderate and tropical zones reproduce by ___(A)___ their seeds to new places to grow, and the fashion in which it happens is dependent on the ___(B)___ of the plant.

	(A)		(B)		(A)		(B)
①	dispersing	······	predator	②	scattering	······	environment
③	encouraging	······	outlook	④	colonizing	······	maturity
⑤	balancing	······	age				

다음 글의 제목으로 가장 적절한 것은?

A good way to approach the question of whether we need some knowledge to appreciate nature is to ask whether appreciation based on false belief should be regarded as essentially flawed. If such appreciation is flawed, then *some* knowledge is required for proper appreciation. Certain sorts of false belief should be regarded as permitting genuine appreciation of nature if one is faultless in holding them. There may have been a time, for example, when people were faultless in believing whales and dolphins were fish. Should we say they were unable to see the beauty of these creatures? We shouldn't say that they were unable to see the beauty of these creatures just as we shouldn't think that people of an earlier age could not see the beauty of the human body because they radically misunderstood the nature of the body. The art of the past shows us that people could appreciate human beauty, even though their understanding of the human body was deeply flawed. It indicates that some amount of false belief does not disqualify the appreciative experience.

① Enjoy Nature More: Abandon False Beliefs
② Why We Are Easily Fooled by False Beliefs
③ Change Your Beliefs, See Nature in a New Way
④ False Beliefs vs. True Beliefs: Roles in Appreciation
⑤ Should Knowing and Appreciating Nature Go Together?

PLUS +
변형문제

윗글의 내용을 한 문장으로 요약하고자 한다. 빈칸 (A), (B)에 들어갈 말로 가장 적절한 것은?

Though we may believe that knowledge of nature is ___(A)___ to enjoy it, this is not necessarily true because having admiration for nature may not be ___(B)___ by the information we know about it.

	(A)	(B)		(A)	(B)
①	mandatory	...... affected	②	significant	...... accepted
③	validated	...... determined	④	relevant	...... graded
⑤	fixed	...... obtained			

18

2024 모의고사

20 ◆ 다음 글에서 필자가 주장하는 바로 가장 적절한 것은?

The unconventional is for the young who are not comfortable with conventions and take great pleasure in going against them. The danger is that as we age, we want more comfort and predictability and lose our taste for the unusual. This is how one of the greatest strategists in the history of our world, Napoleon, declined as a strategist: he came to rely more on the size of his army and on its superior weapons than on novel strategies. He lost his taste for the spirit of strategy and gave in to the growing weight of his accumulating years. You must fight the psychological aging process even more than the physical one, for a mind full of strategies and tricks will keep you young. Make a point of breaking habits you have developed and act in a way that is contrary to how you have operated in the past.

① 지금의 현실에 안주하지 말고 원대한 목표를 가져라.
② 급변하는 상황에 잘 대처할 수 있는 융통성을 지녀라.
③ 과거의 사건을 통해 미래를 최대한 예측하고 대비하라.
④ 노화는 인간의 자연스러운 과정이라는 것을 받아들여라.
⑤ 나이가 들더라도 관습에 매이지 말고 새로움을 추구하라.

PLUS⁺
변형문제

윗글의 내용을 한 문장으로 요약하고자 한다. 빈칸 (A), (B)에 들어갈 말로 가장 적절한 것은?

> ____(A)____ old customs and practices, and acting in ____(B)____ ways help you slow the psychological aging process.

	(A)	(B)		(A)	(B)
①	Discarding	⋯⋯ unfamiliar	②	Reviewing	⋯⋯ direct
③	Preserving	⋯⋯ unexpected	④	Refusing	⋯⋯ defensive
⑤	Maintaining	⋯⋯ mature			

밑줄 친 to pump up the levels of metallic elements in your body to make it stronger가 다음 글에서 의미하는 바로 가장 적절한 것은?

Cool technology makes the anonymity in mediated environments like online message boards more possible today than ever before. At the same time this techno-combo makes true anonymity in physical life much harder. For example, you don't need to submit your personal information when using a mobile application. Instead, your gender, age, and geographical location are identified based on your behavior in the network. A world where everything about a person can be found and archived is a world with no privacy, and therefore many technologists are eager to maintain anonymity. However, anonymity is like a trace element. These elements are necessary in keeping a cell alive, but the amount needed is too small to measure. As a trace element in vanishingly small doses, it's good for the system by enabling the occasional whistleblower. But if anonymity is present in any significant quantity, it will poison the system. Are you willing to pump up the levels of metallic elements in your body to make it stronger? You shouldn't be.

*trace element: 미량 원소 ((동식물 조직체 내에 함유된 미량의 금속 원소))

① think of alternative options to anonymity
② avoid anonymity to focus on complete openness
③ pursue anonymity in a way to make society better
④ risk society by abusing anonymity to protect privacy
⑤ sacrifice privacy in vain in hope of online convenience

PLUS +
변형문제

윗글의 제목으로 가장 적절한 것은?

① The Key to Online Safety: Anonymity
② How to Survive in a World Without Privacy
③ Anonymity in Society: A Little Is All We Need
④ Hide Behind Anonymity: Endanger Transparency
⑤ Is Anonymity the Only Way to Be Private Online?

22 ◆

다음 글의 요지로 가장 적절한 것은?

Often, our estimates of frequencies, probabilities, and even the desirability of consequences are vague. In ambiguous situations, people form an "anchor" that serves as a starting point, and adjust their estimate from this anchor, which nevertheless remains too close to it. If we recalled that a house sold for approximately $200,000 and wanted to pinpoint the precise amount, we would start our efforts to infer a more exact estimate with that value. As a result, we would end up with estimates that are similar to the original number, ignoring the possibilities that our memories were faulty or the number was inaccurate. A similar situation occurs when we toss a coin: we expect 2 heads in 4 tosses (even though the probability of that particular occurrence is only 3/8). Research indicates that this cognitive limit is a natural result of our limited attention "channels" by focusing on the anchor values at the start of the judgement and the relevant information that the judge has available in memory or at hand.

① 근거가 충분하지 않은 상황에서는 판단을 보류하는 것이 낫다.
② 인간은 성급한 일반화의 오류에서 벗어나기 쉽지 않다.
③ 인간은 고착화된 틀에 따라 사고하는 경향이 있다.
④ 인간의 인지적 한계가 그릇된 판단을 야기한다.
⑤ 생각이 고착화될수록 집중력은 저하된다.

PLUS +
변형문제

윗글의 내용을 한 문장으로 요약하고자 한다. 빈칸 (A), (B)에 들어갈 말로 가장 적절한 것은?

Our evaluation of a situation is based on a ___(A)___ , and our assumptions of similar situations will not ___(B)___ greatly from it.

	(A)	(B)		(A)	(B)
①	stereotype	differ	②	viewpoint	depart
③	stereotype	result	④	viewpoint	change
⑤	principle	derive			

다음 글의 주제로 가장 적절한 것은?

Ignorance of nature's ways led people in ancient times to invent gods for every aspect of human life. There were gods of love and war; of the sun, earth, and sky; of the oceans and rivers; of rain and thunderstorms; even of earthquakes and volcanoes. When the gods were pleased, mankind was treated to good weather, peace, and freedom from natural disaster and disease. When they were displeased, there came drought, war, and epidemics. Since the connection between cause and effect in nature was invisible to their eyes, these gods appeared mysterious, and people were at their mercy. But with Thales of Miletus, a Greek philosopher and astronomer, about 2,600 years ago, that began to change. The idea arose that nature follows consistent principles that could be discovered. And so began the long process of replacing the notion of the reign of gods with the concept of a universe that is governed by laws of nature we could someday learn to read.

① the reason why so many gods were invented
② the effects of ancient religions on modern ones
③ the efforts of ancient people to understand nature
④ ancient beliefs about the causes of natural disasters
⑤ the change in approach toward nature in ancient times

PLUS +
변형문제

윗글의 내용을 한 문장으로 요약하고자 한다. 빈칸 (A), (B)에 들어갈 말로 가장 적절한 것은?

Ancient people had created gods as a way to ___(A)___ natural phenomena, but thanks to Thales of Miletus, people realized that they were caused by the ___(B)___ laws of nature.

	(A)	(B)		(A)	(B)
①	prevent	······ changeable	②	investigate	······ consistent
③	understand	······ complicated	④	experience	······ inevitable
⑤	interpret	······ coherent			

24 ◆

Alexander the Great, an ancient Macedonian ruler and one of history's greatest military minds, established the largest empire the ancient world had ever seen. His genius as a military strategist was honored in ancient times, and has hardly been questioned since. For centuries, the story of Alexander's achievement was the romance of a dashing, heroic soldier who led from the front. This is the story that still suits Hollywood. However, historians have begun to revise the script. The daring young general is still there, but in two respects the Alexander myth is now subject to modification. First, it has become clear that the aim of seizing the Asian empire created by the Achaemenid was not originally Alexander's but his father's, so Alexander just implemented an existing foreign policy. Second, we have become more aware of the extent to which Alexander's success depended upon the fabrication and diffusion of his image. The phenomenon of Alexander 'the Great' then translates into a study not of the art of power but the power of art.

*Achaemenid: 아케메네스 왕조 ((기원전 550년경부터 기원전 331년경까지 통치한 고대 페르시아의 왕조))

① Alexander's Greatest Power: Heroism
② Was Alexander the Great Really "Great"?
③ Why Was Alexander the Great So Powerful?
④ Alexander the Great, the Hero of Hollywood
⑤ The Limits of Alexander Under His Father's Shadow

PLUS +
변형문제

윗글의 내용을 한 문장으로 요약하고자 한다. 빈칸 (A), (B)에 들어갈 말로 가장 적절한 것은?

The story of Alexander the Great is being ___(A)___ because building the empire was not his own aim and a substantial portion of his story was ___(B)___ .

	(A)		(B)			(A)		(B)
①	recollected	······	fabricated		②	explained	······	deceived
③	recognized	······	innovated		④	exaggerated	······	opposed
⑤	reinterpreted	······	invented					

19

2024 모의고사

20 ◆ 다음 글에서 필자가 주장하는 바로 가장 적절한 것은?

In the 1940s, the saxophone player Charlie Parker single-handedly revolutionized the world of jazz with his invention "bebop." But he watched it become the convention in jazz, and he was no longer worshipped by hipsters as younger artists taking his inventions to other levels emerged. We exist in a particular cultural moment, with its own flow and style. When we are young we are more sensitive to these fluctuations in taste, so we keep up with the times. But as we get older the tendency is for us to become locked in a dead style, one that we associate with our youth and its excitement. Our momentum will halt as people come to categorize us in the past. Thus, we must find a way to periodically reinvent ourselves. We can rediscover that youthful sensitivity to what happens around us and incorporate what we like into a newer spirit. The only thing we have to fear then is becoming a social and cultural relic.

*fluctuation: 변동, 오르내림

① 기성세대의 문화를 인정하고 새롭게 발전시켜야 한다.
② 오래된 전통의 가치를 지켜 다음 세대에 전수해야 한다.
③ 전통은 보존하고 계승하되, 현대에 맞춰 재해석해야 한다.
④ 유행에 따르기보다 자신만의 개성을 지키는 것이 중요하다.
⑤ 시대에 뒤처지지 않도록 끊임없이 자신을 재창조해야 한다.

PLUS+
변형문제

윗글의 내용을 한 문장으로 요약하고자 한다. 빈칸 (A), (B)에 들어갈 말로 가장 적절한 것은?

> As we mature we tend to find ourselves attached to the ___(A)___ of our youth, so it is important that we ___(B)___ to match the present to avoid being tied to the past.

	(A)	(B)		(A)	(B)
①	trends	evolve	②	nostalgia	pledge
③	passion	struggle	④	styles	design
⑤	fame	continue			

21 ◆

밑줄 친 **make the maps in our heads conform to the ground we're on**이 다음 글에서 의미하는 바로 가장 적절한 것은?

When I was a very young soldier stationed in Alaska, my squad leader told me a profound truth that I have never forgotten. I was standing in the field during a training exercise, trying to orient myself by studying my map, when he approached and asked me what I was doing. "Sir," I said, "the map says there should be a mountain over there, but I can't see it." "Soldier," he replied, "if the map doesn't agree with the landscape, then the map is wrong." And so it is with our journey through life; sometimes we must <u>make the maps in our heads conform to the ground we're on</u>. The process of drawing the map starts early, with our parents teaching us the directions that they've learned are right. However, there will come times when our map seems incorrect, and that's when we have to trust what we can see when we use our own eyes and look around.

*squad leader: 《군대》 분대장

① change our beliefs according to our wishes
② trust the opinions of others over what we think
③ confirm reality based on our previous experience
④ believe our own judgment rather than other sources
⑤ follow what is in front of our eyes regardless of reality

19

PLUS+
변형문제

윗글의 제목으로 가장 적절한 것은?

① How to Find Trustworthy Information
② Past Experiences Shape Who We Are
③ Why We Should Believe Our Own Senses
④ Learn How to Create Meaningful Experiences
⑤ What to Choose: Discord Between Maps and Reality

22 ◆

다음 글의 요지로 가장 적절한 것은?

In 1917, Ernest Hemingway volunteered as an ambulance driver in Italy, at one of the war fronts, to escape from his monotonous life. In one incident he was nearly killed by a bomb, and the experience forever altered his way of thinking. "I died then... I felt my soul coming right out of my body, like you'd pull a handkerchief out of a pocket." Surviving death made him feel like he was reborn inside. Now he could write of his experiences and make his work vibrate with emotion. Similarly, whenever life feels particularly dull or confining, we can force ourselves to leave familiar ground by embarking on a new venture in which success is uncertain. In this case we experience a moment of powerlessness in the face of something large and overwhelming. We can overcome this feeling of control slipping out of our hands by raising our level of effort, and we will feel as if we are reborn upon its completion. We now have a heightened appreciation for life and a desire to live it more fully.

① 역경을 이겨냄으로써 인간은 성장해나갈 수 있다.
② 낯선 곳으로 여행을 떠나는 것은 삶에 영감을 준다.
③ 더 큰 모험을 찾는 것은 두려움을 이겨내도록 돕는다.
④ 자신의 한계를 경험하는 도전을 통해 삶의 활력을 느낄 수 있다.
⑤ 죽음 앞에서 모두가 평등하다는 깨달음은 인간을 겸손하게 한다.

PLUS+
변형문제

윗글의 내용을 한 문장으로 요약하고자 한다. 빈칸 (A), (B)에 들어갈 말로 가장 적절한 것은?

> When we feel tired of the _____(A)_____ of our everyday lives, pursuing a new experience in which we may fail will allow us to discover a new _____(B)_____ for life.

	(A)	(B)		(A)	(B)
①	boredom	‥‥‥ joy	②	duties	‥‥‥ freedom
③	powerlessness	‥‥‥ perspective	④	temptations	‥‥‥ power
⑤	disappointments	‥‥‥ challenge			

23 ◆

다음 글의 주제로 가장 적절한 것은?

There is a saying that "Climate is what you expect, weather is what you get." Basically, the weather is what is happening to the atmosphere at any time. Climate, however, is determined by many variables such as temperature, altitude, latitude, proximity to water, wind, rainfall, and other conditions that are examined and recorded over a period of at least 30 years. For example, South Florida is listed as a subtropical climate, even though other places around the world at the same latitude are deserts. What makes its climate different from the Sonora, Gobi, or Sahara deserts is that South Florida is surrounded by water and warm currents that combine to provide it with a wet season and a dry season. It is classified as subtropical because the usual definition of *tropical* entails that the latitude is within 23.5 degrees north or south of the equator. South Florida is about 25 degrees north of the equator, so, along with its unusual tropical weather, it can get frost and even extended freezes.

① growing concerns of climate changes over time
② methods to give more accurate weather forecasts
③ various factors working together to determine climate
④ reasons why unusual weather conditions increasingly occur
⑤ difficulties in predicting weather of regions near the equator

19

PLUS⁺
변형문제

윗글의 내용을 한 문장으로 요약하고자 한다. 빈칸 (A), (B)에 들어갈 말로 가장 적절한 것은?

> There are ___(A)___ factors affecting climate, and it is for this reason that places around the world can be located at the same latitude but have ___(B)___ climates.

(A)	(B)	(A)	(B)
① multiple ······ diverse		② visible ······ similar	
③ regional ······ unpredictable		④ internal ······ stable	
⑤ atmospheric ······ balanced			

24 ◆

다음 글의 제목으로 가장 적절한 것은?

Some people often say, "I must make sure I know all about this before I start." Here our intolerance for ambiguity stops us from taking action. We feel as though we will be exposed or that people may discover that we are an impostor and we decide that it is safer to do nothing. Sometimes we try to get more information but with this belief it is unlikely that it will ever be enough. One traveler recalled that for years he had been toying with the idea of motorcycling across Europe. Every time the dream got close to becoming a reality, he decided that he didn't know enough about the bike, the journey, first aid, the places he'd visit, the local languages or any of a host of imponderables. He told himself that more research was needed. His belief that 'I must be certain' prevented him from making a start. If everyone thought like this, there'd be no Edisons or Picassos; and not many books, films or new medicines either. If you need to play it safe, don't expect to leave your name in the history books.

*impostor: 사기꾼

① Hesitation Makes Nothing Happen
② Why You Should Play It Safe
③ What Makes Us Take Risks
④ Hem and Haw and Just Do It
⑤ History Isn't Written by Risk-Takers

PLUS⁺
변형문제

윗글의 내용을 한 문장으로 요약하고자 한다. 빈칸 (A), (B)에 들어갈 말로 가장 적절한 것은?

> We need to embrace our sense of ___(A)___ when we pursue our dreams, because if we don't, we will chase after ___(B)___ and ultimately delay doing what we really want to do.

	(A)	(B)		(A)	(B)
①	ambiguity	interests	②	responsibility	outcome
③	adventure	perfection	④	intuition	certainty
⑤	humor	vanity			

2024 모의고사

20 ◆ 다음 글에서 필자가 주장하는 바로 가장 적절한 것은?

Something actors master is the ability to create characters. They must be able to establish sets of emotions, postures, and reactions to express a role. Some things, such as thoughts expressed in lines from the script, are within conscious control. Others, like emotions or attitudes, aren't. When actors want to develop a feeling or characteristic in themselves, they are taught to act as though they already have it. If you are to develop a certain trait, you need to do much the same thing. Say you find yourself lacking in creativity. What can you do? Start facing the world as you would if you were more creative. When faced with a problem, for example, instead of taking the first solution that comes to mind, think of two or three others first. You can do this for virtually any characteristic outside of the physiological. You might even find that you gain confidence by approaching life in the way you would if you possessed it.

① 작은 성취 경험을 통해 자신감을 높여야 한다.
② 배우는 맡은 배역의 특성을 의식적으로 내면화해야 한다.
③ 배역을 잘 표현하기 위해 연기자는 창의력을 길러야 한다.
④ 갖고 싶은 특성을 기르려면 이미 가진 것처럼 행동해야 한다.
⑤ 부정적인 감정을 조절하려면 자신을 객관적으로 바라봐야 한다.

PLUS+
변형문제

윗글의 내용을 한 문장으로 요약하고자 한다. 빈칸 (A), (B)에 들어갈 말로 가장 적절한 것은?

We can ____(A)____ a trait we desire by acting as if we already ____(B)____ the trait.

	(A)	(B)		(A)	(B)
①	build	..... understand	②	enrich	..... dominate
③	convert	..... find	④	enhance	..... deserve
⑤	cultivate	..... own			

21

밑줄 친 The standard of right and wrong is "fastened to their throne."이 다음 글에서 의미하는 바로 가장 적절한 것은?

Jeremy Bentham, an English moral philosopher and legal reformer, founded the doctrine of utilitarianism. Its main idea is simply stated and intuitively appealing: The highest principle of morality is to maximize happiness, the overall balance of pleasure over pain. According to Bentham, the right thing to do is whatever will maximize utility. By "utility," he means whatever produces happiness, and whatever prevents suffering. Bentham arrives at his principle by the following line of reasoning: We are all governed by the feelings of pain and pleasure. They are our "sovereign masters." The standard of right and wrong is "fastened to their throne." We all like pleasure and dislike pain. The utilitarian philosophy recognizes this fact, and makes it the basis of moral and political life. Maximizing utility is a principle not only for individuals but also for legislators. In deciding what laws to enact, a government should do whatever will maximize the happiness of the community as a whole. Attaining pleasure (happiness) and avoiding pain (unhappiness) are the ultimate objectives of everything we do, so any system of ethics should recognize that fact.

① Utility is a reasonable option.
② Morals drive our every action.
③ Pleasure and pain rule morality.
④ Happiness relies on our emotions.
⑤ We seek happiness for our own well-being.

윗글의 제목으로 가장 적절한 것은?

① Reason Brings About Happiness for All
② The Role of Politicians in Increasing Happiness
③ Utilitarianism: The Greatest Happiness Principle
④ Authority: Why People Obey Orders to Harm Others
⑤ Pleasure Clouds Our Judgment on Right and Wrong

22 ◆

Until recently, the media often gave equal time and space to the arguments for and against humans as the cause of global climate change. Surveys have indicated that there is discord on the issue, but that the majority of scientists agree that humans are altering global climate. One analysis of a decade of research papers on global climate change found no papers that disputed human impacts on global climate. Also, all but one of the major scientific organizations in the United States whose members have expertise relevant to global climate change have issued statements acknowledging that human activities are altering the earth's climate. Therefore, there is a general consensus within the scientific community that humans are causing global climate change. While it is legitimate to explore the arguments against the consensus position, it is misleading for the media to present the issue so as to give the impression that the scientific community is evenly divided on the matter.

① 지구 기후 변화에 영향을 미치는 요인은 다양하다.
② 과학의 발전은 상반된 두 논쟁이 존재할 때 이루어진다.
③ 다양한 의견을 수용하는 것이 균형 잡힌 관점을 갖게 해준다.
④ 대중 매체는 과학계의 분쟁을 축소해서 전달하는 경향이 있다.
⑤ 과학계 찬반 논쟁에 대한 대중 매체의 보도는 때로 왜곡될 수 있다.

PLUS⁺
변형문제

윗글의 내용을 한 문장으로 요약하고자 한다. 빈칸 (A), (B)에 들어갈 말로 가장 적절한 것은?

It is ___(A)___ for the media to give equal attention to opposing sides of a scientific issue when a distinct ___(B)___ toward a specific side exists.

	(A)	(B)		(A)	(B)
①	inappropriate	advantage	②	inappropriate	inclination
③	necessary	opinion	④	necessary	bias
⑤	fatal	progression			

23 ◆

다음 글의 주제로 가장 적절한 것은?

The denotation of a word is its explicit definition as listed in a dictionary. The denotative meaning of "home" is "a place where one lives." The expressiveness of language, however, comes from the other type of word meaning — connotation, or the association that a word usually brings to mind. The connotative meaning of "home" is a place of security, comfort, and family. When Dorothy in *The Wizard of Oz* says, "There's no place like home," she's not referring to the word's denotation, but the emotions "home" evokes for her and most people. So, focusing on a denotation approach to learning vocabulary can lead only to a superficial understanding of words. It is also inadequate in teaching the concepts behind complex words such as "photosynthesis." Much more explanation is required to learn concept vocabulary. In other words, telling children to "look it up in the dictionary" without following up by illustrating how the word is used in context often leads to miscomprehension.

*denotation: 명시적 의미 **photosynthesis: 광합성

① how to teach the underlying concept of words well
② the difference between denotation and connotation
③ benefits of using a dictionary when learning language
④ the necessity of teaching children how to use a dictionary
⑤ disadvantages of using only denotation in learning vocabulary

---

PLUS +
변형문제

윗글의 내용을 한 문장으로 요약하고자 한다. 빈칸 (A), (B)에 들어갈 말로 가장 적절한 것은?

> When learning a new word, focusing only on its explicit meaning is not ____(A)____ because that is only a ____(B)____ understanding of it.

	(A)		(B)			(A)		(B)
①	sufficient	······	shallow		②	sufficient	······	shared
③	dispensable	······	mutual		④	deficient	······	shallow
⑤	deficient	······	shared					

24 ◆

다음 글의 제목으로 가장 적절한 것은?

Throughout history we witness continual cycles of rising and falling levels of the irrational. To some extent irrationality, in fact, is a function of the structure of our brains and is wired into our very nature by the way we process emotions. Everyone is capable of irrational decisions, some of which are caused by circumstances beyond our control. However, almost all of us at some point in our lives have experienced moments of greater rationality. This often comes with the *maker's mind-set*. We have a project to get done, perhaps with a deadline. The only emotion we can afford is excitement. Other emotions simply make it impossible to concentrate. Because we have to get results, we become exceptionally practical. If people try to interrupt or infect us with emotions, we resent it. These moments — as fleeting as a few weeks or hours — reveal the rational self that is waiting to come out. It just requires some awareness and some practice.

① Work Your Way to Success
② How Logic Prevents Human Progress
③ Make a Breakthrough: Embrace Emotions
④ When We Can Bring Out the Rational Self
⑤ Methods to Progress: Emotions vs. Rationality

PLUS +
변형문제

윗글의 내용을 한 문장으로 요약하고자 한다. 빈칸 (A), (B)에 들어갈 말로 가장 적절한 것은?

Though irrationality is our _____(A)_____ trait, there are times when this is not a problem and the only thing we do is focus, which allows us to be very _____(B)_____.

	(A)		(B)		(A)		(B)
①	spontaneous	······	confident	②	controllable	······	swift
③	innate	······	efficient	④	acquired	······	accurate
⑤	common	······	professional				

20 ◆

다음 글에서 필자가 주장하는 바로 가장 적절한 것은?

Technological decisions often have extremely long-term consequences, especially regarding the extraction of non-renewable resources and the depositing of toxic substances. Ethical adequacy would require that in fairness the risks and the costs of all such decisions be considered over the full-time frame of the impact. Future persons cannot speak for themselves. They do not vote. There are even conceptual problems about whether "they" can have rights at all, since "they" are only probable and not actual people, abstract and not specifically identifiable. The ethical assessment of technology will require a long time frame and a respect for the principle that future persons, once they become actual persons, will have no less claim on equitable treatment by us than persons living today. If cost and risk-benefit analysis minimizes this significant ethical concern, we may conclude that it tends to be inadequately concerned for inter-generational justice.

① 미래 세대를 위해 친환경 대체 에너지를 개발해야 한다.
② 신기술 개발에 수반되는 문제를 예측하고 예방해야 한다.
③ 경제적 이익을 추구하기에 급급한 기술 개발을 지양해야 한다.
④ 기술 발전에서 실현 가능성보다 윤리적 타당성을 우선시해야 한다.
⑤ 과학 기술상의 결정은 미래 세대도 고려하여 타당성을 평가해야 한다.

PLUS +
변형문제

윗글의 내용을 한 문장으로 요약하고자 한다. 빈칸 (A), (B)에 들어갈 말로 가장 적절한 것은?

It is important to ___(A)___ the rights of future people in making technological decisions as the decisions of today have the power to ___(B)___ the people of tomorrow.

	(A)	(B)		(A)	(B)
①	grant	convince	②	protect	assist
③	secure	sustain	④	acknowledge	affect
⑤	restore	caution			

밑줄 친 the social mirror가 다음 글에서 의미하는 바로 가장 적절한 것은?

Alone, we imagine we have all kinds of powers and abilities. But when we produce something that fails to have the expected impact, we are suddenly faced with a limit. In this case, our tendency is blaming others for not understanding it and closing ourselves off, which makes it difficult to succeed with our next venture. Instead of turning inward, consider people's coolness and their criticisms as a kind of mirror they are holding up to you. A physical mirror turns you into an object; you can see yourself as others see you. The mirror does not lie. You use it to correct your appearance and avoid ridicule. The opinions of other people serve a similar function. You view your work from inside your mind, encrusted with all kinds of desires and fears, but they see it as it is. Through their criticisms you can get closer to this objective version and gradually improve. When your work does not communicate with others, consider it your own fault — you did not make your ideas clear enough. You are simply perfecting your work through the social mirror.

① a physical object that you can improve upon
② a symbolic judgment impacting your every action
③ the connections you form with other people at work
④ the opinions of others seeing your work objectively
⑤ the ability to communicate your emotions openly

PLUS +

윗글의 제목으로 가장 적절한 것은?

① Be Confident, Express Yourself Properly
② Listen Up! Your Work Relies on Others' Opinions
③ The Key to Improving Your Work: Communication
④ The Benefits of Working Alone vs. Cooperative Work
⑤ Why Should We Be Critical of Other People's Opinions?

22 ◆

다음 글의 요지로 가장 적절한 것은?

We are fascinated by neuroscientists' findings about our powers of thinking and imagination, our abilities to represent and report our thoughts, and we wonder at them and about their applications to ourselves. But as the great naturalist philosopher David Hume knew, nature is too strong in us, and it will not let us abandon our cherished and familiar ways of thinking for long. Hume knew that however curious an idea and vision of ourselves we entertained in our study, or in the lab, when we returned to the world to dine and make merry with our friends, our most natural beliefs and habits returned and banished our stranger thoughts and doubts. It is likely that whatever we have learned and whatever we know about the error of our thinking and about the fictions we maintain, they will remain the dominant guiding force in our everyday lives.

① 자연주의 철학은 인간의 이성보다 본성의 발현을 중시한다.
② 인간은 익숙한 사고방식에서 벗어나지 못하는 한계를 가진다.
③ 합리적 사고와 행동은 객관적 사실에 의거한 판단에서 나온다.
④ 인간은 불확실한 것을 두려워하기 때문에 익숙한 것을 선택한다.
⑤ 사고력은 인간과 다른 생물을 구분 짓는 인간만의 고유한 능력이다.

PLUS +
변형문제

윗글의 내용을 한 문장으로 요약하고자 한다. 빈칸 (A), (B)에 들어갈 말로 가장 적절한 것은?

> No matter how much we ___(A)___ the mind, we will never be able to escape the ___(B)___ way of thinking that we are programmed to follow.

	(A)	(B)		(A)	(B)
①	analyze	changeable	②	develop	fundamental
③	utilize	passive	④	refresh	illogical
⑤	study	conventional			

다음 글의 주제로 가장 적절한 것은?

Harp and Mayer performed an experiment about how adding visuals and text that are topically related to a lesson but irrelevant to the learning goal affects learning. They created two versions of a lesson that taught the process of lightning formation. The basic lesson version used words and relevant visuals to describe the process. The enhanced lesson version added short narrative vignettes with visuals such as a video of lightning striking trees, an ambulance arriving near the trees, and a lightning victim being carried on a stretcher to the ambulance. At the same time, the narrator said: "Approximately 10,000 Americans are injured by lightning every year." Learning was about 30 percent better for students using the basic lesson version. The enhancements actually detracted from learning because they stole attention from the primary content aligned with the learning goal.

① some common mistakes in visual presentation
② designing effective visuals that capture attention
③ the negative effect of enhancements on learning
④ promising methods for teaching difficult subjects
⑤ the difficulty of aligning content with learning goals

PLUS +
변형문제

윗글의 내용을 한 문장으로 요약하고자 한다. 빈칸 (A), (B)에 들어갈 말로 가장 적절한 것은?

According to the study, the students who took the basic lesson had ___(A)___ learning results than those who took the enhanced one because the enhancements acted as ___(B)___ to their learning.

(A)	(B)		(A)	(B)
① wider	⋯⋯ motivators		② greater	⋯⋯ distractions
③ fewer	⋯⋯ stimuli		④ better	⋯⋯ aid
⑤ lower	⋯⋯ guides			

24 ◆

다음 글의 제목으로 가장 적절한 것은?

For many years researchers have been intrigued by bilingual language learning. As you can imagine, researchers have been interested in how children keep the languages straight. Although many researchers concluded that bilingual children tend to develop language skills comparable to those of other children, they believed that the best strategy in the home was relatively unmixed language exposure, in which one language was associated with one person and the other with another person. The assumption was that the association between the language and its source would provide cues to the child about which language was appropriate to use. However, more recent work on this topic suggests a different conclusion: that most bilingual children receive both mixed and unmixed language input and that children are able to use these rich input sources in combination with their cognitive and language skills to make sense of the two languages.

① Teach Your Children More Languages Easily!
② Bilingual Language Learning: Methods and Application
③ How Can Bilingual Children Understand Languages Clearly?
④ Why Young Kids Shouldn't Speak in Multiple Languages
⑤ How Unmixed Language Exposure Helps Your Kids

PLUS +
변형문제

윗글의 내용을 한 문장으로 요약하고자 한다. 빈칸 (A), (B)에 들어갈 말로 가장 적절한 것은?

> Although it was originally believed that ___(A)___ exposure to languages is beneficial for bilingual children, recent study suggests that they have the ability to develop language skills under ___(B)___ input.

	(A)		(B)			(A)		(B)
①	early	·····	unmixed		②	intensive	·····	rich
③	bilingual	·····	linguistic		④	separate	·····	combined
⑤	varying	·····	regular					

20

다음 글에서 필자가 주장하는 바로 가장 적절한 것은?

To be a leader often requires making tough choices, getting people to do things against their will. If you have chosen the soft, pleasing, compliant style of leadership, out of fear of being disliked, you will find yourself with less and less room to compel people to work harder or make sacrifices. If you suddenly try to be tough, they often feel wounded and personally upset. They can move from love to hate. The opposite approach yields the opposite result. If you build a reputation for toughness and getting results, people might resent you, but you will establish a foundation of respect. You are demonstrating genuine qualities of leadership that speak to everyone. Now with time and a well-founded authority, you have room to back off and reward people, even to be nice. When you do so, it will be seen as a genuine gesture, not an attempt to get people to like you, and it will have double the effect. It is much better to be feared and respected than to be loved.

① 리더는 직접 성과를 창출하여 권위를 높여야 한다.
② 리더는 엄격하여 두려움과 존경의 대상이 되어야 한다.
③ 리더는 다른 사람들을 위해 희생하려는 마음을 가져야 한다.
④ 리더는 상황에 따라 적절한 리더십을 발휘할 수 있어야 한다.
⑤ 리더는 사람들이 자발적으로 일할 수 있는 환경을 조성해야 한다.

22

PLUS +
변형문제

윗글의 내용을 한 문장으로 요약하고자 한다. 빈칸 (A), (B)에 들어갈 말로 가장 적절한 것은?

> Leaders should be willing to be disliked for being ___(A)___ enough to run a group of people effectively, as they are more likely to be ___(B)___ due to their group's fear and respect of them.

	(A)	(B)		(A)	(B)
①	strict	⋯⋯ followed	②	persuasive	⋯⋯ recognized
③	conservative	⋯⋯ praised	④	impulsive	⋯⋯ celebrated
⑤	authoritative	⋯⋯ honored			

21 ◆ 밑줄 친 occupy your enemies' flank가 다음 글에서 의미하는 바로 가장 적절한 것은?

In life, where conflict is inevitable, you need to learn how to <u>occupy your enemies' flank</u>. Life is full of hostility — some of it overt, some clever and under-handed. Instead of imagining you can avoid clashes with others, accept them and know that the way you deal with them will decide your success in life. What good is it to win little battles and to succeed in pushing people around here and there, if in the long run you create silent enemies who will sabotage you later? At all cost, you must gain control of the impulse to fight your opponents directly. Taking the fight out of people through strategic acts of kindness, generosity, and charm will clear your path, helping you to save energy for the fights you cannot avoid. Find the way to attract them and win them over — give the support people crave, show the kindness they will respond to, or do the favor that will disarm them. They will naturally take your side. In the political world we live in, this detour is the path to power.

① Look at conflicts from your enemy's side to resolve them.
② Take advantage of your enemy by sabotaging them.
③ Control yourself and survive in the political world.
④ Win little battles and gain influence over others.
⑤ Disarm your enemies and make them your ally.

윗글의 제목으로 가장 적절한 것은?

① How to Best Gain Power: Make Friends
② Gain Respect Through Decisive Behavior
③ Make More Allies, Influence More People
④ The Key to Becoming a Successful Leader
⑤ Can We Control Our Impulses to Fight Enemies?

22 ◆

다음 글의 요지로 가장 적절한 것은?

The majority of developing countries are situated in tropical or subtropical climatic zones. It is also true that the most economically successful countries are located in the temperate zone. Although social inequality and institutional factors are widely considered to be of greater importance, the division cannot simply be attributed to coincidence. The extremes of heat and humidity in most poor countries contribute to deteriorating soil quality and the rapid depreciation of many natural goods. They are also a factor in the low productivity of certain crops, the weakened regenerative growth of forests, and the poor health of animals. Extremes of heat and humidity not only cause discomfort to workers but can also weaken their health, limit their desire to engage in strenuous physical work, and generally reduce their overall productivity and efficiency. Furthermore, malaria and other serious parasitic diseases are often concentrated in tropical areas.

① 경제적 번영은 우연히 이루어지지 않는다.
② 열대 지방의 급격한 기후 변화에 대한 대책이 절실하다.
③ 불리한 기후 조건이 경제 발전에 악영향을 미칠 수 있다.
④ 생산성 향상을 위해서는 작업 환경의 개선이 필수적이다.
⑤ 선진국들은 열대 지방의 빈국들에 지원을 더 늘려야 한다.

PLUS +
변형문제

윗글의 내용을 한 문장으로 요약하고자 한다. 빈칸 (A), (B)에 들어갈 말로 가장 적절한 것은?

> ___(A)___ weather conditions such as extreme heat and humidity can have ___(B)___ influence on a nation's economy.

	(A)	(B)		(A)	(B)
①	Mild	⋯⋯ considerable	②	Mild	⋯⋯ damaging
③	Hazardous	⋯⋯ irreversible	④	Unfavorable	⋯⋯ short-term
⑤	Unfavorable	⋯⋯ negative			

23 ◆ 다음 글의 주제로 가장 적절한 것은?

Sometimes one of the most challenging tasks is obtaining new evidence to test a hypothesis or solution. What's the best type of evidence? The best we can do to test our ideas is to seek evidence that will disconfirm them, rather than look for evidence that supports them. Why? Because the most informative piece of evidence we can obtain is one that rules out a hypothesis or idea. Disconfirming evidence proves conclusively that our idea cannot be true in its current form. In contrast, confirming evidence only supports our idea. Imagine this: You believe that you will be contaminated if you don't wash your hands every two hours. Your hands are always clean, and you never get contaminated. In this case, you can't be absolutely sure if you're right because you will never find that not washing hands does not lead to your contamination. But one day, the water supply is cut off and you can't wash your hands for a day, yet you don't get contaminated. Now you can be absolutely sure that you were wrong about your belief.

① major roles of evidence in examining hypotheses
② necessity of modifying hypotheses based on new data
③ methods of seeking accurate evidence to prove our ideas
④ difficulties of forming accurate hypotheses with limited proof
⑤ importance of seeking evidence refuting our beliefs and predictions

PLUS⁺ 변형문제 윗글의 내용을 한 문장으로 요약하고자 한다. 빈칸 (A), (B)에 들어갈 말로 가장 적절한 것은?

> _____(A)_____ possible options can be the most appropriate way to prove something true, as we cannot get _____(B)_____ proof by simply seeking confirmation.

	(A)		(B)			(A)		(B)
①	Considering	……	restricted		②	Removing	……	questionable
③	Eliminating	……	undeniable		④	Ignoring	……	absolute
⑤	Discovering	……	impressive					

24 ◆ 다음 글의 제목으로 가장 적절한 것은?

Former Prime Minister of the United Kingdom Margaret Thatcher declared that there is no such thing as society. In that context, "society" is the same as "government". She made the point that no government can do anything except through people, and people must look to themselves first and then look after their neighbor. Political theorists use the term "social capital" to describe the wealth of trust and reciprocity that is created within social groups as a result of their networks or relationships. We build norms, rules, and relations that enable us to cooperate with and depend upon one another. These connections build social cohesion and help meet our fundamental human needs, such as participation, leisure, protection and belonging. And it can motivate us by far more than cost and price. Consider communities that are low on income but high on social capital. People in Uganda, for example, could improve the quality and quantity of rural healthcare dramatically simply by creating a renewed sense of social contract backed up with public accountability such as involving local members in monitoring clinic management and decision making.

① What Makes Social Capital Vulnerable Today?
② Why Should We Redistribute Wealth to the Poor?
③ Social Capital: A Positive Product of Human Interaction
④ The Origins and Modern Applications of Social Capital
⑤ The Elements of Social Capital: Trust and Reciprocity

PLUS +
변형문제

윗글의 내용을 한 문장으로 요약하고자 한다. 빈칸 (A), (B)에 들어갈 말로 가장 적절한 것은?

Just as Margaret Thatcher believed that ___(A)___ should take responsibility for each other, other political theorists believe that we can be motivated and satisfy our basic needs through ___(B)___ relationships and social activities which produce public good.

	(A)	(B)		(A)	(B)
①	neighbors	…… trustful	②	individuals	…… interpersonal
③	societies	…… cohesive	④	organizations	…… dependent
⑤	communities	…… reciprocal			

20

다음 글에서 필자가 주장하는 바로 가장 적절한 것은?

In manufacturing, many companies have embraced continuous improvement. This is the process of continuously reducing cost, increasing product durability and customer satisfaction, reducing waste and pollution, etc. For any given topic in science, it should be possible to improve experimental procedures, develop better statistical tests, explain exceptions, etc. Falling in love with a theory and developing that contented glow of companionship is a guaranteed way to overlook opportunities to improve the field. To put it another way, the scientist needs to develop an eye for imperfections which can be improved. If different individuals seem to debate without resolution, perhaps it is because they are using terms differently or perhaps it is because certain phenomena act differently in different systems. In either case, an opportunity exists for clarification. There are always odd phenomena that don't fit in, and they offer opportunities for discovery.

① 과학자는 환경 문제에 대해 책임 의식을 가져야 한다.
② 과학자는 자연 현상을 비판적으로 분석하는 능력을 갖춰야 한다.
③ 과학자는 개선될 여지가 있는 불완전성을 보는 안목을 키워야 한다.
④ 과학자는 자연법칙을 찾기 위해 예외적 사례에 주목해야 한다.
⑤ 과학자는 실험 연구에서 객관적인 태도를 유지해야 한다.

PLUS+
변형문제

윗글의 내용을 한 문장으로 요약하고자 한다. 빈칸 (A), (B)에 들어갈 말로 가장 적절한 것은?

It is important that scientists learn to seek ____(A)____ in science, as this will allow them to ____(B)____ areas that can be improved.

	(A)	(B)		(A)	(B)
①	phenomena	resolve	②	deficiencies	discern
③	certainty	invent	④	opportunities	debate
⑤	uncertainty	contribute			

21 ♦ 밑줄 친 alchemy가 다음 글에서 의미하는 바로 가장 적절한 것은?

In order to be no longer a slave to the character created by your earliest years and the compulsive behavior it leads to, you need to focus on your own <u>alchemy</u>. If you are a hyper-perfectionist who likes to control everything, you must redirect this energy into some productive work instead of using it on people. Your attention to detail and high standards is a positive, if you channel them correctly. If you are a pleaser, you have developed courtier skills and real charm. If you can see the source of this trait, you can control the compulsive aspect of it and use it as a genuine social skill that can bring you great power. If you are highly sensitive and prone to take things personally, you can work to redirect this into active empathy, and transform this flaw into an asset to use for positive social purpose. If you have a rebellious character, you have a natural dislike of conventions and the usual ways of doing things. Channel this into some kind of innovative work, instead of compulsively insulting and alienating people.

① transforming one's weakness into a strength
② finding one's true self to guide one's own life
③ discovering the source of one's individual qualities
④ combining two different traits to overcome one's weakness
⑤ redirecting one's positive aspects to improve the negative ones

PLUS +
변형문제

윗글의 제목으로 가장 적절한 것은?

① Why Weakness Is Your Hidden Social Skill
② Succeed from Your Failings: Make a Change
③ How to Stop Hiding Behind Your Weaknesses
④ Discover Yourself: Positive and Negative Aspects
⑤ Learn How to Transform Yourself into a New Person

22

다음 글의 요지로 가장 적절한 것은?

Kids want to learn and can propel themselves to all kinds of learning as long as there is a payoff — what is won and achieved inside, in the sense of self-confidence and competence. But if you put those kids in a lecture hall and give them a standardized curriculum with standardized forms of measuring achievement and ability, they will learn a different lesson. They might well master what they are supposed to learn, but that's not education. When you think of learning as something external to yourself, it becomes an assessment, not an asset. Learning, in this sense, is skill and will, an earned conviction that, faced with a challenge ahead, this past achievement will get one through. You can count on your ability to learn, and nowhere is that more important than when what you've learned in the past no longer suffices for the future. It is about knowing that, when tested by the most severe challenges ahead, you have the capacity to learn what is required to succeed.

① 학습자 개인의 능력을 고려한 평가 방법이 필요하다.
② 외적 보상이 아닌 내적 만족감이 학습 동기를 높인다.
③ 자신의 성장 가능성을 믿을 때 효과적인 학습이 가능하다.
④ 학습은 문제를 해결할 능력이 있음을 자신하는 것이다.
⑤ 미래 문제 해결에 도움이 되는 학습이 가치 있다.

PLUS +
변형문제

윗글의 내용을 한 문장으로 요약하고자 한다. 빈칸 (A), (B)에 들어갈 말로 가장 적절한 것은?

To learn is to build up the ___(A)___ that all of the hard work we've put in throughout our lives will allow us to ___(B)___ tasks no matter how difficult they are.

	(A)	(B)		(A)	(B)
①	endurance	assess	②	enthusiasm	distribute
③	positivity	simplify	④	intelligence	pursue
⑤	confidence	accomplish			

23 ◆

다음 글의 주제로 가장 적절한 것은?

There is a considerable difference between cooking a meal versus microwaving a meal. Microwave meals are designed to save time and effort and be more "efficient." But in that process of preparing a meal, we are largely passive. The process itself has little meaning except as a means to an end of getting the food on the table. Activities such as cooking a prepackaged meal are part of what philosopher Albert Borgmann has called the "device paradigm," which he views as a characteristic way in which we engage with technology in the contemporary world. Devices make it easier to accomplish tasks, but this replacement of labor comes at a cost; it encourages consumption by taking away engagement. We don't have to know anything about the device, and our interaction with it is minimal. This pattern of disengagement in everyday life is not always pleasant. Activities transformed by devices are often shallow and monotonous, and they involve little challenge or depth. Technology can enrich our lives, but not if it takes away our engagement with reality.

① concerns about passive lifestyles due to technology today
② importance of being interested in using new technology
③ recent trends of technologies used in the modern world
④ reasons why we should be more efficient in our use of devices
⑤ ways to reduce negative effects of modern devices on our lives

---

PLUS +
변형문제

윗글의 내용을 한 문장으로 요약하고자 한다. 빈칸 (A), (B)에 들어갈 말로 가장 적절한 것은?

> While using devices brings ___(A)___ to our lives by decreasing our effort, it also makes us ___(B)___ our participation in the real world.

	(A)	(B)		(A)	(B)
①	differences	obtain	②	paradigms	refuse
③	advantages	sacrifice	④	replacements	ignore
⑤	modernity	support			

24 ◆

다음 글의 제목으로 가장 적절한 것은?

Michael Faraday, the father of electromagnetic induction, is one of history's most influential scientists. Looking back on the man's genius, Einstein said, "Faraday never went to school, and therefore preserved the rare gift of thinking freely." Einstein's view, that schooling affects creativity and genius negatively, has truth in it. The instinct of the creative genius is to explore alone and to be free to wander at will. This unique genius quality, our authenticity and originality, which is alive in every individual before schooling starts, should be recognized and constantly developed in everyone. However, this cannot erase the fact that schooling is necessary. All civilized societies require unity and widespread agreement. A school's function is to civilize and discipline people, not to create explorers. Insofar as schools demand conformity to certain patterns and structures, they threaten to undermine genius. Friction will always exist between the demands of society and the impulses of genius.

*electromagnetic induction: ((물리)) 전자기 유도

① Inevitable Collision: Schooling vs. Genius Development
② Link Between Creativity and Diversity in Schools
③ How to Deal with the Limits of School Systems
④ Take a Rosy View on the Future of Schooling
⑤ What Really Defines a Person as a Genius?

PLUS +
변형문제

윗글의 내용을 한 문장으로 요약하고자 한다. 빈칸 (A), (B)에 들어갈 말로 가장 적절한 것은?

> The fact that our genius needs to be ___(A)___ while it is also important for us to learn to ___(B)___ certain rules and structures in society induces strife between individual ability and conformity.

	(A)	(B)		(A)	(B)
①	changed	⋯⋯ establish	②	fostered	⋯⋯ break
③	nourished	⋯⋯ follow	④	examined	⋯⋯ reform
⑤	taught	⋯⋯ obey			

24

2024 모의고사

18 min.

20

다음 글에서 필자가 주장하는 바로 가장 적절한 것은?

Self-forgiveness will keep you from hurting yourself more by bathing you in the lotion of loving kindness, but it will also increase your compassion for others. It's been my experience with clients that those who are the harshest on themselves also hold others to impossible standards. The ropes of judgement that imprison us with unrealistic expectations also keep us from embracing other human beings. When we practice forgiveness of our own foibles and failings, we cultivate the capacity to do the same for those around us who need our loving care. We expand the capacity of our hearts. So when you blow it, please forgive yourself and move on. As William Durant counsels, "Forget past mistakes. Forget failures. Forget everything except what you are going to do now." You'll be growing your soul as well as your capacity to change this particular way of being.

① 자신의 도덕적 잣대를 함부로 타인에게 강요해서는 안 된다.
② 타인에게 너그러워지려면 먼저 스스로에게 관대해져야 한다.
③ 되돌릴 수 없는 과거에 연연하지 말고 현재에 집중해야 한다.
④ 실수를 자책하기보다 똑같은 실수를 반복하지 않는 것이 중요하다.
⑤ 지나친 완벽주의를 피하기 위해 자신에 대한 기대치를 낮춰야 한다.

PLUS⁺
변형문제

윗글의 내용을 한 문장으로 요약하고자 한다. 빈칸 (A), (B)에 들어갈 말로 가장 적절한 것은?

> Having ___(A)___ for yourself for your mistakes is important since the attitude we have toward ourselves is reflected in the way we ___(B)___ others.

	(A)		(B)		(A)		(B)
①	forgiveness	······	distinguish	②	support	······	imitate
③	concern	······	perceive	④	affection	······	help
⑤	tolerance	······	treat				

21 ◆ 밑줄 친 fossils of an evolutionary process가 다음 글에서 의미하는 바로 가장 적절한 것은?

In the center of Harvard Yard, there is a big statue commemorating the life of John Harvard. The bronze figure has a dull coloration, except for the left shoe, which always looks shiny. Bronze is a naturally shiny metal, but it loses its shine naturally when exposed to the weather. The metal's true color survives only in that shoe, thanks to the frequent brush of thousands of tourists who were told that rubbing the statue's left toe will bring good luck. The irregular verbs in a language are just like this. When you first encounter them, you wonder, "How did these strange exceptions get here?" But in fact, the irregular verbs obey the same patterns today that they obeyed many centuries ago. Frequent contact protected the irregulars from corrosion while the others lost their original color. They are <u>fossils of an evolutionary process</u> that we are just beginning to understand. Today, we call all those other verbs regular, but regularity is not the default state of a language.

① improved language skills through practice
② ancient language use we keep studying today
③ more commonly used words compared to the past
④ words containing their original shape from the past
⑤ effects of languages on our continuous evolution as a species

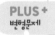

윗글의 제목으로 가장 적절한 것은?

① What Makes Languages Keep Changing
② Exceptions, the Secret to Irregular Verbs
③ Use It or Lose It: Why Irregular Verbs Exist
④ Key Factors in Maintaining Linguistic Rules
⑤ Protect Your Language from Language Extinction

다음 글의 요지로 가장 적절한 것은?

Though the lamp post is only used for its intended function during the hours of darkness, it can be identified to have other objectives, whether intentional or not. These could include: supporting road signs; attachment of traffic lights; meeting points; perches for birds; and so on. There are many examples of products being used in ways that they were perhaps not originally intended. For designers, observing such modifications can provide direction for the development of these products. A lamp post could be developed to project a shadow on the ground that indicates a street name or direction to a nearby street or subway station. Lamp posts could also perhaps be color coded to represent different speed limits or districts. Taking products out of context can lead to exciting developments that break away from the conventional. As it is not always possible to know what to look for and what to dismiss, it is important to deliberately make a physical or mental note of such adaptations when they are seen so as to provide inspiration at the idea stage of product development.

① 도시에서 가로등 기둥은 다양한 용도로 활용되고 있다.
② 현대인들은 다양한 기능을 갖춘 제품을 선호하는 경향이 있다.
③ 제품 개발의 아이디어를 얻는 데에는 기록하는 습관이 필수적이다.
④ 제품의 다양한 용도를 관찰하는 것이 제품 개발에 도움이 된다.
⑤ 소비자의 편의성을 고려하여 제품이 개발되어야 한다.

PLUS +
변형문제

윗글의 내용을 한 문장으로 요약하고자 한다. 빈칸 (A), (B)에 들어갈 말로 가장 적절한 것은?

> Regardless of the original use of an object, it can be practical to actively observe it from ___(A)___ angles, which helps to guide our ___(B)___ when creating a new product.

	(A)	(B)		(A)	(B)
①	creative	identity	②	different	adaptation
③	multiple	imagination	④	right	direction
⑤	certain	development			

23 ◆

Social facilitation was first documented in experiments conducted at the Hawthorne plant of the Western Electric Company during the late 1920s and early 1930s. These classic studies were originally designed to evaluate the impact of different work environments. Among other things, researchers varied the levels of illumination in areas where workers were assembling electrical components and found that production increased when lighting was increased. When lighting was subsequently decreased, however, production again increased. Faced with these confusing data, the researchers turned their attention from physical aspects of the work environment to its social aspects. As it turns out, one reason workers' production increased was simply because someone else (in this case the researchers) had paid attention to them. The term Hawthorne effect is still used today to describe an artificial change in behavior due merely to the fact that a person or group is being studied.

① work environment affecting the rate of production in a factory
② methods behind improving the quality of products in production
③ variables researchers failed to control in designing an experiment
④ reasons why personal attention should be given to factory workers
⑤ influence of attention changing the behavior of experiment subjects

PLUS +
변형문제

윗글의 내용을 한 문장으로 요약하고자 한다. 빈칸 (A), (B)에 들어갈 말로 가장 적절한 것은?

Conflicting data helped researchers to discover that workers are more ___(A)___ by social aspects like attention paid to them, while changes to their ___(B)___ environment don't have much influence.

	(A)		(B)			(A)		(B)
①	confused	⋯⋯	productive		②	disappointed	⋯⋯	surrounding
③	motivated	⋯⋯	physical		④	satisfied	⋯⋯	social
⑤	exhausted	⋯⋯	limited					

24 ◆

다음 글의 제목으로 가장 적절한 것은?

We all want to believe that our brains sort through information in the most rational way possible. On the contrary, countless studies by psychologists, educators, and neurobiologists show that there are many issues with human reasoning. For example, confirmation bias is ubiquitous. People pay attention to information that supports their viewpoints, while ignoring evidence to the contrary. Confirmation bias is not the same as being stubborn, and is not constrained to issues about which people have strong opinions. Instead, it acts at a subconscious level controlling how we gather and filter information. Most of us are not aware of these types of flaws in our reasoning processes, but professionals who work to convince us of certain viewpoints study the research on human decision making to determine how to exploit our weaknesses to make us more susceptible to their messages. Becoming more aware of our own vulnerabilities inhibits their efforts.

① Don't Be Fooled by Confirmation Bias!
② How to Exploit Weaknesses in Reasoning
③ Why We Avoid Irrational Questions in Life
④ Ignorance of Our Limited Capacity for Reasoning
⑤ Confirmation Bias: Our Greatest Unconscious Flaw

PLUS+
변형문제

윗글의 내용을 한 문장으로 요약하고자 한다. 빈칸 (A), (B)에 들어갈 말로 가장 적절한 것은?

Our minds often organize information in a(n) ____(A)____ way without being aware of it, and this can be studied and used by some professionals to ____(B)____ our thoughts.

	(A)		(B)		(A)		(B)
①	unfair	·····	alter	②	rational	·····	harm
③	illogical	·····	manipulate	④	particular	·····	invade
⑤	traditional	·····	contaminate				

20

다음 글에서 필자가 주장하는 바로 가장 적절한 것은?

Many of us were taught from an early age that if something wasn't going right for us, whatever it might be, we just had to work harder at it to make it succeed. That misguided belief has resulted in a lot of unnecessary misery and distress. There's a big difference between ongoing effort that produces satisfaction and good work, and ongoing effort that only brings frustration and second-rate results. Although everybody knows that you can't fit a square box into a round hole, it takes courage and clear thinking to know when it's better to walk away from something that just isn't working, rather than to persist in that fruitless endeavor. Consider how much better and easier life would be if you got rid of everything that doesn't work for you, and focused instead on what works.

① 일에 성공할 가장 효율적인 방법을 찾아 실행하라.
② 남들이 도전하지 않는 일에 도전하는 자세를 가져라.
③ 자신이 맡은 일에 대해 최대한 많은 정보를 수집하라.
④ 안 되는 일은 과감히 포기하고 가능한 일에 집중하라.
⑤ 어떤 일이든 노력하면 할 수 있다는 믿음을 가져라.

PLUS +
변형문제

윗글의 내용을 한 문장으로 요약하고자 한다. 빈칸 (A), (B)에 들어갈 말로 가장 적절한 것은?

Contrary to popular belief, ___(A)___ something that is not working out for you is not helpful; instead, ___(B)___ something that does work for you makes your life much better and easier.

	(A)	(B)		(A)	(B)
①	continuing	concentrating on	②	continuing	putting off
③	completing	embracing	④	giving up	turning down
⑤	giving up	identifying			

21 ◆ 밑줄 친 Columbus didn't just sail, he sailed west가 다음 글에서 의미하는 바로 가장 적절한 것은?

Before beginning to compose some articles, gauge the nature and extent of the enterprise and work from a suitable design to get a satisfactory style. Design informs even the simplest structure, whether of brick and steel or of prose. You raise a pup tent from one sort of vision, a cathedral from another. This does not mean that you must sit with a blueprint always in front of you, but merely that you had better anticipate what you are getting into. To compose a laundry list, you can work directly from the pile of soiled garments, ticking them off one by one. But to write a biography, for example, you will need at least a rough scheme; you cannot plunge in blindly and start ticking off fact after fact about your subject, lest you miss the forest for the trees and there be no end to your labors. Columbus didn't just sail, he sailed west, and the New World took shape from this simple and sensible design. This is the case in writing too.

① Difficulties encourage you to become strong.

② Consistency will give you satisfactory results.

③ Logical flow is considered important when writing.

④ Simplicity is the best when it comes to writing.

⑤ Planning is needed before you start.

PLUS+ 변형문제

윗글의 제목으로 가장 적절한 것은?

① How to Make a List in Writing

② Just Move On and Don't Stop Writing

③ Fear Is Our Greatest Enemy in Writing

④ Don't Lose Your Way: Organize Your Writing

⑤ Simple Is Best: Things to Consider in Writing

다음 글의 요지로 가장 적절한 것은?

We are continually constructing little anticipatory patterns in our brain to help us predict the future: If I put my hand here, then this will happen. If I smile, then she'll smile. If our model meshes with what actually happens, we experience a little drip of sweet affirmation. If it doesn't then the brain has to identify the glitch and adjust the model. Often there's tension between the anticipatory patterns in our mind and the outer world. So we try to come up with concepts that will help us understand the world, or changes in behavior that will help us live in harmony with it. When we grasp some situation, or attempt to adjust ourselves to the changes, there's a surge of pleasure. It's not living in perpetual harmony that produces the surge, but the moment when some tension is erased. So a happy life has its recurring set of rhythms: difficulty to harmony, difficulty to harmony. And it is all propelled by the desire for the moment when the inner and outer patterns mesh.

① 인간은 새로운 것을 학습하는 데서 행복을 느낀다.
② 인간은 예측이 빗나갔을 때 현실을 부정하는 경향이 있다.
③ 예측은 인간의 축적된 경험을 바탕으로 한 주관적 판단이다.
④ 인간은 안정적인 환경에서는 자기 발전의 동기를 얻지 못한다.
⑤ 예측과 실제의 불일치를 반복해서 해소하는 것이 행복한 삶이다.

PLUS +
변형문제

윗글의 내용을 한 문장으로 요약하고자 한다. 빈칸 (A), (B)에 들어갈 말로 가장 적절한 것은?

When the gap between our ____(A)____ and the reality we experience disappears, we feel such great pleasure resulting from the ____(B)____ of tension that we continuously pursue this sensation.

	(A)		(B)			(A)		(B)
①	prediction	·····	release		②	perception	·····	reward
③	vision	·····	connection		④	delusion	······	relief
⑤	expectation	·····	gratification					

23 ◆

다음 글의 주제로 가장 적절한 것은?

As the economy expands and organizations grow accordingly, firms become even more complex, both in their tasks and in the markets they serve. Thus, the activities of individuals in these firms are necessarily becoming more specialized. An increasingly global and fast-paced economy requires people with specialized expertise. Yet the specialists within a company, whose knowledge is mostly limited to a particular part of a subject or profession, need to know how to work together. Moreover, as acquisitions, restructurings, outsourcing, and other structural changes take place, the need for coordination becomes all the more relevant. Changes in corporate structure and increases in specialization imply that there will be new boundaries between the members of an organization. These boundaries both separate and link teams within an organization, although the boundaries are not always obvious. These new relationships require team members to learn how to work with others to achieve their goals. Team members must integrate through coordination with suppliers, managers, peers, and customers.

① methods of training specialists in a company for good results
② importance of continuous improvement in all areas of a company
③ specialized roles of individuals in producing high-quality products
④ necessity of specialists to work with other specialists in a company
⑤ efforts to promote coordination by blurring the boundaries between teams

PLUS +
변형문제

윗글의 내용을 한 문장으로 요약하고자 한다. 빈칸 (A), (B)에 들어갈 말로 가장 적절한 것은?

The growing economy requires that companies have more ____(A)____, and these individuals must ____(B)____ with others to produce the best results.

	(A)		(B)		(A)		(B)
①	economists	......	empathize	②	leaders	......	deal
③	analysts	......	compete	④	pioneers	......	engage
⑤	experts	......	collaborate				

다음 글의 제목으로 가장 적절한 것은?

The crucial role of pleasure in our lives is stressed by a long tradition that can be traced back to Plato and Aristotle. We spend much time and many resources pursuing pleasure before condemning it. If we think of pleasure as a sensation passively experienced and distinct from the activities that cause it, it may seem relatively unimportant when compared to the actions through which we accomplish important goals in life. But if we think of pleasure as the inherent quality of an activity that makes it rewarding and interesting, the pleasure would not only accompany but also motivate everything we do. This is because pleasure strengthens our activities and helps us aim at their successful completion. Thus, pleasure is not some optional pursuit that we ought to suspend if we have the willpower. Pleasure matters to us because it is fundamental to our motivational states — we are wired to care about it.

① Pleasure Does Not Lead to Happiness
② Be More Active in Setting Your Goals
③ Why Pleasure Is Essential in Our Lives
④ How Can We Enjoy Our Activities More?
⑤ Don't Like Life? Try Something Different

PLUS +
변형문제

윗글의 내용을 한 문장으로 요약하고자 한다. 빈칸 (A), (B)에 들어갈 말로 가장 적절한 것은?

> Though pleasure doesn't seem to play a(n) ___(A)___ role in our accomplishing goals, it actually acts as the foundation of our ___(B)___ to achieve them.

	(A)	(B)		(A)	(B)
①	meaningful	‥‥‥ spirits	②	unnecessary	‥‥‥ sensation
③	significant	‥‥‥ motivation	④	optional	‥‥‥ power
⑤	achievable	‥‥‥ inspiration			

1 구문

판매 1위 '천일문' 콘텐츠를 활용하여 정확하고 다양한 구문 학습

(끊어읽기) (해석하기) (문장 구조 분석) (해설·해석 제공) (단어 스크램블링) (영작하기)

2 문법·서술형

쎄듀의 모든 문법 문항을 활용하여 내신까지 해결하는 정교한 문법 유형 제공

(객관식과 주관식의 결합) (문법 포인트별 학습) (보기를 활용한 집합 문항) (내신대비 서술형) (어법+서술형 문제)

3 어휘

초·중·고·공무원까지 방대한 어휘량을 제공하며 오프라인 TEST 인쇄도 가능

(영단어 카드 학습) (단어 ↔ 뜻 유형) (예문 활용 유형) (단어 매칭 게임)

4 선생님 보유 문항 이용

(Online Test) (OMR Test)

수능
영어

절대
유형

Fly higher and higher!

이공~ 이사

2024

쎄듀

수능영어 절대유형

정답 및 해설

20 ① PLUS + ③

In the fast-paced world [in which we live], / it is tempting / to notice someone's flashy car or wild hairdo and conclude right away, / "Aha, I understand him!" [1]Almost everyone has the ability (to read the cues [that form first impressions]), / and most of us tend to stop there, / or at least pay significantly less attention // once we've made up our mind about someone. But why? Would we rush to the salesman's office / to sign a contract / to buy a new sports car // just because it "looked" fast? Not the prudent buyer. He would want to know more details (about its engine, transmission, suspension, and more). 주제문 [2]Likewise, **it is important / to examine as many of the important aspects of a person's personality as possible / in order to gather enough information / to form a complete and accurate impression / without stereotyping or shortcut thinking.**

해석 우리가 살고 있는 급변하는 세상에서, 호화로운 차나 손질하지 않은 헤어스타일을 보면 "아하, 저 사람이 어떤 사람인 줄 알겠어!"라고 즉시 결론을 내리고 싶을 것이다. 거의 모든 사람이 첫인상을 형성하는 단서들을 읽어내는 능력을 가지고 있고, 우리 대부분은 거기에서 멈추거나, 일단 우리가 누군가에 대해 마음을 정하고 나면 최소한 상당히 더 적은 관심을 갖는 경향이 있다. 하지만 왜 그럴까? 새로운 스포츠카가 단지 빠르게 '보인다'는 이유만으로 그것을 구매하는 계약서에 서명하려고 영업 사원의 사무실에 서둘러 갈 것인가? 신중한 구매자라면 그렇게 하지 않을 것이다. 신중한 구매자라면 스포츠카의 엔진, 변속기, 완충 장치 아니 그 이상의 것들에 관한 더 많은 세부 사항들을 알고 싶어 할 것이다. 마찬가지로, 주제문 고정 관념을 형성하거나 섣부른 판단을 하지 않고 완전하고 정확한 인상을 형성하기 위해 충분한 정보를 모으기 위해서는 한 사람의 성격의 중요한 측면들을 가능한 한 많이 검토하는 것이 중요하다.

어휘 tempting ~하고 싶은: 유혹하는   flashy 호화로운: 현란한   hairdo 헤어스타일   cue 단서, 신호: 신호를 주다   first impression 첫인상   make up one's mind 마음을 정하다, 결심하다   rush 서두르다   contract 계약(서)   prudent 신중한, 조심성 있는   transmission (자동차의) 변속기: 전달, 전송   suspension (자동차의) 완충 장치: 정직, 정학   aspect (측)면: 양상   personality 성격   accurate 정확한   stereotype 고정 관념을 형성하다: 고정 관념

해설 자동차가 빠르게 보인다고 해서 계약을 바로 맺지 않는 것처럼 사람의 첫인상만 보고 그 사람에 대한 판단을 멈추면 안 된다는 내용이다. 'it is important ~' 표현이 쓰인 마지막 문장에서 필자의 주장이 드러나므로, 필자의 주장으로 가장 적절한 것은 ①이다.

오답 Check
② → 신중하게 물건을 구매하는 상황은 일종의 비유일 뿐 필자의 주장은 아님.
③ → 첫인상이 언급되었지만, 다른 사람에게 좋은 첫인상을 남기려고 노력하라는 내용은 아님.
④ → 전문가의 조언은 언급되지 않음.
⑤ → 타인을 판단하는 기준으로 '호화로운 차'가 언급되었을 뿐, 물질적인 부를 강조하는 사람을 경계하라는 내용은 아님.

PLUS + 변형문제
해석 누군가를 (A) 평가할 때, 첫인상에 근거하여 내린 (그 사람에 대한) 성급한 판단은 충분하지 않은데, 즉 그들에 대한 더 (B) 다양한 정보가 필요하다.
해설 우리가 누군가에 대해서 그 사람이 어떤 사람인지 평가할(assessing) 때, 첫인상에만 근거해서 성급한 판단을 내리면 안 되고, 보다 신중하게 그 사람의 성격의 여러 측면들을 최대한 검토하여 얻은 더 다양한(diversified) 정보가 필요하다는 내용의 요약문이다.
① 비판할 - 상세한 → (B)는 답이 될 수 있지만 (A)는 틀림.
② 비판할 - 균형 잡힌 → (B)는 답이 될 수 있지만 (A)는 틀림.
④ 평가할 - 호의적인 → (A)는 답이 될 수 있지만 (B)는 틀림.
⑤ 소개할 - 모순되는 → (A), (B) 둘 다 답이 될 수 없음.

구문 [1]Almost everyone has *the ability* (**to read** *the cues* [**that** form first impressions]), / and most of us tend to stop there, / or at least pay significantly less attention // **once** we've made up our mind about someone.
• ( ) 부분은 형용사적 용법으로 쓰인 to부정사구로 앞에 있는 명사 the ability를 수식한다.
• to부정사구 내 [ ] 부분은 주격 관계대명사가 that이 이끄는 관계사절로 선행사 the cues를 수식한다.
• once는 '일단 ~하면[할 때]'의 의미를 나타내는 부사절 접속사이다.

[2]Likewise, **it** is important / **to examine** as *many of the important aspects of a person's personality* **as possible** / in order to gather enough information / **to form** a complete and accurate impression / without stereotyping or shortcut thinking.
• it은 가주어, to examine 이하가 진주어이다.
• 「as ~ as possible」은 '가능한 한 ~핸[하게]'의 뜻이다.
• to form 이하는 to부정사의 부사적 용법으로 목적을 나타낸다.

주제문

Drawing, for many people, / is a phantom skill. Crayon and colored pencil drawings (of fancy princesses) poured out / onto the sketchbooks of the girls, // while planes and ships, usually aflame, battled it out / in the boys' drawings. ¹Occasionally boys drew princesses and girls drew gunboats, // but whatever the subject matter, this robust period of drawing / tended to phase out / in most students' lives / and, by high school, / drawing became the specialized province (of those [who provided the cartoons for the yearbook / and made the posters for the prom]). ²With just a primer on the basic elements (of line-making, perspective, structure, and proportion), / you can rekindle the love of drawing [you left behind in the 4th grade]. Achieving some confidence in drawing objects / will get you started in the pleasure of this activity, / and give you the basis (for moving on to drawing figures). Also, your next visit to the museum / will be both more gratifying / and a chance (to amaze your companions / with your new-found aestheticism).

해석 주제문 많은 사람들에게 그림 그리기는 유령 같은 기술이다. 크레용과 색연필로 그린 화려한 차림의 공주 그림이 소녀들의 스케치북 위에 쏟아져 나왔고, 한편 소년들의 그림 속에서는 보통 불타오르는 비행기와 배가 필사적으로 싸웠다. 이따금 소년들은 공주를 그렸고, 소녀들은 군함을 그리기도 했지만, 그 소재가 무엇이든 이렇게 원기 왕성하게 그림을 그리는 시기는 대부분 학생의 삶에서 점차 사라지는 경향이 있었고, 고등학교 정도 되면 그림 그리기가 졸업 앨범에 넣을 만화를 그리고 졸업 무도회 포스터를 만드는 사람들의 전문 분야가 되었다. 선 그리기, 원근법, 구조, 그리고 비율의 기본적인 요소에 관한 입문서만으로 당신은 4학년 때 두고 왔던 그림 그리기에 대한 열정을 다시 불러일으킬 수 있다. 사물을 그리는 것에 있어 약간의 자신감을 얻는 것은 당신이 이 활동의 즐거움 속에 (그림 그리기를) 시작하도록 할 것이며, 인물을 그리는 것으로 나아가기 위한 토대를 당신에게 제공할 것이다. 또한, 당신이 다음에 미술관에 갈 때는 더 흐뭇할 것이며 새로 발견한 심미주의로 동료들을 놀라게 할 기회도 될 것이다.

어휘 phantom 유령 같은; 상상의 pour out 쏟아져 나오다 aflame 불타오르는 battle it out 필사적으로[끝까지] 싸우다 subject matter (책·연설·그림 등의) 소재; 주제 robust 원기 왕성한, 팔팔한 phase out 단계적으로 중단하다 province (학문·활동의) 분야, 영역; 지방, 시골 prom (졸업) 무도회 primer 입문서 perspective 원근법; 관점; 전망 proportion (전체의) 비율; 부분 rekindle 다시 불러일으키다[불붙이다] gratifying 흐뭇한, 기쁜 companion 동료; 동반자 aestheticism 심미주의, 예술 지상주의

해설 그림 그리기는 어렸을 때 비해 나이가 들면서 더는 하지 않는 활동이지만, 입문서를 계기로 어린 시절의 열정을 불러일으켜 다시 시작할 수 있다고 했으므로 마치 세상에 없는 죽은 사람이 생전의 모습으로 나타나는 것을 뜻하는 phantom의 의미와 연결된다. 그러므로 밑줄 친 부분의 의미로 가장 적절한 것은 ④ '사라졌다고 생각했지만 우리 안에 남아있는 기술'이다.

오답 Check
① 미술에서 큰 성공을 위한 잠재력 → 미술에서 성공하는 것에 관한 내용은 없음.
② 재능이 아닌 학습되어야 하는 무언가
③ 다방면에 걸친 연습과 노력의 흔한 결과
⑤ 어린 시절부터 우리가 지녀온 능력
→ ②, ③, ⑤ 모두 글에서 추론할 수 없는 오답.

PLUS + 변형문제

해설 어릴 때의 왕성했던 미술 활동에 대한 흥미를 입문서를 통해 다시 일으키고 그림 그리기에 자신감을 가지게 되면서 활동을 계속해 나갈 수 있다는 내용이므로 제목으로 가장 적절한 것은 ③ '어떻게 미술에 대한 우리의 흥미를 다시 불러일으킬 수 있는가'이다.
① 모든 아이들이 가장 좋아하는 취미는 그림 그리기
→ 글의 전반부 내용에만 해당하는 제목.
② 왜 우리는 십 대에 그림 그리기를 멈추는가?
→ 글에서 추론할 수 없는 오답.
④ 미술 감상하는 법을 아이들에게 가르치는 것의 이점
→ 글에서 추론할 수 없는 오답.
⑤ 아이들 그림의 차이점, 즉 소년 대 소녀
→ 글의 일부 내용에 해당하는 제목.

구문 ¹Occasionally boys drew princesses and girls drew gunboats, // but **whatever** the subject matter (might be), this robust period of drawing / tended to phase out / in most students' lives / **and**, by high school, / drawing became the specialized province (of those [**who** provided the cartoons for the yearbook / and made the posters for the prom]).
• 세 개의 절이 등위접속사 but과 and로 대등하게 연결되어 있다.
• 복합관계대명사 whatever는 '~은 무엇이라도'의 의미로 the subject matter 뒤에 동사 might be가 생략되었다.
• students를 지칭하는 대명사 those는 주격 관계대명사 who가 이끄는 관계사절의 수식을 받고 있다.

²**With** just a primer on *the basic elements* (of line-making, perspective, structure, and proportion), / you can rekindle *the love of drawing* [(**which[that]**) you left behind in the 4th grade].
• with은 '~으로, ~을 사용하여'의 의미로 '수단'을 나타낸다.
• [ ] 부분은 목적격 관계대명사 which[that]가 생략된 관계사절로 선행사 the love of drawing을 수식한다.

¹There is a very old story, / often **told** to fill time during training courses, / **involving** a man (trying to fix his broken boiler). Despite putting in a lot of effort over many months, / he simply can't mend it. Eventually, he gives up / and decides to seek the assistance of an expert. The engineer arrives, / gives one gentle tap on the side of the boiler, / and stands back // as it springs to life. The engineer presents the man with a bill for the service rendered, // and the man argues / that he should be charged only a small fee / as the job took the engineer only a few moments. ²The engineer quietly explains // that the man is not paying for the time [he took to tap the boiler] / but rather the years of experience (involved in knowing exactly where to tap). Just like the expert engineer (tapping the boiler), / 〔주제문〕 **effective change does not have to be time-consuming**. In fact, it can take less than a minute and is often simply a question (of knowing exactly where to tap).

〔해석〕 교육 과정에서 시간을 때우기 위해 자주 이야기되는, 고장 난 보일러를 고치려고 애쓰는 한 남자와 관련된 아주 오래된 이야기가 하나 있다. 수개월 동안 많은 노력을 기울였음에도 불구하고, 그는 결코 보일러를 고칠 수 없다. 결국 그는 포기하고 전문가의 도움을 구하기로 결정한다. 엔지니어가 도착해서는 보일러의 옆면을 가볍게 한번 두드리고, 그것이 갑자기 작동하자 뒤로 물러선다. 엔지니어가 그 남자에게 제공된 서비스에 대한 청구서를 주고, 그 남자는 엔지니어가 그 일을 하는 데 시간이 오래 걸리지 않았으므로 자신이 적은 요금만 청구되어야 한다고 주장한다. 엔지니어는 자신이 보일러를 두드리는 데 걸린 시간이 아니라, 좀 더 정확하게 말하면 어디를 두드려야 할지를 정확히 아는 것과 관련된 수년간의 경험에 그 남자가 요금을 지불하는 것이라고 침착하게 설명한다. 보일러를 두드리는 그 전문 엔지니어처럼, 〔주제문〕 효과적인 변화는 많은 시간이 걸려야 하는 것은 아니다. 사실 그것은 일분도 채 걸리지 않을 수 있고 흔히 어디를 두드려야 할지 정확히 아는 문제일 뿐이다.

〔어휘〕 **training course** 교육 과정 **involve** 관련시키다; 포함[수반]하다 **fix** 고치다; 고정시키다 **simply** 결코, 절대로; 단지, 다만 **mend** 고치다, 수리하다 **assistance** 도움 **expert** 전문가; 전문적인; 숙련된 **tap** 두드리기; 가볍게 두드리다 **stand back** 뒤로 물러서다 **spring to life** 갑자기 작동하다[활발해지다] **present A with B** A에게 B를 주다 **bill** 청구서, 계산서; 법안 **time-consuming** (많은) 시간이 걸리는

〔해설〕 필자는 고장 난 보일러를 잠깐 두드려서 고친 엔지니어의 예를 통해 효과적인 변화에는 소요된 시간이 중요한 것이 아니라 정확히 아는 것이 중요하다는 것을 보여주고 있다. 마지막 부분에서 필자가 말하고자 하는 바를 정리하고 있으므로, 이 글의 요지로 가장 적절한 것은 ②이다.

〔오답 Check〕
① → 전문가가 보일러를 쉽게 고친 예시는 들었지만 이것이 글의 요지는 아님.
③ → 전문가의 지식이 수년간의 경험에 의한 것이라고는 했지만 이것이 글의 요지는 아님.
④ → 글에 언급되지 않은 내용.
⑤ → 변화에는 정확한 지식이 중요하다고 했음.

PLUS⁺ 변형문제

〔해석〕 성공적인 변화는 (A) 짧은 기간 내에 일어날 수 있는데, 중요한 것은 (B) 정확한 지식이다.
〔해설〕 효과적인 변화는 많은 시간이 걸리는 것이 아니며 짧은 (brief) 기간 내에 일어날 수 있는데, 이때 정확한(precise) 지식을 가지는 것이 중요하다는 내용의 요약문이다.
① 시기적절한 – 정확한 → (B)는 답이 될 수 있지만 (A)는 틀림.
② 연속적인 – 폭넓은
③ 임시의 – 공유된
⑤ 제한된 – 폭넓은
→ ②, ③, ⑤ 모두 글에서 추론할 수 없는 오답.

〔구문〕 ¹There is *a very old story*, / often **told** to fill time during training courses, / **involving** *a man* (trying to fix his broken boiler).
• often told ~ training courses는 a very old story에 대해 부가적인 설명을 하는 수동 의미의 분사구문으로 문장 중간에 삽입되었다.
• involving 이하는 능동의 의미인 분사구문으로 이 또한 앞에 나온 a very old story에 대한 부가적인 설명을 한다.
• ( )은 현재분사구로 바로 앞의 명사 a man을 수식한다.

²The engineer quietly **explains** // **that** the man is 〔not〕 paying for *the time* [(which[that]) he took to tap the boiler] / 〔but〕 rather *the years of experience* (involved in knowing exactly where to tap).
• that은 동사 explains의 목적어 역할을 하는 명사절을 이끄는 접속사이다.
• [ ]은 목적격 관계대명사 which[that]가 생략된 관계사절로 선행사 the time을 수식한다.
• 밑줄 친 두 부분은 상관접속사 「not A but B (A가 아니라 B)」로 병렬 연결되었다.
• ( ) 부분은 앞에 있는 the years of experience를 수식하는 과거분사구이다.

[1]In 1913, when Henry Ford created the assembly line / and dramatically improved the efficiency [with which his company could manufacture cars], // he proudly announced / that customers could have his automobiles in any color [they wanted] / as long as that color was black. In other words, in exchange for allowing customers to purchase a quality product at a low price, / the assembly line model traded off the ability (to build a large variety of cars) / for the ability (to build standardized cars more efficiently). In the century since Ford revolutionized manufacturing, // the mass production process has become increasingly flexible and efficient. [2]Today, automobile manufacturers (from Ford to BMW) / offer consumers the option of buying a car [that has been customized using a variety of components]. On a smaller scale, retailers such as Build-A-Bear / charge customers a premium price / for the opportunity (to custom build their own products). Even Starbucks sells thousands of unique drinks [that can be customized to the tastes of individual consumers / through different combinations of milk, espresso, and other ingredients].

해석 1913년 Henry Ford가 조립 라인을 발명하여 그의 회사가 자동차를 생산할 수 있는 효율성을 극적으로 향상시켰을 때, 그는 검은색이기만 하면 고객들이 자신이 원하는 어떤 색상의 자동차도 가질 수 있다고 자신 있게 발표했다. 다시 말해서, 고객들에게 질 좋은 제품을 낮은 가격에 살 기회를 주는 대신, 조립 라인 모델은 표준화된 자동차를 더 효율적으로 만들어 내는 능력을 위해 다양한 종류의 자동차를 만드는 능력을 포기했다. 주제문 Ford가 생산 체계의 대혁신을 이룬 이래 100년 동안 대량생산 과정은 점점 더 융통성 있고 효율적으로 되고 있다. 오늘날, Ford부터 BMW에 이르는 자동차 제조사들은 고객들에게 여러 가지 구성 요소들을 이용하여 주문 제작할 수 있는 차량 구매 선택 사항을 제공한다. 좀 더 작은 규모에서 보면, Build-A-Bear와 같은 소매상은 고객들에게 자신만의 상품을 만들 기회를 줌으로써 프리미엄 가격을 청구한다. Starbucks도 우유, 에스프레소, 그 외 다른 재료들의 여러 가지 조합을 통해 고객 각각의 입맛에 맞게 주문 제작될 수 있는 수천 가지의 특별한 음료를 판매한다.

어휘 assembly line (대량 생산의) 조립 라인 dramatically 극적으로 efficiency 효율(성) manufacture (기계로) 생산[제조]하다 in exchange for ~대신에 trade off A for B B를 위해 A를 포기하다 standardize 표준화하다 mass production 대량생산 flexible 융통성 있는 customize 주문 제작하다 charge (요금·값을) 청구하다

해설 Henry Ford가 생산 효율성을 향상시켜 질 좋은 제품을 낮은 가격에 살 수 있게 했다는 내용의 도입부에 이어서, 글 중반부에 이러한 대량생산 과정이 점점 더 효율적으로 되고 있다는 주제문이 나온 뒤, 그러한 예로 고객들이 자신만의 상품을 만들 기회를 제공하는 Build-A-Bear와 Starbucks가 제시되고 있다. 따라서 글의 주제로 가장 적절한 것은 ② '지난 세기에 걸친 제품 대량생산의 변화'이다.

오답 Check
① 현재와 과거에 생산된 제품들의 차이점
→ 현재와 과거 제품의 차이에 대한 언급은 없음.
③ 향상된 생산 효율성이 제품 가격에 미치는 영향
→ 생산 효율성 향상과 제품 가격의 관계에 대한 언급은 없음.
④ 생산 단가에 부정적으로 영향을 미치는 생산 방법
→ 생산 단가와 생산 방법의 관계에 대한 언급은 없음.
⑤ 주문 제작을 통해 대형 제조사를 이기는 소매상
→ 주문 제작을 통해 소매상이 대형 제조사를 이긴다는 언급은 없음.

PLUS+ 변형문제

해석 대량생산의 (A) 발달은 100년 전보다 더 낮게 고객들이 자신의 (B) 특정한 요구사항에 맞는 제품을 갖는 것을 가능하게 했다.

해설 Ford가 1913년 대량생산 체계의 혁신을 이룬 이래로 대량생산의 발달(advances)이 지속되었고, 그로 인해 자동차 제작에서 커피 주문에까지 고객들의 특정한(specific) 요구사항을 제품에 반영할 수 있게 되었다는 내용의 요약문이다.
② 발달 – 완전한 → (A)는 답이 될 수 있지만 (B)는 틀림.
③ 감소 – 특정한 → (B)는 답이 될 수 있지만 (A)는 틀림.
④ 강조 – 완전한 → (A), (B) 둘 다 답이 될 수 없음.
⑤ 투자 – 환경적인 → (A), (B) 둘 다 답이 될 수 없음.

구문 [1]In 1913, when Henry Ford created the assembly line / and dramatically improved *the efficiency* [**with which** his company could manufacture cars], // he proudly **announced** / **that** customers could have his automobiles in *any color* [they wanted] / **as long as** that color was black.
- 첫 번째 [ ] 부분은 '전치사+관계대명사' 형태의 with which가 이끄는 절로 선행사인 the efficiency를 수식한다. which는 전치사 with의 목적어로, with which는 with the efficiency로 해석할 수 있다.
- 접속사 that 이하는 동사 announced의 목적어로 쓰인 명사절이다.
- 두 번째 [ ] 부분은 선행사 any color를 수식하는 관계대명사절로 목적격 관계대명사가 생략된 형태이다.
- as long as는 '~하는 한'의 의미로 부사절을 이끄는 접속사이다.

[2]Today, automobile manufacturers (from Ford to BMW) / offer consumers the option of buying *a car* [**that** has been customized **using** a variety of components].
- [ ] 부분은 주격 관계대명사절로 선행사인 a car를 수식한다.
- using 이하는 동시동작을 나타내는 분사구문으로, '~하면서'로 해석한다.

Do children do better at school // if reinforced by gold stars, prizes or even monetary rewards? Do incentive plans increase productivity at work? Reinforcement theory says // that giving rewards leads to repetition (of the behavior rewarded) / and punishment reduces repetition. ¹Given that most children love candy, / reinforcement theory says / that if you give candy to a child [who has sat quietly in his or her chair for five minutes], // that child will quickly learn to sit quietly all the time. Against the major principles of reinforcement, / some behavioral scientists argue // that the more you reinforce a person for doing a certain thing, / the faster that person will lose interest in the very thing [that they are being rewarded for]. ²Some studies have shown / that if you reward children for sensible behavior, // they tend to see the behavior / as a "special-occasion" thing / rather than something (to make a habit of), / and therefore they are less likely to change in the long term / than those not rewarded.

해석 아이들이 금별이나 상, 심지어 금전적 보상에 의해 강화를 받는다면 학교생활을 더 잘 할까? 직장에서의 인센티브 제도는 생산성을 높일까? 강화 이론에 의하면 보상을 주는 것은 보상받은 행동의 반복을 이끌고, 벌은 반복을 감소시킨다. 대부분의 아이들이 사탕을 대단히 좋아한다는 것을 고려해 볼 때, 강화 이론은 만약 당신이 5분 동안 자신의 의자에 얌전히 앉아 있던 한 아이에게 사탕을 준다면, 그 아이는 항상 얌전히 앉아 있는 것을 빠르게 학습할 것이라고 한다. 강화 이론의 주요 원리에 맞서서, 몇몇 행동주의 과학자들은 사람이 특정한 것을 행하는 것에 대해 강화를 더 주면 줄수록, 그 사람은 보상을 받고 있는 바로 그것에 더 빨리 관심을 잃게 될 것이라 주장한다. 몇몇 연구들은 만약 당신이 분별 있는 행동에 대해 아이들에게 보상한다면, 그들은 그 행동을 습관화할 어떤 것으로 보기보다는 '특별한 경우'로 보는 경향이 있고, 그러므로 그들은 보상받지 않은 아이들보다 장기적으로 덜 변화하려고 한다는 것을 보여준다.

어휘 reinforce 강화하다 monetary 금전(상)의; 통화[화폐]의 incentive 장려[우대]책 productivity 생산성 ○reinforcement theory 강화 이론 punishment 벌, 처벌 behavioral 행동의, 행동에 관한 sensible 분별 있는; 감각의 make a habit of ~을 습관화하다

어휘○ 강화 이론: 과거에 긍정적 보상을 받거나 쾌감을 느낀 행동은 반복·강화되고, 과거에 부정적 보상을 받거나 불쾌감을 느낀 행동은 억제·약화되는 경향이 있다는 학습 원리에 관한 이론

해설 보상이 행동을 반복하게 한다는 강화 이론이 글의 전반부에 소개되고, 글의 중반부터 강화 이론과 대비되는 주장, 즉 보상이 행동에 대한 관심을 잃게 하고 심지어 보상을 받지 않을 때보다 행동을 덜 변하게 한다는 내용을 언급하고 있으므로 글의 제목으로 가장 적절한 것은 보상이 행동 강화에 효과적일지 의문을 제시하는 ② '보상이 행동 강화에 효과적인가?'이다.

오답 Check
① 보상을 주는 것이 어떻게 행동의 반복으로 이어지는가
→ 보상이 작용하는 원리에 대한 내용은 언급되지 않음.
③ 칭찬의 효과, 즉 어린이들을 위한 좋은 동기
→ 강화 이론의 일부 견해만을 반영하고 있음.
④ 부작용, 즉 보상을 주는 것의 위험성
→ 보상에 따라 관심을 더 빨리 잃게 될 수 있다는 견해가 언급되긴 했으나 글의 요지와는 거리가 있음.
⑤ 강화 이론은 왜 효과적인가?
→ 강화 이론이 효과적인 이유에 대한 설명은 없음.

PLUS+ 변형문제

해석 반복된 행동에 대해 보상을 주는 것이 사람들에게 (B) 바람직한 결과를 가져다줄 것인지 여부에 대해 (A) 대조적인 시각이 존재한다.

해설 보상이 사람들에게 바람직한(desired) 결과를 가져올지에 대해 특정 행동에 보상을 주는 것이 그 행동의 반복으로 이어진다고 보는 강화 이론과 달리, 행동주의 과학자들은 보상을 오히려 행동을 덜 변화시키는 것으로 봄으로써 서로 대조적인(contrasting) 시각을 갖고 있다는 내용의 요약문이다.
① 중립적인 - 긍정적인 → (B)는 답이 될 수 있으나 (A)는 틀림.
② 상반되는 - 재앙적인 → (A)는 답이 될 수 있으나 (B)는 틀림.
④ 비슷한 - 예측 가능한 → (A), (B) 둘 다 답이 될 수 없음.
⑤ 실용적인 - 다양한 → (A), (B) 둘 다 답이 될 수 없음.

구문 ¹**Given that** most children love candy, / reinforcement theory **says** / **that** if you give candy to *a child* [**who** has sat quietly in his or her chair for five minutes], // **that** child will quickly learn to sit quietly all the time.
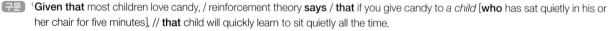
• given은 분사 형태의 전치사로 given that은 '~을 고려해볼 때'라는 뜻이다.
• 첫 번째 that은 동사 says의 목적어 역할을 하는 명사절을 이끄는 접속사이며, 두 번째 that은 지시형용사로 that child는 '5분 동안 조용히 자리에 앉아 있어서 사탕을 받은 아이'를 지칭한다.
• who는 주격 관계대명사로 선행사 a child를 수식하는 관계사절을 이끈다.

²Some studies **have shown** / **that** if you reward children for sensible behavior, // they tend to see the behavior / as a "special-occasion" thing / rather than *something* (**to make a habit of**), / and therefore they are less likely to change in the long term / than **those** not rewarded.
• that ~ a habit of는 동사 have shown의 목적어이고 이때 that은 명사절을 이끄는 접속사이다.
• ( )는 to부정사의 형용사적 용법으로 앞에 있는 명사 something을 수식한다.
• those는 지시대명사로 비교 대상인 children을 지칭한다.

20 ⑤ PLUS + ①

Humans have evolved a high disgust instinct. ¹That instinct may have evolved / to protect us from disease. We're instinctively disgusted / by blood, bodily waste and rotting food. All of those, for our ancestors, were potential threats / to survival. The disgust instinct also drove early opposition / to medical technologies [that seemed "gross."] The smallpox vaccine, blood transfusions, organ treatments, and fertility treatments / all suffered from this early on. All are now accepted in society. Similarly, genetic modification (of plants and animals) seems alien / and is likely to provoke our opposition / by stimulating our instinct. ²However, **주제문** as agriculture production and land resources stay the same or shrink, // genetically modified organisms can be a critical tool / in feeding the world, / while improving environmental sustainability. They can contribute to a reduction / in the amount of land, water and chemicals (needed to produce more food). As we look at these facts, using genetic technology to improve our farming / seems more and more attractive. **주제문** It's reasonable to be cautious // but we'd better go against our hardwired emotional responses and accept the change.

해석 인간은 강한 혐오 본능을 진화시켜 왔다. 그 본능은 우리를 질병으로부터 보호하기 위해 진화했을지도 모른다. 우리는 본능적으로 피, 배설물, 그리고 부패한 음식에 대해 혐오감을 느낀다. 우리 조상들에게 있어 그 모든 것들은 생존에 대한 잠재적 위협이었다. 혐오 본능은 또한 백신 접종과 '역겨워' 보이는 의학 기술에 대한 초기 반발을 불러일으켰다. 천연두 백신, 수혈, 장기 치료, 불임 치료 모두 초기에 이것(= 혐오 본능에 의한 반발)을 겪었다. 이제 모든 것이 사회에서 받아들여지고 있다. 이와 비슷하게, 동식물의 유전자 변형은 이질적으로 보이며 본능을 자극함으로써 우리의 반발을 불러일으키는 것 같다. 그러나 **주제문** 농업 생산량과 토지 자원이 똑같이 남아 있거나 줄어들기 때문에 유전자 변형 생물은 환경적 지속 가능성을 향상시킴과 동시에 세계에 식량을 공급함에 있어 결정적인 도구일 수 있다. 그것들은 더 많은 식량을 생산해내는데 필요한 토지, 물, 그리고 화학물질의 양 감소에 기여할 수 있다. 우리가 이런 사실을 살펴볼 때 우리의 농업을 향상시키기 위해 유전 기술을 사용하는 것은 더욱더 매력적으로 보인다. 조심하는 것이 합리적이지만 **주제문** 우리의 타고난 감정적 반응을 거스르고 변화를 받아들이는 게 좋다.

어휘 disgust 혐오감; 혐오감을 유발하다   instinct 본능   bodily waste 배설물   gross 역겨운   smallpox 천연두   blood transfusion 수혈   fertility treatment 불임 치료   modification 변형, 수정   shrink 줄어들다   critical 결정적인, 중대한   feed 식량을 공급하다   sustainability 지속[유지] 가능성   contribute to ~에 기여하다   reasonable 합리적인, 합당한   go against ~을 거스르다, 거역하다   hardwired 타고난, 고유한

해설 인간의 혐오 본능이 옛날에는 질병으로부터 인간을 보호했지만, 혐오 본능을 자극하는 몇몇 의료 기술이 초기 단계에서는 반발을 불러일으켰다는 내용이 글 전반부에 전개된다. 이는 유전자 변형 식품의 경우에도 해당하는데, 필자는 농업 문제 해결에 유전자 변형 식품이 가지는 이점을 언급한 후 혐오 본능에 따라 이 기술을 배척하기보다 받아들여야 한다고 마지막 문장에서 주장을 드러내고 있으므로, 필자의 주장으로 가장 적절한 것은 ⑤이다.

오답 Check
① → 유전자 변형 식품의 위험을 숙지하는 것이 아닌 수용하자는 입장임.
② → 위생 환경 개선에 관한 내용은 없음.
③ → 의료 혜택에 대한 내용은 없음.
④ → 유전자 변형 식품 표기의 의무화에 대한 내용은 없음.

PLUS + 변형문제

해석 우리가 혐오 본능과 (A) 충돌하는 의료 기술의 혜택을 보고 있듯이, 우리는 유전자 변형 생물이 농업과 환경에 갖는 이점을 고려하여 그것들을 (B) 수용할 필요가 있다.

해설 우리의 혐오 본능은 의료 기술과 충돌하여(conflict) 새로운 기술을 받아들이는 것에 반발하게 했으나, 우리가 의료 기술을 받아들임으로써 그 혜택을 누리게 되었으므로 유전자 변형 생물의 이점을 고려하여 이러한 변화를 수용할(embrace) 필요가 있다는 내용의 요약문이다.
② 발달하다 – 못마땅해하다
③ 따르다 – 감탄하다
④ 상호 작용하다 – 극복하다
⑤ 공존하다 – 버리다
→ ②, ③, ④, ⑤는 모두 글에서 추론할 수 없는 오답

구문 ¹That instinct **may have evolved** / **to protect** us from disease.
• 「may have p.p.」는 '~였을지도 모른다'라는 뜻으로 과거에 대한 불확실한 추측을 나타낸다.
• to protect는 목적을 나타내는 부사적 용법의 to부정사이다.

²However, **as** agriculture production and land resources stay the same or shrink, // genetically modified organisms can be a critical tool / in feeding the world, / **while improving** environmental sustainability.
• 접속사 as가 이끄는 절(as ~ shrink)은 이유·원인의 부사절로서 '~이기 때문에'라고 해석된다.
• 「접속사(while)+v-ing」 이하는 동시동작을 나타내는 분사구문으로서 '~함과 동시에'로 해석된다.

[1]A century ago, historians had little difficulty with the notion [that an objective account of history was possible]. The historian Fustel de Coulanges lectured his colleagues in 1862, "History is not pursued / merely to entertain our curiosity. It is and should be a science." [2]The library and the archive were laboratories, / and historical evidence (strictly tested and objectively presented) / could be used to prove, or disprove, hypotheses about the past. However, a historian is a person (living in a time and place), not an objective observer. Some think // that historians "want" to show the past / as it happened. What stops them? The fact [that the historian is a historical actor]. As historian Carl Becker said, // the history (written by historians) / is a convenient blend (of truth and fancy), (of what we commonly distinguish / as 'fact' and 'interpretation').' Cultural historian Hayden White put the matter / even more bluntly. For White, the entire enterprise of doing history / is akin to the tricks [that men of letters play on their audiences all the time]. History is always propaganda or flight of fancy. All history was "figurative."

해석 한 세기 전에는 역사학자들이 역사에 대한 객관적인 설명이 가능하다는 생각에 거의 어려움을 겪지 않았다. 역사학자 Fustel de Coulanges(퓌스텔 드 쿨랑주)는 1862년 동료들에게 "역사는 단지 우리의 호기심을 채우기 위해 추구되는 것이 아니다. 그것은 과학이고 또 그래야만 한다."라고 강연했다. 도서관과 기록 보관소는 실험실이었고, 엄격하게 시험되고 객관적으로 제시된 역사적 증거는 과거에 대한 가설을 증명하거나 반증하는 데 사용될 수 있었다. **주제문** 하지만 역사학자는 한 시대와 장소에 사는 사람이지 객관적인 관찰자는 아니다. 어떤 사람들은 역사학자들이 과거를 그것이 일어났던 대로 보여주길 '원한다'고 생각한다. 무엇이 그들을 저지하는가? 역사학자가 역사적 배우라는 사실이다. 역사학자 Carl Becker가 말했듯이, 역사학자에 의해 쓰인 역사는 진실과 상상, 즉 우리가 일반적으로 '사실'과 '해석'으로 구별하는 것의 간편한 조합이다. 문화 역사학자 Hayden White는 그 문제를 훨씬 더 직설적으로 표현했다. White에게 있어서, 역사를 행하는 모든 활동은 문필가가 언제나 독자에게 사용하는 속임수와 유사하다. 역사는 항상 선전 또는 허황된 생각이다. 모든 역사는 '비유적'이었다.

어휘 notion 생각, 관념 objective 객관적인 account 설명, 해석; 계좌 colleague 동료 archive 기록 보관소 evidence 증거 hypothesis 가설 ((pl. hypotheses)) blend 조합; 혼합 fancy 상상, 공상 distinguish 구별하다 interpretation 해석, 이해 bluntly 직설적으로 enterprise (목적을 가진) 활동; 계획; 사업 akin 유사한 man of letters 문필가, 문인 propaganda 선전 (활동) flight of fancy 허황된 생각 figurative 비유적인 **[선택지 어휘]** irrefutable 반박할 수 없는

해설 역사학자들이 역사를 기술하는 방식에 대한 글로, 역접의 연결어 However로 시작되는 문장에서 역사학자는 객관적인 관찰자가 될 수 없다는 주제문을 제시하고 그 이유로 그들이 역사적 배우라는 점, 즉 역사는 역사학자에 의해 쓰인 '사실'과 '해석'의 조합이기에 그들의 상상에서 자유로울 수 없다는 것을 서술하고 있다. 따라서 밑줄 친 부분이 의미하는 것은 ① '역사학자들은 과거를 정확히 그대로 묘사하지 않는다.'이다.

오답 Check
② 역사학자들은 과거를 재현하는데 정확하다. → 역사학자들은 과거를 있는 그대로 반영할 수 없다고 했으므로 글의 내용과 반대됨.
③ 역사학자들은 연구에서 반박할 수 없는 증거를 찾는다. → 역사 연구는 증거를 찾는 것이 아닌 증거를 이용해 가설을 증명하거나 반증하는 활동임.
④ 역사적 편견은 오늘날 우리가 생각하는 방식에 반영되어 있다. → 역사적 편견에 대한 내용은 언급되지 않음.
⑤ 역사는 거짓말을 하지 않기 때문에 우리는 과거를 쉽게 이해한다. → 역사가 거짓말을 하지 않는다는 내용은 언급되지 않음.

PLUS + 변형문제

해설 도입부에서는 과거에 역사에 대한 객관적인 설명이 가능하다고 여겨졌다는 내용이 서술되다가 역사학자는 객관적인 관찰자가 될 수 없다는 주제문이 이어지고 있다. 이후에 역사는 '사실'과 '해석'의 간편한 조합이라고 언급하며 역사학자의 주관에서 벗어날 수 없음을 설명하고 있으므로, 이를 제목으로 가장 잘 표현한 것은 ① '우리는 역사를 소설이라고 불러야 할까, 아니면 사실이라고 불러야 할까?'이다.
② 과거를 통해 현재를 이해하라 → 역사란 현재를 바탕으로 묘사되는 과거의 일이라고 했으므로, 이와 반대되는 말임.
③ 역사는 주관적 대 객관적 관점 → 역사에 대한 객관적 설명이 어렵다고 했지만, 주관적이거나 객관적인 상반된 관점으로 역사를 구분하는 내용은 아님.
④ 역사가 과학으로 여겨져야 하는 이유 → 과거에는 역사를 과학으로 여겼다는 내용이 있지만, 글의 주요 내용과 관련 없음.
⑤ 역사의 옳은 편, 즉 시간과 장소에 서라 → 지문의 일부 단어를 활용한 오답으로, 역사가는 현재의 시간과 장소에 사는 사람이라는 글의 주요 내용과는 관련성이 떨어짐.

구문 [1]A century ago, historians had **little** difficulty with **the notion** [that an objective account of history was possible].
• that 이하의 명사절은 the notion과 동격 관계이다.
• little은 불가산 명사와 함께 쓰여 '거의 없는'이라는 부정의 의미로 해석한다. 반면에 관사 a가 붙은 a little은 '조금 있는, 약간의'라는 뜻으로 의미가 달라진다.

[2]The library and the archive were laboratories, / and *historical evidence* (strictly tested and objectively presented) / could be used to prove, or disprove, hypotheses about the past.
• ( ) 부분은 과거분사구로 앞에 있는 historical evidence를 수식한다. 분사가 부사와 함께 쓰였고, and로 병렬 연결되어 명사를 뒤에서 수식하고 있다.

You might argue // that our culture has changed over many decades / and that many people are allowing themselves more flexibility in their choices / than a patriarchal system (of the past) would allow. ¹Most women now are able to find fulfillment in work and creative pursuits / as well as motherhood and relationships, // and most men have more choice about the kinds of activities [they are able to participate in] too. But consider this: / although we have so many more choices now, // many of us live with feelings of internal guilt, confusion and self-criticism, and judgment (of others) / as we go about our lives. Much of this negativity comes from our inner patriarch. So even though we have changed much on the outside, // this inner voice still echoes the values (of the past). ²Just 주제문 as with any inner self, / it is valuable / to make the effort to become aware of this part of your psyche // so you can deal with it consciously and are no longer the victim of its judgments (about you and others).

해석 당신은 우리 문화가 수십 년에 걸쳐 변화해왔고 많은 사람들이 과거의 가부장적 시스템이 허용할 것보다 그들의 선택에 있어서 자신에게 더 많은 융통성을 허용하고 있다고 주장할지도 모른다. 지금 대부분의 여성들은 모성과 관계에서뿐만 아니라 직장과 창조적 추구에서 성취를 발견할 수 있으며, 대부분의 남성들 또한 그들이 참여할 수 있는 활동의 종류에 대하여 더 많은 선택권을 가진다. 그러나 다음을 고려해 보라. 지금 우리는 훨씬 많은 선택권을 갖고 있긴 하지만, 우리 대부분은 내면의 죄책감, 혼란, 자기비판과 타인의 판단에 대한 감정을 가지고 살아간다. 이러한 부정성의 많은 부분이 우리 내면의 가부장제에서 나온다. 그러므로 비록 우리가 외면은 많이 변했어도, 이러한 내면의 목소리는 여전히 과거의 가치를 반향시킨다. 주제문 어떠한 내면의 자아와 마찬가지로, 당신이 그것을 의식적으로 다루고 더 이상 자신과 타인에 대한 판단의 희생자가 되지 않도록 정신의 이러한 부분을 인식하려고 노력하는 것은 가치가 있다.

어휘 flexibility 융통성: 유연성 fulfillment 성취: 수행, 완수 motherhood 모성 internal 내면의 self-criticism 자기비판 inner 내면의; 내부의 echo 반향시키다: 반향, 메아리 psyche 정신, 마음 deal with ~을 다루다

해설 비록 우리가 과거에 비하여 훨씬 더 많은 자유를 가지고 있긴 하지만, 옛날의 사고방식에 사로잡혀 있어서 우리가 우리의 선택에 대해 부정적인 감정을 느낀다는 내용이다. it is valuable을 포함한 주제문에서 내면의 자아를 의식적으로 인식하려고 노력해야 한다고 이를 뒷받침하고 있다. 따라서 이 글의 요지로 가장 적절한 것은 ①이다.

오답 Check
② → 지문에 언급되지 않은 내용.
③ → 새로운 질서의 수립이 아니라 내면의 의식적인 노력이 필요하다고 했음.
④ → 평등한 기회에 대한 언급은 없음.
⑤ → 지문에 언급되지 않은 내용.

PLUS + 변형문제

해석 만약 우리가 내면에서 과거에 (A) 얽매여 있다면, 우리는 외부에 있는 우리의 (B) 폭넓은 일련의 선택지들을 충분히 즐길 수 없다.

해설 우리 문화가 변화하여 과거보다 더 많은 선택지를 누릴 수 있지만, 우리가 내면에서 과거에 얽매여(tied) 과거의 가치를 반향시키면 외면은 많이 변했어도 우리가 폭넓은(broad) 선택지를 충분히 즐길 수 없다는 내용의 요약문이다.
① 단절된 – 개인적인 → (A), (B) 둘 다 답이 될 수 없음.
② 단절된 – 보편적인 → (A), (B) 둘 다 답이 될 수 없음.
③ 한정된 – 임의의 → (A)는 답이 될 수 있지만 (B)는 틀림.
⑤ 얽매인 – 동시에 일어나는 → (A)는 답이 될 수 있지만 (B)는 틀림.

구문 ¹Most women now are able to find fulfillment in work and creative pursuits / as well as motherhood and relationships, // and most men have more choice about *the kinds of activities* [(which[that])) they are able to participate in] too.
• 「A as well as B」는 'B뿐만 아니라 A도'의 뜻으로, 밑줄 친 두 부분이 각각 A, B에 해당한다.
• [ ] 부분은 목적격 관계대명사 which[that]가 생략된 관계사절로 선행사 the kinds of activities를 수식한다.

²Just as with any inner self, / **it** is valuable / **to make** the effort to become aware of this part of your psyche // **so** you can deal with it consciously and are no longer the victim of its judgments (about you and others).
• it은 가주어이고 to make ~ psyche가 진주어이다.
• so는 '~하도록, ~하기 위하여'의 의미로 부사절을 이끄는 접속사이며, 여기서 동사 can deal with와 are는 and로 병렬 연결되어 있다.

23 ② PLUS + ④

Psychological speculation focuses on the importance (of the sense of touch) in perception. ¹On the assumption [that visual perception is based on optical projection], the sense of sight was deemed incapable of conveying a truthful image (of what three-dimensional things really look like). One psychologist reasoned: Touch is not dependent on projections (by light across empty space); touch relies on direct contact / with the object; it applies from all sides. Touch can be trusted / to provide objective information. But recent research shows // that infants come to know physical objects as solid and tangible / through visual experience / instead of a reliance on touch. ²This is not surprising // once we realize that perceiving the shape of an object by touch / is not simpler or more direct / than perceiving by vision. The infant takes hold of the world with his eyes // long before he does so with his hands. During the first eight weeks of life / the hands remain predominantly fisted, // while the eyes and brain are busy with looking, staring, seeking and apprehending.

해석 심리학적인 추측은 지각에 있어 촉각의 중요성에 중점을 두고 있다. 시지각이 시각적 투영을 토대로 한다는 가정하에, 시각은 삼차원의 사물이 실제로 어떻게 생겼는지에 대한 진정한 이미지를 전달하지 못한다고 생각되었다. 한 심리학자는 다음과 같이 추론했다. 촉각은 빈 공간을 통과한 빛에 의한 투영에 의존하는 것이 아니라 대상과의 직접적인 접촉에 의존하며, 이는 모든 면으로부터 적용된다. 촉각은 객관적인 정보를 준다고 믿어질 수 있다. 그러나 최근 연구에 따르면, 유아들은 물리적 대상에 대해 촉각에 의존하는 대신 시각적 경험을 통해 단단하고 만질 수 있는 것으로 인지하게 된다. 만져봄으로써 어떤 사물의 형태를 인지하는 것이 눈으로 보고 인지하는 것에 비해 더 단순하거나 더 직접적이지 않다는 것을 깨닫고 나면 이는 놀랄 일이 아니다. 유아들은 손으로 세상을 잡기(= 인지하기) 훨씬 전에 눈으로 세상을 잡는다. 태어나서 첫 8주 동안 손은 대부분 주먹을 쥔 채로 있는 반면, 눈과 두뇌는 보고, 응시하고, 탐색하고, 이해하느라 바쁘다.

어휘 psychological 심리학적인; 정신[심리]적인 speculation 추측, (어림)짐작 perception 지각; 자각 *cf.* perceive 인지[감지]하다 assumption 가정; 추정 optical 시각적인 projection 투영; 예상, 추정 deem 생각하다, 여기다 convey 전달하다 -dimensional ~차원의 reason (논리적 근거에 따라) 추론[판단]하다 tangible 만질 수 있는 reliance 의존, 의지 take hold of ~을 잡다 predominantly 대부분, 대개 fist 주먹 (쥐다) apprehend 이해하다 **[선택지 어휘]** effectiveness 효과적임, 유효(성)

해설 주제문이 따로 없는 글로 전체 내용을 종합해 주제를 찾아야 한다. 글의 전반부는 우리가 사물을 인지하는 데 있어 촉각이 객관적인 정보를 전달하는 역할을 한다고 서술하고 있고, 중반부 이후에는 유아들이 촉각 대신 시각적 경험을 통해 사물을 인지한다고 했다. 이 내용을 종합해 주제로 가장 잘 표현한 것은 ② '사물 인지에 있어 시각과 촉각의 역할'이다.

오답 Check
① 사물을 분별할 때 촉각의 중요성
→ 사물 인식에서 촉각의 중요성이 언급되긴 했으나 일부 내용에 해당함.
③ 지각에 있어 촉각과 시각이 함께 작용하는 것의 효과
→ 촉각과 시각이 함께 작용하는 것이 효과적이라는 언급은 없음.
④ 사물의 형태를 지각하기 위한 사전 지식의 필요성
→ 사물 형태 지각과 사전 지식의 관계에 대한 언급은 없음.
⑤ 촉각보다 효과적이지 않은 시각에 의한 사물의 지각
→ 유아들은 촉각보다 시각에 더 의존해 사물을 지각한다고 했음.

PLUS + 변형문제

해석 우리가 무언가를 (A) 인지할 때 촉각이 객관적인 정보를 주지만, 유아들은 (B) 시각적인 정보에 더 많이 의존하는 경향이 있다.

해설 우리가 사물을 인지하는(perceive) 데 있어서 촉각이 중요한 역할을 하지만, 유아들은 대상을 인지하는 데 있어 촉각보다 시각적(optical) 경험에 의존한다는 내용의 요약문이다.
① 관찰하다 – 다양한 → (A)는 답이 될 수 있지만 (B)는 틀림.
② 느끼다 – 정확한 → (A)는 답이 될 수 있지만 (B)는 틀림.
③ 추정하다 – 광범위한 → 글에서 추론할 수 없는 오답.
⑤ 투영하다 – 촉각을 이용한 → (A), (B) 둘 다 답이 될 수 없음.

구문 ¹On **the assumption** [**that** visual perception is based on optical projection], the sense of sight was deemed incapable **of conveying** a truthful image (**of what** three-dimensional things really look like).
• that이 이끄는 절(that ~ projection)은 the assumption의 의미를 부연 설명하는 동격의 that절이다.
• conveying은 전치사 of의 목적어로 쓰인 동명사이다.
• what은 의문사로 what이 이끄는 간접의문문이 전치사 of의 목적어로 쓰였다.

²This is not surprising // **once** we **realize that** *perceiving the shape of an object by touch* / is not simpler or more direct / than perceiving by vision.
• once는 '일단 ~하면[할 때]'의 의미로 쓰인 접속사이다.
• that은 명사절을 이끄는 접속사로 that 이하가 동사 realize의 목적어 역할을 한다.
• 동명사구(perceiving ~ by touch)가 that절의 주어로 쓰였다.

William James, an American psychologist, argued // that one's ability (to feel satisfied with oneself) / does not rely on experiencing success / in every area of endeavor. ¹He said // that our goals dictate what we will interpret as a triumph and what must count as a catastrophe. We are humiliated // only if we invest our pride and sense of worth in a given goal / and then we fail to reach that goal. ²James himself was very proud of being a Harvard professor and prominent psychologist, // and he admitted that he would feel envious and ashamed / if he found that someone else was more of an expert psychologist / than he was. On the other hand, because he had never set out to learn Latin, // he knew / that he would not feel bad at all / to hear that someone could appreciate and translate the entire works of Cicero, Virgil, and Ovid.

해석 미국의 심리학자인 William James는 우리가 스스로에게 만족하는 능력이 우리가 하는 모든 노력에서 성공을 거두는 것에 달려 있지 않다고 주장했다. **주제문** 그는 우리가 가진 목표가 무엇을 승리로 해석할지 그리고 무엇이 대실패로 간주되어야 할지를 좌우한다고 말했다. 우리는 어떤 특정한 목표에 자존심과 가치를 걸었는데, 그 목표를 이루지 못했을 경우에만 굴욕감을 느낀다. James 자신은 자기가 하버드 대학 교수이자 유명한 심리학자임에 큰 자부심을 느꼈고, 그래서 다른 누군가가 자신보다 더 전문적인 심리학자인 것을 발견하면 시기심과 수치심을 느낄 것임을 인정했다. 반면, 그는 한 번도 라틴어를 배우려고 한 적이 없었기 때문에 누군가가 Cicero(키케로)와 Virgil(베르길리우스), Ovid(오비디우스)의 작품 전체를 이해하고 번역할 수 있다는 이야기를 듣는다 하더라도 전혀 기분 나쁘지 않으리라는 것을 알았다.

어휘 endeavor 노력, 시도   dictate 좌우하다; 명령하다   count as ~이라 간주되다[간주하다]   catastrophe 대실패; 재난, 불행   humiliate 굴욕감을 주다   prominent 유명한; 두드러진   envious 시기[질투]하는   expert 전문적인, 숙련된; 전문가   set out to-v (목표한 바를 이루기 위해) v하기 시작하다

해설 글의 전반부에서 미국의 심리학자 William James의 말을 인용해 우리가 가진 목표에 따라 승리와 실패가 결정된다는 주제문(He said that ~ as a catastrophe.)을 제시하고 있다. 본인이 자신하는 분야에서 본인보다 더 뛰어난 사람을 알게 되면 굴욕감을 느끼는 반면, 전혀 모르고 관심 없는 분야에서는 그렇지 않다는 예를 들며 자신에게 가치가 있는 목표에 한해 성공과 실패를 경험한다는 주제를 뒷받침하고 있으므로 제목으로 가장 적절한 것은 ③ '목표가 자신의 성공과 실패를 결정한다'이다.

오답 Check
① 성공은 어떻게 얻어질 수 있는가? → 글의 요지에서 벗어남.
② 자기만족은 당신의 마음에 달려 있다 → 글의 요지에서 벗어남.
④ 자기 자신에 대해 자랑스러워하는 것이 성공으로 가는 길이다 → 글에 언급되지 않은 내용.
⑤ 성공과 자기만족 사이의 관계 → 글에 언급되지 않은 내용.

PLUS + 변형문제

해석 우리가 (A) 성취에 대해 느끼는 기쁨은 목표를 이루는 것에 전념했는가에 달려 있기 때문에, 우리는 우리가 추구하고자 하지 않는 것의 실패에 의해서는 (B) 괴로움을 느끼지 않는다.
해설 우리가 가진 목표가 우리의 성공이나 실패에 대한 해석을 좌우한다고 했으며, 우리가 목표에 자존심과 가치를 걸었는데 성취(accomplishments)를 하지 못할 경우에만 굴욕감을 느낀다고 했으므로, 그러지 않았을 경우에는 괴로움을 느끼지(distressed) 않는다는 내용의 요약문이다.
① 명성 – 자신감 있는 → (A)는 답이 될 수 있지만 (B)는 틀림.
② 도덕성 – 영향을 받은 → (B)는 답이 될 수 있지만 (A)는 틀림.
③ 행운 – 낙담한 → (B)는 답이 될 수 있지만 (A)는 틀림.
④ 상황 – 동기가 부여된 → (A), (B) 둘 다 답이 될 수 없음.

구문 ¹He **said** // **that** our goals **dictate** what we will interpret as a triumph and what must count as a catastrophe.
• that 이하는 동사 said의 목적어로, that은 명사절을 이끄는 접속사이다.
• dictate의 목적어 역할을 하는 두 개의 명사절은 「의문사+주어+동사」의 간접의문문 어순을 따르며 and로 병렬 연결되어 있다.

²James **himself** was very proud of being a Harvard professor and prominent psychologist, // and he **admitted that** he would feel envious and ashamed / if he **found that** someone else was more of an expert psychologist / than he was.
• 재귀대명사 himself는 주어 James를 강조하고 있으며 생략 가능하다.
• 두 개의 that은 모두 명사절을 이끄는 접속사로 각각 admitted와 found의 목적어 역할을 하는 명사절을 이끌고 있다.

20 ① PLUS+ ②

When an Aboriginal mother (in Australia) is pregnant and feels the baby kick / for the first time, // she calls the shaman / to identify that child's spirit guide. As the child grows, // he or she learns the song (of this spirit guide). ¹Coded into the song are the features (of the local landscape) — where to find food, water, shelter, and safe travel routes. An Aborigine [who goes on a journey (of self-discovery)] calls on this song to guide him or her, // and when Aborigines meet, / they swap songs. This sharing relationship extends the territory (of each) and binds one to another / through song. ^{주제문} To find new territory and new routes (in life), / we all need to learn new songs. This earth and its working are beyond // what we were once taught. ²At the limits of our songs, / we need one another // so that we can be adaptive / in a world (made of bundles of energy in motion).

해석 오스트레일리아의 원주민 어머니가 임신하여 처음으로 아기가 발로 차는 것을 느낄 때, 그녀는 아이의 영혼의 인도자를 확인하기 위해 무당을 부른다. 아이는 자라면서 이 영혼의 인도자의 노래를 배운다. 노래에 암호화된 것은 음식, 물, 주거지, 안전한 여행 경로를 찾을 장소인 지역 풍경의 특징들이다. 자기 발견의 여정을 떠나는 원주민이 이 노래를 불러 자신을 인도하고, 원주민끼리 만나면 노래를 서로 교환한다. 이 공유 관계는 각자의 영역을 확장하고 노래를 통해 서로를 결속시킨다. ^{주제문} 삶의 새로운 영역과 새로운 길을 찾기 위해서, 우리는 모두 새로운 노래를 배울 필요가 있다. 이 땅과 그것의 작용은 우리가 한때 배웠던 것의 범위를 넘어선다. ^{주제문} 우리가 가진 노래의 한계로, 움직이는 에너지 다발로 만들어진 세계에서 적응할 수 있도록 우리는 서로가 필요하다.

어휘 Aboriginal 오스트레일리아 원주민의   shaman 무당, 주술사   identify 확인하다, 알아보다   spirit 영혼, 정신   coded 암호[부호]화된   feature 특징   landscape 풍경   shelter 주거지; 피난처   swap 서로 교환하다, 바꾸다   extend 확장하다; 연장하다   territory 영역; 영토   adaptive 적응할 수 있는, 적응하는   bundle 다발, 묶음

해설 오스트레일리아 원주민들이 생존을 위한 정보를 노래에 담아 서로 교환하여 영역을 확장하는 이야기로부터 교훈을 시사하는 글이다. 계속 변화하고 발전하는 세상에서 개인이 가진 한정된 정보로 적응하며 살아가기 힘들기 때문에 다른 사람들과 정보를 나누며 서로 도와야 한다는 내용의 글이므로, 필자의 주장으로 가장 적절한 것은 ①이다.

오답 Check
② → 지식을 서로 잘 융합시켜야 한다는 내용은 없음.
③ → 새로운 일을 새로운 사람들과 해야 한다는 언급은 없음.
④ → 생존에 필요한 지식에 관한 글이긴 하지만 글의 요지는 아님.
⑤ → 글에서 언급되지 않은 내용.

PLUS+ 변형문제

해석 오스트레일리아의 원주민들이 미지의 땅을 여행하기 위해 생존을 위한 (A) 가르침이 암호화된 노래를 교환하듯이, 우리는 발전하는 세상에 (B) 적응하기 위해 다른 사람들의 도움이 필요하다.
해설 오스트레일리아의 원주민들이 음식, 물, 주거지, 여행 경로 등 생존을 위한 정보, 즉 가르침(lessons)이 담긴 노래를 서로 공유했다는 내용에서 필자는 우리도 변화하고 발전하는 세상에 적응하고(adjust) 새로운 길을 찾기 위해 다른 사람들의 도움이 필요하다는 내용의 요약문이다.
① 기회 – 노래하다
③ 질문 – 동의하다
④ 해답 – 고수하다 → (A)는 답이 될 수 있지만 (B)는 틀림.
⑤ 영감 – 적용하다
→ ①, ③, ⑤는 글에서 추론할 수 없는 오답.

구문 ¹**Coded into the song** are *the features* (of the local landscape) — **where to find** food, water, shelter, and safe travel routes.
• 분사인 보어(Coded into the song)가 문두에 나가 주어(the features ~ landscape)와 동사(are)가 도치되었다.
• ( )는 전치사구로 앞에 있는 명사 the features를 수식한다.
• where to find 이하는 「의문사+to-v」의 명사구로 앞 문장을 보충 설명하고 있다.

²At the limits of our songs, / we need one another // **so that** *we* **can** be adaptive / in *a world* (made of bundles of energy in motion).
• 「so that+주어+can」은 목적을 나타내며 '~할 수 있도록'이라고 해석한다.
• ( )는 과거분사구로 앞에 있는 명사 a world를 수식한다.

21 ④ PLUS+ ①

Buddhist meditation instructor Kathleen Thurston says // that our lives _{주제문} are filled with too much stress (caused by our addiction to activities). She says / we shouldn't pride ourselves / on our multitasking abilities // because they are just other means (of creating distractions for ourselves). She quotes recent studies [that show our performance is actually reduced, not boosted, // when we do more than one complex task at a time]. ¹Thurston also says // we are allowing ourselves to be overwhelmed / by the distracting thoughts [that fill our heads like so much mental clutter]. Buddhists aptly call this phenomenon "monkey-mind". ²If you are stressed and overwhelmed / by so many activities, // it's time to stop swinging from tree to tree.

불교 명상 지도자인 Kathleen Thurston의 말에 의하면 _{주제문} 우리의 삶은 여러 활동에 몰두하는 것으로 인한 과도한 스트레스로 가득 차 있다고 한다. 그녀는 그 일들이 우리 스스로 주의를 산만하게 하는 다른 수단에 불과하기 때문에 우리가 멀티태스킹 능력을 자랑스러워하면 안 된다고 말한다. 그녀는 우리가 한 번에 한 가지보다 많은 복잡한 일을 할 때 우리의 수행력은 올라가는 것이 아니라 실제로는 내려간다는 것을 보여주는 최근 연구들을 인용한다. Thurston은 또한 너무나 많은 정신적 잡동사니처럼 우리의 머리를 가득 채우는 정신을 산만하게 하는 생각들로 우리가 스스로를 압도당하도록 하고 있다고 말한다. 불교 신자들은 이런 현상을 '원숭이 마음'이라고 적절히 부른다. 만약 당신이 너무 많은 활동으로 인해 스트레스 받고 압도당한다면, 나무와 나무 사이를 오락가락하는 것을 멈춰야 할 때이다.

03

Buddhist 불교(도)의 meditation 명상 addiction 몰두, 열중; 중독 means 수단, 방법 distraction 주의를 산만하게 하는 것; 주의 산만 quote 인용하다; 예로 들다 boost 밀어 올리다, 신장시키다 overwhelm 압도하다, 당황하게 하다 clutter 잡동사니; 혼란; 소음 aptly 적절히, 어울리게 swing (~의 사이를) 오락가락하다; 흔들리다 [선택지 어휘] put off ~을 미루다[연기하다] urgent 긴급한 workplace 직장 pay attention to A A에 주의를 기울이다

불교 명상 지도자인 Kathleen Thurston의 말을 인용하여 우리가 너무 많은 일에 몰두하여 스트레스를 받고 있다는 내용의 글이다. 너무 많은 활동으로 스트레스를 받는 '원숭이 마음' 현상을 겪는다면 '나무와 나무 사이를 오락가락하는 것'을 멈춰야 한다는 것은 너무 많은 일을 하는 것을 멈춰야 한다는 뜻이다. 따라서 밑줄 친 부분이 의미하는 것은 ④ '여러 가지 것들에 주의를 기울이는 것'이다.

① 긴급한 일을 미루는 것 → 일을 미루는 것에 관한 언급은 없음.
② 다른 사람들 생각을 신경 쓰는 것
③ 직장에서 갈등을 피하는 것
⑤ 통제할 수 없는 것에 집중하는 것
→ ②, ③, ⑤ 모두 지문에 등장한 stress와 관련된 내용을 이용한 오답.

PLUS+ 변형문제

멀티태스킹으로 인해 수행력이 내려가고 정신적으로 압도당한다는 내용의 글이므로, 제목으로 가장 적절한 것은 ① '멀티태스킹을 멈춰야 하는 이유'이다.
② 생산성과 건강 간의 관련성 → 지문에 언급되지 않은 내용.
③ 완벽주의의 위험은 압도된 뇌 → 지문에 언급되지 않은 내용.
④ 스트레스 관리는 시간을 관리하는 것
→ 시간 관리에 대한 내용은 언급되지 않음.
⑤ 직장에서 주의를 산만하게 하는 것을 없애는 방법
→ 지문에 언급되지 않은 내용.

---

¹Thurston also **says** // (that) we are **allowing** *ourselves* **to be overwhelmed** / by *the distracting thoughts* [**that** fill our heads like so much mental clutter].
• we are allowing 이하는 동사 says의 목적어 역할을 하는 명사절로, 명사절을 이끄는 접속사 that이 생략되었다.
• 명사절 내 「allow+O+to-v (O가 v하는 것을 허락하다[v하게 하다])」 구문이 사용되었다.
• [ ] 부분은 주격 관계대명사 that이 이끄는 관계사절로 선행사 the distracting thoughts를 수식한다.

²If you are stressed `and` (are) overwhelmed / by so many activities, // **it's time to stop** swinging from tree to tree.
• If가 이끄는 부사절의 동사인 are stressed와 (are) overwhelmed가 and로 병렬 연결되어 있다.
• 「it's time to-v」는 'v할 때[시간]이다'라는 의미이다.

 03회 **13**

As children develop, // they learn to satisfy their needs (for praise) / in a variety of ways. For one thing, they find out // what is praiseworthy to people [who matter to them], / such as parents, teachers, and peers. 주제문 It doesn't take most children very long / to realize // that sports provide many opportunities (for approval and praise). [1]Many parents communicate very positive attitudes about sports / and exhibit a great deal of interest / in such activities (leading children to pursue sports). When they score a goal or win a match / for the first time, // the unmistakable pleasure (on their parents' faces) as well as the words (of congratulations) / motivates them to continue playing their sport. [2]It is almost impossible to overestimate the importance (of approval and praise) / to the developing child. Indeed, almost all of the positive attributes [that can be developed / through sport participation] — achievement motivation, sportsmanship, teamwork, unselfishness — are ultimately strengthened / through the approval (of people such as parents and teammates).

해석 아이들은 성장함에 따라 다양한 방법으로 칭찬에 대한 욕구를 충족시키는 법을 배운다. 우선, 그들은 부모, 교사, 또래와 같이 자신에게 중요한 사람들에게 칭찬받을 만한 것이 무엇인지 알아낸다. 주제문 대부분의 아이들은 스포츠가 인정과 칭찬을 받을 수 있는 많은 기회를 제공한다는 것을 깨닫는 데 그리 오래 걸리지 않는다. 많은 부모들은 스포츠에 대해 매우 긍정적인 태도를 보이고, 아이들이 스포츠를 추구하도록 유도하는 그러한 활동에 많은 관심을 보인다. 그들이 처음으로 골을 넣거나 시합에서 이길 때, 축하의 말뿐만 아니라 부모의 얼굴에 나타나는 명백한 기쁨은 아이들이 스포츠를 계속하도록 동기를 부여한다. 성장 중인 아이에게 인정과 칭찬의 중요성을 과대평가하는 것은 거의 불가능하다(= 인정과 칭찬은 매우 중요하다). 실제로, 스포츠 참여를 통해 발달될 수 있는 거의 모든 긍정적인 속성들, 즉 성취동기, 스포츠맨십, 팀워크, 이기적이지 않음은 궁극적으로 부모나 팀 동료와 같은 사람들의 인정을 통해 강화된다.

어휘 praiseworthy 칭찬할 만한 matter 중요하다; 문제가 되다 peer 또래, 동료 exhibit 보이다; 전시하다 unmistakable 명백한, 틀림없는 overestimate 과대평가하다 attribute 속성, 자질 unselfishness 이기적이지 않음

해설 글의 도입부에서 아이들이 성장하면서 인정의 욕구를 충족하는 것을 배운다고 하다가 세 번째 문장(It doesn't ~ and praise.)에서 인정 욕구를 충족시켜주는 것으로 스포츠를 이야기하면서 주제를 드러내고 있다. 이어지는 내용에서는 스포츠가 어떻게 아이들의 인정 욕구를 충족해주는지 구체적으로 설명하고 있으므로 글의 요지로 가장 적절한 것은 ①이다.

오답 Check
② → 인성 발달은 스포츠 활동으로 얻는 긍정적 속성 중 하나로 글의 요지는 아님.
③ → 칭찬의 효과가 과대평가된다는 내용은 없음.
④ → 스포츠 선수로서 성공하기 위해 필요한 요인은 언급되지 않음.
⑤ → 지문의 내용을 연상시키지만 글의 요지와는 관련이 없음.

PLUS + 변형문제

해석 스포츠 참여는 아이들이 그들과 가까운 사람들로부터 (A) 인정받고자 하는 욕구를 충족할 수 있게 하고, 또한 아이들은 그것을 통해 도움이 되는 (B) 특성들을 개발할 수 있다.
해설 아이들은 스포츠 참여를 통해 주변 사람들로부터 인정받고자(acknowledged) 하는 욕구를 충족할 수 있으며, 성취동기, 스포츠맨십, 팀워크와 같은 도움이 되는 특성들(traits)을 발달시킬 수 있다는 내용의 요약문이다.
① 확인받는 - 관계 → 글에서 추론할 수 없는 오답.
② 기뻐하는 - 자질 → (B)는 답이 될 수 있지만 (A)는 틀림.
④ 인정받는 - 전략 → (A)는 답이 될 수 있지만 (B)는 틀림.
⑤ 영향을 받는 - 태도 → 글에서 추론할 수 없는 오답.

구문 [1]Many parents communicate very positive attitudes about sports / and exhibit a great deal of interest / in *such activities* (leading children to pursue sports).
• 동사 communicate와 exhibit이 and로 병렬 연결되어 있다.
• ( )는 현재분사구로 앞에 있는 명사 such activities를 수식한다.

[2]**It** is almost impossible **to overestimate** *the importance* (of approval and praise) / to the developing child.
• It은 가주어이고, to overestimate 이하가 진주어이다.
• ( )는 전치사구로 앞에 있는 명사 the importance를 수식한다.

How reliable a guide is conscience? ^(주제문)People often say, "Follow your conscience," // but is such advice really helpful? ¹We may notice // that there are times [when our conscience doesn't know what to do]. When it is not possible to do both, // should we keep our promise to a colleague / or come to the aid of an old friend? ²To be told // that we should follow our conscience / is no help at all. In addition to this, it may not always be good for us / to listen to our conscience. It all depends on // what our conscience says. Sometimes people's consciences do not bother them // when they should — perhaps because they didn't think through the implications (of a decision) / or perhaps because they failed to internalize strongly enough the appropriate moral principles. On the other hand, a person's conscience / might disturb the person about something [that is perfectly all right].

해석 양심은 얼마나 믿을 수 있는 지표인가? ^(주제문)사람들은 종종 "양심을 따르라."라고 말하지만, 그러한 충고는 정말 도움이 될까? 우리의 양심이 무엇을 해야 할지 모르는 때가 있다는 것을 우리는 알아챘을지도 모른다. 둘 다 하는 것이 가능하지 않을 때, 동료와의 약속을 지켜야 하는가, 아니면 오랜 친구를 도와야 하는가? 양심에 따라야 한다는 말을 듣는 것은 전혀 도움이 되지 않는다. 그뿐만 아니라, 양심에 따르는 것이 우리에게 항상 좋은 것은 아닐지도 모른다. 그것은 모두 우리의 양심이 무엇을 말하는가에 달려 있다. 때때로 사람들의 양심은 그들을 괴롭혀야 할 때 괴롭히지 않는데, 이는 아마도 사람들이 (자신의) 결정이 초래할 결과를 충분히 생각하지 않았기 때문이거나 적절한 도덕적 원칙을 충분히 강하게 내면화하지 못했기 때문이다. 반면에, 어떤 이의 양심은 전혀 문제가 없는 무언가를 하는 것을 저지할지도 모른다.

어휘 reliable 믿을[신뢰할] 수 있는   guide 지표, 지침   conscience 양심   come to the aid of ~을 돕다   think through ~을 충분히 생각하다   implication 결과, 영향, 함축, 암시   internalize (사상 등을) 내면화하다   disturb 저지하다; 방해하다

해설 양심을 따르는 것이 도움이 될지 의문을 제기하는 주제문 (People ~ helpful?) 이후로 우리가 무엇을 해야 할지 모르는 때 양심이 전혀 도움이 되지 않는다는 것과 양심이 필요할 때 적절하게 작용하지 않는 부정적인 경우를 언급하고 있으므로 글의 주제로 가장 적절한 것은 ④ '양심을 따르는 것에 대해 의심을 가져야 할 필요성'이다.

오답 Check
① 믿을 만한 지표를 따르는 것의 장단점 → 글에 언급되지 않은 내용.
② 마음의 지표로서 양심의 중요성 → 글의 내용과 반대되는 내용.
③ 양심을 따르는 것이 장려되는 이유 → 글의 내용과 반대되는 내용.
⑤ 우리 결정의 결과를 예측하는 것의 어려움
→ 글에 언급되지 않은 내용.

PLUS⁺ 변형문제

해석 양심을 따르는 것이 늘 (A) 생산적인 것은 아닌데, 이는 양심이 상충되는 문제들에 대한 결정을 내리는 것에 관해 그다지 유용하지 않으며 도덕적 지표로서 (B) 불완전하기 때문이다.

해설 양심을 따르는 것이 항상 좋은 결과를 가져다주지 않는데, 상충되는 문제에 관해 결정을 내리는 경우와 도덕적 지표가 불완전한(imperfect) 양심을 따르는 경우에 생산적인(productive) 결과를 낳기 힘들다는 내용의 요약문이다.
② 의미 있는 – 독점적인 → (A)는 답이 될 수 있지만 (B)는 틀림.
③ 생산적인 – 무해한 → (A)는 답이 될 수 있지만 (B)는 틀림.
④ 의미 있는 – 독특한 → (A)는 답이 될 수 있지만 (B)는 틀림.
⑤ 고통스러운 – 합리적인 → 글에서 추론할 수 없는 오답.

구문 ¹We may notice // that there are *times* [**when** our conscience **doesn't know** what to do].
• [ ]은 관계부사 when이 이끄는 관계부사절로 선행사 times를 수식한다.
• 밑줄 친 what to do는 「의문사+to-v」 형태로 doesn't know의 목적어 역할을 하는 명사구이다.

²To be told // **that** we should follow our conscience / **is** no help at all.
• to부정사 주어는 단수 취급하여 단수동사 is가 쓰였다.
• that ~ conscience는 told의 목적어 역할을 하는 명사절이다.

¹Imagine // that a large number of observers are shown a glass jar (containing coins) / and are challenged to estimate the number of coins (in the jar). This is the kind of task [in which individuals do very poorly, // but pools of individual judgments hit the mark]. The mechanism is straightforward: the average of many individual errors tends toward zero. However, this works well // only when the observers are completely independent from one another. If the observers lean in the same direction, // the collection of judgments will not help. For this reason, when there are multiple witnesses to an event, // they are not allowed to discuss their testimony beforehand. The goal is not only to prevent the cheating (of hostile witnesses), // but it is also to prevent unbiased witnesses from affecting each other. ²When this practice is not enforced, / witnesses will tend to make similar errors in their testimony, // which reduces the total value (of the information [they provide]).

해석 수많은 관찰자가 동전이 들어 있는 유리병을 보고 병 속에 있는 동전의 숫자를 추정할 것을 요구받는다고 상상해 보아라. 이것은 개개인은 매우 형편없이 (추측)하지만, 개별적 판단들이 모이면 예상이 적중하는 종류의 과업이다. 그 기제는 간단하다. 주제문 다수의 개별적 오류의 평균은 0을 향하는 경향이 있다. 하지만 이는 관찰자들이 서로 전적으로 독립적일 때에만 효과가 있다. 관찰자들이 같은 방향으로 기운다면, 판단을 모은 것은 도움이 되지 않을 것이다. 이러한 이유로, 한 사건에 다수의 목격자가 있을 때, 그들이 사전에 자신의 증언을 의논하는 것은 허용되지 않는다. 그 목표는 적대적인 목격자의 속임수를 방지하기 위해서뿐만 아니라, 선입견 없는 목격자들이 서로 영향을 끼치지 못하게 하기 위함이다. 이 관행이 시행되지 않으면, 목격자들은 증언에서 유사한 오류를 범하는 경향을 보일 것이며, 이는 그들이 제공하는 정보의 총체적인 가치를 떨어뜨린다.

어휘 hit the mark 예상이 적중하다; 목표를 달성하다 mechanism (특정한 기능을 수행하는) 기제, 구조; 기계 장치 straightforward 간단한, 쉬운; 솔직한 testimony 증언; 증거 beforehand 사전에, 미리 hostile 적대적인; 강력히 반대하는 unbiased 선입견[편견] 없는, 편파적이지 않은 enforce (법을) 시행[집행]하다; 강요하다

해설 글의 전반부에 유리병 속 동전의 수를 추정하는 과업을 소개하고 나서 그것의 기제를 설명하는 문장(the average ~ from one another)이 주제문이며, 주제문 뒤에는 이를 보충 설명하는 목격자 증언의 예시가 이어지고 있다. 여러 명의 판단의 오류가 0에 가까워지기 위해서는 각 개인이 독립적이어야 한다는 내용이므로, 이를 제목으로 가장 잘 표현한 것은 ⑤ '집단의 판단, 즉 독립성의 필요성'이다.

오답 Check
① 좋은 결정을 하기 위해 편견을 바로잡아라
→ 지문에 등장한 unbiased와 연관된 단어 bias를 이용한 오답.
② 개인적인 실수를 줄이는 방법
→ 글에 언급되지 않은 내용임.
③ 최선의 결과를 위해 독립적으로 일하라
→ 글의 요지에서 벗어남.
④ 판단하는 데 있어 관찰의 중요성
→ 지문에 등장한 observe, judgment와 관련된 단어를 이용한 오답.

PLUS+ 변형문제

해석 각 개인은 (A) 정확한 판단을 내릴 가능성이 적지만, (B) 서로 떨어져 행동하는 개인들의 집합은 그렇게 하는 데(= 정확한 판단을 내리는 데) 성공하는 경향이 있는데, 이는 오류의 평균이 낮을 가능성이 더 크기 때문이다.

해설 관찰자들이 유리병 안에 있는 동전의 숫자를 추정할 때 개개인은 형편없이 추측하므로 각 개인은 정확한(accurate) 판단을 내리기 어렵고, 이러한 개별적 오류들을 모은 평균은 관찰자들이 서로 떨어져(separately) 있을 때 0에 가까워진다는 내용의 요약문이다.
① 잘못된 – 함께
③ 공정한 – 집합적으로
④ 편향된 – 이성적으로
⑤ 독립적인 – 서툴게
→ ①, ③, ④, ⑤ 모두 (A), (B) 둘 다 답이 될 수 없음.

구문 ¹Imagine // that **a large number of observers** are shown *a glass jar* (containing coins) / and are challenged to estimate **the number of coins** (in the jar).
• 「a large number of+복수명사」는 '다수의, 많은'이라는 뜻으로 복수 취급하며, 등위접속사 and로 동사 are shown과 are challenged가 병렬 연결되어 있다.
• 첫 번째 ( ) 부분은 형용사 역할을 하는 현재분사구로 앞의 a glass jar를 수식하고, 두 번째 ( ) 부분은 형용사 역할을 하는 전치사구로 앞의 the number of coins를 수식한다.
• 「the number of+명사(단수, 복수)」는 '~의 수'라는 뜻으로 단수 취급한다.

²When this practice is not enforced, / *witnesses will tend to make similar errors in their testimony*, // **which** reduces the total value (of *the information* [**(which[that])** they provide]).
• which가 이끄는 관계대명사절은 계속적 용법으로 쓰여 앞의 절(witnesses ~ testimony)을 보충 설명한다.
• [ ]은 목적격 관계대명사 which[that]가 생략된 관계대명사절로 선행사 the information을 수식한다.

20 ④ ✦② 21 ① ✦③ 22 ③ ✦④ 23 ③ ✦④ 24 ③ ✦①

20 ④ PLUS✦ ②

¹Power is an intensely practical subject / for all international negotiators, // who (by their very natures) are intensely practical persons. Diplomats, business executives, and other practitioners of negotiation apply power / in all phases of the negotiating process. For them, power means the negotiating ability (to move the decisions of the other side in a desired way). They devise their strategies and tactics / with this end in mind, // but they hardly ever spend time speculating on the nature of power. This neglect (of such an important element) in any negotiation / may limit their potential. ᵉᵉ Negotiators, in their training and in their preparation for specific negotiations, should spend more time / explicitly considering the nature, sources, and implications of power. ²Perhaps this could enable them not only to obtain what they want in a negotiation, / but also to reach the kinds of agreements [that are the most advantageous for both sides of the negotiating table].

해석 파워는 모든 국제 협상가들에게 매우 실용적인 주제인데, 그들은 본래 매우 실용적인 사람들이다. 외교관, 기업 임원 및 기타 협상 전문가들은 협상 과정의 모든 단계에서 파워를 행사한다. 그들에게 파워는 상대방의 결정을 (자신이) 바라던 방향으로 움직일 수 있는 협상 능력을 의미한다. 그들은 이러한 목적을 염두에 두고 전략과 전술을 고안하지만, 파워의 본질에 대해 깊이 생각하는 데 거의 시간을 들이지 않는다. 어떤 협상에서든 이렇게 중요한 요소를 소홀히 하면 그들의 잠재력이 제한될 수 있다. ᵉᵉ 협상가들은 그들의 훈련과 특정한 협상을 준비하는 데 있어서 파워의 본질, 근원, 그리고 영향을 명확히 고려하는 것에 더 많은 시간을 보내야 한다. 아마도 이것은 그들이 협상에서 원하는 것을 얻을 수 있게 할 뿐만 아니라 협상 테이블의 양측에 가장 유리한 종류의 합의에 도달할 수 있게 해줄 것이다.

어휘 intensely 매우, 극도로 diplomat 외교관 executive 임원, 대표 practitioner (의사·변호사 등의) 전문가 phase 단계, 시기 desired 바라던; 훌륭한 devise 고안하다 tactic 전술, 전략 speculate 깊이 생각하다; 추측하다 neglect 소홀, 방치; 무시하다 explicitly 명확히 implication 영향, 결과; 함축

해설 글의 후반부 주장을 나타내는 조동사 should가 있는 문장에서 필자는 협상가들이 파워의 본질, 근원, 영향을 고려하는 데 더 많은 시간을 보내야 한다고 했으며, 이어지는 문장에서는 이를 통해 양측 모두에 가장 유리한 합의에 도달할 수 있다고 했다. 따라서 필자의 주장으로 가장 적절한 것은 ④이다.

오답 Check
① → 협상 결렬이나 이에 대비하는 차선책에 대한 언급은 없음.
② → 지문에 언급되지 않은 내용임.
③ → 지문에 언급되지 않은 내용임.
⑤ → 실용성만 고려하지 말고 파워의 본질, 근원 등 원리를 이해해야 한다고 했으므로 글의 내용과 반대됨.

PLUS✦ 변형문제

어휘 take into account ~을 고려하다
해석 협상가들은 협상하는 동안 끊임없이 파워를 (A) 행사하지만, 파워의 본질을 고려하는 것은 (B) 하지 않는 경향이 있다.
해설 협상가들은 협상의 모든 단계에서 파워를 행사하지만(employ), 자신들이 원하는 방향으로 상대방의 결정을 움직이는 데에만 초점을 두고, 파워의 본질을 이해하는 것은 하지 않는다(fail)는 내용의 요약문이다.
① 행사하다 – 망설이다 → (A)는 답이 될 수 있지만 (B)는 틀림.
③ 바라다 – 중단하다 → 글에서 추론할 수 없는 오답.
④ 바라다 – 분투하다 → 글에서 추론할 수 없는 오답.
⑤ 느끼다 – 잊어버리다 → (B)는 답이 될 수 있지만 (A)는 틀림.

구문 ¹Power is an intensely practical subject / for *all international negotiators*, // **who** (by their very natures) **are** intensely practical persons.
• who는 계속적 용법으로 쓰인 관계대명사로 who 이하는 선행사 all international negotiators를 부연 설명한다.
• by their very natures는 관계사절의 who와 are 사이에 삽입된 부사구이다.

²Perhaps this could enable them not only to obtain what they want in a negotiation, / but also to reach *the kinds of agreements* [that are the most advantageous for both sides of the negotiating table].
• 「not only A but also B」 구문이 쓰여 'A 뿐만 아니라 B도'라고 해석하며 두 개의 to부정사구를 병렬 연결한다.
• what은 선행사를 포함하는 관계대명사로, what이 이끄는 명사절(what ~ negotiation)은 to obtain의 목적어 역할을 한다.
• [ ] 부분은 주격 관계대명사 that이 이끄는 관계사절로 선행사 the kinds of agreements를 수식한다.

As the evidence (of the growing risks of climate change) / mounted over the last three decades, // the political response nonetheless was a combination (of denial and delay). ¹Confronted with evidence, / many (in positions (of influence in U.S. politics)) ignored and then later denied the facts. ²When the facts could no longer be denied, // they quibbled about the details (of the scientific evidence) / and the costs of action (necessary to head off the worst possibilities). In the meantime, months, years, and decades slipped away. _{주제문} Some chose to dismiss the evidence as "doom and gloom," // but as individuals / they lived by an entirely different calculus. They have household, auto, and health insurance / for protection (against vastly smaller risks / at an insignificantly smaller scale), // and most did not dismiss health warnings from their doctors. When it is merely the future of the Earth, however, // they have been willing to risk irreversible changes.

해석 기후 변화의 위기가 커지고 있다는 증거가 지난 30년 동안 점진적으로 증가했을 때, 그럼에도 불구하고 정치권의 반응은 부인과 지연의 조합이었다(= 사실을 부인하고 결정을 미루는 것이었다). 증거와 마주치면, 미국 정치의 영향력 있는 지위에 있는 많은 사람들은 그 사실을 무시했고, 그런 다음 나중에는 부인했다. 사실을 더 이상 부인할 수 없게 되었을 때, 그들은 과학적 증거의 세부 사항과 최악의 가능성을 막는 데 필요한 조치에 따른 비용을 놓고 트집을 잡았다. 그러는 동안에 몇 개월, 몇 년, 몇십 년이 사라졌다. _{주제문} 일부는 그 증거를 '비관적인 전망'으로 치부하여 묵살했지만, 개인으로서 그들은 전혀 다른 계산법에 따라 살았다. 그들은 주택 보험, 자동차 보험, 건강 보험을 가지고 있는데 이는 (지구의 위험과는) 비교도 되지 않을 만큼 더 작은 규모로 일어날 수 있는 지극히 작은 위험으로부터라도 보호받기 위한 것이고, 대부분은 자기들의 의사가 내린 건강상의 경고를 묵살하지 않았다. 그러나 단지 지구의 미래에 관한 것일 때면, 그들은 되돌릴 수 없는 변화의 위험을 기꺼이 무릅써 왔다.

어휘 mount (점진적으로) 증가하다; 탑재하다 denial 부인, 부정 confront (상황에) 마주치다 quibble (하찮은 것을 두고) 트집 잡다 head off ~을 막다; 회피하다 slip away 사라지다 dismiss 묵살하다; 해산시키다 doom and gloom 비관적인 전망, 절망적 상태 irreversible (이전 상태로) 되돌릴 수 없는
[선택지 어휘] welfare (개인·단체의) 복지, 안녕

해설 기후 변화의 위기는 무시하면서 개인에게 일어날 수 있는 위험에는 대비를 했다는 내용이므로, 밑줄 친 '전혀 다른 계산법'은 '환경 문제에 대해서는 무심하면서 개인의 문제에 대해서는 다른 태도를 취하는 것'을 의미한다고 할 수 있다. 따라서 밑줄 친 부분의 의미로 가장 적절한 것은 ① '개인 복지에 대해 발생할 수 있는 위험에 대비하는 것'이다.

오답 Check
② 기후 변화에 관한 사실들을 계속 부인하는 것 → 기후 변화를 계속 부인했다는 말은 있지만, 밑줄 친 어구에 해당하는 내용은 아님.
③ 환경 재앙을 해결하기 위해 남몰래 노력하는 것 → 지문과 상관없는 내용임.
④ 기후 변화에 대해 생각하는 데 더 적은 시간을 보내는 것 → 밑줄 친 어구에 해당하는 내용은 아님.
⑤ 환경 문제를 우선순위로 고려하는 것 → 지문과 반대되는 내용임.

PLUS + 변형문제

어휘 planetary 지구의; 세계적인
해설 기후 변화의 위기에 대해서는 무심한 반응을 보이는 정치인들의 태도가 글의 전반부에 서술되다가 글 중반부에 개인적인 문제에 대해서는 전혀 다른 태도를 취한다는 내용 전환 후에, 예를 들어 이를 자세히 설명하고 있다. 따라서 글 중반의 흐름이 바뀌는 부분이 주제문이며, 이를 제목으로 가장 잘 표현한 것은 ③ '지구의 위기에 대한 정치인들의 인식 부족'이다.
① 기후 변화의 위기 증가 → 기후 변화에 관한 내용이긴 하지만 글의 요점은 아님.
② 기후를 바로잡기 위해서는 자신에게 먼저 집중하라 → 자신에게 먼저 집중하라는 내용은 없음.
④ 정치인들은 왜 계속해서 기후 변화를 무시하는가? → 정치인들이 기후 변화를 무시하는 이유는 언급되지 않음.
⑤ 기후 변화에 대한 정치적 조치가 취해져야 한다 → 정치적 조치를 취해야 한다는 것이 글의 요점은 아님.

구문 ¹**Confronted with evidence**, / many (in positions (of influence in U.S. politics)) ignored and then later denied the facts.
• 분사구문 Confronted with evidence는 When many in positions of influence in U.S. politics were confronted with evidence에서 접속사와 「주어+be동사」가 생략된 것이다.

²When the facts could no longer be denied, // they quibbled **about** *the details* (of the scientific evidence) / [and] the costs of *action* (necessary to head off the worst possibilities).
• 전치사 about의 목적어인 명사구 the details ~ evidence와 the costs ~ possibilities가 and로 병렬 연결되어 있다.
• 첫 번째 ( )는 앞의 the details를 수식하는 전명구이고, 두 번째 ( ) 부분은 앞의 action을 수식하는 형용사구이다.

04

The nature (of the past) / is of primary concern to the historian // since "the past" is his sole subject matter. From his standpoint, / the past exists // only as it is recreated in the historian's mind. ¹The concrete events (of the past) are forever gone, // and they can be re-created again in the historian's imagination / only to the extent [that records (of some kind) have survived from those [who witnessed the events]]. The telltale signs (left by events) are many: // words of eyewitnesses [who selected what aspects (of any event)] were significant to them, / plus their interpretation and valuation; fossil tracks, leaves, bones; geological records in rocks, volcanic layers, seamounts, oceanic trenches; and so on. ²If an event leaves no record, / then it is forever irretrievable; // no historian can reconstruct it, / nor, for that matter, would he have reason to guess / that it had ever occurred.

주제문

해석 과거의 본성은 '과거'가 역사가의 유일한 주제이기 때문에 그에게 있어 주된 관심사이다. 그의 관점에서 과거는 역사가의 정신에서 재창조되는 대로만 존재한다. 과거의 구체적인 사건들은 영원히 사라지고, 그것들은 그 사건을 목격한 자들로부터 어떤 종류의 기록이 잔존하는 정도로만 역사가의 상상 속에서 재창조될 수 있다. 사건에 의해 남겨진 명백한 흔적은 많은데, 어떤 사건의 무슨 측면이 자기들에게 중요한지를 선정하는 목격자들의 말뿐만 아니라 그들의 해석과 평가, 화석 발자국, 나뭇잎, 뼈, 바위, 화산 작용에 의한 층, 해산, 해구에 새겨진 지질학 기록, 기타 등등이 있다. 주제문 만약 사건이 어떠한 기록도 남겨 놓지 않는다면, 그것은 영원히 복구할 수 없다. 어떠한 역사가도 그것을 재건할 수 없고, 그 문제에 대하여 그것이 발생한 적이 있다고 추측할 이유도 없을 것이다.

어휘 concern 관심사; 우려[걱정]   sole 유일한, 단 하나의   subject matter 주제; 소재   standpoint 관점   concrete 구체적인   extent 정도   witness 목격하다   sign 흔적, 표시   eyewitness 목격자, 증인   interpretation 해석   valuation 평가   fossil 화석   track 발자국; 추적하다   geological 지질학의   volcanic 화산 작용에 의한, 화산의   layer 층   seamount 해산 ((심해저에서 1,000m 이상 높이의 바다 속의 산))   oceanic trench 해구 ((심해저에서 움푹 들어간 곳))   and so on 기타 등등   reconstruct 재건[복원]하다

해설 과거 사건들은 기록이 남는 정도로만 역사가들이 재창조할 수 있으며 어떠한 기록도 남겨놓지 않는다면, 그것은 영원히 복구 불가능하다고 했으므로 과거 사건에 대한 기록이 중요하다는 내용이다. 따라서 이 글의 요지로 가장 적절한 것은 ③이다.

오답 Check
① → 증거에 대한 내용은 없음.
② → 기록 해석 방법에 대한 내용은 없음.
④ → 기록 해석 방법에 대한 내용은 없음.
⑤ → 역사가에게 있어 상상력이 가장 중요하다는 언급은 없음.

PLUS + 변형문제

해석 과거의 사건들은 어떤 형태로든 (B) 남아 있는 기록들을 사용하는 역사가들에 의해 (A) 복원된다.
해설 과거의 사건들은 남아 있는(remain) 기록들로 역사가들의 상상 속에서 복원된(restored)다는 내용의 요약문이다.
① 간과된 – 존재하다 → (B)는 답이 될 수 있지만 (A)는 틀림.
② 간과된 – 계속되다 → (A), (B) 모두 답이 될 수 없음.
③ 복원된 – 붕괴하다 → (A)는 답이 될 수 있지만 (B)는 틀림.
⑤ 평가된 – 나타나다 → (B)는 답이 될 수 있지만 (A)는 틀림.

구문 ¹The concrete events (of the past) are forever gone, // and they can be re-created again in the historian's imagination / only to **the extent** [**that** records (of some kind) have survived from *those* [**who** witnessed the events]].
• the extent와 that 이하는 동격 관계이다.
• who는 주격 관계대명사로 those를 선행사로 하는 관계사절을 이끈다.

²If an event leaves no record, / then it is forever irretrievable; // no historian can reconstruct it, / **nor**, for that matter, **would he have** reason **to guess** / **that** it had ever occurred.
• 「Nor+조동사+주어+동사」의 어순으로 부정어인 nor가 문두에 나와 주어(he)와 조동사(would)가 도치되었다.
• 접속사 that 이하는 to guess의 목적어 역할을 하는 명사절이다.

Ecotourism, or tourism (in exotic, threatened environments) (to support local conservation efforts and observe wildlife), / has a potentially less adverse effect on local culture / than conventional mass tourism, / and even a positive effect on some communities. Overall, ecotourism represents a significant opportunity (for economic growth) / in rural communities / because of its preference (for remote destinations (with little prior industrial activity)). [1]The small-scale nature of ecotourism / makes local start-up businesses a viable option. Locally owned ecotourism operations / can contribute to the income opportunities (of the local population) more effectively / and make the community socioeconomically stronger, / thus contributing to sustainability and poverty reduction. [2]However, environmentally competitive tourism businesses / may in some cases require investment capital [that is locally unavailable], / thus causing the need (to attract investors to the area) / and diverting the tourism revenue into anything but local income. Suggested solutions range from community-based management to benefit sharing, // but the economic needs and pressures (of external investments) remain problematic.

해석 생태 관광, 즉 이국적이고 위협받는 환경에서 지역 보존 노력을 지원하고 야생 동물을 지키기 위한 관광은 종래의 대중 관광보다 지역 문화에 잠재적으로 부정적인 영향을 덜 미치며, 일부 지역 사회에는 긍정적인 영향을 미치기도 한다. 전반적으로, 생태 관광은 이전의 산업 활동이 거의 없는 외진 여행지의 선호 때문에 농촌 지역의 경제 성장에 있어 중요한 기회를 의미한다. 생태 관광이 소규모라는 특성은 지역 신생 기업들을 성장할 수 있는 선택지로 만든다. 지역 소유의 생태 관광 운영은 지역 인구의 소득 기회에 더 효과적으로 기여할 수 있고 지역 사회를 사회경제적으로 더 강하게 만들어 지속 가능성과 빈곤 감소에 기여할 수 있다. 그러나 환경 친화적으로 경쟁력 있는 관광 사업은 어떤 경우에는 현지에서 구할 수 없는 투자 자본을 필요로 할 수 있으며, 따라서 투자자들을 그 지역으로 끌어들일 필요를 야기하고 관광 수익을 지역 수입 이외의 어떤 것으로 전용할 수 있다. 제안된 해결책은 지역 사회 기반 관리에서 이익 공유에 이르기까지 다양하지만, 외부 투자에 대한 경제적 필요와 압력은 여전히 문제가 있다.

어휘 exotic 이국적인; 외국의 adverse 부정적인 conventional 종래의, 전통적인 viable 성장할 수 있는; 실행 가능한 sustainability 지속 가능성 competitive 경쟁력 있는; 경쟁을 하는 divert (돈·재료 등을) 전용[유용]하다; 방향을 바꾸게 하다 revenue 수익

해설 생태 관광은 농촌 지역의 경제 성장에 긍정적인 영향을 미치고, 지역 사회의 지속 가능성과 빈곤 감소에 기여하지만, 외부 투자자들을 지역으로 끌어들여 생태 관광으로 인한 수입을 지역 수입이 아닌 것으로 전용시킬 수도 있는 한계점이 있다고 했으므로, 이 글의 주제로 적절한 것은 ③ '지역 사회에 대한 생태 관광의 이점과 한계점'이다.

오답 Check
① 농촌 사회에서 생태 관광의 경제적 이점 → 생태 관광으로 농촌 사회가 경제적 이점을 얻는다는 것은 글의 일부 내용임.
② 생태 관광의 한계를 극복하기 위한 광범위한 노력 → 글의 일부 내용을 활용한 오답으로 생태 관광의 한계를 극복하기 위한 노력이 글의 주제는 아님.
④ 대중 관광에 비해 생태 관광이 인기 있는 이유 → 생태 관광이 대중 관광보다 인기 있는 이유는 언급되지 않음.
⑤ 환경적으로 경쟁력 있는 관광 사업에 대한 지역 투자의 필요성 → 지역 소유의 생태 관광 운영이 가져다주는 긍정적인 측면에도 불구하고 외부 투자의 경제적 필요와 압력이 여전히 존재한다는 것이 글의 주요 내용임.

PLUS+ 변형문제

해석 생태 관광은 환경을 위협하지 않으면서 지역 경제를 (A) 강화해 줄 수 있으므로 합리적으로 보이지만, 외부 출처로부터의 자본의 필요는 그들이 관광객들로부터 수입의 혜택을 (B) 지배할 수 있기 때문에 이는 문제가 될 수 있다.

해설 생태 관광은 관광 수익을 창출함으로써 지역 경제를 강화해(strengthen) 줄 수 있지만, 외부 투자를 끌어들임으로써 외부 투자자가 수익 관리를 지배하게(dominate) 될 수 있다는 문제점을 지적하는 내용의 요약문이다.
① 발전시키다 – 줄이다 → (A)는 답이 될 수 있지만 (B)는 틀림.
② 영향을 주다 – 오용하다 → (A)는 답이 될 수 있지만 (B)는 틀림.
③ 발견하다 – 요구하다 → (B)는 답이 될 수 있지만 (A)는 틀림.
⑤ 탐구하다 – 옮기다 → (B)는 답이 될 수 있지만 (A)는 틀림.

구문 [1]The small-scale nature of ecotourism / **makes** *local start-up businesses* **a viable option**.
• 「make+O+O·C」의 구조로 local start-up businesses가 목적어, a viable option이 목적격보어에 해당한다.

[2]However, environmentally competitive tourism businesses / may in some cases require *investment capital* [**that** is locally unavailable], / thus **causing** *the need* (**to attract** investors to the area) / and **diverting** the tourism revenue into **anything but** local income.
• [ ] 부분은 주격 관계대명사 that이 이끄는 관계사절로 선행사 investment capital을 수식한다.
• causing과 diverting 이하는 부대상황을 나타내는 분사구문으로 and로 병렬 연결되어 있다.
• ( ) 부분은 형용사적 용법으로 쓰인 to부정사구로 앞에 있는 the need를 수식한다.
• anything but은 '결코 ~이 아닌'의 의미이다.

주제문
Few conditions are more distressing to people than loneliness. [1]In fact, the foundation (of nearly every major approach to psychotherapy) / is anchored in theories [that involve interpersonal relationships]. Psychologist Irvin D. Yalom stated: "People need people — for initial and continued survival, for socialization, for the pursuit of satisfaction. No one — not the dying, the outcast, or the mighty — transcends the need for human contact." [2]Perhaps the longing (for human connection and response), at least partially, explains // why prehistoric humans stained the walls (of the caves at Lascaux), / and why the Rapa Nui inhabitants (of Easter Island) sculpted their monumental statues. Acts of creation are invitations (to relate). By making things / artists take images from within / and give them visible form in the world. In profound ways, art making is an act (of acknowledgment of the *others*) / beyond the boundaries of the self — the beholders, members of the audience, the community and the group.

해석 주제문 외로움보다 사람들에게 더 고통스러운 상황은 거의 없다. 사실 심리 치료에 대한 거의 모든 주요 접근법의 토대는 대인 관계를 수반하는 이론에 단단히 기반을 둔다. 심리학자인 Irvin D. Yalom은 이렇게 말했다. "사람들은 초기의 그리고 지속적인 생존, 사회화, 만족 추구를 위해 사람을 필요로 한다. 주제문 그 누구도, 즉 죽어가는 자, 버림받은 자, 혹은 힘 있는 지도자도 인간 접촉에 대한 욕구를 초월하지 않는다(= 인간의 접촉을 필요로 한다)." 아마도 인간의 관계와 반응에 대한 갈망은 적어도 부분적으로 선사시대 인류가 라스코 동굴의 벽을 채색한 이유와 이스터 섬의 라파누이 주민들이 거대한 동상을 조각한 이유를 설명해 줄 것이다. 창작 행위는 관계를 맺는 초대장이다. 작품을 만듦으로써, 예술가들은 (그들) 안에서 이미지를 가져와 세상에 보이는 형태를 부여한다. 심오한 방식으로, 예술 창작은 자기 자신의 경계를 넘어 '다른 사람들', 즉 (예술 작품을) 보는 사람인 관중, 공동체 그리고 집단의 구성원들을 인정하는 행위다.

어휘 distressing 고통스러운 psychotherapy 심리 치료 anchor ~에 단단히 기반을 두다 outcast 버림받은, 쫓겨난 transcend 초월하다 stain 채색하다; 더럽히다, 얼룩지게 하다 sculpt 조각하다 monumental 거대한; 기념비적인 profound 심오한 beholder 보는 사람, 구경꾼

해설 이 글의 핵심 내용은 인간에게 외로움은 매우 고통스러우며 우리는 모두 타인과의 접촉을 필요로 한다는 것으로 첫 문장과 중반부의 문장(No one ~ human contact.)이 주제문에 해당하며, 두 번째 주제문 앞에는 인간이 타인과의 접촉을 필요로 하는 이유가, 뒤에는 예술을 통해 타인과 접촉을 했다는 예시가 제시되면서 주제문을 뒷받침하고 있다. 따라서 글의 제목으로 가장 적절한 것은 ③ '삶의 필수 요소는 다른 사람들과 접촉하기'이다.

오답 Check
① 우리는 왜 다른 사람들이 필요한가? 예술 작품을 만들기 위해서 → 다른 사람들이 필요해서 예술 작품을 만든다고 했으므로 원인과 결과가 반대임.
② 심리 치료를 해 보라, 예술 작품을 개선하라 → 심리 치료가 예술 작품을 개선하는 데 효과가 있다는 내용은 언급되지 않음.
④ 혼자 있는 것을 멈추는 방법은 관계를 갈망하는 것 → 관계에 대한 갈망이 인간이 살아가는 데 충족되어야 하는 필수적인 요소로 단순히 혼자 있지 않을 방편으로 관계를 갈망하는 것은 요지가 아님.
⑤ 고대 예술을 통해 우리의 선조를 이해하라 → 글에서 언급된 고대 예술은 다른 사람과의 접촉에 대한 갈망을 표출한 예시임.

PLUS+ 변형문제

어휘 instinctively 본능적으로 prehistoric 선사시대의
해석 우리는 본능적으로 다른 사람들로부터 (A) 고립되는 것을 두려워하기 때문에 다른 사람들에게 다가감으로써 (B) 유대를 만들기 위한 노력으로 선사시대부터 예술 작품을 창작해 왔다.
해설 우리는 다른 사람과의 접촉이 없는 외로운 상태, 즉 고립되는(isolated) 것을 두려워하여, 예술 창작을 통해 다른 사람들과 유대(bond) 관계를 맺기 위한 노력을 해 왔다는 내용의 요약문이다.
② 괴로워하는 – 차이 → 글에서 추론할 수 없는 오답.
③ 부인되는 – 공동체 → 글에서 추론할 수 없는 오답.
④ 다른 – 친구 → (B)는 답이 될 수 있지만 (A)는 틀림.
⑤ 낙담한 – 변화 → 글에서 추론할 수 없는 오답.

구문 [1]In fact, *the foundation* (of nearly every major approach to psychotherapy) / is anchored in *theories* [**that** involve interpersonal relationships].
• ( )는 전치사구로 앞에 있는 the foundation을 수식한다.
• [ ]는 주격 관계대명사 that이 이끄는 관계사절로 선행사 theories를 수식한다.

[2]Perhaps *the longing* (for human connection and response), at least partially, **explains** // **why** prehistoric humans stained the walls (of the caves at Lascaux), / and **why** the Rapa Nui inhabitants (of Easter Island) sculpted their monumental statues.
• 첫 번째 ( )는 전치사구로 앞에 있는 the longing을 수식한다.
• why가 이끄는 두 개의 절은 동사 explains의 목적어로 사용된 의문사절이며, and로 병렬 연결되어 있다.

20 ④ PLUS+ ④

[1]In theory, the more challenges we face, // the more strong neural connections we should have, / and the smarter we should become. Because of this, some experts emphasize the importance of environment. [2]They suggest // we control children's surroundings in a very specific way, / introducing them to specific activities at different points of their development, / to stimulate the growth (of the neural connections) in the brain. [3]It's true // that the experiences [we give our children] shape the way [they think and learn]. But every individual brain is different. So while the experts' suggestion can sound reassuring to parents [who want to make a difference], // _{주제문} the idea (of providing wall-to-wall challenges for your child) / should be treated with some caution. In the right surroundings / a child's brain just can't help but learn. Playing with a selection of toys, / engaging in a healthy variety of activities, / spending time with a range of adults and other children; // all of these will stimulate a child's mind / and help with the development of his brain.

해석 이론에 따르면, 인간은 더 많은 도전에 직면할수록 강력한 신경 연결망을 더 많이 가지게 될 것이고 더욱 똑똑해질 것이다. 이러한 이유로 몇몇 전문가들은 환경의 중요성을 강조한다. 그들은 뇌 신경 연결망 성장을 자극하기 위해 아동 발달의 지점마다 특정한 활동을 도입하면서 아동의 환경을 매우 특정한 방식으로 통제해야 한다고 제안한다. 우리가 아이들에게 제공하는 경험이 그들이 생각하고 학습하는 방식을 형성한다는 것은 사실이다. 하지만 모든 인간의 뇌는 각기 다르다. 그러므로 전문가들의 제안은 차이를 만들어 내고 싶은(= 아이를 특별하게 키우고 싶은) 부모들을 안심시키는 것처럼 들릴 수 있지만, _{주제문} 아이에게 계속적인 도전 과제를 제공한다는 생각은 다소 신중하게 다루어져야 한다. 적절한 환경에서 아동의 뇌는 그냥 학습할 수밖에 없다. 다양한 장난감으로 노는 것, 다양한 건전한 활동에 참여하는 것, 다양한 어른들이나 또래 아이들과 시간을 보내는 것, 이 모든 것들이 아동의 정신을 자극하여 뇌의 발달을 도울 것이다.

어휘 neural 신경(계통)의   emphasize 강조하다; 역설하다 surroundings 환경, 주위(의 상태)   stimulate 자극하다 reassuring 안심시키는   wall-to-wall 계속적인; 바닥을 덮는 a selection of 다양한   engage in ~에 참여[관여]하다

해설 아동의 뇌 신경 연결망 성장을 자극하기 위해 환경을 통제해야 한다고 주장하는 이론이 도입부에 제시되다가, should가 포함된 문장(the idea ~ some caution)에서 필자의 주장이 드러난다. 뇌는 각기 다르기 때문에 이러한 통제는 신중하게 다루어져야 한다는 내용이므로 필자의 주장으로 가장 적절한 것은 ④이다.

오답 Check
① → 연령에 따른 신체 활동 제공에 대한 언급은 없음.
② → 필자의 주장과 반대됨.
③ → 인간의 뇌가 다르다고는 했으나, 개인적인 발달 차이를 고려해야 한다는 언급은 없음.
⑤ → 아동의 신체와 정서 발달에 대한 언급은 없음.

PLUS+ 변형문제

해석 아동 개인과 (A) 학습으로 이어지는 그들 일상 속 일반 활동 사이에 차이가 있기 때문에, 우리는 아동의 환경을 통제하는 것이 그들을 더 똑똑하게 만드는 데 (B) 도움되는지 확신할 수 없다.
해설 아동 발달 단계에 따라 환경을 통제하는 것이 그들의 지능을 높일지는 아동에 따라 학습(learning)에 효과가 있는 활동이 다르기 때문에 그렇게 하는 것이 도움되는(helpful)지 확신할 수 없다는 내용의 요약문이다.
① 성장 – 드문 → (A)는 답이 될 수 있으나 (B)는 틀림.
② 깨달음 – 도움되는 → (B)는 답이 될 수 있으나 (A)는 틀림.
③ 잠재력 – 가능한 → (A), (B) 둘 다 답이 될 수 없음.
⑤ 발전 – 가능한 → (A)는 답이 될 수 있으나 (B)는 틀림.

구문 [1]In theory, **the more** challenges we face, // **the more** strong neural connections we **should** have, / and **the smarter** we should become.
• 「the 비교급+S+V ~, the 비교급+S+V …」 구문은 '~할수록 더욱 …하다'의 의미이다. 여기서 should 는 '(아마) ~일 것이다'라는 '추측'의 의미로 쓰였다.

[2]They **suggest** // (that) we **(should) control** children's surroundings in a very specific way, / **introducing** them to specific activities at different points of their development, / **to stimulate** the growth (of the neural connections) in the brain.
• we control 앞에는 동사 suggest의 목적어에 해당하는 명사절을 이끄는 접속사 that이 생략되었다.
• '제안'을 나타내는 동사 suggest 뒤의 that절이 '~해야 한다'라는 당위성을 나타내며, that절의 동사로 「(should+)동사원형」이 쓰였다.
• introducing 이하는 분사구문으로 '~하면서'라는 동시동작의 의미를 나타낸다.
• to stimulate 이하는 목적을 나타내는 부사적 용법의 to부정사구이다.

[3]**It's** true // **that** *the experiences* [(that) we give our children] shape *the way* [they think and learn].
• It은 문장의 가주어이고, 접속사 that 이하가 문장의 진주어이다.
• 첫 번째 [ ]는 목적격 관계대명사가 생략된 관계사절로 선행사 the experiences를 수식하고, 두 번째 [ ]는 관계부사절로 선행사 the way를 수식한다. 관계부사 how와 the way는 함께 쓰일 수 없다.

주제문
Human capital is an economic passport — literally, in some cases. When I was an undergraduate in the late 1980s, // I met a young Palestinian man (named Gamal Abouali) (studying engineering). ¹Gamal's family, who lived in Kuwait, were insistent // that their son finish his degree in three years / instead of four / as they believed the sooner he had his degree, the more secure he would be. ²This required taking extra classes each quarter / and attending school every summer, // all of which seemed rather extreme to me at the time. What about internships and foreign study, / or even a winter in Colorado / as a ski lover? I had lunch with Gamal's father once, // and he explained / that the Palestinian existence was itinerant and precarious. ³Mr. Abouali was an accountant, a profession [that greatly opened up his options // wherever he might go]. The family had lived in Canada / before moving to Kuwait; they could easily be somewhere else / in five years, / he said.

해석 주제문 인적 자본은 말 그대로 몇몇 경우에 경제적인 여권이다. 1980년대 말에 내가 대학생이었을 때, 나는 공학 기술을 공부하고 있는 Gamal Abouali라는 이름의 한 젊은 팔레스타인 남자를 만났다. Gamal의 가족은 쿠웨이트에 살았는데, 그들은 아들이 학위를 더 빨리 받을수록 생활이 더 안정될 것이라고 믿었기 때문에 아들이 4년 대신 3년 만에 학위를 마쳐야 한다고 주장하였다. 이것은 학기마다 추가 수업을 수강하는 것과 매 여름 학기 수업을 듣는 것을 필요로 했는데, 그것들 모두가 그때 나에게 다소 극단적으로 보였다. 인턴사원 근무와 해외 연수 혹은 스키광으로서 콜로라도에서 겨울이라도 보내는 것은 어떻게 하고? 나는 Gamal의 아버지와 점심을 한 번 먹은 적이 있었는데, 그는 팔레스타인 사람이라는 존재는 떠돌이이며 불안정하다고 설명해 주었다. Abouali 씨는 그가 어디에 가더라도 선택권이 크게 열려 있는 직업인 회계사였다. 그 가족은 쿠웨이트로 이사하기 전에 캐나다에서 살았었는데, 5년 후에는 쉽게 다른 어딘가에 있을 수도 있다고 그는 말했다.

어휘 undergraduate 대학생; 학부생   insistent 주장하는   secure 안정된; 안전한   quarter (4학기 중) 한 학기   itinerant (특히 일자리를 찾아) 떠돌아다니는   precarious 불안정한   accountant 회계사   profession 직업, 직종
[선택지 어휘] expertise 전문 지식[기술]   provision 제공, 공급; 조항

해설 Abouali 씨가 세계 여러 나라에서 경제 활동을 할 수 있었던 것은 그의 직업이 세계 대부분의 나라에서 수요가 있는 회계사였기 때문이라는 내용이다. 따라서 밑줄 친 부분의 의미로 가장 적절한 것은 ① '세계 대부분의 나라에서 원하는 전문 지식'이다.

오답 Check
② 전문성 성장을 위한 기회 제공
③ 해외 일자리 제안을 수락함으로써 얻는 경제적 이점
④ 노력을 통해 얻은 직업 기회
⑤ 다른 나라에서 재정적 자유를 가능하게 하는 자원
→ ②, ③, ④, ⑤ 모두 지문 내용과 관계없는 내용.

PLUS + 변형문제

해설 인적 자본, 즉 전문 지식을 개발하면 세계 여러 곳에서 일할 기회를 얻을 수 있다는 내용이므로, 제목으로 가장 적절한 것은 ③ '인적 자본을 개발하고 더 많은 기회를 잡아라'이다.
① 조기 졸업하는 것의 이점은 무엇인가?
→ 조기 졸업의 이점은 언급되지 않음.
② 돈을 더 벌자, 즉 학교에서 더 열심히 공부하라
→ 지문에 언급되지 않은 내용.
④ 인생에서 성공의 열쇠는 국제 교육
→ 인생 성공의 열쇠로 국제 교육에 대해 언급하고 있지 않음.
⑤ 경제적 여권을 구입해서 해외 일자리 제안을 잡아라
→ 경제적 여권은 구입할 수 있는 것이 아님.

구문 ¹Gamal's family, **who** lived in Kuwait, were insistent // that their son **(should) finish** his degree in three years / instead of four / **as** they believed **the sooner** he had his degree, **the more secure** he would be.
• Gamal's family를 보충 설명하는 관계사절 who lived in Kuwait가 삽입되었다.
• 주절에 주장, 명령, 요구, 제안 등을 나타내는 동사나 형용사 쓰일 때 that절의 동사로는 「(should+)동사원형」이 나오는데, 이때 should는 종종 생략된다.
• 여기서 as는 이유를 나타내며 '~하기 때문에'로 해석한다.
• 「the 비교급+S+V ~, the 비교급+S+V ...」 구문으로 '~하면 할수록, 더 ...하다'의 의미이다.

²This **required taking** extra classes each quarter / 〔and〕 **attending** school every summer, // **all of which** seemed rather extreme to me at the time.
• taking과 attending으로 시작하는 동명사구는 required의 목적어로 and로 병렬 연결되어 있다.
• which는 계속적 용법으로 쓰인 관계대명사로 all of which가 이끄는 절이 앞 문장을 부연 설명한다.

³Mr. Abouali was **an accountant**, *a profession* [**that** greatly opened up his options // **wherever** he might go].
• an accountant는 콤마(,)로 a profession과 동격으로 이어지고 있다.
• that은 주격 관계대명사로 that이 이끄는 관계사절이 선행사 a profession을 수식한다.
• 복합관계부사 wherever는 no matter where와 바꿔 쓸 수 있다. '어디에 ~하더라도'라는 양보의 의미로 쓰이는 경우, 동사 앞에 may[might]를 붙일 수 있다.

05

William Shakespeare once wrote, "a rose by any other name would smell as sweet." ¹The idea, of course, is // [that a thing is what it is, / independently of the label (placed on the thing)]. ²The process (of labeling or naming) is a secondary process, / and one [that does not change the nature of the thing (being named)]. In other words, changing the name / does not change the thing itself. However, some things are what they are / not because of their material properties / but because of human social agreements. Let's consider things like "money." Something is money only on the condition [that a community recognizes it as money]. If we cease to recognize a thing as money, // it ceases to be money. Francs, which used to be money in France, are no longer recognized as money // as the French have moved on to use Euros. Money by any other name — without social agreement — will not be the same thing. Thus, Shakespeare's idea fits with common sense, // but it is completely wrong most of the time.

해석 윌리엄 셰익스피어는 "장미는 어떤 다른 이름이더라도 향기로울 것이다."라고 쓴 적이 있다. 물론 그 생각은 사물에 붙은 라벨과는 별개로 사물 그 자체라는 것이다. 라벨을 붙이거나 이름을 붙이는 과정은 부차적인 과정이며, 이름이 붙여지는 사물의 본질을 바꾸지 않는 과정이다. 즉, 이름을 바꾸는 것이 사물 자체를 달라지게 하는 것은 아니다. 주제문 그러나 어떤 것들은 물질적 특성 때문이 아니라 사람들의 사회적 합의 때문에 그것들로서 존재한다. '돈'과 같은 것들을 생각해보자. 어떤 것은 공동체가 그것을 돈으로 인정한다는 조건에서만 돈이다. 우리가 어떤 것을 돈으로 인정하기를 그만둔다면, 그것은 더 이상 돈이 아니다. 프랑스 사람들은 유로를 사용하는 것으로 옮겨가면서, 프랑스에서 과거에 돈이었던 프랑은 더 이상 돈으로 인정되지 않는다. 다른 이름으로 된, 즉 사회적 합의가 없는 돈은 같은 것이 아닐 것이다. 주제문 따라서 셰익스피어의 생각은 상식에 적합하지만, 대부분의 경우 완전히 틀린 것이다.

어휘 secondary 부차적인   material 물질적인   property (사물의) 특성, 속성   agreement 합의, 협정   condition 조건   community 공동체, 사회   recognize 인정하다; 알아보다   cease 그만두다, 그치다   franc 프랑 ((프랑스, 스위스 등의 화폐 단위로 프랑스, 벨기에, 룩셈부르크에서는 2002년에 유로화로 대체됨))   fit (의지·목적 등에) 적합하다, (꼭)맞다   common sense 상식

해설 셰익스피어는 사물의 이름이 바뀌더라도 사물 자체가 달라지는 것은 아니라고 했지만, 돈의 예시처럼 사물의 본질은 사회에서 인식되는 것에 따라 바뀔 수 있다는 내용으로 글의 중반부에서 역접의 연결어 However를 사용하여 앞 내용과 대조되는 주제문을 제시하고 있다. 글의 마지막 문장에서 필자가 말하고자 하는 바를 한 번 더 언급하며 강조하므로 이 글의 요지로 적절한 것은 ③이다.

오답 Check
① → 호칭이 사회적 약속이라는 내용은 없음.
② → 사회에 혼란을 초래하는 정책에 대한 내용은 없음.
④ → 사물의 가치는 사람들의 인식에 따라 바뀌는 것이지 시대에 따라 변화한다고 추론할 수 없음.
⑤ → 마지막 문장에서 이름이 달라져도 사물의 본질이 바뀌지 않는다는 셰익스피어의 생각은 완전히 틀린 것이라고 했음.

PLUS + 변형문제

해석 어떤 사물의 (A) 정체성은 라벨과 상관없이 변하지 않는다는 셰익스피어의 의견과는 대조적으로, 실제로 그것(= 정체성)은 사회적인 (B) 인정의 결과로 변화한다.

해설 셰익스피어가 사물의 이름이 달라지더라도 그 사물의 본질, 즉 정체성(identity)은 바뀌지 않는다고 주장했던 것과 대조적으로 사회적인 인정(acknowledgement)에 따라 사물의 본질은 달라질 수 있다는 내용의 요약문이다.
① 이점 – 요구 → 글에서 추론할 수 없는 오답.
② 본질 – 징조 → (A)는 답이 될 수 있지만 (B)는 틀림.
③ 관점 – 감상 → 글에서 추론할 수 없는 오답.
④ 특성 – 믿음 → (A)는 답이 될 수 있지만 (B)는 틀림.

구문 ¹**The idea**, of course, is // [**that** a thing is **what it is**, / independently of *the label* (placed on the thing)].
• that은 명사절을 이끄는 접속사로 [ ] 부분은 문장의 주격보어로 쓰였으며, 주어 The idea와 동격 관계이다.
• 선행사를 포함하는 관계대명사 what이 이끄는 what it is는 that절의 보어로 쓰인 관계사절이다.
• ( )은 앞에 있는 명사 the label을 수식하는 과거분사구이다.

²*The process* (of labeling or naming) is a secondary process, / and ***one*** [**that** does not change the nature of *the thing* (being named)].
• 첫 번째 ( )는 전치사구로 앞에 있는 명사 The process를 수식한다.
• [ ]는 주격 관계대명사 that이 이끄는 관계사절로 선행사 one을 수식하고, 선행사로 쓰인 대명사 one은 앞에 나온 a process를 가리킨다.
• 두 번째 ( )는 수동의 의미를 가지는 분사구로 앞에 있는 명사 the thing을 수식한다.

There seems to be a noticeable trend in the present-day investment strategy in basic science. [1]It is rare / to see any sponsors, / including government entities, / spending funds on basic studies (lasting more than a few years). 주제문 The trend has been to find small and short-term projects. [2]In this climate / researchers are not allowed enough resources and time (to concentrate on long-term and large scientific problems), // although all the faculty (at the nation's major research universities) have become very adept at breaking up a career-long major research problem / into tasks [that can be accomplished by small teams in shorter time periods and funded piecemeal]. Following the survival-of-the-fittest trend, then, / today's scientists behave more like technologists in the society's eye. They make devices, bring new technologies to the newest applications, / and try to solve many of our present-day problems.

해석 기초 과학에 대한 오늘날의 투자 전략에 주목할 만한 동향이 존재하는 것 같다. 정부 단체를 포함한 어떠한 후원자가 몇 년 이상 지속되는 기초 연구에 기금을 지출하는 것을 보는 일은 흔치 않다. 주제문 작고 단기적인 프로젝트를 찾는 것이 추세이다. 이러한 풍조에서 이 나라의 주요 연구 대학에 있는 모든 교수진이 경력 전반에 걸친 주요한 연구 문제를 더 짧은 기간에 작은 팀에 의해 달성될 수 있고 소량으로 기금을 지급받을 수 있는 일로 나누는 것에 매우 능숙해지긴 했지만, 연구자들은 장기간의 대형 과학 문제에 집중할 충분한 자원과 시간을 허용받지 못한다. 그러면 적자생존 동향을 따라, 오늘날의 과학자들은 사회의 눈으로 볼 때 더욱 과학 기술자처럼 행동한다. 그들은 장비를 만들고, 최신 응용 프로그램에 신기술을 가져오며, 우리의 현대 문제 중 많은 것을 해결하려고 노력한다.

어휘 noticeable 주목할 만한; 뚜렷한, 현저한   present-day 오늘날의, 현대의   rare 흔치 않은; 희귀한   sponsor 후원자   entity 독립체   climate 풍조, 분위기   concentrate on ~에 집중하다   faculty 교수진   adept 능숙한   break up ~을 나누다[분해하다]   technologist 과학 기술자   application 응용 프로그램; 적용, 응용; 지원(서)

해설 이 글의 소재는 '기초 과학 연구에 대한 투자'이며, 단기 프로젝트에 집중하는 최근의 투자 전략으로 인한 영향 및 결과를 구체적으로 설명하고 있다. 따라서 이 글의 주제로 가장 적절한 것은 ② '기초 과학에 대한 현 투자 전략의 영향'이다.

오답 Check
① 기초 과학과 응용과학 간의 갈등
→ 기초 과학이 언급되긴 했으나 응용과학과 비교하는 내용은 아님.
③ 과학에서 단기 프로젝트를 장려하는 것의 필요성
→ 단기 프로젝트를 찾는 것이 추세라고 했을 뿐 장려할 필요성에 대한 언급은 없음.
④ 과학 분야에서 정부 주도 프로젝트의 유효성
→ 정부 주도의 프로젝트가 효력을 발휘한다는 언급은 없음.
⑤ 기술 발달을 위한 기초 과학의 중요성
→ 기초 과학이 언급되긴 했으나 이 글의 주제에서 벗어남.

PLUS + 변형문제

해석 오늘날, 후원자들이 소규모의 프로젝트만 지원하는 것이 (A) 흔한데, 이는 기초 과학에서 (B) 주목할 만한 동향을 야기했다.
해설 기초 과학에 있어 소규모의 단기 프로젝트에 투자하는 것이 현재 흔한(common) 투자 전략인데, 이는 기초 과학에서 주목할 만한(observable) 동향을 가져오고 있다는 내용의 요약문이다.
① 흔한 – 파괴적인 → (A)는 답이 될 수 있지만 (B)는 틀림.
③ 해로운 – 주목할 만한 → (B)는 답이 될 수 있지만 (A)는 틀림.
④ 의무적인 – 긍정적인 → (A), (B) 둘 다 답이 될 수 없음.
⑤ 의무적인 – 반복적인 → (A), (B) 둘 다 답이 될 수 없음.

구문 [1]**It is rare / to see** *any sponsors*, / *including government entities*, / **spending** funds on *basic studies* (lasting more than a few years).
• It은 가주어이고 to see 이하가 진주어이다.
• 여기서 see는 지각동사로 「see+O+v-ing (O가 v하고 있는 것을 보다)」의 형태로 쓰였다. any sponsors ~ entities가 see의 목적어이고 spending 이하가 보어이다.
• ( ) 부분은 현재분사구로 앞의 basic studies를 수식한다.

[2]In this climate / researchers are not allowed *enough resources and time* (**to concentrate** on long-term and large scientific problems), // although all the faculty (at the nation's major research universities) have become very adept at **breaking up** a career-long major research problem / **into** *tasks* [**that** can be accomplished by small teams in shorter time periods and funded piecemeal].
• to concentrate ~ scientific problems는 앞에 있는 enough resources and time을 수식하는 형용사적 용법의 to부정사구이다.
• 「break up A into B」는 'A를 B로 나누다, 분할하다'의 뜻이다.
• [ ] 부분은 주격 관계대명사 that이 이끄는 관계사절로 선행사 tasks를 수식한다.

05

If there are only five potential buyers / for a new idea or a product (based on it), // the potential rewards are smaller than / if there are 500 or 5 million potential buyers. Perhaps that, in part, explains the increase in innovation / in developed countries. ¹Economist Charles Jones has calculated // that in the combined economies (of the United States, the United Kingdom, France, Germany, and Japan), the total number of people (working in research and development) has risen four to five times faster / than the population has increased / since 1950. ²A larger market has increased the rewards for innovation, / drawing more people and resources to it. And growing wealth for the world means / a larger market for any new innovation. That larger market (for new goods of all sorts) / would draw more people and more resources, / and produce more innovations. As the poor world gets richer, // the rewards for innovation there will grow, / continuing that trend, and further fueling innovation.

주제문

해석 새로운 아이디어나 그것에 기반을 둔 제품에 대한 잠재적 구매자가 다섯 명뿐이라면, 잠재적 보상은 잠재적 구매자가 5백 명이나 5백만 명일 때보다 더 적다. 아마도 그것은 부분적으로 선진국의 혁신 증가를 설명한다. 경제학자인 Charles Jones는 미국, 영국, 프랑스, 독일, 일본의 경제를 합치면 연구 개발에 종사하는 총인구가 1950년 이후로 인구가 증가해온 것보다 네다섯 배나 더 빠르게 증가해 왔다고 추산했다. 더 큰 시장은 혁신에 대한 보상을 늘려 더 많은 인력과 자원을 그것에 끌어들였다. 그리고 ^{주제문} 세계의 부를 늘리는 것은 어떤 새로운 혁신을 위한 더 큰 시장을 의미한다. 모든 종류의 새로운 상품에 대한 더 큰 시장은 더 많은 사람들과 더 많은 자원을 끌어들이고 더 많은 혁신을 만들어 낼 것이다. 가난한 세계가 더 부유해짐에 따라, 그곳에서 혁신에 대한 보상이 커질 것이고, 그러한 추세를 지속하며, 혁신을 더욱 부채질할 것이다.

어휘 potential 잠재적인 reward 보상, 보수; 보상[보답]하다 innovation 혁신 developed country 선진국 calculate 추산하다; 계산하다 combine 합치다, 결합하다 draw 끌어들이다; (반응을) 끌어내다 resource 자원, 물자 trend 추세, 동향 fuel 부채질하다; 연료를 공급하다

해설 글의 전반부에서 혁신 증가와 부의 상관관계가 서술되다가 중반부에서 앞에 서술한 내용을 종합하는 진술이 이어진다. 이어서 제시되는 문장(growing wealth ~ more innovations)이 주제문으로, 세계의 부가 혁신을 낳고, 혁신이 더 많은 부를 끌어들여 또 다른 부를 낳는 선순환을 만들어낸다는 내용이므로, 이를 제목으로 가장 잘 표현한 것은 ③ '부와 혁신의 선순환'이다.

오답 Check
① 빨리 보상을 받아라! 더 많은 구매자를 찾아라
→ 지문에 언급되지 않은 내용.

② 더 많은 것을 만들수록 우리는 더 부유해진다
→ 많이 만들수록 더 부유해진다는 내용은 없음.

④ 부를 늘려라, 즉 시장에서 빠져나와라
→ 시장에서 빠져나오라는 내용은 없음.

⑤ 경제 결합이 혁신을 촉진하는 이유
→ 글의 일부 내용을 활용한 오답으로 경제 기구들의 결합은 연구 개발에 종사하는 인구수 증가를 위한 설명으로 언급됨.

PLUS + 변형문제

어휘 attainment 달성, 도달

해석 혁신은 (A) 시장 성장, 즉 더 많은 인력과 자원을 끌어들임으로써 추진되고, 이것이 더 많은 (B) 이익을 달성하는 결과를 낳는데, 이는 새로운 혁신으로 이어진다.

해설 시장(market)이 성장할수록 혁신에 대한 더 많은 보상, 즉 이익(benefits)을 달성하게 되고 이 이익이 더 큰 시장을 형성해 또 다른 혁신을 낳는다는 내용의 요약문이다.

① 잠재력 – 목표 → 글에서 추론할 수 없는 오답.
③ 인구 – 자원 → 글에서 추론할 수 없는 오답.
④ 양적인 – 부 → (B)는 답이 될 수 있지만 (A)는 틀림.
⑤ 경제의 – 제품 → 글에서 추론할 수 없는 오답.

구문 ¹Economist Charles Jones **has calculated** // **that** in *the combined economies* (of the United States, the United Kingdom, France, Germany, and Japan), the total number of *people* (working in research and development) **has risen** four to five times faster / than the population **has increased** / **since** 1950.

• that 이하는 동사 has calculated의 목적어로 that은 명사절을 이끄는 접속사이다.
• 첫 번째 ( )는 전치사구로 앞에 있는 명사 the combined economies를 수식하고, 두 번째 ( )는 현재분사구로 앞에 있는 명사 people을 수식한다.
• 전치사 since는 과거 어떤 시점부터 현재 사이를 의미하므로 현재완료 시제와 함께 사용한다.

²A larger market has increased the rewards for innovation, / **drawing** more people and resources to it.
• drawing 이하는 부대상황을 나타내는 분사구문으로 '~하면서(~한 채로)'로 해석한다.

20 ③ PLUS⁺ ②

Sometimes, it seems // there isn't enough time / to do everything [that you need to do]. ¹This can easily result in a build-up of stress / when preparing for examinations, / or during your final year of high school // when you have to combine the pressures of intensive study / with finding time (to apply for colleges). That's why good management of your time / is particularly important. This doesn't mean doing more work. It means focusing on the tasks [that matter and will make a difference]. ²Whether it's in your job or your lifestyle as a whole, // learning how to manage your time effectively / will help you feel more relaxed, focused, and in control. The aim (of good time management) / is to achieve the goals [you want] / without losing the balance of your mind.

해석 때때로 해야 하는 모든 일을 할 충분한 시간이 없는 것 같다. 이는 시험을 준비할 때나, 집중적인 학업의 압박과 대학에 지원할 시간을 내는 것을 병행해야 하는 고등학교 마지막 학년 동안 필시 스트레스의 증가를 야기할 수 있다. **주제문** 이것이 훌륭한 시간 관리가 특히 중요한 이유이다. 이것은 일을 더 많이 하는 것을 의미하지는 않는다. 그것은 중요하고 차이를 만들어낼 일에 집중하는 것을 의미한다. 당신의 일에서든 생활 방식 전체에서든, 시간을 효과적으로 관리하는 법을 배우는 것은 당신이 좀 더 편안하고 집중하며 무엇이든 할 수 있다는 느낌이 들도록 도와줄 것이다. **주제문** 훌륭한 시간 관리의 목적은 마음의 평정을 잃지 않고 당신이 원하는 목표를 달성하는 것이다.

어휘 easily 필시, 쉽게   result in (결과적으로) ~을 야기하다   build-up 증가, 강화   intensive 집중적인; 강한, 격렬한   apply for ~에 지원하다   matter 중요하다; 문제   make a difference 차이를 만들다, 영향이 있다   feel in control 무엇이든 할 수 있다고 느끼다, 자신에 차 있다   lose the balance of one's mind 마음의 평정을 잃다

해설 글의 중반부에서 important를 사용한 문장(That's why ~ particularly important.)에서 시간 관리가 중요하다는 필자의 주장이 드러나 있고, 마지막 문장에서 훌륭한 시간 관리의 목적을 설명했다. 즉 훌륭한 시간 관리의 목적은 마음의 평정을 잃지 않고 목표를 완수하는 것이라고 했으므로, 필자의 주장으로 가장 적절한 것은 ③이다.

오답 Check
① → 일의 우선순위를 정하라는 것에 대한 언급은 없음.
② → 시간 관리가 일을 더 많이 하는 것을 의미하지는 않는다고 했음.
④ → 지문에 언급되지 않은 내용.
⑤ → 시간은 공통 소재이나 필자의 주장에서 벗어남.

PLUS⁺ 변형문제

해석 목표를 달성하고 싶다면, 당신의 시간을 (A) 효율적으로 관리하는 것이 중요한데, 그것이 당신이 해야 하는 일에 (B) 집중하도록 도와주고 당신이 더욱 편안함을 느끼도록 도와주기 때문이다.

해설 우리가 해야하는 일을 할 때 시간을 효율적으로(efficiently) 관리함으로써 그 일에 대해 좀 더 집중할(concentrate) 수 있게 되고 스트레스를 덜 받아 편안함을 느끼게 만들어, 결과적으로 원하는 목표를 달성하게 된다는 내용의 요약문이다.
① 간단히 – 노력을 들이다 → (B)는 답이 될 수 있지만 (A)는 틀림.
③ 소홀히 – 계획하다 → (A), (B) 둘 다 답이 될 수 없음.
④ 정기적으로 – 집중하다 → (B)는 답이 될 수 있지만 (A)는 틀림.
⑤ 엄격히 – 의존하다 → (A), (B) 둘 다 답이 될 수 없음.

구문 ¹This can easily result in a build-up of stress / **when** preparing for examinations, / ⟨or⟩ during *your final year (of high school)* // **when** you have to **combine** the pressures of intensive study / **with** finding *time* (to apply for colleges).
• 첫 번째 when은 때를 나타내는 접속사로, when preparing for examinations는 접속사를 남긴 분사구문이고, during your final year of high school과 or로 병렬 연결되어 있다.
• 두 번째 when은 your final year of high school을 수식하는 관계부사절을 이끌고, 관계사절 내에서 「combine A with B」는 'A와 B를 병행하다'를 뜻한다.

²⟨Whether⟩ it's in your job ⟨or⟩ (it's in) your lifestyle as a whole, // learning how to manage your time effectively / will **help** *you* **feel** more relaxed, focused, ⟨and⟩ in control.
• 부사절로 쓰인 「whether A or B」 구문은 'A이든 B이든'의 뜻이다.
• 동사 will help는 「help+O+(to)동사원형」 형태로 쓰여 'O가 v하는 것을 돕다'의 의미를 나타낸다.
• 밑줄 친 세 부분(more relaxed, focused, in control)은 feel의 보어로 and로 병렬 연결되었다.

In the course of your life / you will come upon people (with overly emphatic traits), // which generally rest on top of the opposite traits, / concealing them from public view. One of the types is *the Saint*. These people are paragons (of goodness and purity). They support the best and most progressive causes. They are above the corruption and compromises (of politics), or they have endless compassion / for every type of victim. [1]This saintly exterior, however, developed early on / as a way (to disguise their strong hunger (for power and attention)). Over the years / they hone and perfect this public image. By projecting this saintly aura to the nth degree / they will gain great power, / leading a cult or political party. And once they are in power, // the Shadow will have space (to operate). They will become intolerant, / railing at the wrong-doers, punishing them / if necessary. [2]Maximilien Robespierre (nicknamed the Incorruptible), // who rose to power / in the French Revolution, / was such a type. After all, the guillotine was never busier / than under his reign.

해석 살다 보면 주제문 지나치게 강한 성격상의 특징을 가진 사람들을 우연히 만나게 되는데, 이 특징들은 일반적으로 정반대의 특징 위에 놓여 있고 사람들의 시선으로부터 그것들을 숨긴다(= 이 특징들은 정반대의 성격적 특징으로 가려져서 사람들이 보지 못한다). 그 유형(의 사람)들 중 하나가 '성인군자'이다. 이 사람들은 선량함과 순수함의 전형이다. 그들은 가장 좋고 진보적인 대의명분을 지지한다. 그들은 고결하여 정치의 부패와 타협을 하지 않는다. 또는 그들은 모든 유형의 희생자들에 대해 끝없는 동정심을 가진다. 하지만 이 성자 같은 겉모습은 권력과 관심에 대한 강한 갈망을 위장하기 위한 방법으로 일찍부터 발전한 것이다. 수년에 걸쳐 그들은 이 대중적인 이미지를 연마해서 완전하게 한다. 이 성인 같은 기운을 극도로 보여줌으로써 그들은 큰 권력을 얻고, 사이비 종교 집단이나 정당을 이끌게 된다. 그리고 일단 그들이 권력을 잡게 되면, 이들의 그림자가 작동할 공간을 갖게 될 것이다. 관용이 사라지고, 잘못한 자를 욕하며 필요하다면 벌을 줄 것이다. 프랑스 혁명으로 권좌에 오른 ('부패하지 않은 자'로 별명 붙여졌던) Maximilien Robespierre(막시밀리앙 로베스피에르)는 그런 유형이었다. 결국 그의 통치 기간보다 단두대가 바빴던 적은 없었다.

어휘 come upon ~을 우연히 만나다, 마주치다 emphatic 강한, 단호한 trait (성격상의) 특징 paragon 전형, 모범 above (고결하여) ~따위 짓은 하지 않는, ~을 부끄럽게 여기는 corruption 부패, 타락 compromise 타협 compassion 동정심, 연민 saintly 성자 같은 exterior 겉모습 disguise 위장하다, 숨기다 project 보여 주다, 나타내다 to the nth degree 극도로 cult 사이비[광신적] 종교 집단 intolerant 관용이 없는, 편협한 rail at ~을 욕하다 wrong-doer 잘못한 자; 범죄자 incorruptible 부패하지 않은; 매수할 수 없는 reign 통치 기간, 치세 [선택지 어휘] look up to ~을 우러러보다, 존경하다 fabricate 날조하다, 꾸며내다 commander 지도자, 지휘관 repress 억압하다, 억누르다

해설 본래의 성격을 정반대의 성격적 특징으로 감추는 사람들 중 '성인군자' 유형을 설명하는 글이다. 권력에 대한 갈망을 성자 같은 겉모습에 숨겨오다가 권력을 잡으면 누구보다 더 잔인하고 너그럽지 못한 본성을 드러낸다고 했으므로 밑줄 친 부분이 의미하는 것은 ⑤ '그들은 은폐되고 억압된 특성들을 드러낼 것이다'이다.

오답 Check
① 사람들은 성인의 성스러운 기운을 우러러볼 것이다
→ 그림자는 부정적인 특성을 의미하므로 성인의 성스러운 기운과 반대됨.
② 권력 외의 것들에 대한 열망이 커질 것이다
→ 권력 이외의 것을 갈망한다는 내용은 없음.
③ 그들은 대중적인 이미지를 위한 성격을 날조할 것이다
→ 대중에게 보이기 위해 날조된 성격은 그림자의 개념과 반대됨.
④ 영적 지도자가 우리의 행동을 통제할 것이다
→ 그림자는 내면에 감춰진 본성을 의미하는 것으로 실체가 있는 영적 지도자를 의미하는 것이 아님.

PLUS + 변형심화문제

해설 지나치게 강한 성격상의 특징을 가진 사람들이 있는데, 정반대의 성격적 특징으로 본래의 성격을 가린다는 것을 설명하는 첫 문장에 주제가 드러나며, 두 번째 문장부터는 그런 사람의 예로 '성인군자' 유형의 사람을 설명하고 있다. 따라서 제목으로 가장 적절한 것은 ③ '표면적인 성격적 특징에 속지 마라'이다.
① 왜 성인군자는 부패할 수 없는가?
→ 성인군자가 부패할 수 없다는 내용은 언급되지 않음.
② 정치에 미치는 종교의 영향
→ 종교가 정치에 미치는 영향에 대한 언급은 없음.
④ 절대 권력은 절대적으로 부패한다
→ 지문은 성인군자인척 가장했던 사람이 권력을 얻자 본성을 드러낸다는 내용으로 권력이 부패로 이어지는 내용은 아님.
⑤ 권위 있는 지도자가 되는 방법
→ 권위 있는 지도자가 되는 방법은 언급되지 않음.

구문 [1]This saintly exterior, however, developed early on / as *a way* (**to disguise** *their strong hunger* (for power and attention)).
• to disguise ~ attention은 형용사적 용법으로 쓰인 to부정사구로 앞에 있는 명사 a way를 수식한다.
• for power and attention은 전치사구로 앞에 있는 명사 their strong hunger를 수식한다.

[2]*Maximilien Robespierre* (nicknamed the Incorruptible), // **who** rose to power / in the French Revolution, / was such a type.
• who는 계속적 용법의 관계대명사로 who ~ Revolution은 Maximilien Robespierre를 보충 설명한다.

[1]Perhaps one of the most notable technologies (integrated directly in our lives) / is the digital camera. My daughter's first digital photo, for example, was taken / within a few hours of her birth, / and then texted to family members / and posted to Facebook. In the moment [when I posted the photo], // I thought only about sharing my joyous moment and my pride (in having such a beautiful newborn). The day after I posted this first photograph, // I realized / that this baby photo had taken on a life (of its own). A friend had downloaded the photo and manipulated it / using Photoshop, / inserting my daughter's face into several other images, // so that she became fictional front-page news and was featured on a magazine cover. Though we enjoyed this creative tribute / to our newborn, / at the same time, a mere day into motherhood, // I realized / that I was not in control of my daughter's image. [2]The contrast (between my own childhood), // when a camera required physical film [that had to be processed / before photos were generated], / shocked me.

어휘 notable 주목할 만한; 중요한, 유명한 integrate 통합시키다 take on (양상 등을) 띠다, 나타내다; (책임을) 지다 manipulate 조작하다 insert 삽입하다, 끼우다 fictional 허구의; 소설의 feature 크게 다루다; 특징을 이루다 tribute 선물, 증정물; 헌사, 찬사 mere 단지 ~만의 motherhood 어머니인 상태 process (필름을) 현상하다; 처리[가공]하다

해설 주제문이 명시되지 않은 지문으로, 글 전체 내용을 종합해 요지를 찾아야 한다. 엄마가 갓난아기인 딸의 사진을 통제하지 못하게 된 상황을 예로 들며, 디지털 사진은 공유되는 순간 다른 사람들에 의해 이용될 수 있다고 했으므로, 이 글의 요지로 가장 적절한 것은 ④이다.

오답 Check
① → 아이의 초상권을 존중해야 한다는 언급은 없음.
② → 필름 사진의 가치에 대한 언급은 없음.
③ → 디지털 기술로 인한 변화를 이야기했지만, 이 기술이 현대인의 일상을 다채롭게 해 준다는 언급은 없음.
⑤ → 디지털 사진의 무단 유포를 처벌해야 한다는 언급은 없음.

PLUS + 변형문제
어휘 in addition to ~ 이외에도, ~뿐만 아니라
해석 디지털 카메라의 (A) 편리함에서 우리가 얻는 이점 이외에도 사진이 일단 인터넷에 게시되면 그 사진을 찍은 사람의 (B) 허락 없이 사용될 수 있다는 위험이 있다.
해설 필름을 현상, 인화해야 했던 과거와 달리 디지털 사진은 찍고 나서 바로 확인하고 공유할 수 있어 편리함(convenience)이 있지만, 인터넷에 사진이 공개되고 나면 사진을 찍은 사람의 허락(permission) 없이도 이용할 수 있다는 내용의 요약문이다.
① 진화 – 인식 → (B)는 답이 될 수 있지만 (A)는 틀림.
② 실행 가능성 – 장치 → 글에서 추론할 수 없는 오답.
③ 접근 가능성 – 기대 → (A)는 답이 될 수 있지만 (B)는 틀림.
④ 기술 – 도움 → (A)는 답이 될 수 있지만 (B)는 틀림.

해석 아마도 우리 삶에 직접 통합된 가장 주목할 만한 기술 중 하나는 디지털 카메라일 것이다. 예를 들어, 내 딸의 첫 디지털 사진은 태어난 지 몇 시간 안에 찍힌 다음, 가족들에게 문자로 보내지고 페이스북에 올려졌다. 내가 사진을 올리는 순간, 나는 그저 나의 기쁜 순간과 그토록 아름다운 갓난아기를 갖게 된 자부심을 함께 나누는 것에 대해서만 생각했다. 내가 이 첫 사진을 올린 다음 날, 나는 이 아기 사진이 그것 자체의 생명을 띠게 되었음을 깨달았다. 한 친구가 사진을 내려 받아 포토샵을 이용해 그것을 조작하고 내 딸의 얼굴을 여러 다른 이미지에 삽입했고, 내 딸은 허구의(= 가짜로 만들어 낸) 1면 뉴스가 되어 잡지 표지에 크게 다뤄졌다. 우리는 갓난아기에 대한 이 창조적인 선물을 즐겼지만, 동시에, 엄마가 된 지 단 하루 만에 내가 딸의 이미지를 통제하지 못하고 있다는 것을 깨달았다. 현상이 되어야 사진이 나오는 물리적 필름을 카메라가 필요로 했던 때인 내 어린 시절과 대비되어 나는 충격을 받았다.

구문 [1]Perhaps **one of** *the most notable technologies* (integrated directly in our lives) / **is** the digital camera.
• 「one of+the 최상급+복수명사」는 '가장 ~한 것들 중의 하나'라는 뜻으로 주어인 one에 맞춰 단수동사 is가 쓰였다.
• ( )는 앞에 있는 the most notable technologies를 수식하는 과거분사구이다.

[2]*The contrast* (between *my own childhood*), // **when** a camera required *physical film* [**that** had to be processed / before photos were generated], / shocked me.
• ( )는 전치사구로 앞에 있는 명사 The contrast를 수식한다.
• 콤마(,) 사이에 삽입된 관계부사 when이 이끄는 절(when ~ generated)은 선행사 my own childhood를 부연 설명한다.
• [ ] 부분은 주격 관계대명사 that이 이끄는 관계사절로 선행사 physical film을 수식한다.

주제문
Early experiences in the arts are important // because they produce intellectual as well as aesthetic gains. In the best-researched example, / participation (in music) seems to do mysterious but wonderful things, / contrasting greatly with children's use of technology. ¹Music educators have recently become so concerned about parents (sending kids off to computer camps instead of music lessons) // that they have begun funding some expert studies. ²Researchers at the University of California, Irvine, studied // how regular piano practice and computer training affect children's spatial-temporal skills. Such skills are key (to understanding proportion, geometry, and other mathematical and scientific concepts). After six months, the piano-taught children in the study / had dramatically improved their scores (on a spatial-temporal task), // whereas the computer training had shown little effect. "If I were a parent, I'd want to take these findings into consideration," reported one of the experiment's designers.

해석 주제문 예술을 일찍 경험하는 것은 중요한데, 그것이 심미적 이득뿐 아니라 지적인 이득도 만들어내기 때문이다. 가장 잘 연구된 예에서, 음악 (활동)에 참여하는 것은 불가사의하지만 놀라운 일을 하는 것처럼 보이는데, 이는 아이들의 기술사용과는 큰 대조를 보인다. 최근 음악 교육가들은 아이들을 음악 레슨 대신 컴퓨터 캠프에 보내는 부모들에 대해 매우 염려하여 몇몇 전문적인 연구에 자금을 지원하기 시작했다. 어바인에 있는 캘리포니아 대학의 연구원들은 정기적인 피아노 연습과 컴퓨터 훈련이 아이들의 시공간 능력에 어떻게 영향을 미치는지를 연구했다. 그러한 능력은 비례, 기하학, 그 외 수학 및 과학적 개념을 이해하는 데 핵심적이다. 6개월 후, 그 연구에서 피아노를 배운 아이들은 시공간적 과제에서 점수가 급격히 향상된 데 반해, 컴퓨터 훈련은 거의 효과를 보이지 않았다. 실험 설계자 중 한 명은 "내가 부모라면, 이런 결과를 고려해보고 싶을 것이다."라고 전했다.

어휘 aesthetic 심미적인; 미학의 contrast 대조를 보이다; 대비시키다 send off to ~에 보내다 proportion 《수학》 비례; 비율 geometry 기하학 dramatically 급격히; 상당히 take A into consideration A를 고려하다 [선택지 어휘] facilitate 용이하게[가능하게] 하다

해설 첫 번째 문장에서 예술을 일찍 경험하는 것은 심미적 이득뿐 아니라 지적 이득도 만들어 낸다는 주제문을 제시하고 나서 음악 활동과 컴퓨터 훈련 연구 결과의 비교를 통해 예술의 조기 경험이 주는 지적 이득에 대해 설명하며 주제문을 뒷받침하고 있다. 따라서 글의 주제로 알맞은 것은 ① '유아기 예술 교육의 필요성'이다.

오답 Check
② 유아기에 기술을 학습하는 것의 문제점
→ 유아기 예술 교육과 기술 교육을 대조하며 설명하고 있지만, 기술 교육의 문제점을 언급하지는 않음.
③ 아이들에게 예술에 관한 교육을 하는 데 있어 부모들의 역할
→ 글에 언급되지 않은 내용임.
④ 예술 교육을 용이하게 하기 위한 교육자들의 경제적인 지원
→ 연구에 자금이 지원되었다는 언급은 있으나 글의 요지를 벗어남.
⑤ 어린 시절 시공간 능력을 향상시키는 방법
→ 음악 레슨으로 인한 시공간 능력 향상은 하나의 예에 불과함.

PLUS⁺ 변형문제

어휘 foster 도모하다, 조성하다
해석 컴퓨터를 공부한 학생들보다 음악을 공부한 학생들에게서 시공간적 능력 (B) 향상이 더 컸다는 연구자들의 연구 결과에 따라 어린 시절 (A) 예술적인 활동에 참여하는 것은 다양한 이익을 도모한다.
해설 예술적인(artistic) 활동을 일찍 경험하는 것이 심미적, 지적 이득을 준다는 연구 결과에서 피아노를 배운 아이들이 컴퓨터 훈련을 받은 아이들보다 시공간 과제 점수에서 더 큰 향상(growth)을 보였다는 내용의 요약문이다.
① 기술적인 – 참여 → (A)는 지문의 내용과 반대되며, (B)도 틀림.
③ 사회적인 – 발전 → (B)는 답이 될 수 있지만 (A)는 틀림.
④ 신체적인 – 감소 → (B)는 지문의 내용과 반대되며, (A)도 틀림.
⑤ 다양한 – 발견 → 글에서 추론할 수 없는 오답.

구문 ¹Music educators have recently become **so** concerned about *parents* (sending kids off to computer camps instead of music lessons) // **that** they have begun funding some expert studies.
• 「so ~ that …」 구문은 '너무 해서 …하다'라는 뜻이다.
• ( ) 부분은 현재분사구로 앞에 있는 명사 parents를 수식한다.

²Researchers at the University of California, Irvine, **studied** // how regular piano practice and computer training affect children's spatial-temporal skills.
• 밑줄 친 how가 이끄는 절은 동사 studied의 목적어 역할을 하는 명사절로, 간접의문문 어순인 「의문사+주어+동사」 형태로 쓰였다.

There is a lot of exaggeration in the business press (about the dangers (of clinging to the past)), // and much of it is justified. ¹But all the excitement (about building better products and companies) / can make us forget // that existing products and companies are here for a reason. After all, that is what Darwinism predicts. ²The death rate (of new products and companies) is dramatically higher / than that of old ones. Dozens of new breakfast cereals fail every year, // while the original cornflakes persists. Hundreds of new toys are introduced every year, // yet most are failures. Even toys [that were wildly popular for a while, / like the Furby or Beanie Babies], have faded from the scene, // while the Barbie doll persists. ³If there was truth in advertising, // the slogan "innovate or die" would be replaced with "innovate and die." To sum up, _{주제문} tried and true wins out over new and improved most of the time.

[해석] 비즈니스 언론에서는 과거를 고수하는 것의 위험성에 대해 많이 과장하고, 그러한 과장들의 많은 부분이 정당화된다. 그러나 더 나은 상품과 회사를 만드는 것에 대한 흥분은 모두 우리로 하여금 기존의 상품과 회사가 존재하는 데에는 이유가 있다는 사실을 잊게 할 수 있다. 결국, 그것은 다윈주의가 예측하는 것이다. 새로운 상품과 회사의 실패율은 오래된 것(= 상품과 회사)들의 실패율보다 상당히 높다. 매년 많은 새로운 아침 식사용 시리얼이 실패하는 반면, 원조 격인 콘플레이크는 지속된다. 매년 수백 개의 새로운 장난감이 (시장에) 나오지만, 대부분은 실패작이다. 심지어 퍼비나 비니 베이비 같이 한동안 몹시 유행하던 장난감들조차도 무대에서 사라진 반면, 바비 인형은 지속된다. 만약 광고에 진실이 존재한다면, '혁신하지 않으면 소멸한다'라는 선전 문구는 '혁신하면 소멸한다'로 대체될 것이다. 결과적으로, _{주제문} 대체로 믿을 수 있다고 증명된 것은 새롭고 개선된 것을 누르고 이긴다.

[어휘] exaggeration 과장 cling to ~을 고수하다, ~에 매달리다 justify 정당화하다, 해명하다 existing 기존의, 현재 사용되는 Darwinism 다윈주의 ((모든 생물은 환경 조건에 따라 조금씩 변화하며 자손으로 유전된다는 학설)) persist 지속되다[하다]; 고집하다 wildly 몹시, 아주 innovate 혁신하다; 획기적으로 하다 tried and true (이미 써 봤기 때문에) 믿을 수 있다고 증명된, 확실히 믿을 수 있는 (≒ tried and tested) win out over ~을 누르고 이기다

[해설] 글의 도입부에서 과거에 집착하는 것을 좋지 않게 보는 통념을 제시하고 역접의 접속사 But 이후로 그와 상반되는 내용인 기존의 것이 오래 존재해온 데에는 그럴만한 이유가 있다는 것을 시리얼과 장난감을 예로 들며 설명하고 있다. 마지막에 믿을 수 있다고 증명된 것이 새롭고 개선된 것을 이긴다고 결론을 내리는 문장(tried and true ~ the time)이 주제문으로 새로운 것이 실패가 잦은 것은 우리가 기존의 것에서 벗어나는 것이 어렵다는 의미로 볼 수 있으므로, 제목으로 가장 적절한 것은 ① '과거로부터 벗어나는 것은 쉽지 않다'이다.

[오답 Check]
② 혁신하지 않으면 소멸하는 것이 광고의 진실
③ 기존의 제품을 물리치는 개선된 제품
④ 광고의 트렌드는 기존의 모델을 교체하는 것
→ ②, ③, ④ 모두 글의 내용과 반대되는 내용임.
⑤ 경제 및 사업에 미치는 다윈주의의 영향
→ 글에 언급되지 않은 내용임.

PLUS + 변형문제

[해석] 비즈니스계에서 혁신의 중요성이 (A) 강조되긴 하지만, 많은 오래된 기존의 제품이 새롭고 창의적인 제품보다 (B) 더 오래 살아남는 것이 사실이다.

[해설] 비즈니스 언론에서 과거에 집착하는 것의 위험성이 정당화되고 있는 것은 비즈니스계에서 혁신의 중요성이 강조되고(emphasized) 있다는 것을 의미하며, 믿을 수 있다고 증명된 것이 새롭고 개선된 것을 이긴다는 것은 기존의 제품이 새롭고 창의적인 제품보다 더 오래 살아남는(survive) 것을 의미한다.
① 무시되는 – 살아남다 → (B)는 답이 될 수 있지만 (A)는 틀림.
③ 평가되는 – 개선하다 → 글에서 추론할 수 없는 오답.
④ 무시되는 – 개선하다 → 글에서 추론할 수 없는 오답.
⑤ 분명한 – 개혁하다 → (A)는 답이 될 수 있지만 (B)는 틀림.

[구문] ¹But *all the excitement* (about building better products and companies) / can **make** *us* **forget** // **that** existing products and companies are here for a reason.
• ( )는 전치사구로 앞에 있는 all the excitement를 수식한다.
• 「make+O+O·C」의 5형식 문장으로 us는 목적어, forget은 목적격보어이다.
• that은 forget의 목적어절을 이끄는 명사절 접속사이다.

²*The death rate* (of new products and companies) is dramatically higher / than **that** of old **ones**.
• ( )는 전치사구로 앞에 있는 The death rate를 수식한다.
• that은 반복되는 같은 비교 대상을 지칭하기 위해 쓰인 지시대명사로 앞에 나온 명사 the death rate를 의미한다.
• ones는 부정대명사로 앞에 나온 복수명사 products and companies의 반복을 피하기 위해 쓰였다.

³**If** there **was** truth in advertising, // the slogan "innovate or die" **would be replaced** with "innovate and die."
• 「If+S´+과거동사 ~, S+would+동사원형 ….」 구문으로 '~한다면 …할 것이다'의 뜻을 나타내는 가정법 과거 표현으로, 현재 사실의 반대를 상상하거나 가정할 때 사용한다.

06

20 ④ PLUS + ⑤

Most people love to give advice / and will jump at any opportunity (to do so). Some have good intentions, // while others seek to gain something / by guiding you toward the goals [they deem important]. **Be honest with yourself, / seek no advice from those [who are not worthy to give it], / even if they happen to be friends, // and be especially wary of anyone [who is envious of you].** The corrupt feelings (within them) will affect the counsel [they give] / and likely lead you down a path of destruction. ¹Associate with those [who are like yourself] and those [who will stand by you every step of the way]. ²Moreover, **listen to your own heart and counsel, // for there is no one [that you can depend on more than yourself].** ³Your spirit can reveal your situation, // and it can help you get through it.

해석 대부분의 사람들은 충고하기 좋아하며 그렇게 할 수 있는 기회라면 어느 것이나 달려들 것이다. 어떤 사람들은 선의를 가지고 있지만, 다른 사람들은 자신들이 중요하다고 여기는 목표 쪽으로 당신을 인도함으로써 무언가를 얻으려고 한다. 주제문 스스로에게 솔직해지고, 친구일지라도 충고를 줄 자격이 없는 사람들에게서는 충고를 구하지 말고, 특히 당신을 부러워하는 사람이라면 누구라도 조심해라. 그들 내면의 부정한 감정은 그들이 건네주는 조언에 영향을 미칠 것이며 당신을 파멸의 길로 이끌 가능성이 있다. 당신 자신과 비슷한 사람들, 그리고 매 순간 당신의 곁을 지킬 사람들과 어울려라. 또한, 주제문 당신이 자신보다 더 의지할 수 있는 사람은 없으므로 자신의 마음의 소리와 조언에 귀 기울여라. 당신의 정신은 당신의 상황을 드러내줄 수 있고 그것(= 정신)은 당신이 그것(= 상황)을 벗어나는 데 도움이 될 수 있다.

어휘 deem 여기다, 생각하다 worthy 자격이 있는; 가치 있는 wary of ~을 조심[주의]하는 envious 부러워하는, 질투하는 corrupt 부정한, 부패한 counsel 조언, 충고 associate with ~와 어울리다 spirit 정신, 마음 reveal 드러내다; 밝히다

해설 조언할 자격이 없는 사람들은 바람직하지 못한 충고를 구할 수도 있으므로, 신뢰할 만한 사람에게서 조언을 구하고 자기 자신의 내면에서 조언을 구하라는 내용의 글이다. 글의 도입부 명령문(Be honest ~ you.)과 후반부 명령문(listen ~ yourself)에서 필자의 주장이 드러난다. 따라서 필자의 주장으로 가장 적절한 것은 ④이다.

오답 Check
① → 자료 조사와 사전 준비에 대한 언급은 없음.
② → 친구가 조언을 구할 때 어떻게 해야 한다는 언급은 없음.
③ → 여러 조언을 받고 비교해야 한다는 언급은 없음.
⑤ → 전문가에 대한 언급은 없으며 충고를 줄 자격이 없는 사람에게는 충고를 구하면 안 된다고 했음.

PLUS + 변형문제

해석 누군가에게서 조언을 구할 때, 당신은 그 조언을 (A) 신뢰할 수 있는 사람에게서뿐만 아니라 당신 자신의 (B) 내면의 목소리에서 구하는 게 낫다.

해설 조언을 줄 자격이 없는 사람에게서는 바람직하지 못한 조언을 얻어 부정적인 영향을 받을 수 있기 때문에, 우리 자신과 비슷하면서 신뢰할 수 있는(trustworthy) 사람들과 어울리며 그들에게서 조언을 구하거나 자신의 내면의(inner) 목소리와 조언에 귀 기울여야 한다는 내용의 요약문이다.
① 전문적인 – 편향된 → (A), (B) 둘 다 답이 될 수 없음.
② 전문적인 – 정보에 근거한 → (A), (B) 둘 다 답이 될 수 없음.
③ 긍정적인 – 가짜의 → (A), (B) 둘 다 답이 될 수 없음.
④ 신뢰할 수 있는 – 외부의 → (A)는 답이 될 수 있지만 (B)는 틀림.

구문 ¹**Associate with** *those* [**who** are like yourself] and *those* [**who** will stand by you every step of the way].
• 주격 관계대명사 who가 이끄는 두 [ ] 부분은 각각 앞의 those를 수식한다. 두 개의 those는 동사 Associate with 다음에 나오는 목적어로 and로 연결되어 병렬구조를 이룬다.

²Moreover, listen to your own heart and counsel, // **for** there is *no one* [**that** you can depend on more than yourself].
• 접속사 for는 '왜냐하면 ~이니까, ~이므로'의 뜻이다.
• [ ] 부분은 목적격 관계대명사 that이 이끄는 관계사절로 선행사 no one을 수식한다.

³Your spirit can reveal your situation, // and **it** can help you get through **it**.
• 첫 번째 it은 Your spirit을, 두 번째 it은 your situation을 지칭한다.

Jet lag is a temporary physical condition (characterized by sleepiness, insomnia, bad moods, and physical weakness). It's caused / by long-distance air travel (across time zones), // and its severity varies according to one factor in particular: jet lag hits hardest // if you fly east rather than west. ¹Ask anybody [who regularly does a London-New York round trip]. They will tell you // that they feel totally exhausted for at least three days / after arriving in London, / but have no problems at all / when they arrive in New York. ²They say // that flying west is like shifting to weekend time, / when you stay out late and wake up to a late brunch. But going east is like going to bed six hours too early / and being awakened in the middle of the night.

해석 시차증은 졸음, 불면증, 불쾌한 기분, 신체 쇠약으로 특징지어지는 일시적인 신체 상태이다. 시차증은 표준 시간대를 가로지르는 장거리 항공 여행으로 발생하며, 증세의 심한 정도는 특히 한 요인에 따라 달라진다. 즉, 주제문 시차증은 서쪽보다는 동쪽으로 비행할 때 가장 심하게 타격을 준다. 정기적으로 런던-뉴욕 간 왕복 여행을 하는 누구에게든 물어보라. 그들은 런던에 도착한 후 적어도 사흘 동안은 완전히 지치지만, 뉴욕에 도착할 때는 전혀 문제가 없다고 당신에게 얘기할 것이다. 그들은 서쪽으로 비행하는 것은 늦게까지 밖에 있다가 늦은 아침 겸 점심을 먹으려고 일어나는 주말 시간대로 옮기는 것과 같다고 말한다. 하지만, 동쪽으로 가는 것은 6시간이나 일찍 잠자리에 들어 한밤중에 깨는 것과 같다.

어휘 jet lag 시차증 ((장거리 비행 여행 시 시차로 인한 피로감)) temporary 일시적인 characterize 특징짓다 sleepiness 졸음 insomnia 불면증 mood 기분; 분위기 long-distance 장거리의 time zone 표준 시간대 severity 심한 정도 vary (상황에 따라) 달라지다; 서로 다르다 factor 요인, 요소 regularly 정기적으로 round trip 왕복 여행 totally 완전히, 전적으로 exhausted 지친, 기진맥진한; 다 써 버린 shift (장소를) 옮기다; 바뀌다 awaken (잠에서) 깨우다[깨다]

해설 시차증은 서쪽보다 동쪽으로 비행할 때 증세가 더 심하다는 내용으로 동쪽으로 가는 것은 몹시 지치지만 서쪽으로 가는 것은 전혀 문제가 없다고 했다. 서쪽으로 비행하는 것이 '주말 시간대로 옮기는 것'과 같다는 것은 피로감 없이 즐길 시간을 많이 갖는 것을 의미한다. 따라서 밑줄 친 부분이 의미하는 것은 ① '추가로 자유 시간을 갖는 것'이다.

오답 Check
② 매일의 일과를 유지하는 것 → 지문에 언급되지 않은 내용.
③ 쉬지 않고 움직이는 것 → 지문에 언급되지 않은 내용.
④ 분명한 목적지를 만들어 내는 것 → 지문에 언급되지 않은 내용.
⑤ 규칙적인 수면 스케줄을 세우는 것 → 지문에 나온 sleepiness, insomnia를 이용한 오답.

PLUS+ 변형문제

해설 시차증의 심한 정도는 한 요인에 따라 달라지는데, 서쪽보다는 동쪽으로 비행할 때 증세가 더 심하다는 내용이므로 제목으로 가장 적절한 것은 ⑤ '비행의 방향은 시차증에 영향을 미친다'이다.
① 잠에 관한 흔한 근거 없는 믿음들
→ 지문에 언급되지 않은 내용.
② 시차증은 얼마나 오래 지속되는가?
→ 시차증의 심한 정도는 언급되었으나 글의 요지에서 벗어남.
③ 당신의 생각보다 시차증이 더 나쁜 이유
→ 지문에 언급되지 않은 내용.
④ 시차증의 예방책과 회복 조언들
→ 지문에 언급되지 않은 내용.

구문 ¹Ask *anybody* [**who** regularly **does** a London-New York round trip].
• [ ] 부분은 주격 관계대명사 who가 이끄는 관계사절로 선행사 anybody를 수식한다. 선행사의 수에 맞추어 관계사절의 동사는 단수형 does를 썼다.

²They say // that flying west **is like shifting** to *weekend time*, / **when** you stay out late and wake up to a late brunch.
• 「It is like v-ing」은 '마치 v하는 것 같다'라는 의미이다.
• when이 이끄는 관계부사절(when you ~ a late brunch)은 계속적 용법으로 쓰여 선행사 weekend time을 보충 설명한다.

Our emotionally driven urges (to behave) / come from a very primitive part (of the human brain). Those urges are not always in our best interests. Even though we feel like hitting someone / during a peak moment of anger, for example, // it's not a good idea. Similarly, even though we feel like running offstage / when we're afraid to give a speech, // that's usually not a good idea, either. Fortunately, there's another major player / inside us — our ability (to think). As human beings evolved, // the primitive parts (of their brain) were overlaid / with new regions of gray matter. These regions are devoted to making decisions, solving problems, and creating new options. ¹This enhanced brainpower means // that we don't always have to believe the first thoughts [that pop into our head]. ²Nor do we have to act on the first urges [that we feel]. We can weigh the benefits and costs first. Even in moments of distress, / we have the power to choose.

해석 우리의 감정적으로 이끌어진 행동 충동은 인간의 뇌의 매우 원시적인 부분에서 나온다. 그러한 충동이 항상 우리의 최선의 이익은 아니다. 예를 들어, 우리는 분노가 절정에 달했을 때 누군가를 때리고 싶은 기분이 들지만, 그것은 좋은 생각이 아니다. 비슷하게, 우리는 연설하기가 두려울 때 무대 밖으로 도망치고 싶은 기분이 들기도 하지만, 그것도 보통 좋은 생각이 아니다. 다행히도, 우리 안에는 또 다른 주요한 (역할을 하는) 참가자인 사고 능력이 있다. 인간이 진화함에 따라, 뇌의 원시적인 부분들은 새로운 회백질 부위로 뒤덮였다. 이 부위는 결정을 내리고, 문제를 해결하고, 새로운 선택지를 만드는 데 전념한다. 이 향상된 지적 능력은 우리가 항상 머릿속에 불쑥 떠오르는 첫 번째 생각을 믿을 필요가 없다는 것을 의미한다. 또한 우리가 느끼는 첫 번째 충동에 따라 행동해야 하는 것도 아니다. 우리는 우선 이익과 비용을 따져 볼 수 있다. 고통의 순간에도 우리는 선택할 수 있는 힘을 가진다.

어휘 driven 이끌어진; 주도의   urge (강한) 충동, 욕구   primitive 원시적인, (인간 발달) 초기의   interests 이익, 이해관계   offstage 무대 밖으로   evolve 진화하다   overlay 뒤덮다, 덮어씌우다   region (인체의) 부위[부분]; 지방, 지역   be devoted to A A에 전념하다   enhance 향상시키다, 높이다   weigh 따져 보다, 심사숙고하다   distress 고통, 고난

해설 주제문이 명시되지 않은 지문으로, 글 전체 내용을 종합해 요지를 찾아야 한다. 글의 도입부에서 우리의 충동이 최선의 이익이 될 수 없다고 하고, 글 중반부터 다행히 우리의 사고 능력이 이익과 비용을 따져볼 수 있게 한다고 했다. 이 내용을 종합했을 때 글의 요지로 가장 적절한 것은 ①이다.

오답 Check
② → 지적 능력이 충동적 행동을 제지할 수 있지만 인간이 완전히 감정적 충동에서 자유로운 것은 아님.
③ → 인간의 사고 능력이 충동을 이겨내게 한다는 지문의 내용과 반대됨.
④ → 충동적인 행동이 항상 최선의 이익을 주는 것은 아니라고 했으나 이것이 글의 요지는 아님.
⑤ → 인간은 사고 능력을 바탕으로 감정에 치우친 충동적인 행동을 선택에서 배제할 수 있다고 했음.

PLUS + 변형문제

어휘 impulse 충동   irrationally 비이성적으로   pursue (일·연구를) 수행하다

해석 비록 우리에게는 비이성적으로 행동하려는 (A) 타고난 충동이 있지만, 우리는 또한 수행할 것(= 선택지)을 선택하기 전에 모든 선택지를 (B) 고려하는 능력을 개발해왔다.

해설 우리 뇌의 원시적인 부분에서 감정적인 충동이 나온다고 했으므로 타고난(innate) 충동을 가졌다고 할 수 있지만, 다행스럽게도 우리는 어떤 일을 하기 전에 이익과 손실을 따져보고 선택지를 고려하는(considering) 지적 능력도 가졌다는 내용의 요약문이다.
① 원치 않는 – 비교하는 → (B)는 답이 될 수 있지만 (A)는 틀림.
② 강력한 – 실현하는 → (A)는 답이 될 수 있지만 (B)는 틀림.
③ 이기적인 – 판단하는 → (B)는 답이 될 수 있지만 (A)는 틀림.
⑤ 몇몇의 – 가설을 세우는 → 글에서 추론할 수 없는 오답.

구문 ¹This enhanced brainpower **means** // **that** we don't always have to believe *the first thoughts* [**that** pop into our head].
• that 이하는 동사 means의 목적어로 이때 that은 명사절을 이끄는 접속사이다.
• [ ] 부분은 주격 관계대명사 that이 이끄는 관계사절로 선행사 the first thoughts를 수식한다.

²**Nor do we have to** act on *the first urges* [**that** we feel].
• 부정어인 nor가 문두로 나와 주어와 동사가 도치된 형태인데, 동사 have to 대신 조동사 do를 사용해서 도치되었다.
• [ ] 부분은 목적격 관계대명사 that이 이끄는 관계사절로 선행사 the first urges를 수식한다.

We can all think of charismatic business leaders [who lead like heroes on horseback]. Extroversion, agreeableness, and openness (to new experience) are easily regarded / as critical traits (of successful leaders). But most business leaders are not of that sort. In 2009, a study (called "Which CEO Characteristics and Abilities Matter?") was completed. The researchers relied on detailed personality assessments (of 316 CEOs) / and measured their companies' performances. ^{주제문} There is no one personality style [that leads to corporate or any other kind of success]. ¹But they found // that the traits [that correlated most powerfully with success] were attention to detail, persistence, efficiency, analytical thoroughness, and the ability (to work long hours). This is consistent with Jim Collins' 2001 study *Good to Great*. He found many of the best CEOs flamboyant visionaries. ²They were humble, self-effacing, diligent, and resolute souls [who found one thing [they were really good at] and did it over and over again]. They did not spend a lot of time / on internal motivational campaigns. They demanded discipline and efficiency.

해석 우리는 모두 말을 탄 영웅들처럼 이끄는 카리스마 있는 기업가들을 떠올릴 수 있다. 외향성, 우호성, 그리고 새로운 경험에 대한 개방성은 성공한 지도자들의 결정적인 특징으로 쉽게 간주된다. 그러나 대부분의 기업가들은 그런 부류의 사람들이 아니다. 2009년에 "어떤 CEO의 특성과 능력이 중요한가?"라는 연구가 완료되었다. 연구진은 CEO 316명에 대한 상세한 성격 평가에 의존해 그들 기업의 실적을 측정했다. ^{주제문} 기업의 또는 다른 어떤 종류의 성공으로 이어지는 유일한 성격 유형은 없다. 그러나 그들은 성공과 가장 강력하게 상관관계가 있는 특성이 세부사항에 대한 주의, 집요함, 효율성, 분석적 철저함, 그리고 오랜 시간 일할 수 있는 능력이라는 것을 발견했다. 이것은 Jim Collins의 2001년 연구 '좋은 것에서 위대한 것으로'와 일치한다. 그는 최고의 CEO들 중 많은 사람들이 대담한 선지자라는 것을 발견했다. 그들은 겸손하고, 자기를 내세우지 않으며, 부지런하고, 자신이 정말 잘하는 한 가지를 찾아내서 몇 번이고 반복해서 하는 의지가 강한 영혼들이었다. 그들은 내적 동기 부여 활동에 많은 시간을 할애하지 않았다. 그들은 규율과 효율성을 요구했다.

어휘 extroversion 외향성 agreeableness 우호성; 친화성 trait 특징 assessment 평가 corporate 기업[회사]의 correlate 상관관계[연관성]가 있다 persistence 집요함, 인내 analytical 분석적인 thoroughness 철저함 consistent with ~와 일치하는 flamboyant 대담한; (색상이) 화려한 visionary 선지자, 확실한 비전의 소유자 humble 겸손한 self-effacing 자기를 내세우지 않는 resolute 의지가 강한; 단호한 discipline 규율, 훈련; 지식 분야

해설 성공한 기업가들의 특징에 대한 글이다. 성공한 기업가들은 결정적인 특성을 갖고 있을 것이라는 우리의 통념과 다른 연구 결과를 제시하며 성공한 기업가들의 다양한 특성에 대해 나열하고 있으므로 이를 주제로 표현한 ③ '비즈니스계에서 지도력 성공과 관련된 특징들'이 정답이다.

오답 Check
① 모든 기업 지도자가 가져야 할 신체적 특성들
→ 기업 지도자의 신체적 특성에 대한 언급은 없음.
② 영웅과 기업가가 공통적으로 갖는 성격 유형
→ 영웅과 기업가의 성격을 비교하는 내용은 없음.
④ CEO의 잠재력을 판단하는 데 있어 성격 평가의 중요성
→ 성격 평가의 중요성에 대한 언급은 없음.
⑤ 회사를 성공으로 이끄는 데 있어 기업가의 역할
→ 기업가의 역할에 대한 언급은 없음.

PLUS⁺ 변형문제

해석 성공한 기업가들의 필수적인 성격을 (A) 규정하는 것은 어려울 수 있지만, 성공을 거둔 CEO들 사이에서 어떤 특성이 공유되고 있다는 것은 (B) 논쟁의 여지가 없다.

해설 성공한 기업가들이 갖는 결정적인 성격 유형은 없으므로, 그것을 하나로 규정하는(define) 것은 어렵지만, 그들에게 공유되는 어떤 특성이 있다는 것은 여러 연구를 통해 증명되었으므로 그것에 대한 논쟁의 여지는 없(inarguable)다는 내용의 요약문이다.
① 보유하다 – 명백한 → (B)는 답이 될 수 있지만 (A)는 틀림.
② 구별하다 – 논란이 많은 → (A)는 답이 될 수 있지만 (B)는 틀림.
③ 양육하다 – 받아들일 수 있는 → (B)는 답이 될 수 있지만 (A)는 틀림.
⑤ 조사하다 – 동의할 만한 → (B)는 답이 될 수 있지만 (A)는 틀림.

구문 ¹But they **found** // **that** *the traits* [**that** correlated most powerfully with success] were attention to detail, persistence, efficiency, analytical thoroughness, and *the ability* (**to work** long hours).
• that 이하는 동사 found의 목적어로 이때 that은 명사절을 이끄는 접속사이다.
• [ ] 부분은 주격 관계대명사 that이 이끄는 관계사절로 선행사 the traits를 수식한다.
• ( ) 부분은 형용사적 용법으로 쓰인 to부정사구로 앞에 있는 the ability를 수식한다.

²They were humble, self-effacing, diligent, and *resolute souls* [**who** found *one thing* [**(which[that])** they were really good at] and did it over and over again].
• who found ~ over again은 주격 관계대명사 who가 이끄는 관계사절로 선행사 resolute souls를 수식한다.
• they were really good at은 목적격 관계대명사 which나 that이 이끄는 관계사절로 선행사 one thing을 수식한다. 이 문장에서 목적격 관계대명사는 생략되었다.

¹A major issue (of post-war trials) is // whether it's reasonable for prosecutors to hold defendants responsible for acts [that were not prohibited at the time [they were committed]]. Many (of the Nazi defendants / at the Nuremberg trials / after World War II), for example, argued // that no existing laws or international standards / banned their conduct during the war. Consequently, they argued, // there can be no legal basis / for prosecuting them. Such claims are based on a fundamental precept (of the rule of law): no crime, no punishment / without a legal prohibition. ²To counter these arguments at Nuremberg, / prosecutors strained to find sources in existing international law [that did forbid aggressive war] but they couldn't, // so they moved to associate many of the other crimes [of which the Nazis were accused] with the start of such war. The prosecution also had difficulty / looking for a legal doctrine [that would allow them to convict a large group of people / for belonging to the Nazi war machine]. Here, too, a creative solution was found: the Nazis would be tried / as part of a criminal conspiracy.

해석 전후(戰後) 재판의 주요한 문제는 그것들(= 행위들)이 저질러질 당시에는 금지되지 않았던 (전범) 행위들에 대해 검사들이 피고인들에게 책임을 묻는 것이 합당한가이다. 예를 들면, 제2차 세계대전 이후 뉘른베르크 재판에서 나치 피고인들 중 다수는 어떠한 현행법이나 국제 기준도 전쟁 동안 그들의 행위를 금하지 않았다고 주장했다. 따라서 그들은 자신들을 기소할 법률적인 근거가 있을 수 없다고 주장했다. 그러한 주장들은 법적 금지 규정이 없다면 죄도 없고 처벌도 없다는 기본적인 법 규범 수칙에 기초한다. 뉘른베르크 (재판)에서 이러한 주장을 반박하기 위해, 검사들은 침략 전쟁을 실제로 금했던 기존의 국제법에서 자료를 찾으려고 몹시 애썼으나 찾을 수 없었고, 그래서 그들은 나치가 저지른 죄로 기소된 다수의 다른 범죄들과 그러한 전쟁의 시작을 연관시키는 것으로 진행했다. 검찰 측은 또한 나치의 군대에 소속된 것으로 많은 사람들을 유죄 판결하는 것을 가능하게 해줄 법률 원칙을 찾는 것에서도 어려움을 겪었다. 여기서 창의적인 해결책이 또한 발견되었는데, 나치가 범죄 공모단의 일원으로 재판을 받는 것이었다.

어휘 post-war 전후(戰後)의 trial 재판, 공판 reasonable 합당한; 적정한 prosecutor 검사 *cf.* prosecute 기소하다, 고발하다 prosecution 검찰 측; 기소 defendant 피고(인) prohibit 금하다 *cf.* prohibition 금지 (규정) commit (죄를) 저지르다, 범하다 the rule of law 법 규범, 법 원칙 counter 반박하다; 대응하다 strain 몹시 애쓰다 forbid 금지하다 accuse of ~의 죄로 기소[고소]하다 convict 유죄 판결을 내리다 war machine 군대, 병력 conspiracy 공모단; 공동 모의

해설 뚜렷한 주제문이 없는 글로, 전체 내용을 종합해 주제를 찾아야 한다. 제2차 세계대전 이후 나치 전범들을 처벌할 법률적 근거를 찾기 어려웠다는 내용이 서술되다가, 검사들이 이들의 유죄 판결을 가능하게 할 창의적 해결책을 내놓았다는 내용이 후반부에 나온다. 따라서 제목으로 가장 적절한 것은 ③ '전범 처벌에 대한 장애물과 창의적인 해결책'이다.

오답 Check
① 왜 검찰은 나치를 처벌했는가?
→ 검찰이 나치를 처벌한 이유가 아닌 그 과정에 대한 내용임.
② 전후 재판의 문제점인 불법적인 방법들
→ 불법적인 방법이 동원되었다는 내용은 없음.
④ 뉘른베르크 재판은 논란이 많은 정의의 상징
→ 글의 요지에서 벗어난 너무 광범위한 제목임.
⑤ 당신의 문제에 대해 창의적인 해결책을 찾아라 → 전후 재판에서의 문제 해결 방식을 일반적인 내용으로 지나치게 확대 해석한 제목임.

PLUS+ 변형문제
어휘 resort to ~에 의존[의지]하다 grounds 이유
해석 뉘른베르크 재판에서 검사들은 전범(戰犯)들의 처벌에 대한 (B) 법률상의 근거를 명확하게 하는 데 어려움을 겪었기 때문에 그들을 처벌하는 데 있어서 (A) 간접적인 이유를 찾는 것에 의존했다.
해설 no existing laws or international standards와 no legal basis 등의 표현에서 알 수 있듯이 검사들은 전범들을 처벌할 법률상의(legal) 근거를 찾는 데 어려움을 겪었으며, 혐의가 제기된 나치의 범죄들을 전쟁의 시작과 연관시키는 등 간접적인(indirect) 이유를 찾았다는 내용의 요약문이다.
① 예외적인 – 창의적인 → (A)는 답이 될 수 있지만 (B)는 틀림.
② 일반적인 – 법률상의
③ 통합된 – 현존하는
⑤ 완전한 – 현존하는
→ ②, ③, ⑤는 (B)는 답이 될 수 있지만 (A)는 틀림.

구문 ¹*A major issue* (of post-war trials) is // **whether it**'s reasonable *for prosecutors* **to hold** *defendants* **responsible** for *acts* [**that** were not prohibited at *the time* [**(when) they** were committed]].
• 접속사 whether는 명사절을 이끌며 '~인지 (아닌지)'의 의미를 나타낸다. 명사절 내 it은 가주어, to hold 이하가 진주어이며, for prosecutors가 to hold의 의미상 주어이다.
• 「hold+O+O·C(형용사)」 구문은 '~을 …라고 생각[판결]하다'의 의미이다.
• acts를 수식하는 주격 관계대명사절 안에 the time을 수식하는 관계부사절이 포함된 형태이다. 관계부사 when이 생략되었으며, 관계부사절의 주어 they는 acts를 지칭한다.

²To counter these arguments at Nuremberg, / prosecutors strained to find sources in *existing international law* [**that** did forbid aggressive war] but they couldn't, // so they moved to associate many of *the other crimes* [**of which** the Nazis were accused] with the start of such war.
• 첫 번째 [ ]는 주격 관계대명사 that이 이끄는 관계사절로 선행사 existing international law를 수식한다.
• 두 번째 [ ]에서 of which는 원래 절인 which the Nazis were accused of the other crimes에서 전치사 of가 관계대명사 앞으로 이동한 형태이다.

20 ④ PLUS + ⑤

In a job interview, / the first ten seconds and the first ten words are the most important. *Dramatize the opening of your interview* / *with a line or a catchy phrase* [that telegraphs your value]. *It should convey your unique selling point (USP)*. What are the marketable qualities or talents (unique to you)? How are you different? In the branding world, / the USP is the basis of a brand's tagline or catchphrase. ¹It's the theme (tying everything together) [that conveys what is different, relevant, and meaningful about the brand]. You want to do the same. This sentence — the essence of your personal brand value — should be simple enough / to fit on the back of a business card. If it can't be stated briefly and clearly, // it is probably muddled and complicated. *Your USP should dramatize a benefit and solve a problem.* ²*And it should be distinctive enough* / *to intrigue people and make them curious about you.*

해석 입사 면접에서, 처음 10초와 처음 열 마디 말이 가장 중요하다. 주제문 **당신의 가치를 알리는 말이나 기억하기 쉬운 구절로 당신의 면접 시작을 극적으로 표현하라. 그것은 당신의 고유한 장점(USP)을 전달하는 것이어야 한다.** 당신에게만 있는 시장성 있는 특성이나 재능은 무엇인가? 당신은 어떻게 다른가? 브랜드 세계에서, USP는 브랜드의 표어적인 어구나 이목을 끄는 문구의 기초이다. 그것은 브랜드에 관해 무엇이 색다르고, 의의 있고, 그리고 유의미한지를 전달하는 모든 것을 연결하는 테마이다. 당신도 똑같이 해야 한다. 당신의 개인 브랜드 가치의 정수인 이 문장은 명함 뒷면에 쓰기에 적합할 만큼 단순해야 한다. 단순하고 명료하게 말할 수 없다면, 그것은 혼란스럽고 복잡하게 될 것이다. **당신의 USP는 이점을 극적으로 표현하고 문제를 해결할 수 있어야 한다. 그리고 그것은 사람들의 흥미를 불러일으켜서 그들이 당신에 대해 호기심을 갖도록 할 만큼 충분히 독특해야 한다.**

어휘 dramatize 극적으로 표현하다; 각색하다   catchy 기억하기 쉬운   telegraph (표정·몸짓 등으로) 알리다, 느끼게 하다   convey 전달하다   unique selling point 고유한 장점   marketable 시장성이 있는   tagline (특정 상품 등이 즉시 연상되는) 표어적인 어구   catchphrase 이목을 끄는 문구   essence 정수, 본질   muddled 혼란한, 뒤죽박죽인   distinctive 독특한   intrigue 호기심[흥미]을 불러일으키다

해설 필자는 글의 도입부에서 명령문과 조동사 should를 이용해 자신의 주장을 드러내고 있는데, 자신의 가치를 표현하는 것의 중요성을 USP라는 경영학 용어에 빗대어 설명하는 글이다. 따라서 필자의 주장으로 가장 적절한 것은 ④이다.

오답 Check
① → USP가 간단명료해야 하는 것이지 모든 답변이 그래야 하는 것은 아님.
② → 구직자의 자기 홍보 전략에 관한 내용임.
③ → 글의 요지에서 벗어남.
⑤ → 지문과 관련 없는 내용임.

PLUS + 변형문제

어휘 fundamental 핵심적인; 근본적인   deliver 전달하다; 배달하다

해석 (A) 개인 브랜드의 핵심적인 가치는 면접자의 고유한 장점(USP)을 (B) 극대화하기 위해 면접 초반에 전달되어야 한다.

해설 면접에서 자신의 가치를 알리려면 면접 초반에 개인(personal) 브랜드 가치의 정수인 고유한 장점(USP)으로 자신의 이점을 극대화해서(maximize) 표현해야 한다는 내용의 요약문이다.
① 독특한 – 요구하다 → (A)는 답이 될 수 있지만 (B)는 틀림.
② 영향력 있는 – 주장하다 → 글에서 추론할 수 없는 내용.
③ 간단한 – 평가하다 → 글에서 추론할 수 없는 내용.
④ 시장성 있는 – 제안하다 → (A)는 답이 될 수 있지만 (B)는 틀림.

구문 ¹It's *the theme* (tying everything together) [**that** conveys what is different, relevant, and meaningful about the brand].
• It은 앞 문장의 the USP를 지칭하는 대명사이고, the theme tying everything together는 주격 관계대명사 that이 이끄는 절의 수식을 받는다.
• ( )는 the theme을 수식하는 현재분사구이다.

²And it should be *distinctive* **enough** / **to intrigue** people ⏢and⏢ **(to) make** them curious about you.
• enough는 형용사 뒤에서 수식하며, 「형용사+enough to-v」는 'v하기에 충분히 ~한'의 의미로 해석한다.
• to intrigue와 (to) make는 접속사 and로 연결되어 병렬구조를 이룬다.

An artist's fears arise / when they look back, // and the fears arise / when they look ahead. ¹If they're prone to disaster fantasies // they may even find themselves caught in the middle, / staring at their half-finished canvas / and fearing / both that they lack the ability to finish it, / and that no one will understand it / if they do. ²More often, though, fears rise / in moments [when vision races ahead of execution]. Consider the story of David Bayles, // who studied piano with a master. After a few months' practice, David lamented to his teacher, "I can hear the music so much better / in my head than I can get out of my fingers." To which the Master replied, "What makes you think that ever changes?" That's why they're called *Masters*. He knew // that vision should always be ahead of execution, / which is an unchangeable fact. When he raised David's observation / from an expression of self-doubt to a simple observation of reality, // uncertainty became an asset. If his vision didn't exceed his capabilities, // he wouldn't be able to learn.

해석 예술가의 두려움은 뒤를 돌아볼 때 생기고, 앞을 볼 때 생긴다. 그들이 불행(이 닥칠 거라는) 환상에 빠지기 쉬운 사람이라면, 반쯤 완성된 캔버스를 응시하며, 그것을 완성할 능력이 부족하고, 완성을 한다면 아무도 그것을 이해할 수 없을 것이라고 두 가지 모두를 두려워하면서 중간에 긴(이러지도 저러지도 못하는) 자신을 발견할 수도 있다. 하지만, 더 자주, 상상이 실행보다 앞서 질주하는 순간에 두려움이 생긴다. 거장과 함께 피아노를 공부했던 David Bayles의 이야기를 생각해 보자. 몇 달 동안 연습을 한 뒤에 David는 선생님께 "제 손가락에서 나올 수 있는 것보다 머릿속에서 음악이 훨씬 더 좋게 들립니다."라고 한탄했다. 거장은 "왜 그게 달라진다고 생각하죠?"라고 대답했다. 그것은 그들이 '거장'이라고 불리는 이유다. 그는 ^{주제문} 상상이 실행보다 항상 앞서 있어야 하며 이는 변하지 않는 사실이라는 것을 알고 있었다. 그가 David의 관찰을 자기 의심의 표현에서 단순한 현실 관찰로 끌어올리자 불확실성이 자산이 되었다. 그의 상상이 자신의 능력을 초월하지 않는다면 그는 배울 수 없을 것이다.

어휘 arise 생기다, 발생하다 prone to ~하기 쉬운 stare 응시하다, 빤히 보다 lack 부족하다, ~이 없다; 부족, 결핍 vision 상상, 공상 execution 실행 lament 한탄하다 observation 관찰 self-doubt 자기 의심[회의] uncertainty 불확실성 asset 자산 [선택지 어휘] blossom 발전하다; 꽃을 피우다 guiding light 지침, 본보기

해설 상상이 실행을 앞지를 때 예술가들은 두려움을 갖고 자신을 의심하게 되는데, 상상이 실행보다 항상 더 낫다는 사실을 현실로서 인정한다면, 상상한 것에 더 가까워지도록 노력함으로써 자신을 훨씬 더 발전시킬 수 있다는 내용이므로, 밑줄 친 부분의 의미는 ④ '자기 의심은 개선을 위한 지침이 된다.'이다.

오답 Check
① 재능보다 노력이 더 중요하다.
→ 재능과 노력에 관한 언급은 없음.
② 상상은 두려움을 극복하는 방법을 설명한다.
→ 두려움은 상상이 아닌 현실적인 자기 관찰로 극복할 수 있다고 언급함.
③ 깨달음은 발전할 기회를 준다.
→ 지문에 언급되지 않은 내용.
⑤ 학습자는 발전할 무한한 잠재력이 있다.
→ 지문 내용은 잠재력이 아닌 상상과 실행에 관한 것임.

PLUS+ 변형문제

해설 글의 도입부에서 예술가들이 언제 두려움을 느끼는지가 서술되고 있으며 조동사 should가 포함된 주제문(vision ~ execution)에서 상상은 항상 실행보다 앞서 있어야 한다고 했다. 이는 곧 상상과 실제 능력 사이의 간극에서 오는 두려움을 자연스러운 것으로 받아들여야 한다는 의미로, 이어지는 내용에서 그 이유, 즉 상상이 앞서 있어야만 발전할 수 있다는 사실이 설명되고 있다. 따라서 글의 제목으로 가장 적절한 것은 ④ '예술가가 인정해야 하는 피할 수 없는 두려움'이다.
① 두려움이 성장에 미치는 부정적인 영향
→ 지문과 반대되는 내용임.
② 불확실성을 피하고 일을 완수하라
→ 지문에 나온 단어를 활용한 오답으로 불확실성을 피하라는 언급은 없음.
③ 우리는 더 많이 노력할수록 더 많이 걱정한다
→ 더 많이 노력할수록 걱정이 많아진다는 내용은 없음.
⑤ 거장이 되는 비결은 연습 → 거장과의 일화는 글의 주장을 뒷받침하기 위한 것이며, 거장이 되는 비결로 연습은 언급되지 않음.

구문 ¹If they're prone to disaster fantasies // they may even find themselves caught in the middle, / **staring** at their half-finished canvas / and **fearing** / both that they lack the ability to finish it, / and that no one will understand it / if they do.
• staring과 fearing은 부대상황을 나타내는 분사구문으로 and로 병렬 연결되어 있다.
• 두 개의 that절은 모두 fearing의 목적어로, that은 명사절을 이끄는 접속사이다. 'A와 B 둘 다'라는 의미의 상관접속사 「both A and B」가 that절과 함께 쓰였다.

²More often, though, fears rise / in *moments* [**when** vision races ahead of execution].
• [ ] 부분은 관계부사 when이 이끄는 관계사절로 선행사 moments를 수식한다.

¹*Texts* (on time management) are remarkably similar / in their advice: keep a log to see // where your time is "going," schedule every day, establish short-term and long-term goals, organize your workspace, and learn to say "no." While the order (to plan, prioritize, and organize) is not wrong, // it tends to exacerbate our anxiety over time poverty / by always measuring it. Dividing our time into ever smaller and precise segments / is not a long-term solution. In this sense, time management is rather like those diets [which exhort us to keep a food diary, plan meals, set goals, and so on]. ²Although this is not incorrect, // it does not sufficiently take into account the reasons [we may overeat / in the first place] and the factors [which have contributed to the "obesity epidemic."] Like the dietary focus on the restriction (of calories) [which produces deprivation], / time management books tend to engender deprivation, a sense of time poverty, / with less-than-desirable results.

해석 시간 관리에 관한 글들은 그것들의 조언에서 놀라울 정도로 유사하다. 즉, 당신의 시간이 어디로 '가고 있는지' 알기 위해 일지를 작성하고, 매일 일정을 짜고, 단기 및 장기 목표를 설정하고, 당신의 작업 공간을 정리하고, "아니요"라고 말하는 것을 배우라는 것이다. 계획하고, 우선순위를 매기고, 정리하라는 지침이 틀린 것은 아니지만, 그것(= 지침)은 항상 그것(= 시간)을 측정함으로써 시간 부족에 대한 우리의 불안을 악화시키는 경향이 있다. 우리의 시간을 더 작고 정확한 부분으로 나누는 것은 장기적인 해결책이 아니다. 이런 의미에서 시간 관리는 오히려 우리에게 음식 일지를 쓰고, 식사를 계획하고, 목표를 정하는 것 등을 열심히 권하는 그런 다이어트와 같다. 비록 이것이 틀린 것은 아니지만, 그것은 우리가 애초에 과식할 수 있는 이유와 '비만 확산'에 기여해왔던 요소들을 충분히 고려하지 않는다. 식이 요법이 (음식 섭취의) 부족을 유발하는 칼로리 제한에 중점을 두고 있는 것처럼, 시간 관리에 관한 책은 만족스럽지 않은 결과와 더불어 부족감, 즉 시간의 빈곤을 유발하는 경향이 있다.

어휘 keep a log 일지를 작성하다 prioritize 우선순위를 매기다 exacerbate 악화시키다 segment 부분, 조각 exhort 열심히 권하다 take into account ~을 고려하다 obesity 비만 epidemic (급속한) 확산, 유행[전염]병 dietary 식이 요법의 deprivation 부족, 상실 engender 유발[야기]하다

해설 주제문이 따로 명시되지 않은 글로, 글 전체의 내용을 종합해 주제를 찾아야 한다. 시간 관리에 관한 글들이 오히려 불안을 초래하고 삶에 부정적인 영향을 미칠 수 있다는 내용으로, 이를 근본적인 해결책을 제시하지 않는 다이어트에 비유하며 시간 관리에 관한 글들이 도움이 되지 않는다는 점을 이야기하고 있다. 따라서 글의 요지로 적절한 것은 ①이다.

오답 Check
② → 글에 언급되지 않은 내용.
③ → 글에 언급되지 않은 내용.
④ → 시간 관리 기법으로 언급되긴 했으나 이러한 지침이 항상 도움이 되지는 않는다는 것이 글의 요지임.
⑤ → 다이어트는 시간 관리 기법의 문제점을 설명하기 위한 비유일 뿐임.

PLUS + 변형문제

어휘 exert (힘·지식 따위를) 행사하다; 발휘하다 adverse 부정적인, 불리한
해석 시간 관리에 관한 글들은 우리에게 (A) 심리적인 부작용을 행사하는 경향이 있으며 시간 관리 실패의 근본적인 (B) 해결책이 될 수 없다.
해설 시간 관리에 대한 글들이 우리의 시간 부족에 대한 불안을 악화시켜 심리적인(psychological) 부작용을 초래하고, 따라서 시간을 더 작게 나누는 것이 시간 관리 실패에 대한 근본적인 해결책(solution)이 될 수 없다는 내용의 요약문이다.
① 이상한 – 기여자 → 글에서 추론할 수 없는 오답.
② 직접적인 – 방어 → (A)는 답이 될 수 있지만 (B)는 틀림.
④ 무수한 – 이유 → 글에서 추론할 수 없는 오답.
⑤ 낯선 – 설명 → 글에서 추론할 수 없는 오답.

구문 ¹*Texts* (on time management) are remarkably similar / in their advice: keep a log **to see** // **where your time is "going,"** schedule every day, establish short-term and long-term goals, organize your workspace, **and** learn to say "no."
• ( )는 전치사구로 앞에 있는 명사 Texts를 수식한다.
• 간접의문문 where your time is "going"은 to see의 목적어로 쓰였다.
• 동사원형 keep, schedule, establish, organize, learn이 and로 병렬 연결되어 있다.

²Although this is not incorrect, // it does not sufficiently take into account *the reasons* [**(why)** we may overeat / in the first place] and *the factors* [**which** have contributed to the "obesity epidemic."]
• 첫 번째 [ ] 부분은 관계부사가 이끄는 절로 선행사 the reasons를 수식하며 관계부사 why가 생략된 형태이다.
• 두 번째 [ ] 부분은 주격 관계대명사 which가 이끄는 절로 선행사 the factors를 수식한다.

08

Patients sometimes like more medical care // even if it doesn't improve their health. ¹Many people (with medical problems) / like more attention and having more things done. ²Maybe they feel // that their problems are being taken more seriously, maybe they feel more reassured, maybe they feel more cared for, / or maybe they prefer actively doing something to a "wait and see" approach. For those (with insurance), / the response may be, "Who cares? It's relatively harmless, and people like it." Because insurance picks up the tab, // it seems free. But the rising cost of insurance — in some cases, to pay for things [that don't improve health] — / is exactly [why more and more people can't afford insurance]. And unnecessary medical care isn't always harmless. ³So an important question becomes, [how much are you willing to increase your insurance premiums or Medicare taxes / to accommodate medical care [that satisfies but doesn't improve health]]?

〔해석〕 환자들은 때때로 더 많은 의료가 그들의 건강을 개선시키지 않을지라도 그것을 선호한다. 의학적 문제를 가진 많은 사람들은 더 많은 관심과 더 많은 조치가 이루어지는 것을 선호한다. 아마 그들은 그들의 문제가 더 진지하게 받아들여지고 있다고 느끼거나, 아마 더욱 안심하거나, 아마 더 보살핌을 받는다고 느끼거나, '두고 보자'라는 접근법보다 적극적으로 뭔가를 하는 것을 더 선호할 것이다. 보험을 든 사람들에게 있어, 그 반응은 "누가 신경이나 쓴대? 비교적 해가 없고 사람들이 그걸 좋아하잖아."일지도 모른다. 보험이 비용을 지불하기 때문에, 공짜인 것처럼 보인다. ᴬ주제문 하지만 (경우에 따라서는 건강을 개선시켜주지도 않는 것들에 돈을 내기 위한) 상승하는 보험비야말로 바로 점점 더 많은 사람들이 보험을 감당할 수 없게 되는 이유이다. 그리고 불필요한 의료가 항상 무해한 것은 아니다. ᴬ주제문 그러므로 중대한 질문은 만족감은 주지만 건강을 개선시키지는 않는 의료를 수용하기 위해 당신의 보험료나 노인 의료 보험 세금을 얼마나 기꺼이 인상시킬 수 있는가이다.

〔어휘〕 medical care 의료, 건강 관리 take A seriously A를 진지하게[심각하게] 받아들이다 reassured 안심한 care for ~을 보살피다[돌보다] relatively 비교적 pick up the tab 비용을 지불하다 insurance premium 보험료 accommodate 수용하다

〔해설〕 환자들은 실질적인 건강 증진의 효과가 있다기보다는 심리적인 위안을 얻고자 더 많은 관심과 조치를 선호하는데, 이는 의료 보험료와 세금의 증가로 이어질 수 있고 환자에게도 역효과를 불러일으킬 수 있다는 내용의 글이다. 그러므로 글의 주제로 가장 적절한 것은 ① '과도한 의료에 따른 대가'이다.

〔오답 Check〕
② 사회 문제에 대한 증가된 관심의 이점들
→ 의료에 대한 사람들의 관심을 언급하긴 하나 이점에 대한 언급은 없음.
③ 평등을 위한 보편적 의료의 중요성
→ 지문에 언급되지 않은 내용.
④ 더 많은 보살핌이 건강 증진으로 이어질 전망
→ 과도한 조치로 인한 더 많은 보살핌을 선호한다고 했지만 이에 대한 전망을 언급하지는 않음.
⑤ 고령화 사회에서 의료세를 증가시키는 것의 필요성
→ 의료세가 언급되긴 했으나 글의 요지는 아님.

PLUS + 변형문제

〔해석〕 의료는 환자들에게 심리적 (A) 위안을 줄 수 있지만, 그것은 (= 의료)은 과한 (B) 증가하는 보험료를 야기할 수 있고 결국 긍정적인 효과를 뒤바꾼다.

〔해설〕 환자들은 실제로 의료가 건강을 개선시키지 않더라도 그것이 심리적 위안(comfort)을 가져다주기 때문에 이를 선호하지만, 이것이 지나치게 되면 보험료가 증가하게(elevated) 되는 역효과를 일으킬 수 있다는 내용의 요약문이다.
① 위안 – 줄어드는 → (A)는 답이 될 수 있지만 (B)는 틀림.
③ 성숙 – 동결된 → (A), (B) 둘 다 답이 될 수 없음.
④ 불안 – 줄어드는 → (A), (B) 둘 다 답이 될 수 없음.
⑤ 불안 – 증가하는 → (B)는 답이 될 수 있지만 (A)는 틀림.

〔구문〕 ¹Many people (with medical problems) / **like** more attention 〔and〕 **having** *more things* **done**.
• more attention과 having more things done은 and로 연결되어 병렬구조를 이루며 동사 like의 목적어 역할을 한다.
• 「have+O+p.p.」는 'O가 ~되게 하다'의 뜻이다.

²Maybe they **feel** // **that** their problems are being taken more seriously, maybe they feel more reassured, maybe they feel more cared for, / or maybe they **prefer** actively doing something **to** a "wait and see" approach.
• that ~ cared for는 동사 feel의 목적어절을 이끄는 명사절 접속사로 쓰였다.
• 「prefer A to B」는 'B보다 A를 더 선호하다'의 뜻이다.

³So **an important question** becomes, [**how much** are you willing to increase your insurance premiums or Medicare taxes / **to accommodate** *medical care* [**that** satisfies 〔but〕 doesn't improve health]]?
• an important question과 how much 이하는 콤마(,)로 연결된 동격 관계이다.
• to accommodate 이하는 목적을 나타내는 부사적 용법의 to부정사구이다.
• that satisfies ~ health는 주격 관계대명사 that이 이끄는 관계사절로 선행사 medical care를 수식하며, 관계사절 안에서 동사 satisfies와 doesn't improve가 but으로 연결되어 병렬구조를 이룬다.

주제문
Many American myths, legends, and tall tales are incomprehensible / apart from the geographical and spatial contexts [within which they occur]. ¹In the case of Paul Bunyan, for example, / loggers wove tales about a giant with superhuman strength / within an environment [that required physical toughness to survive]. His legendary feats were located in settings [that matched the dimensions of his size and strength], particularly the vast stretches of virgin forest in the upper middle west. ²In effect, storytellers established a relationship / between the scale of the human figure in the story / and the scale of the geographical setting [where his legendary exploits occurred]. ³They populated the American West (with its limitless horizons, towering mountains, and expansive canyons) / with the sort of legendary heroes [one might expect to find on such a grand stage]. This is // because America itself has always been a land of mythic proportions / in the collective imaginations (of its myriad peoples).

어휘 tall tale 믿기 힘든 이야기 incomprehensible 이해할 수 없는 apart from ~을 별도로 하고; ~을 제외하고 spatial 공간적인 context 맥락, 전후 사정 logger 벌목꾼 weave (이야기를) 지어내다; (옷감·바구니 등을) 짜다 superhuman 초인적인 feat 위업; 재주 virgin forest 원시림 《(자연 그대로의) 숲》 in effect 사실, 실제로는; (법이나 규정이) 시행 중인 exploit 위업, 공적; (부당하게) 이용하다 populate 살게 하다 towering 우뚝 솟은 expansive 광활한 canyon 협곡 proportion 《(pl.)》 규모, 크기; 비율 myriad 무수한

해설 글의 첫 문장이 지문 전체 내용을 포괄하는 주제문으로, 미국의 신화나 전설은 지리적, 공간적 맥락과 함께 이해해야 한다고 서술한 뒤 그 예로 Paul Bunyan의 이야기를 제시하고 있다. 따라서 제목으로 가장 적절한 것은 ① '지형과 신화 속 규모 간의 관련성'이다.

오답 Check
② 광활한 지역을 활용하여 더 좋은 이야기를 만들어내라
→ 더 좋은 이야기를 만들어내기 위해 광활한 지역을 활용한다는 내용은 없음.
③ Paul Bunyan은 신화가 된 남자 → Paul Bunyan은 주제 설명을 위한 하나의 사례로 제시된 허구적 인물일 뿐임.
④ 미서부는 정말로 그렇게 광활한 곳이었나?
→ 모두 지문에 언급된 단어를 활용하여 만든 오답.
⑤ 작가들은 어떻게 이야기를 만들어내는가?
→ 작가들이 이야기를 만들어내는 방법에 관한 글은 아님.

PLUS+ 변형문제

해석 미국의 (A) 지형은 미국의 전통 설화 속 인물들의 크기와 능력에 영향을 미치는 경향이 있었으며, 그로 인해 인물들은 (B) 광활한 규모의 환경에 어울리도록 만들어졌다.

해설 미국의 전통 이야기 속 인물들은 미국의 지형(geography)의 영향을 받았다는 내용으로, 미국이라는 광활한(vast) 배경에 맞게 등장인물들의 신체 크기와 능력 역시 거대했다는 내용의 요약문이다.
① 역사 – 상대적인 → (B)는 답이 될 수 있지만 (A)는 틀림.
③ 정치 – 세속적인 → 글에서 추론할 수 없는 오답.
④ 종교 – 현존하는 → 글에서 추론할 수 없는 오답.
⑤ 문화 – 실제의 → (B)는 답이 될 수 있지만 (A)는 틀림.

해석 주제문 많은 미국 신화나 전설, 믿기 힘든 이야기들은 그 이야기들이 일어난 지리적, 공간적 맥락을 별도로 하고는 이해할 수 없다. 일례로, Paul Bunyan의 사례를 보면, 생존하기 위해서는 육체적 강인함이 필요한 환경에 사는 초인적인 힘을 지닌 거인에 대한 이야기를 벌목꾼들이 지어냈다. 그(= 거인)의 전설적인 위업들은 북중서부의 광활한 원시림 지역과 같이 그의 신체 크기와 힘의 규모에 걸맞은 환경을 배경으로 이루어졌다. 사실, 작가들은 이야기 속 인물의 크기와 그 인물의 전설적인 위업들이 이루어지는 지리적 배경의 규모 간의 관계를 정했다. 그들은 끝없는 지평선과 우뚝 솟은 산들, 광활한 협곡이 있는 미서부 지역에 그런 웅장한 배경에서 보게 될 법한 전설적인 영웅들을 살게 했다. 이것은 무수한 미국인들의 집단적인 상상력 속에서 미국은 항상 신화적인 규모의 땅이었기 때문이다.

구문 ¹In the case of Paul Bunyan, for example, / loggers wove tales about a giant with superhuman strength / within *an environment* [**that** required physical toughness **to survive**].
• [ ] 부분은 주격 관계대명사 that이 이끄는 관계사절로 선행사는 an environment이다. to survive는 '~하기 위해'라는 목적의 의미를 나타내는 부사적 용법으로 쓰였다.

²In effect, storytellers established a relationship / ⟨between⟩ the scale of the human figure in the story / ⟨and⟩ the scale of *the geographical setting* [**where** his legendary exploits occurred].
• 「between A and B」의 구문이 사용되어, 두 개의 the scale of ~ 부분이 and로 병렬 연결되는 구조이다.
• [ ] 부분은 관계부사절로 앞의 the geographical setting을 수식한다. 장소를 나타내는 선행사가 왔으므로 관계부사 where가 사용되었다.

³They **populated** *the American West* (with its limitless horizons, towering mountains, and expansive canyons) / **with** *the sort of legendary heroes* [**(that)** one might expect to find on such a grand stage].
• 「populate A with B」 구조의 문장으로 'A에 B를 살게 하다'라는 의미이다. A에는 장소(the American West), B에는 사람(the sort of legendary heroes)에 해당하는 것이 온다.
• ( ) 부분은 앞에 있는 the American West를 수식하는 전치사구이다.
• [ ] 부분은 목적격 관계대명사가 생략된 관계사절로 선행사 the sort of legendary heroes를 수식한다.

20 ② PLUS+ ①

To live is to be in a constant state of adjustment. It can be difficult to understand the changes (in our life). ¹One guide (to keep in mind) is // that when we feel distracted, / something's up. Distraction is really another word for saying // that something is new, strange, or different. We should pay attention to that feeling. ²Distraction can help us pinpoint areas [where we need to pay more attention], [where there is a mismatch / between our knee-jerk reactions / and what is called for in the situation (at hand)]. When something (to interrupt our efficiency) comes along, // we can become aware of patterns (normally invisible to us). Becoming aware allows us / to either change the situation or our behavior. In the end, distraction is one of the best tools (for innovation) [we have at our disposal]— for changing out of one pattern of attention / and beginning the process (of learning new patterns). ³Only when we are disrupted / by something (different from our expectations) / do we become aware of the blind spots [that we cannot see on our own].

해석 산다는 것은 끊임없는 적응 상태에 있는 것이다. 우리 삶의 변화를 이해하는 것은 어려울 수 있다. 명심해야 할 한 가지 지침은 우리가 주의가 산만해졌다고 느낄 때, 뭔가가 일어난다는 것이다. 주의 분산은 실제로 어떤 것이 새롭거나 이상하거나 다르다고 말하기 위한 또 다른 단어이다. 우리는 그 느낌에 주목해야 한다. 주의 분산은 우리가 더 주의를 기울여야 할 부분, 즉 예상 반응과 당면한 상황에서 요구되는 것 사이에 불일치가 있는 곳을 정확히 찾아내는 데 도움을 줄 수 있다. 우리의 능률을 방해하는 무언가가 나타날 때, 우리는 우리가 정상적으로는 볼 수 없는 패턴을 인식할 수 있게 된다. 인식하게 되는 것은 우리가 상황이나 행동을 바꿀 수 있게 해준다. 결국 주의를 분산시키는 것은 우리의 마음대로 사용할 수 있는 혁신을 위한 가장 좋은 도구 중 하나이다. 즉, 한 가지 주의 패턴을 바꿔 새로운 패턴을 배우는 과정을 시작하는 것이다. 우리 예상과 다른 어떤 것에 방해받을 때에만 우리는 스스로 보지 못하는 맹점을 깨닫게 된다.

어휘 constant 끊임없는; 일정한, 불변의 adjustment 적응; 조절, 조정 distracted 주의가 산만한 cf. distraction 주의 분산; 기분 전환 pinpoint 정확히 찾아내다[보여주다] mismatch 불일치, 부조화 call for ~을 요구하다 efficiency 능률, 효율(성) invisible 보이지 않는 innovation 혁신 have at one's disposal ~의 마음대로 사용할 수 있다 disrupt 방해하다

해설 글의 도입부에서 우리가 주의가 분산되는 것을 느낄 때 무언가가 일어난다고 했으며, 주장을 나타내는 조동사 should가 쓰인 문장에서 그 느낌(= 주의 분산)에 주목해야 한다고 하며 글의 주제를 뒷받침하고 있다. 이어지는 내용에서는 우리가 왜 그 느낌에 주목해야 하는지를 서술하며 이를 뒷받침하고 있으므로 필자의 주장으로 가장 적절한 것은 ②이다.

오답 Check
① → 주의 분산은 우리의 인식을 바꿔 변화를 만드는 기회를 준다는 내용으로 환경을 통제해 학습 능률을 높여야 한다는 언급은 없음.
③ → 유연한 사고방식에 대한 언급은 없음.
④ → 위기를 도약의 기회로 삼아야 한다는 언급은 없음.
⑤ → 창의적인 관점에 관한 언급은 없음.

PLUS+ 변형문제

해석 주의 분산은 우리가 집중해야 하는 것들을 (A) 찾도록 도와주며, 이는 우리가 사는 방식을 (B) 변경하도록 해준다.

해설 주의 분산은 우리가 주의를 기울여야 하는, 즉 집중해야 하는 부분을 찾도록(detect) 도와주며, 이를 통해 우리는 상황이나 행동, 즉 사는 방식을 변경(modifications)할 수 있다는 내용의 요약문이다.
② 통제하다 − 의미 → 글에서 추론할 수 없는 오답.
③ 준수하다 − 방해 → 글에서 추론할 수 없는 오답.
④ 예상하다 − 변화 → (B)는 답이 될 수 있지만 (A)는 틀림.
⑤ 제거하다 − 개선 → (B)는 답이 될 수 있지만 (A)는 틀림.

구문 ¹*One guide* (**to keep in mind**) is // **that** when we feel distracted, / something's up.
• to keep in mind는 형용사적 용법으로 쓰인 to부정사구로 주어 One guide를 수식한다.
• that은 명사절을 이끄는 접속사로 that 이하가 문장의 보어이다.

²Distraction can help us pinpoint *areas* [**where** we need to pay more attention], [**where** there is a mismatch / between our knee-jerk reactions / and **what** is called for in the situation (at hand)].
• [ ] 부분은 관계부사 where가 이끄는 관계부사절로 선행사 areas를 수식한다. 콤마(,)로 연결된 두 번째 관계부사절은 첫 번째 관계부사절과 동격 관계이다.
• what 이하는 선행사를 포함하는 관계대명사 what이 이끄는 명사절로 our knee-jerk reactions와 「between A and B」로 병렬 연결되어 있다.

³**Only** when we are disrupted / by *something* (different from our expectations) / **do we** become aware of *the blind spots* [**that** we cannot see on our own].
• 준부정어 Only가 이끄는 절이 문두로 나가서 「부정어구+(조)동사+주어」로 도치가 일어났다.
• ( ) 부분은 형용사구로 앞에 있는 something을 뒤에서 수식한다.
• [ ] 부분은 목적격 관계대명사 that이 이끄는 관계사절로 선행사 the blind spots를 수식한다.

Many important things [we do], like accepting a job or buying a house, / involve making difficult choices. Many people draw up lists of pluses and minuses / to help them make a well-informed choice. ¹Study after study has shown // that we justify our decisions after having made them / by upgrading the decision [we have made] and downgrading the decision [we turned down]. This is called "buyer's nostalgia." People more often, more enthusiastically, and more closely read advertisements for products // after (not before) they make the purchase. After a decision has been made, // "The grass on your side of the fence is the greenest." ²Studies have shown // that gamblers say / they feel more confident about winning / after they place their bets rather than before they place them, / and voters feel more positive towards a candidate / after voting for the candidate than before voting.

해석 일을 맡거나 집을 사는 것 같이, 우리가 하는 많은 중요한 일들은 어려운 선택을 내리는 것과 관련이 있다. 많은 사람들이 잘 알고 선택할 수 있도록 (선택의) 장단점을 목록으로 만든다. 거듭된 연구는 주제문 우리가 내린 결정의 가치는 높이고 거부한 결정의 가치는 떨어뜨림으로써, 결정을 내린 후 우리의 판단을 정당화한다는 것을 보여주었다. 이것은 '구매자의 향수(鄕愁)'라고 불린다. 사람들은 (구매 전이 아닌) 구매한 후에 그 제품에 대한 광고를 더 자주, 더 열심히, 그리고 더욱 주의해서 읽는다. 결정이 내려진 후에는, "당신의 담장 안에 있는 잔디가 가장 푸르다". 연구에 따르면 도박꾼들은 내기를 걸기 전보다 건 후에 이길 것을 더 확신한다고 말하고, 유권자들은 투표 전보다 후보자에게 투표한 후에 그 후보자에 대해 더 긍정적으로 생각한다고 한다.

어휘 draw up (목록을) 만들다[작성하다] pluses and minuses 장단점 well-informed 잘 아는, 정보에 밝은 justify 정당화하다; 옳다고 주장하다 turn down 거부[거절]하다 enthusiastically 매우 열심히, 열광적으로 closely 주의하여, 열심히 gambler 도박[투기]꾼 place a bet 내기를 걸다 candidate 후보자 [선택지 어휘] rationalize 합리화하다

해설 우리가 내리는 결정에 관한 글이다. 우리가 내린 결정의 가치는 높이고 그렇지 않은 것의 가치는 낮춤으로써 자신의 판단을 정당화한다는 연구 결과를 제시하는 문장(we justify ~ turned down)이 주제문으로, 뒤에 이어지는 내용에서 제품 구매, 도박꾼, 유권자의 예를 들며 주제문을 부연 설명하고 있다. 이러한 맥락에서 밑줄 친 부분은 자신이 내린 결정을 가장 최선의 것으로 생각한다는 ⑤ '선택을 할 때 우리는 결정한 것을 합리화한다.'와 의미상 가장 가깝다.

오답 Check
① 결정을 내릴 때는 객관적인 견해가 필요하다.
→ 글을 통해 추론할 수 없음.
② 과거의 경험이 결정을 내리는 데 중요하다.
→ 글을 통해 추론할 수 없음.
③ 우리는 우리가 믿고 싶은 것을 믿는다.
→ 글에 언급되지 않은 내용임.
④ 더 많은 정보가 더 나은 선택으로 이어진다. → 잘 알고 선택을 할 수 있도록 장단점의 목록을 만든다는 내용은 있지만, 밑줄 친 부분의 자신이 내린 결정이 가장 좋은 것이라고 생각하는 것과는 다름.

PLUS + 변형문제

해설 우리가 내린 결정의 가치를 높임으로써 우리의 판단을 정당화한다는 것이 글의 주제문이므로, 이를 제목으로 표현한 것으로 가장 적절한 것은 ② '우리는 우리가 선택한 것에 더 많은 가치를 둔다'이다.
① 우리는 어떻게 현명한 결정을 내리는가?
→ 글에 언급되지 않은 내용임.
③ 광고가 구매에 미치는 영향 → 사람들이 제품을 구매한 후에 광고를 더 많이 본다는 내용은 하나의 사례일 뿐임.
④ 당신의 결정에 대해 만족하는 방법
→ 글에 언급되지 않은 내용임.
⑤ 결정을 내릴 때는 장단점을 비교하라 → 사람들이 결정을 내릴 때 선택의 장단점을 목록으로 만든다는 언급은 있으나, 글의 요지는 아님.

구문 ¹Study after study **has shown** // **that** we justify our decisions **after having made them** / by upgrading *the decision* [(which[that]) we have made] and (by) downgrading *the decision* [(that[which]) we turned down].
• that 이하는 동사 has shown의 목적어 역할을 하는 명사절을 이끄는 접속사이다.
• after having made them은 접속사를 생략하지 않고 남겨둔 분사구문이다. 분사구문이 나타내는 때가 문장에서 나타내는 때보다 앞서므로 having made가 쓰였다.
• 등위접속사 and로 전치사구 by upgrading ~ made와 (by) downgrading ~ down이 병렬 연결되었다.
• 두 개의 [ ]은 목적격 관계대명사 which[that]가 생략된 두 개의 관계대명사절로 각각 선행사 the decision을 수식한다.

²Studies **have shown** // **that** gamblers say / they feel more confident about winning / after they place their bets rather than before they place them, / and voters feel more positive towards a candidate / **after voting for the candidate** than **before voting** (for the candidate).
• that 이하는 동사 have shown의 목적어 역할을 하는 명사절을 이끄는 접속사이다.
• after voting for the candidate와 before voting은 의미 전달을 위해 접속사가 생략되지 않은 분사구문이다.
• before voting 이후에 for the candidate는 생략되었다.

The value (of personalized and mass-customized offers (based on data about individuals)) can be extraordinary. Customers receive products and services [that closely match their needs], // and retailers build stronger personal relationships. ¹However, with an ever-greater amount (of personal consumer data) / comes an ever-greater responsibility (to safeguard that information). In addition, consumers are increasingly aware // that they are making a trade-off / between the value [they receive] and the data [they surrender]. ²Retailers [that misuse or misappropriate consumer data] risk violating customers' trust / and wiping out any investments [that have been made in relationship building]. ³As a result, protecting consumer information and using it appropriately / are of paramount importance / to the future of individual-level consumer marketing. Companies such as Google, for example, have an increasingly transparent approach / to the management of personal data, // while Apple is advocating / against collecting and storing this type of customer data.

어휘 personalize (개인의 필요에) 맞추다 mass-customized 대량 맞춤형의 extraordinary 엄청난; 비범한 closely 꼭; 딱; 면밀히 retailer 소매업자 safeguard 보호하다 trade-off 동시에 충족시킬 수 없는 몇 가지 조건의 취사(取捨)에 대한 고려 surrender 넘겨주다; 항복하다 misuse 남용[오용]하다 misappropriate 유용[횡령]하다 wipe out 완전히 없애다 investment 투자(금) paramount 가장 중요한; 최고의 transparent 투명한 management 관리, 운영 advocate 지지하다

해설 도입부에서 고객 개인 정보를 기반으로 한 맞춤형 제품과 서비스의 가치와 이점을 언급한 뒤, However로 이어지는 내용에서 고객 개인 정보를 보호하는 것의 중요성을 제시하고 있다. 또한 결론을 제시하는 As a result에 이어지는 문장에서 고객 정보를 보호하고 적절히 이용하는 것이 미래의 고객 마케팅에서 가장 중요한 요소임을 다시 한번 언급하고 있다. 따라서 고객 정보 보호의 중요성을 강조하는 ④가 글의 요지로 가장 적절하다.

해석 개인에 관한 데이터에 기반을 둔 개인 맞춤형과 대량 맞춤형 제안의 가치는 엄청날 수 있다. 고객들은 자신들의 필요에 꼭 맞는 상품과 서비스를 받고, 소매업자들은 더 강한 개인적 관계를 구축한다. 하지만 더 많은 양의 고객 개인 정보에는 그 정보를 보호해야 할 더 큰 책임이 따른다. 게다가, 소비자들은 자신들이 받는 대가와 자신들이 넘겨주는 정보 사이에서 선택해야만 한다는 것을 점점 더 인식하고 있다. 고객 정보를 남용하거나 유용하는 소매업자들은 고객의 신뢰를 저버리고 관계 구축에 들어간 어떠한 투자도 완전히 없앨 각오를 해야 한다. <u>주제문</u> **따라서 고객 정보를 보호하고 그것을 적절하게 사용하는 것은 개인 차원의 고객 마케팅의 미래에 있어서 가장 중요하다.** 예를 들어, Google과 같은 회사들은 개인 정보의 관리에 점점 더 투명한 접근을 하는 한편, Apple은 이런 종류의 고객 데이터를 수집하고 저장하는 것에 반대하는 입장이다.

오답 Check
① → 처음 두 문장에만 해당하는 내용.
② → 개인 정보 확보보다는 개인 정보 보호에 초점을 둔 내용.
③ → 마지막에 제시된 Google과 Apple사의 예시와 반대되는 내용.
⑤ → 기업 홍보에 관한 내용은 없음.

PLUS+ 변형문제

어휘 priority 우선(사항)
해석 기업이 맞춤형 제품과 서비스를 제공하는 데 고객 정보를 이용하는 것이 (A) 필요하지만, 그것(= 고객 정보)을 (B) 안전하게 지키는 것이 우선시 되어야 한다.
해설 기업이 고객의 정보를 기반으로 필요에 맞는 상품과 서비스를 제안하기 때문에 고객 정보를 이용하는 것이 필요하(necessary)지만, 이러한 고객의 정보를 보호하고 적절하게 사용하여 안전하게(secure) 지키는 것이 중요하다는 내용의 요약문이다.
① 위험한 - 공유되는 → (A), (B) 모두 답이 될 수 없음.
② 바람직한 - 이용 가능한 → (A), (B) 모두 답이 될 수 없음.
③ 솔깃한 - 온전한 → (A), (B) 모두 답이 될 수 없음.
④ 인정받는 - 기밀의 → (B)는 답이 될 수 있으나 (A)는 틀림.

구문 ¹However, with an ever-greater amount (of personal consumer data) / comes *an ever-greater responsibility* (**to safeguard** that information).
(부사구 / V / S)
• 부사구(with ~ data)가 문두에 오면서 「부사구+동사+주어」의 형태로 도치된 문장이다.
• to safeguard that information은 바로 앞의 명사구 an ever-greater responsibility를 수식하는 형용사적 용법의 to부정사구이다.

²*Retailers* [**that** misuse or misappropriate consumer data] **risk violating** customers' trust / and wiping out *any investments* [**that** have been made in relationship building].
• 주격 관계대명사 that이 이끄는 두 개의 관계사절이 각각 선행사 Retailers와 any investments를 수식한다.
• risk는 동명사를 목적어로 취하는 동사로, 목적어로 쓰인 동명사구가 and로 연결되어 병렬구조를 이룬다.

³As a result, **protecting** consumer information and **using** it appropriately / are **of** paramount **importance** / to the future of individual-level consumer marketing.
• 주어인 두 개의 동명사구가 등위접속사 and로 연결되었다.
• 「of+추상명사(importance)」는 형용사의 의미로 쓰인다. (of importance = important)

23 ④ PLUS + ②

¹The diversity of the phenomena [scientists try to understand and organize] makes it difficult to formulate general laws / at the level of the observed phenomena. ²It is difficult, for example, to discover the general laws [that govern chemical reactions] / by simply documenting the nature of the chemicals (involved in various reactions). Similarly, it is difficult to explain the diversity of species in the world / by cataloging the features (of various animals). Major progress in science / comes from analyzing phenomena / at a more elemental or molecular level. For example, by the nineteenth century, chemists knew many specific facts (about what would happen // when various chemicals were combined). However, a general account (of chemical reactions) had to await the development (of the periodic table of the elements), // which organized chemical elements / in terms of their constituent atomic components.

해석 과학자들이 이해하고 체계화하려고 노력하는 현상의 다양성은 관찰된 현상의 수준에서 일반 법칙을 공식화하는 것을 어렵게 만든다. 예를 들어, 다양한 반응에 관련된 화학 물질의 성질을 단순히 문서화함으로써 화학 반응을 지배하는 일반적인 법칙을 발견하는 것은 어렵다. 마찬가지로, 다양한 동물의 특징 목록을 만듦으로써 세계의 종의 다양성을 설명하는 것은 어렵다. **주제문** 과학의 주요한 진보는 보다 원소적이거나 분자적 수준에서 현상을 분석하는 데서 온다. 예를 들어, 19세기쯤 화학자들은 다양한 화학 물질이 결합되었을 때 어떤 일이 일어나는지에 대한 많은 구체적인 사실들을 알았다. 그러나 화학 반응에 대한 일반적인 설명은 원소 주기율표의 개발을 기다려야 했는데, 그것은 원자 성분을 이루는 요소의 관점에서 화학 원소를 구성했다.

어휘 diversity 다양성 phenomena 현상((phenomenon의 복수형)) formulate 공식화하다 chemical 화학 물질; 화학의 catalog ~의 목록을 만들다; 목록 feature 특징 progress 진보, 진전 elemental 원소의 molecular 분자의 account 설명, 해석; 이유; 계좌 periodic table 주기율표 constituent 성분을 이루는; 구성 성분[요소] atomic 원자의 component (구성) 성분[요소] **[선택지 어휘]** uncover 밝히다

해설 글의 전반부에서 단순한 관찰 수준에서는 과학 법칙을 일반화하기 어렵다는 내용이 서술되다가 중반부(Major progress in science ~ molecular level.)에서 주제가 드러난다. 원소적 혹은 분자적 수준에서 현상을 분석해야 과학의 주요한 진보가 이루어진다는 것은 곧 심도 있는 분석의 필요성을 말하는 것이므로, 이 글의 주제로 적절한 것은 ④ '과학의 일반 법칙을 발견하기 위해 요구되는 분석의 정도'이다.

오답 Check
① 과학에 대한 이해를 넓히는 데 있어 일반 법칙의 역할
→ 일반 법칙의 역할은 언급되지 않음.
② 과학의 관찰된 법칙을 문서화하는 것이 어려운 이유
→ 물질의 성질 등을 단순히 문서화하는 것으로 법칙을 발견할 수는 없다고 했으나, 문서화하는 것이 어렵다는 언급은 아님.
③ 본질적인 과학적 사실을 밝히기 위해 자연 현상을 관찰하는 것
→ 자연 현상을 관찰하는 것만으로는 일반 법칙을 발견할 수 없다고 했음.
⑤ 과학에서 주요한 진보를 이끌어내는 특징을 조사하는 것
→ 구체적인 정보를 조사하는 것이 아니라 관찰된 현상을 세밀하게 분석해야 한다고 했음.

PLUS + 변형문제

해석 과학 현상이 상당히 복잡할 수 있기 때문에, 일반적인 규칙은 (A) 피상적인 연구가 아닌 (B) 원자 수준의 분석을 통해 발견될 수 있다.
해설 과학의 일반 규칙을 발견하는 것은 현상의 특징을 단순히 정리하는 피상적인(superficial) 분석이 아닌, 원소나 분자, 혹은 원자(atomic) 수준의 심층적인 분석을 통해 가능하다는 내용의 요약문이다.
① 면밀한 - 고도의 → (B)는 답이 될 수 있지만 (A)는 틀림.
③ 일반적인 - 개별적인 → (A)는 답이 될 수 있지만 (B)는 틀림.
④ 수동적인 - 통계적인 → (A), (B) 모두 답이 될 수 없음.
⑤ 물질적인 - 특정한 → (B)는 답이 될 수 있지만 (A)는 틀림.

구문 ¹The diversity of *the phenomena* [**(which[that])** scientists try to understand and organize] makes **it** difficult **to formulate general laws** / at the level of the observed phenomena.
• [ ] 부분은 목적격 관계대명사 which나 that이 생략된 관계사절로 선행사 the phenomena를 수식한다.
• 동사 makes의 가목적어로 it이 쓰였고, 진목적어는 to부정사구인 to formulate general laws이다.

²**It** is difficult, for example, **to discover** *the general laws* [**that** govern chemical reactions] / by simply documenting the nature of *the chemicals* (involved in various reactions).
• It은 가주어, to discover 이하가 진주어이다.
• [ ]은 주격 관계대명사 that이 이끄는 관계사절로 선행사 the general laws를 수식한다.
• ( ) 부분은 과거분사구로 앞에 있는 the chemicals를 수식한다.

We humans are not alone on the Earth. ¹Our lives, our culture, our technology, and our art have been greatly enriched // because our ancestors learned to watch, listen to, and imitate the other creatures [that share the land and sea with us]. The ancient Greek philosopher Democritus was among the first (to point this out). He imagined // that people learned how to weave from spiders / and how to sing from songbirds, swans, and nightingales. Humans got the inspiration (to build houses of clay) / from watching swallows (at work on their nests). "In the most important matters," he wrote, / "we are students of the animals." ²A more recent author, Steven Lonsdale, argued / in a remarkable book (packed with examples from every corner of the world) // that dance owes its origin and development to human imitation (of the varied movements of mammals, reptiles, amphibians, fish, birds, and even invertebrates).

해석 우리 인간은 지구상에서 혼자가 아니다. 주제문 우리의 삶, 문화, 기술, 그리고 예술은 우리 조상들이 우리와 함께 육지와 바다를 공유하는 다른 생물들을 보고 듣고 모방하는 법을 학습했기 때문에 대단히 풍요로워졌다. 고대 그리스 철학자인 데모크리토스는 이 점에 주목한 최초의 사람들에 속했다. 그는 사람들이 거미로부터 (직물을) 짜는 방법을, 명금과 백조와 나이팅게일로부터는 노래하는 방법을 배웠다고 생각했다. 인간은 둥지에서 작업하는 제비를 보고 진흙으로 집을 짓는 데 영감을 얻었다. 그는 "가장 중요한 문제들에 있어, 우리는 동물의 학생이다."라고 썼다. 좀 더 최근의 저자인 Steven Lonsdale은 세계 방방곡곡에서 나온 예로 가득 채워져 있는 주목할 만한 책에서 춤의 기원과 발전은 포유류, 파충류, 양서류, 어류, 조류, 그리고 심지어 무척추동물의 다양한 동작에 대한 인간의 모방 덕분이라고 주장했다.

어휘 enrich 풍요롭게 하다 ancestor 조상, 선조 imitate 모방하다 ancient 고대의 point out ~에 주목하다; ~을 지적하다 weave 짜다[엮다] songbird 명금 inspiration 영감 clay 진흙 swallow 제비; 삼키다 matter 문제; 물질; 중요하다 remarkable 주목할 만한 pack 가득[빽빽이] 채우다; (짐을) 싸다 owe A to B A는 B 덕분이다; A를 B에 빚지다 varied 다양한 movement 동작, 몸짓; 움직임, 이동 mammal 포유류 reptile 파충류 amphibian 양서류

해설 우리 인간의 삶, 문화, 기술, 예술이 지구상의 다른 생물들을 모방한 것으로서 데모크리토스와 Steven Lonsdale의 예시를 통해 이를 뒷받침하여 설명하고 있으므로 제목으로 가장 적절한 것은 ① '인간은 동물들로부터 배운다'가 적절하다.

오답 Check
② 지구는 우리의 것이 아니다 → 지문에 언급되지 않은 내용.
③ 인간이 가장 똑똑한 동물인가? → 인간이 다른 동물들보다 더 똑똑하다는 것에 대한 언급은 없음.
④ 여러분의 행동으로 동물을 보호하는 방법 → 지문에 언급되지 않은 내용.
⑤ 예술은 동물 세계에서 인간을 구별해준다 → 다른 동물들을 모방하여 인간의 예술이 풍요로워졌다고 했을 뿐 글의 주제는 아님.

PLUS⁺ 변형문제

해석 인간 사회는 동물들에 의해 몹시 (A) 영향을 받아 왔는데, 이는 사람들이 동물들의 행동과 능력을 (B) 채택해왔기 때문이다.
해설 우리 조상들은 삶의 전반적인 측면에 있어 다른 동물들의 행동 방식이나 움직임을 흉내 내고 학습해 이를 채택했으며(adopted), 이로 인해 우리 삶은 전반적으로 동물들에 의해서 영향을 받아(influenced) 왔다는 내용의 요약문이다.
① 약화되어 - 흉내내 → (B)는 답이 될 수 있지만 (A)는 틀림.
② 결정되어 - 무시해 → (A)는 답이 될 수 있지만 (B)는 틀림.
④ 동기를 부여받아 - 다양하게 만들어 → (A)는 답이 될 수 있지만 (B)는 틀림.
⑤ 피해를 입어 - 과소평가해 → (A), (B) 둘 다 답이 될 수 없음.

구문 ¹Our lives, our culture, our technology, and our art **have been** greatly **enriched** // because our ancestors **learned** to watch, (to) listen to, ⌐and⌐ (to) imitate *the other creatures* [**that** share the land and sea with us].
• 주절의 주어는 Our lives ~ our art이고 동사는 have been enriched이다. 이때 동사 have been enriched는 과거 어떤 시점부터 현재 사이를 의미하며 동시에 수동의 의미를 가지므로 현재완료의 수동형으로 쓰였다.
• 세 개의 to부정사구는 and로 연결되어 부사절의 동사 learned의 목적어로 쓰였으며, 공통 목적어인 the other creatures를 갖는다.
• [ ] 부분은 주격 관계대명사 that이 이끄는 관계사절로 선행사 the other creatures를 수식한다.

²A more recent author, Steven Lonsdale, **argued** / in *a remarkable book* (packed with examples from every corner of the world) // **that** dance owes its origin and development to human imitation (of the varied movements of mammals, reptiles, amphibians, fish, birds, and even invertebrates).
• that은 동사 argued의 목적어 역할을 하는 명사절(that dance ~ even invertebrates)을 이끄는 접속사이며, 전치사구 in a remarkable ~ of the world가 중간에 삽입된 형태이다.
• 과거분사구인 packed with ~ of the world는 앞에 있는 명사구 a remarkable book을 수식한다.

20 ② PLUS+ ④

¹When developing future technologies, // it is tempting to examine technological novelties (developed in laboratories today) / and scale them / according to the use of future consumers. When, for example, a brain-computer interface is being developed in a laboratory, // we can assume / that perhaps in twenty years' time, it will be in general use by consumers. If its development advances quickly / and the technology is universally approved, // perhaps cars will also be steered by the power of thought, / and teachers' lessons smoothly transferred into students' minds. However, technology does not develop in a vacuum: // it is a dialogue with many factors, / such as societal norms, consumer attitudes, the market, law and politics. ²All of these factors determine // which technology catches on and how and to what extent it spreads into our society. 주제문 Considering only their use (by future consumers) is therefore insufficient; // their context within society itself must be considered as well.

해석 미래 기술을 개발할 때, 오늘날 실험실에서 개발된 기술적 참신성을 조사하고 미래의 소비자의 사용에 따라 그 규모를 조정하는 것이 매력적이긴 하다. 예를 들어 두뇌-컴퓨터 인터페이스가 실험실에서 개발되고 있을 때, 우리는 아마도 20년 후에는 소비자들이 일반적으로 그것을 사용할 것이라고 가정할 수 있다. 만약 그 발전이 빨리 진보하고 기술이 보편적으로 승인된다면, 아마도 자동차도 생각의 힘에 의해 조종될 것이고, 교사들의 수업은 학생들의 머리에 순조롭게 전달될 것이다. 하지만 기술은 외부와 단절된 상태에서 발전하지 않는다. 그것은 사회적 규범, 소비자의 태도, 시장, 법, 그리고 정치와 같은 많은 요인들과의 대화다. 이런 모든 요소들은 어떤 기술이 인기를 얻고, 어떻게 그리고 어느 정도까지 우리 사회로 확산되는지를 결정한다. 주제문 따라서 미래 소비자들에 의한 사용만을 고려하는 것은 불충분하며, 그것들의 사회 그 자체 내에서의 맥락 또한 고려되어야 한다.

어휘 tempting 매력적인, 솔깃한   novelty 참신함, 새로움   scale (규모를) 조정[변경]하다   advance 진보하다, 발달하다   universally 보편적으로; 일반적으로   steer (자동차 등을) 조종하다, 몰다   in a vacuum 외부와 단절된 상태에서   norms 규범   catch on 인기를 얻다, 유행하다   context (어떤 일의) 맥락, 전후 사정

해설 therefore가 포함된 글의 마지막 문장에서 필자는 결론을 내리며 자신이 주장하는 바를 드러내고 있다. 새로운 기술을 개발할 때 소비자의 사용뿐만 아니라 그 기술이 사용될 사회적 규범, 시장, 정치 등의 다른 요인들도 고려해야 한다는 내용이므로 필자의 주장으로 가장 적절한 것은 ②이다.

오답 Check
① → 기술 상용화 전 적절성 판단에 대한 내용은 언급되지 않음.
③ → 기술 개발을 위한 투자의 필요성은 언급되지 않음.
④ → 기술의 참신성과 유용성 외에도 사회적 맥락에 대한 고려가 중요하다는 내용임.
⑤ → 기술 개발에 우선순위를 두는 것은 언급되지 않음.

PLUS+ 변형문제

해석 기술의 진보는 (A) 예측 가능한 방식으로 발생한다고 가정할 수 있지만, 기술은 그것을 둘러싼 (B) 사회적 상황에 근거하여 발전한다.

해설 새로운 기술을 개발할 때 소비자의 수요만을 토대로 그 기술의 발전이 예측 가능한(predictable) 방식으로 나타난다고 가정하지만, 기술이 적용될 사회적(societal) 맥락을 고려하는 것이 또한 필요하다는 내용의 요약문이다.
① 혁신적인 – 과학적인
② 예측 가능한 – 영리적인 → (A)는 답이 될 수 있지만 (B)는 틀림.
③ 혁신적인 – 실험적인
⑤ 새로운 – 지역적인
→ ①, ③, ⑤는 모두 지문과 관계없는 내용.

구문 ¹**When developing future technologies**, // **it** is tempting **to examine** *technological novelties* (developed in laboratories today) / and (to) scale them / according to the use of future consumers.
• When ~ technologies는 접속사가 남아 있는 분사구문으로, 여기에서는 주어를 일반인으로 보아 따로 명시하지 않았다.
• it은 가주어이고, to examine 이하가 진주어로, to examine과 scale이 and로 병렬 연결되어 있다. scale 앞에 반복되는 to는 생략되었다.
• ( )는 앞에 있는 technological novelties를 수식하는 과거분사구이다.

²All of these factors **determine** // **which** technology catches on and **how** (it spreads into our society) and to what extent it spreads into our society.
• which 이하는 동사 determine의 목적어 역할을 하는 의문사절로, 「의문사+주어+동사」의 간접의문문 어순으로 되어 있으며, and로 병렬 연결되어 있다. how 뒤에는 반복되는 it spreads into our society가 생략되었다.

Children (in Papua New Guinea) know Baya Horo: a monster (of gigantic size), // whose teeth are long and sharp, and highly suitable for munching his favorite victims — children. He has one huge eye / and lives in a cave. No one supposes // that the tales (of Homer's *Odyssey*) somehow penetrated the dense rainforests (of Papua New Guinea). But Baya Horo shares some key monstrous features / with the Cyclops — one-eyed giants, / who are killed by Odysseus in *Odyssey* — and comparable similarities have been noticed / in diverse storytelling cultures (from around the world). ¹In *The Arabian Nights*, for example, we find a tale (about *Sinbad the Sailor*) [in which the hero and his shipmates are stranded on an island / and encounter a savage giant 'as tall as a palm tree'], / who shuts them in his palace / and eats them // until they blind him and escape. ²Thus, the story of an adventure (involving close confinement (with a cannibalistic giant), / and escape (brought about by blinding the predator)), / is part of <u>a worldwide web of mythology</u>.

해석 파푸아뉴기니의 아이들은 Baya Horo를 알고 있다. Baya Horo는 거대한 크기의 괴물로, 그것의 치아는 길고 날카로우며 그가 가장 좋아하는 산 제물인 어린이들을 우적우적 먹기에 매우 적합하다. 그는 아주 큰 눈 하나를 가지고 있고 동굴에 산다. Homer의 〈오디세이〉의 이야기가 파푸아뉴기니의 울창한 열대 우림을 어떻게든 뚫고 들어갔다고 생각하는 사람은 아무도 없다. 그러나 Baya Horo는 〈오디세이〉에서 Odysseus에 의해 죽은 외눈박이 거인 Cyclops와 몇 가지 주요한 괴물의 특징을 공유하고 있으며, 전 세계 다양한 스토리텔링 문화에서 비슷한 유사점이 눈에 띄었다. 예를 들어 우리는 〈아라비안나이트〉에서 남자 주인공과 그의 선원들이 섬에 좌초되어 '야자나무만큼 키가 큰' 야만적인 거인과 마주치는 〈선원 신드바드〉에 관한 이야기를 발견하는데, 그 거인은 자신의 궁전에 그들을 가두고 그들이 자신의 눈을 멀게 해 도망칠 때까지 잡아먹는다. 따라서 식인 거인의 철저한 감금, 포식자의 눈을 멀게 하여 이뤄낸 탈출을 포함하는 모험 이야기는 <u>전 세계적인 신화 모음집의 일부이다</u>.

어휘 gigantic 거대한 suitable 적합한, 알맞은 munch 우적우적 먹다 victim 제물; 희생자 somehow 어떻게든; 왠지 penetrate 뚫고 들어가다, 침투하다 feature 특징 comparable 비슷한, 비교할 만한 notice 눈에 띄다, 알아채다; 주의[주목]하다 strand 좌초시키다 encounter 마주치다, 맞닥뜨리다 savage 야만적인 palm tree 야자나무 close 철저한, 면밀한 confinement 감금, 갇힘 cannibalistic 식인의 bring about ~을 야기하다, 초래하다 predator 포식자, 약탈자 mythology 신화

해설 세계 여러 나라의 이야기에 공통적으로 등장하는 거인 캐릭터에 관한 내용이다. 파푸아뉴기니의 이야기 속 Baya Horo는 〈오디세이〉의 Cyclops와 유사하고 〈아라비안나이트〉에도 그와 비슷한 괴물 이야기가 존재한다고 했으므로 전 세계 다양한 문화에서 비슷한 이야기를 찾아볼 수 있다는 것을 알 수 있다. 따라서 밑줄 친 부분이 의미하는 것은 ⑤ '다른 여러 문화의 신화에 공통적인 주제가 존재한다.'이다.

오답 Check
① 어떤 문화들은 그들의 이야기를 다른 문화들과 공유한다.
→ 문화 사이에 이야기를 공유하는 내용은 없음.
② 각각의 영웅의 외모 사이에는 유사점이 있다. → 여러 문화 속 이야기에 야만적인 괴물 캐릭터의 특징이 공유된다는 내용임.
③ 인터넷은 다른 문화의 이야기에 쉽게 접근할 수 있게 해준다.
→ 인터넷으로 이야기를 알게 된다는 언급은 없음.
④ 한 사회의 신화의 역사를 확인하는 것은 쉽다.
→ 신화의 역사를 확인하는 내용은 없음.

PLUS + 변형문제

해설 전 세계 여러 문화의 이야기에서 비슷한 특징을 가진 괴물이 공통적으로 등장한다는 내용이므로, 이 글의 제목으로 적절한 것은 ② '보편적인 캐릭터는 야만적인 거인들'이다.
① 신화는 어떻게 퍼지나?
→ 신화가 어떻게 확산되는지에 대한 내용은 없음.
③ 왜 어떤 이야기들은 많은 문화에서 존재하는가?
→ 일부 이야기들이 여러 문화에서 존재하는 이유는 언급되지 않음.
④ 신화, 즉 우리를 결속하는 근본적인 힘
→ 신화가 사람들을 결속한다는 내용은 언급되지 않음.
⑤ 세계적인 스토리텔링의 유사점과 차이점
→ 스토리텔링의 유사점과 차이점에 대한 내용은 없음.

구문 ¹In *The Arabian Nights*, for example, we find *a tale (about Sinbad the Sailor)* [**in which** the hero and his shipmates are stranded on an island / ~and~ encounter *a savage giant* 'as tall as a palm tree'], / **who** shuts them in his palace / ~and~ eats them // until they blind him and escape.
- in which는 「전치사+관계대명사」의 형태로 관계사절의 선행사는 a tale about *Sinbad the Sailor*이다. 관계사절의 동사 are stranded와 encounter가 and로 병렬 연결되어 있다.
- who는 계속적 용법으로 쓰인 관계대명사로 who가 이끄는 절이 선행사 a savage giant를 부연 설명한다. who가 이끄는 관계사절의 동사 shuts와 eats가 and로 병렬 연결되어 있다.

²Thus, *the story of an adventure* (**involving** close confinement (with a cannibalistic giant), / ~and~ *escape* (brought about by blinding the predator)), / is part of a worldwide web of mythology.
- involving ~ the predator는 현재분사구로 앞에 있는 the story of an adventure를 수식한다.
- involving의 목적어 역할을 하는 close confinement와 escape가 and로 병렬 연결되어 있고, escape는 다시 과거분사구(brought ~ the predator)의 수식을 받는다.

주제문

A likely determinant (of technological creativity) / is the level (of nutrition of a society). ¹It is well known // that "hidden hunger," i.e., significant long-term shortfalls (in food intake), reduces the level of energy [at which the individual operates]. Thus, the output of energy is adjusted to the intake, // and what is often described as "laziness" / is really the result / and not the cause (of poverty and malnutrition). ²A particularly vicious form (of hidden hunger) is infant protein deficiency syndrome (IPDS), // which can permanently cripple mental development. For an individual to break out of a predetermined work routine, / energy and initiative as well as the ability (to think clearly) / on an intuitive level / are required. Brain damage (caused by inadequate nutrition) irreparably impairs this ability. 주제문 Thus it may have come to pass // that some societies had a larger supply of intelligence per capita than others / not because of any biological differences (between races), / but because of poverty and ignorance (about the nutritional needs of infants).

해석 주제문 기술적 창의성을 결정할 가능성이 있는 요인은 사회의 영양 수준이다. '숨겨진 굶주림', 즉 상당한 장기적 식품 섭취 부족은 개인이 가동시키는 에너지의 수준을 감소시키는 것으로 잘 알려져 있다. 따라서 에너지 산출량은 섭취량에 맞춰 조절되며, 흔히 '게으름'이라고 표현되는 것은 실제로는 가난과 영양 결핍의 결과물이지 원인이 아니다. 숨겨진 굶주림의 특히 극심한 형태는 영유아 단백질 결핍 증후군(IPDS)으로, 그것은 정신 발달에 영구적으로 심각한 손상을 줄 수 있다. 개인이 미리 정해진 일과에서 벗어나기 위해서는 직관적인 수준에서 명확하게 사고하는 능력뿐 아니라 에너지와 진취성도 필요하다. 불충분한 영양 섭취로 인한 뇌 손상은 이 능력을 회복할 수 없을 정도로 손상시킨다. 주제문 따라서 일부 사회가 다른 사회보다 1인당 지능의 공급량이 더 많은 것은 인종간의 생물학적 차이 때문이 아니라, 가난과 영유아들에게 필요한 영양에 대한 무지로 인해 일어난 것일지도 모른다.

어휘 determinant 결정 요인 shortfall 부족(분) intake 섭취(량) malnutrition 영양 결핍 vicious 극심한, 지독한; 악랄한 deficiency 결핍 cripple 심각한 손상을 주다 initiative 진취성; 자주성 intuitive 직관적인; 직감[직관]에 의한 irreparably 회복할 수 없을 정도로 impair 손상[악화]시키다 come to pass 일어나다, 발생하다 per capita 1인당

해설 첫 문장에서 사회의 영양 수준이 기술적 창의성을 결정하는 요인일 수 있다고 했고 글 중반부에서 영유아 단백질 결핍 증후군을 예로 들어 영양 결핍이 정신 발달에 영구적인 손상을 일으킬 수 있기에 사회의 지적 수준이 영양 섭취 정도에 따라 달라질 수 있음을 시사하므로 글의 요지로 가장 적절한 것은 ④이다.

오답 Check
① → 단백질뿐 아니라 전반적인 영양 결핍의 부정적 영향에 대한 내용임.
② → 게으름은 가난과 영양 결핍의 결과물이라는 언급은 있으나, 이것이 글의 요지는 아님.
③ → 지문과 반대되는 내용임.
⑤ → 아동 발달 속도나 경제력의 차이에 대한 내용은 없음.

PLUS+ 변형문제
어휘 undeniable 부인할 수 없는 employment 사용, 이용
해석 어릴 때의 (B) 영양 결핍은 성공하기 위해 필요한 에너지의 사용 능력 저하로 이어지기 때문에, 한 사회에서 사람들의 영양과 (A) 지능 사이에는 부인할 수 없는 연관성이 있다.
해설 에너지의 생산량은 우리가 섭취하는 영양 수준에 맞춰 조절되는 것으로 영양 결핍(undernourishment)은 필요한 에너지를 충분히 생산하지 못하게 하며, 이것은 특히 영유아의 정신 발달에 심각한 손상을 야기해 지능(intelligence)에 부정적 영향을 줄 수 있다는 내용의 요약문이다.
① 건강 – 배고픔 → (B)는 답이 될 수 있지만 (A)는 틀림.
② 창의력 – 좌절 → (A)는 답이 될 수 있지만 (B)는 틀림.
③ 게으름 – 가난 → (B)는 답이 될 수 있지만 (A)는 틀림.
④ 발달 – 무관심 → 글에서 추론할 수 없는 오답.

구문 ¹It is well known // that "hidden hunger," i.e., significant long-term shortfalls (in food intake), reduces *the level of energy* [**at which** the individual operates].
• It은 가주어, that 이하가 진주어이다.
• at which는 「전치사+관계대명사」의 형태로 선행사는 the level of energy이다.

²A particularly vicious form (of hidden hunger) is *infant protein deficiency syndrome (IPDS)*, // **which** can permanently cripple mental development.
• which는 계속적 용법으로 쓰인 관계대명사로 which가 이끄는 절이 선행사 infant protein deficiency syndrome (IPDS)을 부연 설명한다.

A study was performed [in which spouses were asked, "How large was your personal contribution to keeping the place tidy, in percentages?"] There were also similar questions (about "taking out the garbage," "planning social engagements," etc). Would the self-estimated contributions / add up to 100 percent, or more or less? As you might guess, // the self-assessed contributions add up to more than 100 percent. The reason is straightforward: [1]both spouses remember their own individual efforts and contributions much more clearly / than those of the other. This bias is not necessarily self-serving: spouses also overestimated their contribution to creating arguments, / although to a lesser extent / than their contributions to comparatively positive outcomes. [2]The same bias is behind the common observation [that many members (of a collaborative team) feel // they have done more than their share and also believe / that the others are not displaying sufficient gratitude (for their individual contributions)].

해석 배우자들에게 "비율로 봤을 때 집을 깔끔하게 유지하는 데 당신의 개인적 기여는 얼마나 큽니까?"라는 질문을 던진 한 연구가 시행되었다. 또한 '쓰레기 내다 버리기', '사회 활동 계획하기' 등에 관한 비슷한 질문이 있었다. 스스로 추정한 기여도를 합하면 100%일까, 아니면 (100%보다) 더 많거나 더 적을까? 주제문 추측할 수 있듯이, 스스로 평가한 기여도의 합은 100%가 넘는다. 이유는 간단하다. 양쪽 배우자 모두 자신의 개인적 노력과 기여를 상대방의 그것들보다 훨씬 더 분명하게 기억하기 때문이다. 이 편향은 꼭 자기 잇속만 차리는 것은 아닌데, 비교적 긍정적인 결과에 대한 기여보다는 더 적은 정도이기는 했지만 배우자들은 말다툼을 시작하는 데 대한 자신들의 기여 또한 과대평가했다. 공동 작업하는 팀의 많은 구성원이 자신들은 자신의 몫 이상을 해왔다고 느끼고 또 나머지 사람들이 자신의 개인적 기여에 충분히 감사를 표하지 않는다고 생각하는 것을 흔히 볼 수 있는데 똑같은 편향이 그 이면에 있다.

어휘 spouse 배우자   social engagement 사회 활동, 사회적 참여   estimate 추정하다, 추산하다; 추정(치)   assess 평가하다   straightforward 간단한, 쉬운; 솔직한   bias 편향, 편견; 성향   self-serving 자기 잇속만 차리는   extent 정도; (어떤 지역의) 규모   comparatively 비교적   collaborative 공동의   gratitude 감사, 고마움

해설 글의 앞부분에서 가사 노동에 대한 기여도를 조사한 연구 내용이 제시되고 있으며, 그 결과에 해당하는 문장(As you might ~ 100 percent.)이 주제문에 해당한다. 양쪽 배우자 모두 자신의 기여도를 더 높게 평가한다고 했으며 이는 자신이 한 행동을 더 잘 기억하기 때문이라는 내용이 오고, 이와 같은 편향이 적용되는 공동 작업의 예가 이어져 주제문을 뒷받침하고 있다. 따라서 글의 주제로 가장 적절한 것은 ⑤ '우리가 어떤 일에든 기여한 것을 과대평가하는 경향'이다.

오답 Check
① 집안일의 효율성을 높이는 방법
→ 지문에 언급되지 않은 내용.
② 더 높은 목표를 달성하는 데 있어 협업의 중요성
→ 지문에 등장한 collaborative를 이용한 오답.
③ 집안일에 대해서 배우자와 싸우는 것을 멈추는 방법
→ 지문에 언급되지 않은 내용.
④ 당신의 팀워크 기여도에 대한 객관적 평가의 필요성
→ 지문에 언급되지 않은 내용.

PLUS + 변형문제

어휘 attribute A to B A가 B에 있다고 여기다, A를 B의 탓[덕]으로 보다
해석 우리는 다른 사람들의 행동보다 우리 자신의 행동을 더 잘 (B) 기억하기 때문에 부부 및 단체 활동에서 우리의 참여에 높은 (A) 가치가 있다고 여기는 경향이 있다.
해설 상대방보다 자신의 기여도를 높게 평가하는 것은 자신의 참여에 높은 가치(value)를 둔다고 할 수 있으며, 그 이유는 다른 사람들의 행동보다 자신의 노력과 기여를 더 잘 기억하기(recollecting) 때문이라는 내용의 요약문이다.
① 결과 – 암기하는 → 글에서 추론할 수 없는 오답.
② 비율 – 무시하는 → (A)는 답이 될 수 있지만 (B)는 틀림.
④ 유용성 – 거부하는 → 글에서 추론할 수 없는 오답.
⑤ 편견 – 공유하는 → 글에서 추론할 수 없는 오답.

구문 [1]both spouses remember their own individual efforts and contributions much more clearly / than **those** of the other.
• those는 앞의 명사 efforts and contributions의 반복을 피하기 위해 쓰인 대명사이다.

[2]The same bias is behind **the common observation** [**that** many members (of a collaborative team) feel // they have done more than their share and also believe / that the others are not displaying sufficient gratitude (for their individual contributions)].
S'   V'1   O'1   V'2   O'2
• the common observation과 that 이하는 동격을 이룬다. that절 안에서 feel ~ share와 also believe ~ contributions는 and로 병렬 연결된 동사구이다.

24 ⑤ PLUS+ ①

[1]When architecture focuses on human beings and their needs, cultural sensitivity, the climate, and regional issues, // traditional architecture and urbanism have a lot (to offer). On the other hand, when technology, quality and quantity of structures, quality of life, comfort, and environmental issues / are the main aspects of consideration, // then modern and contemporary architecture are the main sources of solutions. [2]In other words, even though there are various methods and approaches (to achieve sustainable architecture), // the intelligent integration (of traditional and contemporary architecture) could be the most promising approach / because of its dual roots (in past and present). Such an approach benefits from the best characteristics (of both traditional and modern architecture).

해석 건축이 인간과 그들의 필요, 문화적 민감성, 기후, 지역의 문제들에 초점을 맞출 때, 전통 건축과 도시화는 제공해줄 것을 많이 가지고 있다. 반면에, 기술, 건축물의 질과 양, 삶의 질, 안락함과 환경 문제가 고려해야 할 주요한 측면일 때, 그때는 근현대 건축이 해결책의 주요한 원천이 된다. **주제문** 다시 말해서, 비록 환경 파괴 없이 지속 가능한 건축을 달성하기 위한 다양한 방법과 접근법이 있기는 하지만, 과거와 현재에 둔 이중적 뿌리로 인해 전통적 그리고 현대적 건축의 영리한 통합이 가장 유망한 접근법이 될 수 있을 것이다. 그러한 접근법은 전통적 건축과 현대적 건축의 최선의 특징들로부터 이익을 얻는다.

어휘 architecture 건축(학) regional 지역의 urbanism 도시화 consideration 고려, 고찰 contemporary 현대의; 동시대의 sustainable (환경 파괴 없이) 지속 가능한 integration 통합 promising 유망한 dual 이중의 benefit from ~로부터 이익을 얻다 characteristic 특징 **[선택지 어휘]** put A first A를 가장 중시하다 distinct 뚜렷한; 별개의 inevitable 불가피한, 필연적인 downfall 몰락(의 원인) conventional 전통적인; 관습적인 look to (개선 방안을 찾기 위해) ~을 고려해[생각해] 보다

해설 지속 가능한 건축물을 만들 때, 전통적 건축과 현대 건축에서 각각 취할 만한 장점이 있으므로 두 가지 방식을 현명하게 통합하는 것이 건축에 대한 가장 전망이 좋은 접근법이 될 수 있다는 내용의 글이므로 제목으로 가장 적절한 것은 ⑤ '건축상의 해결책을 위해 과거와 현재를 고려해 보라'이다.

오답 Check
① 너무 늦기 전에 환경을 가장 중시하라! → 환경을 최우선으로 중시하라는 언급은 없음.
② 전통 건축의 뚜렷한 양면 → 전통 건축은 글의 소재일 뿐 글의 주제에서 벗어남.
③ 지속 가능한 개발의 역사와 원리 → 지속 가능한 개발을 위해 전통적 건축과 현대 건축을 둘 다 고려해야 한다는 것이지 이에 대한 역사와 원리에 대한 언급은 없음.
④ 전통적 건축의 불가피한 몰락 → 전통 건축은 글의 소재일 뿐 글의 주제에서 벗어남.

PLUS+ 변형문제
해석 전통적인 스타일과 현대 스타일을 (A) 통합하는 것은 건축물을 더 지속 가능하게 만드는 효과적인 방법인데, 이는 그것이 각각의 스타일로부터의 장점을 (B) 활용하기 때문이다.
해설 환경 파괴 없이 지속 가능한 건축물을 만들기 위한 유망한 방법은 전통적 건축과 현대 건축을 통합하는 것(Unifying)인데, 이는 그들 각자로부터 가져올 수 있는 장점을 취함으로써 결과적으로 이점을 활용하기(utilizes) 때문이라는 내용의 요약문이다.
② 통합하는 것 – 강조하다 → (A)는 답이 될 수 있지만 (B)는 틀림.
③ 구분하는 것 – 확보하다 → (B)는 답이 될 수 있지만 (A)는 틀림.
④ 구분하는 것 – 간과하다 → (A), (B) 둘 다 답이 될 수 없음.
⑤ 고려하는 것 – 줄이다 → (A)는 답이 될 수 있지만 (B)는 틀림.

구문 [1]When architecture **focuses on** human beings and their needs, cultural sensitivity, the climate, and regional issues, // traditional architecture and urbanism have *a lot* (**to offer**).
• 부사절 접속사 When이 이끄는 절에서 동사 focuses on의 목적어들이 콤마(,)와 and로 병렬 연결되어 있다.
• to offer는 to부정사의 형용사적 용법으로 앞의 a lot을 수식한다.

[2]In other words, even though there are *various methods and approaches* (**to achieve** sustainable architecture), // ***the intelligent integration*** (of traditional and contemporary architecture) **could be** the most promising approach / because of ***its dual roots*** (in past and present).
• even though가 이끄는 부사절에서 ( )는 to부정사의 형용사적 용법으로 앞의 various methods and approaches를 수식한다.
• 주절의 주어는 the intelligent integration이며 동사는 could be이다.
• 전치사 because of 다음의 its는 주절의 주어 the intelligent integration을 가리킨다.

20 ④ PLUS + ⑤

¹I don't know anyone [who doesn't feel overwhelmed by responsibilities / while at the same time drained by trying to keep up]. And although we think we're doing ourselves good by, say, taking a time-out at work / to surf the Internet or respond to messages from friends, // we could actually be doing a great disservice to our brains. Creativity and insight cannot be born from a brain (living in a culture of distraction). ²Nor can fast, productive thinking happen // when we're under the duress of stimulating activities. We are living / with the same brains [that our caveman forebears developed for us / centuries ago], // and those brains are not adapted to the realities of our modern era [that have us navigating so many sources of information and stimulation]. Being surrounded by so many distractions can lead to inability (to focus or concentrate), stress, anxiety, and so on. We need to adjust our lifestyle today, // before it's too late.

해석 따라가려고 애쓰느라 진이 빠진 동시에 맡은 일에 압도당하지 않는 사람은 없다. 그리고 비록 우리가 직장에서, 이를테면 인터넷 서핑이나 친구들의 메시지에 응답하기 위해 일을 잠시 쉬면서도 스스로 잘하고 있다고 생각하지만, 우리는 실제로 우리의 두뇌에 큰 위해를 가하고 있는 것일 수도 있다. 창의력과 통찰력은 산만함의 문화 속에서 살아가는 뇌에서 생길 수 없다. 또한 우리가 자극적인 활동의 압박을 받을 때 빠르고 생산적인 사고는 일어날 수 없다. 우리는 수 세기 전에 동굴에 살던 선조들이 우리를 위해 발달시킨 것과 같은 뇌를 가지고 살고 있으며, 그 뇌들은 우리가 수많은 정보와 자극의 원천을 탐색하게 하는 현대 시대의 현실에 적응하지 못하고 있다. 주제문 그렇게 많은 산만함에 둘러싸여 있는 것은 집중이나 전념을 할 수 없게 하고 스트레스, 불안감 등으로 이어질 수 있다. 우리는 너무 늦기 전에 오늘날 생활방식을 조정해야 한다.

어휘 overwhelm 압도하다 drained 진이 빠진 take (a) time-out 일을 잠시 쉬다 disservice 위해, 폐 distraction 산만(함); 집중을 방해하는 것 duress 압박 caveman (석기 시대의) 동굴 거주자, 혈거인 forebear 선조, 조상 inability to-v ~할 수 없음

해설 산만하고 자극이 가득한 현대 환경에서 우리 뇌는 생산적인 사고를 할 수 없고 결국 스트레스나 불안감이 초래될 수 있다는 문제점을 지적하며 이러한 현대의 생활방식을 늦기 전에 조정해야 한다는 주장이 드러난 주제문(Being ~ late.)을 마지막 부분에서 제시하고 있으므로 필자의 주장으로 가장 적절한 것은 ④이다.

오답 Check
① → 글의 첫 문장에 나온 responsibilities를 이용한 오답.
② → 휴식 시간을 가져야 한다는 내용은 없음.
③ → 일과 삶의 균형이나 이를 위한 제도적 장치에 대한 내용은 없음.
⑤ → 두뇌를 위해 생활방식을 바꿔야 한다는 글의 내용과 반대됨.

PLUS + 변형문제

해석 우리의 흥미를 불러일으키는 것들은 실제로 우리에게 (A) 해를 끼치고 있는 것일지도 모르는데, 이는 우리의 뇌가 현대 세계에서 우리를 둘러싼 (B) 자극을 따라가지 못하기 때문이다.
해설 산만한 환경은 우리의 두뇌에 해를 끼치며(harming), 현대의 우리 뇌는 수 세기 전의 환경에서 발달된 뇌와 같은 것으로 수많은 자극(stimulation)을 모두 따라가지 못한다는 내용의 요약문이다.
① 탐색하는 – 산만함 → (B)는 답이 될 수 있지만 (A)는 틀림.
② 압도적인 – 통찰력 → (A)는 답이 될 수 있지만 (B)는 틀림.
③ 탐색하는 – 정보 → (B)는 답이 될 수 있지만 (A)는 틀림.
④ 압도적인 – 창의성 → (A)는 답이 될 수 있지만 (B)는 틀림.

구문 ¹I don't know *anyone* [**who** doesn't feel overwhelmed by responsibilities / **while** at the same time **drained** by trying to keep up].
• [ ] 부분은 주격 관계대명사 who가 이끄는 관계사절로 선행사 anyone을 수식한다.
• while 이하는 접속사가 남아 있는 분사구문이다.

²**Nor can fast, productive thinking happen** // when we're under the duress of stimulating activities.
• 「Nor+조동사+주어+동사」의 어순으로 부정어인 Nor가 문두에 나와 주어(fast, productive thinking)와 조동사(can)가 도치되었다.

Two different videotaped interviews / were conducted with the same individual — a college instructor [who spoke English with a European accent]. In one of the interviews / the instructor was warm and friendly, // but in the other, cold and distant. ¹The subjects [who saw the warm instructor] rated his appearance, mannerisms, and accent as appealing, // whereas those [who saw the cold instructor] rated these attributes as irritating. ²These results indicate / that global evaluations of a person / can induce altered evaluations (of the person's attributes), // even when there is sufficient information (to allow for independent assessments (of such attributes)). Furthermore, the subjects were unaware of this influence (of these global evaluations) / on their ratings of attributes. In fact, the subjects [who saw the cold instructor] actually believed // that the direction of influence was the opposite of the actual direction. They reported / that their dislike (of the instructor) / had no effect on their ratings (of his attributes), // but that their dislike (of his attributes) / had lowered their global evaluations (of him).

해석 비디오테이프에 녹화되는 두 개의 다른 면담이 시행되었는데, 동일한 사람, 즉 유럽식 억양으로 영어를 말하는 한 대학 강사가 나왔다. 그 면담 중 한 면담에서 강사는 따뜻하고 우호적이었으나, 다른 면담에서는 냉담하고 다정하지 않았다. 따뜻한 강사를 보았던 피험자들은 그의 외모나 버릇, 말투를 매력적인 것으로 평가했으나, 차가운 강사를 보았던 피험자들은 이러한 특성들을 짜증스러운 것으로 평가했다. **주제문** 이러한 결과들은, 어떤 사람에 대한 포괄적인 평가가 심지어 그런 특성들을 독립적으로 평가할 수 있는 충분한 정보가 있을 때조차 그 사람의 특성들에 대해 바뀐 평가를 유발할 수 있다는 것을 나타낸다. 게다가, 피험자들은 이러한 포괄적인 평가가 특성에 대한 그들의 평가에 미치는 영향을 알지 못하고 있었다. 사실, 차가운 강사를 보았던 피험자들은 실제로 영향의 방향이 실제 방향의 반대라고 믿었다. 그들은 강사에 대한 혐오감이 그의 특성에 대한 자신들의 평가에 영향을 미친 것이 아니라, 그의 특성에 대한 자신들의 혐오감이 그에 대한 포괄적인 평가를 낮춘 것이라고 말했다.

어휘 conduct 시행하다, 수행하다 distant 다정하지 않은, (사람에게) 거리를 두는 subject 피험자; 과목; 신하 rate 평가하다; 등급을 매기다 mannerism 버릇; 매너리즘; 타성 appealing 매력적인 attribute 특성; 속성 irritating 짜증나는, 신경질 나는 indicate 나타내다, 보여 주다 global 포괄적인; 세계적인 induce 유발하다; 설득하다 alter 바꾸다, 변경하다 sufficient 충분한 assessment 평가 unaware of ~을 알지 못하는

해설 타인에 대한 전체적인 인상이 피험자로 하여금 동일한 특성을 다르게 평가하게 했다는 실험 내용을 도입부에 소개하며 포괄적인 평가가 개별적인 특성에 대한 평가에 영향을 주며, 그것을 피험자는 인식하지 못한다는 실험 결과를 주제문(These results ~ attributes.)으로 제시하고 있다. 밑줄 친 '실제 방향의 반대'는 평가가 영향을 미치는 방향을 의미하므로 포괄적 평가가 개별적 특성 평가에 영향을 미치는 실제 방향의 반대인 ③ '특성에 대한 평가가 포괄적인 평가에 기여한다'를 의미하는 것임을 알 수 있다.

오답 Check
① 목소리는 강사들을 평가하는 데 중요한 특성이다
→ 동일한 대상을 평가할 때 억양에 따라 포괄적인 평가가 달라진다는 언급은 있었으나 밑줄 친 어구에 해당하는 내용은 아님.
② 피험자들은 다른 사람을 외모에 따라 판단하는 경향이 있다
→ 외모는 개별적 특성 중 하나로 언급된 사항임.
④ 충분한 정보가 다른 사람에 대한 정확한 평가로 이어진다
→ 평가를 위한 충분한 정보가 있을 때조차 바뀐 평가를 내렸다고 했음.
⑤ 사람의 태도에 근거한 평가는 포괄적인 평가에 영향을 끼친다
→ 지문에 언급되지 않은 내용.

PLUS⁺ 변형문제

해설 글 중반의 주제문에서 사람에 대한 포괄적인 평가가 특성들에 대한 우리의 판단에 우리도 모르게 영향을 줄 수 있다고 했으므로, 글의 제목으로 가장 적절한 것은 ④ '타인에 대한 우리의 평가에 예기치 않게 영향을 주는 것은 무엇인가?'이다.
① 인터뷰에서는 정보를 의심하라 → 지문과 상관없는 내용.
② 두 얼굴의 강사, 즉 따뜻하거나 냉담하거나 → 한 강사가 상반되는 모습을 보이고 평가받는 실험이긴 했으나 글의 요지는 아님.
③ 어떤 상황에서도 일관된 태도를 유지하라
→ 일관된 태도를 유지하라는 내용은 없음.
⑤ 인터뷰에서 객관성을 유지해야 하는 이유
→ 지문과 상관없는 내용.

구문 ¹*The subjects* [**who** saw the warm instructor] rated his appearance, mannerisms, and accent as appealing, // whereas *those* [**who** saw the cold instructor] rated **these** attributes as irritating.
• 두 개의 who는 관계사절을 이끄는 주격 관계대명사로 각각 선행사 The subjects와 those를 수식한다.
• those는 앞의 The subjects를 가리키는 지시대명사이고 these는 his appearance, mannerisms, and accent를 가리키는 지시형용사이다.

²These results **indicate** / **that** global evaluations of a person / can induce altered evaluations (of the person's attributes), // even when there is *sufficient information* (**to allow** for independent assessments (of such attributes)).
• that은 동사 indicate의 목적어절을 이끄는 명사절 접속사이다.
• to allow 이하는 to부정사의 형용사적 용법으로 앞의 sufficient information을 수식한다.

With the modern-day explosion of the self-improvement phenomenon, / we hear over and over again // how important it is to have high self-esteem. Believe in yourself, all the self-help experts say, and you will easily succeed. ^{주제문} But for many people, / the reverse is the recipe (for their personal success). These people achieve recognition and fulfillment / not because of their supposed stores of self-belief / but because of their acute fears of failure. Feelings of inadequacy force these people / to prove themselves capable of great things. ¹This was the view (of the famed writer and critic Edmund Wilson), // who cited the philosopher Karl Marx and the poet Edna St. Vincent Millay / as two people [whose fears of failure forced them / to work harder and harder / and never give up]. ^{주제문} ²The bottom line is // that the fear of failure / keeps us from settling for "good enough." And not settling is essential to success.

해석 오늘날 자기 계발 현상이 폭발적으로 증가하면서, 우리는 높은 자존감을 가지는 것이 얼마나 중요한지에 대해 듣고 또 듣는다. 모든 자기 수양 전문가들은 자기 자신을 믿으면 쉽게 성공할 수 있다고 말한다. ^{주제문} 그러나 많은 사람에게는 그 반대로 하는 것이 그들의 개인적인 성공을 위한 비결이다. 이들은 이른바 축적된 자신감 때문이 아니라 실패에 대한 격렬한 두려움 때문에 인정받고 성취를 실현하는 것이다. 무능하다는 생각이 이들로 하여금 스스로 큰일을 해낼 능력이 있음을 증명하게 한다. 이것은 유명한 작가이자 비평가인 Edmund Wilson의 견해로, 그는 철학자 Karl Marx(카를 마르크스)와 시인 Edna St. Vincent Millay(에드나 세인트 빈센트 말레이)를 그들의 실패에 대한 두려움이 그들을 더욱더 열심히 노력하고 절대 포기하지 않도록 만들었던 두 사람의 예로 들었다. ^{주제문} 결국은 실패에 대한 두려움이 "이만하면 충분해"라고 만족하지 못하게 한다는 것이다. 그리고 안주하지 않는 것은 성공에 있어 필수적이다.

어휘 explosion 폭발적인 증가; 폭발, 폭파 self-improvement 자기 계발 phenomenon 현상; 사건 self-esteem 자존감, 자부심 reverse (정)반대, 역; 좌절, 실패 recipe 비결; 요리법 recognition 인정, 인식 fulfillment 실현, 달성 supposed 이른바 ~라는 store (지식 등의) 축적; 저장 acute 격렬한, 극심한 inadequacy 무능함, 부족함 famed 유명한 the bottom line is (that) 결국은[요컨대] ~이다 settle for ~에 만족하다

해설 높은 자존감을 갖는 것이 성공에 있어 중요하다는 통념을 제시하고 역접의 접속사 But 이후에 그와 반대되는 실패에 대한 두려움이 현실에 안주하지 않게 함으로써 성공에 이르게 한다는 내용을 전개하고 있으므로 글의 요지로 가장 적절한 것은 ③이다.

오답 Check
① → 글의 내용과 반대되는 내용.
② → 글의 요지에서 벗어남.
④ → 실패에 대한 두려움을 극복하는 것에 대한 언급은 없음.
⑤ → 지문에 언급되지 않은 내용.

PLUS+ 변형문제

어휘 derive from ~에서 유래하다, 파생하다
해석 성공의 비결은 우리 자신에 대한 (A) 자기 회의에서 유래하는데, 이는 우리가 현 상태에 만족하는 것을 (B) 막고 우리를 한계로 밀어붙인다.
해설 실패에 대한 두려움, 즉 자신이 일을 해내기에 부족하다는 자기 회의(self-doubt)가 성취를 이루게 하는데, 이는 실패에 대한 두려움이 자신의 현 상태에 만족하는 것을 막아서(prevents) 계속 노력하도록 하기 때문이라는 내용의 요약문이다.
① 투자 – 막다
③ 성공 – 막다
④ 인정 – 단념시키다
⑤ 관찰 – 막다
→ ①, ③, ④, ⑤ 모두 (B)는 답이 될 수 있지만 (A)는 틀림.

구문 ¹This was the view (of the famed writer and critic *Edmund Wilson*), // **who cited** the philosopher Karl Marx and the poet Edna St. Vincent Millay / **as** *two people* [**whose** fears of failure forced them / to work harder and harder / and never give up].
• who는 계속적 용법으로 쓰인 주격 관계대명사로 선행사 Edmund Wilson을 부연 설명한다.
• 「cite A as B」은 'A를 B의 예로 들다'라고 해석하며 A는 the philosopher ~ Millay에, B는 two people ~ give up에 해당된다.
• [ ] 부분은 소유격 관계대명사 whose가 이끄는 관계사절로 선행사 two people을 수식한다.
• 비교급이 and로 연결되어 '더욱더 ~핸[하게]'라는 의미를 나타낸다.

²The bottom line is // **that** the fear of failure / **keeps** *us* **from settling** for "good enough."
• that이 이끄는 명사절(that ~ enough.")이 문장의 보어로 쓰였다.
• 「keep+O+from v-ing」는 'O가 v하는 것을 막다[방지하다]'라는 뜻이다.

[1]Every so often, humanity experiences a technological revolution, / a rapid and dramatic change in [how we use tools and techniques] / to structure our systems of production, our culture and civilization, and our everyday lives. Even more than these impacts, though, / **technological revolutions typically lead to changes in consciousness, that is, changes in [how we understand the world, ourselves, and others].** The Agricultural Revolution (around 10,000 years ago) was characterized / by the notion (of 'putting down roots' / and marking off our own territory). Subsequently, in the Industrial Revolution (in the late eighteenth century), / we saw the introduction (of large-scale markets / and ideas like capitalism and socialism). And the Third, the Digital Revolution, / changed our sociocultural structures and the ways [we think / about our world and our relation to it]. Presently, we are arguably undergoing a Fourth Revolution [which is distinguished by a fusion (of physical, digital and biological technologies)]. [2]Developments in biotechnology and AI compel us / to redefine our values and moral boundaries on // what it means to be human / by pushing back the current thresholds (of life span, health and cognition).

해석 종종, 인류는 기술 혁명, 즉 우리의 생산 체계, 문화와 문명, 그리고 일상생활을 구조화하기 위해 도구와 기술을 사용하는 방법에 있어 빠르고 극적인 변화를 경험한다. 하지만 이러한 영향보다도 **주제문 기술 혁명은 일반적으로 의식의 변화, 즉 우리가 세상과 우리 자신, 그리고 다른 사람들을 이해하는 방법의 변화를 끌어낸다.** 약 1만 년 전의 (신석기) 농업 혁명은 '뿌리를 내리고' 우리 자신의 영역을 표시한다는 개념으로 특징지어졌다. 그 이후에, 18세기 후반 산업 혁명에서 우리는 대규모 시장과 자본주의와 사회주의와 같은 개념의 도래를 보았다. 그리고 3차 디지털 혁명은 우리의 사회문화적 구조 그리고 세계와 우리와 그것(= 세계)의 관계를 생각하는 방식을 변화시켰다. 오늘날, 우리는 거의 틀림없이 물질적, 디지털식의 그리고 생물학적 기술의 융합으로 구별되는 4차 혁명을 겪고 있다. 생명 공학과 AI(인공지능)의 발전은 수명, 건강 그리고 인식의 현재 경계를 뒤로 밀어냄(넓힘)으로써 인간이라는 것의 의미가 무엇인지에 관해 우리의 가치와 도덕적 경계를 재정립하도록 강요한다.

어휘 humanity 인류; 인간성 civilization 문명 typically 일반적으로 consciousness 의식, 자각 agricultural 농업의 notion 개념, 관념 put down roots 뿌리를 내리다; 자리를 잡고 살다 mark off ~을 표시[구별]하다 territory 영역; 영토 capitalism 자본주의 socialism 사회주의 arguably 거의 틀림없이 undergo 겪다; (수술·검사 등을) 받다 biotechnology 생명 공학 compel 강요하다 moral 도덕적인; 도덕의 boundary 경계(선) push back ~을 뒤로 밀어내다 threshold 경계, 한계(점) [선택지 어휘] paradigm shift 패러다임[인식 체계]의 변화

해설 기술 혁신이 가져오는 의식의 변화에 관한 글이다. 기술 혁명이 생산 체계, 도구의 사용 방법과 같은 변화 외에도 의식의 변화를 가져온다는 주제문(technological ~ others)을 제시하고, 농업 혁명, 산업 혁명, 디지털 혁명, 4차 혁명이 가져온 개념의 변화를 설명하므로, 주제로 적절한 것은 ① '인간의 패러다임 변화에 있어 기술 혁명의 역할'이다.

오답 Check
② 더 진보된 기술로 이어지는 혁명의 양상들
→ 지문에서 언급된 단어들을 이용한 오답.
③ 인간 사회에서 일어나는 기술 혁명의 원인 → 기술 혁명으로 초래되는 결과에 대한 글로, 기술 혁명의 원인에 대한 언급은 없음.
④ 관계에 변화를 야기하는 기술 혁명
→ 기술 혁명이 관계에 영향을 준다는 내용은 일부에 불과함.
⑤ 디지털 혁명이 다른 혁명들과 구분되는 특징들
→ 디지털 혁명과 다른 혁명을 구분하는 기준에 대한 언급은 없음.

PLUS + 변형문제

어휘 radical 급격한

해석 여러 혁명을 통해서, 과학적 지식의 (A) 발달이 우리의 생활 방식에 급격한 변화를 야기해왔으며, 더욱 중요하게는 우리가 우리 자신과 우리 주변의 사물을 (B) 인식하는 방법에 변화를 야기해왔다.

해설 여러 기술 혁명을 거치면서 우리는 도구와 기술을 사용하는 방법, 즉 과학적 지식의 발달(advancement)로 생활방식의 변화를 겪어왔으며, 더 큰 영향으로는 다른 사람들, 그리고 세상을 인식하는(perceive) 방법에서 변화를 겪어왔다는 내용이다.
① 구조 – 영감을 주다 → 글에서 추론할 수 없는 오답.
② 모호함 – 묘사하다 → 글에서 추론할 수 없는 오답.
③ 적용 – 정의하다 → (B)는 답이 될 수 있지만 (A)는 틀림.
⑤ 보급 – 다루다 → (A)는 답이 될 수 있지만 (B)는 틀림.

구문 [1]Every so often, humanity experiences a technological revolution, / a rapid and dramatic change in *(the way)* [how we use tools and techniques] / **to structure** our systems of production, our culture and civilization, and our everyday lives.
• [ ]는 관계부사 how가 이끄는 관계사절로 생략된 선행사 the way를 수식한다. the way와 how는 함께 쓰일 수 없으므로 둘 중 하나는 생략되어야 한다.
• to structure 이하는 목적을 나타내는 부사적 용법의 to부정사구이다. 동사 structure의 목적어들이 콤마(,)와 and로 병렬 연결되어 있다.

[2]Developments in biotechnology and AI **compel** *us* / **to redefine** our values and moral boundaries **on** // **what** it means to be human / by pushing back *the current thresholds* (of life span, health and cognition).
• 「compel+O+O·C」의 구조로 us가 목적어, to redefine ~ human이 목적격보어에 해당된다.
• 전치사 on의 목적어 역할을 하는 명사절을 이끄는 접속사로 what이 쓰였다.
• ( ) 부분은 앞에 있는 the current thresholds를 수식하는 전치사구이다.

11

주제문
A first challenge in reading world literature / is the fact [that literature has meant many different things / over the centuries and around the world]. Even in the English-speaking world today, / the term can be applied very broadly or quite restrictively. At its most general, "literature" simply means "written with letters." In the examination room following an accident, // when your surgeon says "I've pulled up the latest literature on compound fractures," / she means medical reports and statistics, / not Thomas Mann's novels. ¹In its cultural sense, "literature" refers first and foremost to poems, plays, and prose fiction: works of creative imagination (written in heightened and pleasurable language). Yet even in this focused sense, / literature's boundaries are blurry. Advertising jingles are rarely assigned in literature courses, for example, // even though they represent a form of poetry. ²This comes from readers (only admitting some poems and novels / into the category of "real" literature / and considering the rest "trash.")

해석 주제문 세계 문학을 읽는 데 있어 첫 번째 도전은 문학이 수 세기 동안 그리고 전 세계적으로 다른 많은 것들을 의미해왔다는 사실이다. 심지어 오늘날 영어권 국가에서도 그 용어는 매우 광범위하거나 상당히 제한적으로 적용될 수 있다. 가장 일반적인 관점에서 '문학'은 단순히 '문자로 써진 것'을 의미한 것이다. 사고 후 진찰실에서, 외과 의사가 "복합 골절에 관한 최신 문헌(literature)을 뽑아봤습니다."라고 말하면, 그녀는 Thomas Mann의 소설이 아니라 의학 보고서와 통계 자료를 의미한 것이다. 문화적인 의미에서 '문학(literature)'이란 다른 무엇보다도 시, 희곡, 산문 소설을 나타낸다. 즉, (감정을) 고조하고 즐거움을 주는 언어로 쓰인 창의적인 상상력의 작품들이다. 그러나 이런 분명한 의미에서도 문학의 경계는 모호하다. 예를 들어 광고 시엠송은 시의 형식에 해당하지만, 좀처럼 문학 강좌에 배정되지 않는다. 이것은 일부 시와 소설만을 '진짜' 문학의 범주로 인정하고 나머지는 '쓰레기'로 여기는 독자들에게서 비롯된다.

어휘 restrictively 제한적으로 examination room 진찰실 surgeon 외과 의사 compound 복합의 fracture 골절 statistics 통계 자료; 통계(표) first and foremost 다른 무엇보다도 prose 산문 blurry 모호한, 흐릿한 jingles (라디오·TV의) 시엠송 assign 배정하다 represent (~에) 해당하다; 대표하다

해설 글의 첫 두 문장이 글의 핵심 내용을 담고 있다. 문학의 의미가 역사적, 세계적으로 달랐으며 오늘날 영어권 국가에서도 매우 광범위하거나 제한적으로 사용된다고 진술한 후에, 이에 대한 예시를 들어 앞의 진술을 뒷받침하고 있다. 따라서 글의 제목으로 가장 적절한 것은 ③ '문학을 정의하는 다양한 접근법'이다.

오답 Check
① 왜 어떤 문학은 이해하기가 어려운가? → 문학을 규정하기 어렵다는 내용으로 특정 문학을 왜 이해하기 어려운지와는 다른 내용임.
② 문학의 문제, 즉 너무 많은 책
→ 문학의 문제나 책이 너무 많다는 내용은 언급되지 않음.
④ 진짜와 가짜 문학의 차이점을 배워라
→ 독자들이 시나 소설만을 진짜 문학으로 인정한다는 내용은 있지만, 진짜와 가짜 문학에 대한 차이점은 나타나 있지 않음.
⑤ 좋은 문학의 특징들은 무엇인가?
→ 지문에 언급되지 않은 내용임.

PLUS+ 변형문제

해석 '문학'이라는 용어의 의미는 시대와 문화에 따라 (A) 일관되지 않아 왔으며, 현재 독자들이 그 용어를 사용하는 방식에서도 문학의 경계는 (B) 모호하다.
해설 문학이라는 용어는 여러 세기 동안 전 세계적으로 다른 것을 의미했다고 했으므로 이는 문학이 시대와 문화에 따라 일관되지(consistent) 않아 왔다고 할 수 있으며 문화적인 의미의 범주 내에서조차 문학으로 인정하는 것과 아닌 것이 있으므로 그 경계는 모호하다(ambiguous)고 할 수 있다.
② 폭넓은 – 설득력 있는 → (A), (B) 둘 다 답이 될 수 없음.
③ 중요한 – 불명확한 → (B)는 답이 될 수 있지만 (A)는 틀림.
④ 각각의 – 이해할 수 있는 → (A), (B) 둘 다 답이 될 수 없음.
⑤ 상당한 – 일반적인 → (A), (B) 둘 다 답이 될 수 없음.

구문 ¹In its cultural sense, "literature" refers first and foremost to poems, plays, and prose fiction: *works of creative imagination* (written in heightened and pleasurable language).
• ( )는 과거분사구로 앞의 works of creative imagination을 수식한다.

²This comes from *readers* (**only admitting** some poems and novels / into the category of "real" literature / and considering the rest "trash.")
• only admitting 이하는 현재분사구로 앞의 readers를 수식한다. admitting ~ literature와 considering ~ "trash"가 and로 병렬 연결되어 있다.

20 ① PLUS + ③

Usually, only one of two possibilities will result // when two people communicate or work together. Either the more negative person will lower the spirits (of the more positive person), // or the more positive person will somehow lift the spirits (of the other). ¹Your best chance (of distancing yourself from the effects of negativity) / is to remain enthusiastic yourself, / therefore being part of the solution / rather than contributing to the problem. Instead of focusing on how hard it is to be around a negative person, / or over-analyzing the reasons why the person is the way [he is], / try instead to be genuinely enthusiastic about your work and about your life in general. In all likelihood, you will have a significant effect / on the negative people [you work with]. ²But, even if you don't, // you'll be assured of being less adversely affected.

해석 보통, 두 사람이 의사소통하거나 함께 일할 때 두 가지 가능성 중 하나만 결과로 나타날 것이다. 더 부정적인 사람이 더 긍정적인 사람의 활력을 떨어뜨리거나, 더 긍정적인 사람이 어떻게든 다른 한 사람의 활력을 북돋울 것이다. 주제문 부정적 성향의 영향으로부터 거리를 두는 최고의 가능성은 열정적인 당신 자신을 유지하여 그 결과 문제의 한 원인이 되기보다는 해결책의 일부가 되는 것이다. 부정적인 사람 주변에 있는 것이 얼마나 힘이 드는지에 집중하거나 왜 그 사람이 그런지에 대한 이유를 지나치게 분석하는 것 대신, 그보다는 전반적으로 당신의 일과 인생에 대해 진정으로 열정을 다하도록 노력하라. 십중팔구 당신은 함께 일하는 부정적인 사람들에게 상당한 영향을 끼칠 것이다. 그러나 그러지 않더라도, 여러분은 악영향을 덜 받을 것임을 확신할 것이다.

어휘 spirit 활력; 기분　somehow 어떻게든　distance oneself from ~로부터 거리를 두다　negativity 부정적 성향　enthusiastic 열정적인　contribute to ~의 한 원인이 되다　genuinely 진정으로　in general 전반적으로, 대개　in all likelihood 십중팔구, 아마　significant 상당한; 중요한　be assured of ~을 확신하다　be adversely affected 악영향을 받다

해설 부정적 성향의 영향을 받지 않으려면 긍정적인 태도를 갖는 것이 중요하다고 역설하는 글이다. 필자는 주제문(Your best ~ the problem.)에서 부정적 성향에서 멀어지기 위한 방법으로 삶에 열정을 다할 것을 제시하고 이러한 긍정적인 자세가 부정적인 사람들에게 좋은 영향을 끼칠 수 있다고 말하고 있으므로, 필자의 주장으로 가장 적절한 것은 ①이다.

오답 Check
② → 지문에 나온 problem과 solution을 이용한 오답.
③ → 부정적 성향으로부터 거리를 두는 것에 관한 내용임.
④ → 자주적인 사람이 되는 것은 글의 요지가 아님.
⑤ → 감정을 다스리는 것에 관한 언급은 없음.

PLUS + 변형문제

해석 우리의 (A) 태도는 우리가 상호 작용하는 사람에게 영향을 미칠 수 있는데, 이것이 부정적인 것에 집중하기보다 (B) 열정적인 상태를 유지하는 것이 최선인 이유이다.

해설 두 사람이 상호 작용할 때, 각자의 태도(attitude)는 상대에게 영향을 미칠 수 있으므로, 좋은 영향을 미치기 위해서는 부정적인 것보다 긍정적이고 열정적인(passionate) 태도를 보이는 것이 중요하다는 내용의 요약문이다.
① 정신 – 친절한 → (A)는 정답이 될 수 있지만 (B)는 틀림.
② 감정 – 신중한 → (A)는 정답이 될 수 있지만 (B)는 틀림.
④ 수행 – 열성적인 → (B)는 정답이 될 수 있지만 (A)는 틀림.
⑤ 의견 – 낙관적인 → (B)는 정답이 될 수 있지만 (A)는 틀림.

구문 ¹Your best chance (of distancing yourself from the effects of negativity) / is **to remain enthusiastic yourself**, / **therefore being** part of the solution / rather than contributing to the problem.
• 전치사구 of distancing ~ negativity는 주어 Your best chance를 수식한다.
• to remain enthusiastic yourself는 주격 보어로 쓰였으며 주어인 Your best chance ~ negativity와 의미상 동격으로 볼 수 있다.
• therefore being 이하는 접속사가 남아있는 분사구문이다.

²But, even if you **don't** (have a significant effect on the negative people you work with), // you'll be assured of being less adversely affected.
• don't 이후에는 앞 문장의 내용인 have a significant effect on the negative people you work with가 생략되어 있다.

주제문
We all have <u>free riders</u> / in our bodies. We easily understand // that every organ has a natural function / and it is designed to fulfill its purpose. ¹The natural function is not just any benefit or effect (provided by an organ), // but a benefit or effect [that explains (through evolutionary theory) why the organ exists or why it has the form that it does]. Certain organs are naturally selected / because of the beneficial effects [that they have on the organism's survival], and those beneficial effects are the natural functions (of those organs). ²Still, there may be other body parts [which are also inherited / in the following generations, // partly because they are causally connected to the crucial organs]. But these themselves do not contribute positively to survival. They are evolutionary features [that arise as by-products / from the process of adaptations]. For instance, the human appendix has nothing to do with our survival, // but we have had it and still have it.

해석 주제문 우리 모두의 몸에는 <u>무임승차자</u>가 있다. 우리는 모든 장기에는 타고난 기능이 있으며 그것의 목적을 이행하기 위해 설계되었다는 것을 쉽게 이해한다. 그 타고난 기능이란 장기에 의해 제공되는 그냥 아무 이로움이나 영향이 아니라, 왜 그 장기가 존재하는지 또는 왜 그것이 그런 모양을 갖는지를 진화 이론을 통해 설명하는 이로움이나 영향이다. 어떤 장기는 그것들이 유기체의 생존에 주는 이로운 영향 때문에 자연적으로 선택되며 그 이로운 영향이 그 장기의 타고난 기능이다. 그럼에도 불구하고, 부분적으로 그것들이 중요한 장기들과 인과적으로 연결되어 있기 때문에 다음 세대에 또한 유전되는 다른 (장기) 기관이 있을 수 있다. 그러나 이것들 자체가 생존에 긍정적으로 기여하는 것은 아니다. 그것들은 적응의 과정에서 부산물로 발생한 진화적 특징들이다. 예를 들어, 인간의 맹장은 우리의 생존과 전혀 관계가 없지만, 우리가 몸에 가지고 있어 왔고 여전히 그것을 가지고 있다.

어휘 organ (인체 내의) 장기[기관] design 설계하다; 고안하다 fulfill 이행하다; 완수하다 evolutionary 진화의 inherit 유전되다, 물려받다 causally 인과적으로 contribute to ~에 기여하다 positively 긍정적으로; 분명히 feature 특징, 특색 arise 발생하다, 생기다 by-product 부산물 adaptation 적응 appendix 맹장; 부록 have nothing to do with ~와 전혀 관계가 없다 [선택지 어휘] pass on ~을 전달하다, 넘겨주다 alternative 대안적인 compensate for ~을 보완하다, 보충하다 genetic 유전적인 influential 영향력 있는 population 《생물》 집단, 개체; 인구

해설 첫 문장에서 우리 몸에 무임승차자가 있다는 주제문을 제시하고 생존에 미치는 영향에 따라 장기를 두 종류로 구분하고 있다. 생존에 필요해 자연적으로 선택된 장기와, 생존에 기여하지 않지만 다른 중요한 장기와 연결되어 있다는 이유로 함께 물려받은 장기를 언급하며 인간의 맹장을 그 예로 들고 있다. 무임승차자란 대가를 지불하지 않고 편의를 누리는 사람을 뜻하는 말로, 두 종류의 장기 중 밑줄 친 부분이 의미하는 것은 ② '유기체에 존재하면서 생존에 도움을 주지 않는 장기들'이다.

오답 Check
① 후대에 전달되고 있는 장기들
→ 단순히 후대에 전달되는 장기를 가리키는 것은 아님.
③ 유전적 약점을 보완하는 대안적 장기들
→ 지문에 언급되지 않은 내용.
④ 집단 유지에 있어 영향력이 있다고 증명된 장기들
→ 무임승차자는 생존과 연관되지 않은 장기로 집단 유지와는 상관없음.
⑤ 특정 환경에서 생존에 기여하는 장기들
→ 무임승차자는 생존과 연관되지 않은 장기임.

PLUS⁺ 변형문제

해설 우리 몸에는 무임승차자, 즉 생존에 기여하지는 않지만 다음 세대에 전이되는 장기가 있다고 했으며, 이는 곧 모든 장기가 생존에 필수적이지는 않다는 것을 의미하므로 글의 제목으로 적절한 것은 ② '모든 유전된 장기가 필수적인 것은 아니다'이다.
① 새로운 환경에 적응하는 방법
→ 새로운 환경에 적응하는 방법에 대한 내용은 없음.
③ 복잡한 유전적 진화 과정
→ 유전적 진화의 복잡한 과정에 대한 내용은 없음.
④ 집단의 속성, 즉 유전되거나 적응되거나
→ 글의 요지에서 벗어남.
⑤ 성장과 발달에 영향을 주는 생물학적 구조
→ 성장과 발달에 관한 내용은 언급되지 않음.

구문 ¹The natural function is not just *any benefit or effect* (provided by an organ), // but *a benefit or effect* [**that explains** (through evolutionary theory) **why** the organ exists or **why** it has the form that it does].
• 첫 번째 ( ) 부분은 앞의 명사 any benefit or effect를 수식하는 과거분사구이다.
• [ ] 부분은 주격 관계대명사 that이 이끄는 관계사절로 선행사 a benefit or effect를 수식한다.
• 관계사절 내의 동사 explain의 목적어로 쓰인 의문사 why가 이끄는 두 개의 명사절이 or로 병렬 연결되어 있다.

²Still, there may be *other body parts* [**which** are also inherited / in the following generations, // partly because they are causally connected to the crucial organs].
• [ ]는 주격 관계대명사 which가 이끄는 관계사절로 선행사 other body parts를 수식한다.

Public officials, journalists, and political scientists / often worry about low levels of citizen participation in politics — // especially if voter turnout is not high. [1]A vigorous civic life [in which citizens are active as individuals and in organizations] confers many benefits. For example, for individuals, political engagement can be educational — cultivating useful organizational and communications skills / and broadening their understanding (of their own and others' best interests). For the political system, citizens [who have ample opportunities (to express their political views)] are more likely to accept government actions as legitimate. <u>주제문</u> <u>Still, it is the equality of political voice / rather than its quantity / that matters.</u> Public officials cannot consider voices [they do not hear]. As Lindblom, a political scientist, commented: "[2]If poorer, less educated minorities participate less, // their judgments (about what problems deserve government's attention) / will attain less proportionate weight." As politics involves conflict / among those (with clashing interests), // it is impossible to equally satisfy everyone. <u>주제문</u> Yet it is desirable for all to be heard / and for everyone's views to be considered / on an equal basis.

해석 공무원, 언론인, 정치학자들은 종종 시민들의 낮은 수준의 정치 참여에 대해 걱정하며, 특히 유권자 투표율이 높지 않다면 더욱 그렇다. 시민들이 개인으로서 그리고 단체에서 적극적으로 활동하는 활발한 시민 생활은 많은 이점을 준다. 예를 들어, 개인에게 정치 참여는 교육적일 수 있는데, 유용한 조직 및 의사소통 기술을 함양하고 자신과 다른 사람들의 최선의 이익에 대한 이해를 넓힐 수 있다. 정치 체제에 있어서는 자신의 정치적 견해를 표현할 기회가 충분한 시민들은 정부의 조치를 합법적으로 받아들일 가능성이 더 높다. <u>주제문</u> 하지만 중요한 것은 정치적 목소리의 양보다 균등함이다. 정부 관리들은 그들이 듣지 못하는 목소리를 고려할 수 없다. 정치학자 Lindblom은 "더 가난하고 덜 교육받은 소수자들이 덜 참여한다면, 어떤 문제가 정부의 관심을 받을 만한지에 대한 그들의 판단은 덜 균형 잡힌 힘을 얻을 것이다."라고 말했다. 정치는 상충하는 이해관계를 가진 사람들 사이의 갈등을 수반하기 때문에 모두를 동등하게 만족시키는 것은 불가능하다. <u>주제문</u> 그러나 모든 사람들의 목소리가 들리고 모든 이들의 견해가 대등하게 고려되는 것이 바람직하다.

어휘 public official 공무원 turnout 투표율 vigorous 활발한 civic life 시민 생활 confer 주다, 수여하다 engagement 참여; 약혼 cultivate 함양하다, 기르다 broaden 넓히다 ample 충분한 legitimate 합법적인; 정당한 political scientist 정치학자 comment 의견을 말하다 deserve ~을 받을 만하다, ~을 해야 마땅하다 attain 얻다, 이루다 proportionate 균형 잡힌 weight 힘, 중요성 involve 수반[포함]하다 clash 상충되다 interests 이해관계, 이익 desirable 바람직한, 가치 있는 on an equal basis 대등하게

해설 글의 중반에 Still로 시작하는 문장에서 글의 흐름이 바뀌고 있고, 이어지는 내용은 이를 구체적으로 보충 설명하고 있으므로 이 문장이 주제문(Still, ~ matters.)이다. 정치적 목소리의 양, 즉 정치에 참여하는 사람의 숫자보다 균등함, 즉 다양한 계층의 사람들로부터 의견을 수렴하는 것이 중요하다는 내용이므로 이 글의 요지로 적절한 것은 ④이다.

오답 Check
① → 국민이 정부의 정책 결정에 따라야 한다는 내용은 없음.
② → 다수보다는 다양한 사람들의 정치 참여가 중요하다는 내용.
③ → 정치적 개혁에 대한 내용은 언급되지 않음.
⑤ → 지문에 언급되지 않은 내용임.

PLUS + 변형문제

해석 시민들의 정치 참여 수준에 대한 우려가 있지만, 중요한 것은 참여의 (A) 양이 아니라 다양한 집단으로부터의 (B) 균형 잡힌 시각이다.

해설 정치 참여에서 중요한 것은 적극적으로 정치적 견해를 개진하는 사람들만의 많은 목소리, 즉 양(amount)이 아니라 다양한 배경과 상황에 있는 사람들의 균형 잡힌(balanced) 의견이라는 내용의 요약문이다.

① 질 - 균형 잡힌 → (B)는 답이 될 수 있지만 (A)는 틀림.
② 양 - 비판적인 → (A)는 답이 될 수 있지만 (B)는 틀림.
③ 유형 - 통일된 → (A), (B) 모두 답이 될 수 없음.
④ 다양성 - 통일된 → (A), (B) 모두 답이 될 수 없음.

구문 [1]*A vigorous civic life* [**in which** citizens are active as individuals and in organizations] confers many benefits.
• in which는 「전치사+관계대명사」의 형태로 선행사 A vigorous civic life를 수식하는 절을 이끈다.

[2]If poorer, less educated minorities participate less, // their judgments (**about what** problems deserve government's attention) / will attain less proportionate weight.
• 밑줄 친 부분은 전치사 about의 목적어로 what이 이끄는 명사절이 쓰였고, 이때 what은 의문형용사로 '어떤, 무슨'의 의미이다.

12

주제문

One strategy (for studying behavior) is to observe and record events // as they naturally occur in life. Researchers (utilizing this method, called naturalistic observation), do not bring their subjects into the laboratory / and manipulate their behavior in any way. ¹Nor do they choose groups of subjects or create different experimental conditions. Naturalistic observation is commonly used to study animal behavior, / such as the hibernation habits of bears or the maternal behavior of hens. ²It is important, however, // that the subject be unaware that he is being observed. ³For example, a psychologist (using naturalistic observation / to study how children of various races play together) would watch groups of children / playing in the school yards or parks, // but he would remain at a distance / so as not to be detected. If the children noticed / that a strange adult was watching, // they might behave differently than they otherwise would.

해석 **주제문** 행동을 연구하는 한 가지 전략은 사건들이 삶에서 자연스럽게 발생할 때 그 사건들을 관찰하고 기록하는 것이다. 자연주의적 관찰이라고 불리는 이 방법을 이용하는 연구자들은 실험 대상자들을 실험실로 데리고 와서 어떤 식으로도 그들의 행동을 조종하지 않는다. 그들은 실험 대상자 집단을 고르지도, 서로 다른 실험 조건을 만들지도 않는다. 자연주의적 관찰은 곰의 동면 습관이나 암탉의 모성 행동과 같은 동물의 행동을 연구하는 데 흔히 이용된다. 그러나 실험 대상자가 자신이 관찰되고 있다는 것을 알지 못하게 하는 것이 중요하다. 예를 들어, 다양한 인종의 아이들이 어떻게 함께 노는가를 연구하려고 자연주의적 관찰을 이용하는 심리학자는 아이들 무리가 학교 운동장이나 공원에서 놀고 있는 것을 관찰은 하겠지만, (아이들에게) 발견되지 않기 위해 멀리 떨어져 있을 것이다. 낯선 어른이 보고 있다는 것을 아이들이 알아차리면, 그들은 알아차리지 못했을 때와 다르게 행동할지도 모른다.

어휘 naturalistic 자연주의적인 manipulate (교묘하게) 조종하다; (사물을 능숙하게) 다루다 experimental 실험의; 실험적인 hibernation 동면, 겨울잠 maternal 모성의, 어미(새끼를 낳은 암컷)의 unaware (~을) 알지 못하는 at a distance 멀리 떨어져, 멀리서 detect 발견하다, 감지하다 otherwise (~와는) 다르게; (만약) 그렇지 않으면[않았다면] **[선택지 어휘]** comply with ~을 준수하다 conduct 수행하다; 행동하다 behavioral 행동에 관한, 행동의

해설 첫 문장이 글의 전체 내용을 포괄하는 주제문으로, 행동을 연구하는 전략 중 하나로 자연주의적 관찰을 소개한 뒤, 자연주의적 관찰에 대한 더 자세한 설명과 예시를 제시하며 주제문을 뒷받침하고 있다. 따라서 글의 주제로 가장 적절한 것은 ③ '자연스러운 상황에서 행동에 관한 연구를 수행하는 전략'이다.

오답 Check
① 연구에서 규정을 준수하는 것의 중요성
→ 글에서 언급되지 않은 내용.
② 행동을 연구할 때 참여자를 조종하는 것의 위험성
→ 자연주의적 관찰은 실험 대상자들의 행동을 조종하지 않는다고 했음.
④ 관측자가 실험 오류를 범하는 것을 막는 예방책
→ 글에서 언급되지 않은 내용.
⑤ 행동에 관한 연구를 시행하는 데 있어 자발적인 참여에 대한 선호
→ 글에서 언급되지 않은 내용.

PLUS + 변형문제

해석 실험 대상자들의 행동을 연구할 때, 하나의 전략은 그들이 실험에 참여되고 있다는 것을 (B) 알아채지 못하는 방식으로 실험 대상자들을 (A) 관찰하는 것이다.
해설 자연주의적 관찰을 이용한 연구에서는 실험 대상자들이 실험에 참여되고 있다는 것을 알아채지(notice) 못하도록 실험 대상자의 행동을 조종하지 않고 그들의 있는 그대로를 관찰하는 (monitor) 것이 중요하다는 내용의 요약문이다.
① 신뢰하다 - 발견하다 → (B)는 답이 될 수 있지만 (A)는 틀림.
② 분석하다 - 부인하다
③ 활용하다 - 보장하다
⑤ 안내하다 - 나타내다
→ ②, ③, ⑤ 모두 (A), (B) 둘 다 답이 될 수 없음.

구문 ¹**Nor do they choose** groups of subjects 〔or〕 create different experimental conditions.
　　　　 조동사 S 　V₁　　　　　　　　　　　　　 V₂
• nor가 앞 문장의 내용을 받아 문두에 오는 경우, 「nor+(조)동사+주어」의 어순으로 도치되며 '~도 … 아니다'라는 의미이다.

²**It is important,** however, // **that** *the subject* (should) be unaware that he is being observed.
• 「It is+형용사+that+주어(+should)+동사원형」 구문이 쓰였다. 당연, 필요 등을 나타내는 형용사(necessary, essential, important, vital 등)에 계속되는 that절의 「(should+)동사원형」에서 should는 생략 가능하다.

³For example, *a psychologist* (using naturalistic observation / **to study** how children of various races play together) would **watch** *groups of children* / **playing** in the school yards or parks, // but he would remain at a distance / **so as not to be detected.**
• ( )는 현재분사구로 앞의 a psychologist를 수식한다.
• to study는 '목적'을 나타내는 부사적 용법으로 쓰였다. 밑줄 친 how가 이끄는 의문사절이 동사 study의 목적어 역할을 한다.
• 여기서 watch는 지각동사로, 목적격보어 자리에 원형부정사 또는 현재분사가 올 수 있다. 여기서는 현재분사 playing이 목적격보어로 쓰였다.
• 「so as to-v (v하기 위하여)」의 부정형(so as not to be detected)이 쓰였다.

주제문

Whenever a youngster rescues himself from boredom by generating his own amusements, // it strengthens his feelings of self-worth and boosts his overall confidence in his ability (to solve problems). [1]Another significant advantage is // that children [who learn to cope with boredom] tend to do better / in situations [that involve extended periods of waiting]. Children [who have developed their own private resources] / — [who have learned to occupy their time with games (of make-believe and imagination)] — / tend to be less restless, demanding, and stressed // when they have to tolerate tedious delays and waits. Finally, boredom is often the "trigger" for daydreaming. The capacity (to be alone) thus becomes linked / with self-discovery and self-realization / — with becoming aware of our deepest needs, feelings, and impulses. [2]We may be sure // that such moments do not occur / when the child is playing football, / but rather when he is on his own.

해석 **주제문** 어린이가 자기만의 재미를 만들어 내 지루함으로부터 스스로를 구제할 때마다 그것은 자아 존중감을 강화하고 문제 해결 능력에 대한 전반적인 자신감을 신장시킨다. 또 다른 중요한 장점은 지루함에 대처하는 법을 학습한 어린이들이 연장된 기다림의 시간을 포함하는 상황에서 더 잘하는 경향이 있다는 것이다. 자신만의 사적 자원을 개발한 어린이들, 즉 가장과 상상 놀이로 자신의 시간을 차지하는 법을 학습한 어린이들은 지루한 지체와 기다림을 참아내야 할 때 덜 불안해하고, 요구를 덜 하며, 스트레스를 덜 받는 경향이 있다. 마지막으로 지루함은 종종 몽상의 '계기'가 된다. 따라서 홀로 있을 수 있는 능력은 우리의 가장 깊은 필요, 감정, 그리고 충동에 대해 인식하는 것과 더불어 자아 발견과 자아실현과 연관된다. 우리는 그러한 순간은 아이가 혼자 있을 때가 아닌 오히려 축구를 하고 있을 때는 일어나지 않을 것임을 확신해도 무방하다.

어휘 **youngster** 어린이; 젊은이 **rescue** 구제[구조]하다, 구하다 **boredom** 지루함, 따분함 **amusement** 재미, 우스움; 오락 **strengthen** 강화하다 **self-worth** 자아 존중감 **boost** 신장시키다, 북돋우다 **cope with** ~에 대처[대응]하다 **extend** 연장하다; 확대[확장]하다 **make-believe** 가장, (놀이 등에서) 다른 사람인 것처럼 상상하기 **restless** 불안한; 가만히 못 있는 **demanding** 요구가 많은 **tolerate** 참다, 견디다 **tedious** 지루한, 싫증 나는 **trigger** 계기; (총의) 방아쇠 **daydreaming** 몽상, 백일몽 **link** 연관시키다; 잇다 **self-discovery** 자아 발견 **self-realization** 자아실현 **impulse** 충동 **on one's own** 혼자서 **[선택지 어휘]** **idle** 빈둥거리는; 놀고 있는 **eliminate** 없애다, 제거하다 **enhance** 향상시키다 **component** (구성) 요소

해설 어린이가 혼자서 지루함에 대처할 기회를 얻게 되면, 그 아이는 문제 해결 능력을 신장시켜 자신감이 향상되고, 기다림에 대한 인내를 배우며, 몽상을 하게 되는 계기도 얻게 되는 등 많은 장점이 있다는 내용의 글이므로, 제목으로 가장 적절한 것은 ② '빈둥거리는 시간이 아이들에게 주는 선물'이다.

오답 Check
① 지루함은 창의력의 적이다 → 지문에 언급되지 않은 내용.
③ 사회적 기술을 발달시키는 데 도움을 주는 아이들의 게임 → 상상 놀이로 아이들이 기다림에 대한 인내를 기른다고 했으나, 사회적 기술과 관련된 언급은 없음.
④ 지루함을 없애고 인생을 향상시켜라! → 지루함에 대처하라는 글의 내용과 반대되는 내용.
⑤ 창의력의 필수 요소 → 지문에 언급되지 않은 내용.

PLUS + 변형문제

해석 아이들은 지루함을 (B) 자립적으로 극복함으로써 문제 해결에 대한 자신감을 (A) 기를 수 있고, 더 인내심을 갖는 법을 배우며, 그들 스스로를 실현할 기회를 얻을 수 있다.

해설 아이들은 자립적으로(independently) 지루함을 극복함으로써 지루함에 대처할 수 있게 된다. 그로 인해 나타나는 장점으로는 그들의 자아 존중감이 강화되며 문제 해결 능력에 대한 자신감을 기를(cultivate) 수 있게 되고, 기다림에 대해 인내할 줄 알게 되며, 또한 몽상을 통해 스스로를 실현할 수 있게 된다는 내용의 요약문이다.
① 기르다 - 연속적으로 → (A)는 답이 될 수 있지만 (B)는 틀림.
③ 고취하다 - 즉시 → (A)는 답이 될 수 있지만 (B)는 틀림.
④ 잃다 - 공식적으로 → (A), (B) 둘 다 답이 될 수 없음.
⑤ 잃다 - 마지못해 → (A), (B) 둘 다 답이 될 수 없음.

구문 [1]Another significant advantage is // that *children* [**who** learn to cope with boredom] tend to do better / in *situations* [**that** involve extended periods of waiting].
- that은 명사절을 이끄는 접속사로 that 이하가 동사 is의 보어이다.
- 보어절 내에서 두 개의 [ ] 부분은 주격 관계대명사가 이끄는 관계사절로 각각 선행사 children과 situations를 수식한다.

[2]We may be sure // **that** such moments do [not] occur / when the child is playing football, / [but] (occur) rather when he is on his own.
- that은 명사절을 이끄는 접속사로 that 이하는 형용사 sure의 보어이다.
- 「not A but B」는 'A가 아니라 B'라는 뜻으로, 밑줄 친 부분이 각각 A, B에 해당한다. but 다음에는 반복을 피하기 위해 동사 occur이 생략되었다.

20 ① PLUS + ⑤

¹For the antiglobalization movement around the world, / the problem is not that globalization is bad or wrong / but that governments are managing it poorly — largely for the benefit of special interests. ²Globalization can be used / as effectively to spread greed and misery / as to promote prosperity. The same is true for the market economy. At their best, markets have played a central role / in improving productivity and standards of living / in the past two hundred years. Markets, however, can also concentrate wealth, pass environmental costs on to society, and abuse workers and consumers. ³For all these reasons, it is plain // that markets must be tamed and tempered / to make sure they work to the benefit of most citizens. And that has to be done repeatedly, / to ensure that they continue to do so. The consequences (of not doing so) are serious: within a meaningful democracy, where the voices of ordinary citizens are heard, / we cannot maintain an open and globalized market system, // if that system year after year makes those citizens worse off.

해석 전 세계 반(反)세계화 운동에서, 문제는 세계화가 나쁘거나 잘못되었다는 것이 아니라 정부들이 주로 특별 이익 단체들의 이득을 위해 그것을 부실하게 관리하고 있다는 것이다. 세계화는 번영을 촉진하는 것만큼 탐욕과 고통을 확산시키는 데도 효과적으로 사용될 수 있다. 시장 경제도 마찬가지이다. 시장은 가장 잘나가던 때인 지난 200년간 생산성과 생활수준을 향상시키는 데 중심적인 역할을 해왔다. 그러나 시장은 부를 집중시키고, 환경 비용을 사회에 전가하고, 노동자들과 소비자들을 혹사시킬 수도 있다. 이러한 모든 이유들 때문에 *주제문* 시장이 시민 대부분의 이익을 위해 작동하는 것을 확실히 하도록 길들여지고 단련되어야 한다는 것은 분명하다. 그리고 그것은 그들(= 시장)이 그렇게 계속하는 것을 확실히 하기 위해 여러 차례 행해져야 한다. 그렇게 하지 않았을 때의 결과는 심각하다. 다시 말해, 만약 그 시스템이 매년 시민들을 더 형편 나쁘게 만든다면, 일반 시민들의 목소리가 경청되는 의미 있는 민주주의 안에서 우리는 개방되고 세계화된 시장 시스템을 유지할 수 없다.

어휘 antiglobalization 반(反) 세계화　largely 주로, 대체로　greed 탐욕　misery 고통; 빈곤　promote 촉진하다; 홍보하다　prosperity 번영　productivity 생산성　standards of living 생활수준　pass A on to A를 ~에 전가하다[옮기다]　abuse 혹사[학대]하다; 악용하다　plain 분명한; 솔직한　tame 길들이다, 다스리다　temper 단련하다; 누그러뜨리다　consequence 결과; 중대함　worse off 더 형편이 나쁜, 더 나빠진

해설 도입부에서 세계화는 정부가 잘 관리하는지에 따라 순기능과 역기능을 모두 가진다는 내용을 비유로 들며 시장 경제 역시 장점과 단점을 가질 수 있다는 내용이 서술된다. 이를 토대로 글 중반부에서 시장이 시민의 이익을 위해 작동하도록 관리되어야 한다는 필자의 주장을 드러내고, 후반부에는 잘 관리되지 않았을 때의 결과를 서술하며 설득력을 더하고 있다. 따라서 정답은 ①이다.

오답 Check
- ②, ⑤ → 세계화는 비유를 위해 도입부에 언급된 내용임.
- ③ → 시장 경제의 문제점 중 일부에만 해당됨.
- ④ → 정부의 시장 규제를 강조하는 내용임.

PLUS + 변형문제

해석 시장이 우리 삶의 방식의 (A) 향상에 중요한 역할을 해오기는 했지만, 또한 쉽게 부패하기 때문에, 시장은 시민 대부분의 이익을 보장하기 위해 더 잘 (B) 규제되어야 한다.

해설 시장이 생산성과 생활수준 향상(improvement)에 중심적인 역할을 해왔지만, 부를 집중시키고 노동자를 착취하는 등 부패하기도 쉽다고 했다. 따라서 시장이 시민 대부분의 이익을 위해 작동하려면 길들여지고 단련되어야 한다는, 즉 더 잘 규제되어야 (controlled) 한다는 내용의 요약이다.
- ① 퇴보 - 변경된 → (A)는 답과 정반대이며 (B)는 틀림.
- ② 진보 - 드러난 → (A)는 답이 될 수 있지만 (B)는 틀림.
- ③ 변화 - 자유로워진 → (A)는 답이 될 수 있지만 (B)는 틀림.
- ④ 고통 - 재검토된 → 글에서 추론할 수 없는 오답.

구문 ¹For the antiglobalization movement around the world, / the problem is `not` **that** globalization is bad or wrong / `but` **that** governments are managing it poorly — largely for the benefit of special interests.
- 문장의 보어인 두 개의 that절이 상관접속사 「not A but B (A가 아니라 B)」로 병렬 연결되었다.

²Globalization can **be used** / **as** *effectively* **to spread** greed and misery / **as to promote** prosperity.
- 「as+형용사/부사의 원급+as」의 원급 비교구문이 쓰였으며 '~만큼 …하다'로 해석한다.
- to spread greed and misery와 to promote prosperity는 「be used to-v (v하는 데 사용되다)」 구문에 각각 연결된다.

³For all these reasons, **it** is plain // **that** markets must be tamed and tempered / to **make sure (that)** they work to the benefit of most citizens.
- it은 가주어이고 that 이하가 진주어이다.
- make sure (that)은 '~을 확실히 하다'의 의미로 목적어절을 이끄는 접속사 that이 생략되었다.

[1]When we really want something from someone, // many of us take predictable steps, / each one making us more upset / than the last. We may start by waiting, / not saying anything. Next, we may talk "around" the need we have, / but never directly bring it up. Later, we may start asking / in an irritated manner, / or even making aggressive and angry demands. This can happen / with a boss, a colleague, a family member, or a friend. We may think // those steps are a more polite course of action, / but they do not produce the desired results. 주제문 [2]We should focus on solving the problem [we have], / rather than on our desire (to seem polite). When we are focused on finding solutions, // it is perfectly clear / that a winding path is not the most productive approach (to take).

해석 우리는 누군가로부터 진정 어떤 것을 원할 때, 우리 대부분은 예상할 수 있는 조치를 취하는데, 각각의 조치는 그 이전의 것보다 우리를 더 화나게 한다. 우리는 아무 말도 하지 않고 기다리는 것으로 시작할 것이다. 그다음에 우리가 필요한 것을 '빙빙 돌려' 말하지만, 필요한 것을 절대로 직접 말을 꺼내지는 않을 것이다. 이후에 우리는 신경질이 난 태도로 요청하기 시작하거나 심지어 공격적이고 화난 듯한 요구를 할 것이다. 이런 일은 상사나 동료, 가족, 또는 친구와의 관계에서 일어날 수 있다. 우리는 그러한 조치들이 더 정중한 행동 방침이라고 생각하겠지만, 그 조치들은 바랐던 결과를 만들어 내지 않는다. 주제문 우리는 정중하게 보이려는 욕망보다는 우리가 가진 문제를 해결하는 데 집중해야 한다. 우리가 해결책을 찾는 데 집중하면, 구불구불한 길이 취하기에 가장 생산적인 접근법은 아니라는 것이 매우 분명해진다.

어휘 predictable 예상[예측]할 수 있는 talk around 빙빙 돌려서 말하다 irritated 신경질이 난 aggressive 공격적인 colleague (직업상의) 동료 polite 정중한, 예의 바른 winding (길 등이) 구불구불한 productive 생산적인 [선택지 어휘] assume 가정하다; (어떠한 태도를) 취하다 round and round 빙빙 돌려, 돌고 돌아 place blame on A A에게 책임을 떠넘기다

해설 우리는 요구 사항을 직접 말하지 않고 빙빙 돌려 말하는 것이 정중한 접근법이라 생각하여 그렇게 하지만, 이는 효과적인 방법이 아니며 정중하게 보이려는 것보다 문제를 해결하는 데 집중해야 한다고 했다. '구불구불한 길'은 직접적으로 말하지 않고 돌려 말하는 것을 의미하므로 밑줄 친 부분이 의미하는 것은 ④ '빙빙 돌려 말하는 것'이다.

오답 Check
① 거절하지 못하는 것 → 지문에 언급되지 않은 내용.
② 최악의 상황을 가정하는 것 → 지문에 언급되지 않은 내용.
③ 도움 청하기를 거부하는 것 → 지문과 반대되는 내용.
⑤ 서로에게 책임을 떠넘기는 것 → 지문에 언급되지 않은 내용.

PLUS+ 변형문제

어휘 policy 방책; 정책, 방침
해설 상대방에게 원하는 것이 있을 때 정중하게 보이려고 돌려 말하지 말고, 효과적으로 문제를 해결하는 데 집중해야 한다는 내용의 글이므로, 제목으로 가장 적절한 것은 ② '정중한 것이 항상 최선의 방책은 아니다'이다.
① 도움을 요청할 용기를 찾기
③ 더 적게 말하고, 더 많이 듣기, 즉 침묵의 역할
④ 설득의 기술은 감정적으로 연결하는 것이다
⑤ 작은 실수들이 관계를 망칠 수 있다
→ ①, ③, ④, ⑤ 모두 글에 언급되지 않은 내용임.

구문 [1]When we really want something from someone, // many of us take predictable steps, / *each one* **making** us more upset / than the last (step).
• making 이하는 each one을 의미상 주어로 하는 분사구문으로, and each one makes us more upset than the last로 바꿔 쓸 수 있다. 여기서 one은 step을 지칭하고, the last 뒤에는 반복되는 step이 생략되었다.

[2]We should focus on solving *the problem* [**(which[that])** we have]. / rather than on *our desire* (**to seem polite**).
• [ ] 부분은 목적격 관계대명사 which[that]가 생략된 관계사절로 선행사 the problem을 수식한다.
• 「A rather than B」 구문이 사용되어 'B라기보다는 오히려 A'라는 의미로 밑줄 친 두 개의 전치사구가 각각 A, B에 해당한다.
• to seem polite는 형용사적 용법으로 쓰인 to부정사구로 앞에 있는 our desire를 수식한다.

Humans have long attempted to define what intelligence is. 주제문 Contemporary views see psychometric intelligence, the intelligence (of IQ and standardized tests), / as an important component of intelligence, / but not the only component. [1]A broader definition of intelligence / certainly includes creativity and maybe a category [that we could call personality or social intelligence], // which includes factors (like flexibility, motivation, and curiosity). Furthermore, neither intelligence nor creativity / resides in one spot in the brain, / but rather involves networks (of different parts of the brain), / all working together. 주제문 Scientists have now mapped out the brain network (responsible for psychometric intelligence) / and also the brain network (for creative intelligence) — // and, unsurprisingly, they are different. The brain network (for social intelligence) is different still. [2]This means // that being good at one (of these three forms of intelligence) does not necessarily mean / you are good at the others. [3]Genetic differences and environmental effects, particularly in early childhood, lead to individual differences, // which is [why we are all stronger or weaker in one form of intelligence than others].

해석 인류는 지능이 무엇인지 정의하려고 오랫동안 시도해왔다. 주제문 현대의 관점은 지능 지수와 표준화된 검사의 지능인 정신 지능이 지능의 중요한 요소이지만 유일한 요소는 아니라고 본다. 지능의 더 넓은 정의는 분명히 창의력을 포함하고 아마도 우리가 성격이나 사회지능이라고 부를 수 있는 범주도 포함하는데, 여기에는 적응성, 동기 부여, 호기심과 같은 요인들이 포함된다. 게다가, 지능도 창의력도 뇌의 한 지점에 있지 않고, 오히려 뇌의 다른 부분들의 네트워크와 관련되며, 이는 모두 함께 작용한다. 주제문 과학자들은 이제 정신 지능을 담당하는 뇌의 네트워크와 창의 지능을 담당하는 뇌의 네트워크도 세밀히 나타냈는데, 놀라울 것도 없이 그것들은 서로 다르다. 사회 지능을 위한 뇌의 네트워크 역시 다르다. 이는 이러한 세 가지 형태의 지능(= 정신 지능, 사회 지능, 창의 지능) 중 하나가 우수하다는 것은 당신이 나머지 지능들에서도 반드시 우수한 것은 아니라는 의미이다. 유전적 차이와 특히 어린 시절의 환경적 영향은 개개인의 차이를 초래하고, 이것이 우리 모두가 한 가지 형태의 지능이 다른 것들보다 더 강하거나 약한 이유가 된다.

어휘 attempt to-v v하려고 시도하다 contemporary 현대의; 동시대의 psychometric 정신[심리] 측정의 standardized 표준화된 component (구성) 요소 category 범주; 부문 flexibility 적응성, 융통성, 유연성 motivation 동기 부여 reside in ~에 있다 map out 세밀히 나타내다; 계획하다 genetic 유전적; 유전학의

해설 글의 두 번째 문장에서 인간의 지능에는 정신 지능 외에 다른 요소도 있다고 했으며, 이어지는 문장에서 그 다른 요소가 창의 지능과 사회 지능임을 알 수 있다. 글의 중반부에서는 각 지능을 담당하는 뇌의 네트워크가 서로 다르다고 한 후, 그러한 차이가 발생하는 이유를 설명하고 있다. 따라서 이 글의 요지로 가장 적절한 것은 ⑤이다.

오답 Check
①, ② → 글에 언급되지 않은 내용임.
③ → 글의 요지에서 벗어남.
④ → 글의 마지막 문장에 쓰인 early childhood를 이용한 오답임.

PLUS+ 변형문제

해석 여러 유형의 (A) 지능이 존재하며 그것들 각각은 서로 다르므로, 한 가지 유형에서 높은 능력을 갖는 것이 다른 유형에서도 능하다는 것을 (B) 보장하지 않는다.

해설 우리에게는 정신 지능, 사회 지능, 창의 지능의 세 가지 유형의 지능(intelligence)이 있는데, 각각의 지능을 담당하는 뇌의 네트워크가 서로 다르기 때문에 한 가지 유형에서 우수한 것이 나머지 지능에서의 우수성을 보장하는(guarantee) 것은 아니라는 내용의 요약문이다.
① 창의성 – 의미하다 → (B)는 가능하나 (A)는 답이 될 수 없음.
③ 네트워크 – 제안하다 → (A), (B) 둘 다 답이 될 수 없음.
④ 천재성 – 규제하다 → (A)는 가능하나 (B)는 답이 될 수 없음.
⑤ 정의 – 요구하다 → (A), (B) 둘 다 답이 될 수 없음.

구문 [1]A broader definition of intelligence / certainly includes creativity and maybe *a category* [**that** we could **call** personality or social intelligence], // **which** includes factors (like flexibility, motivation, and curiosity).
• [ ] 부분은 목적격 관계대명사 that이 이끄는 관계사절로 선행사 a category를 수식한다.
• 「call+O+O·C」는 'O를 …라고 부르다'라는 의미이며, 관계사절 내에서 밑줄 친 personality or social intelligence는 call의 목적어가 아니라 목적격보어이다. (← we could call <u>a category</u> <u>personality or social intelligence</u>)
   O   O·C
• which는 계속적 용법의 관계대명사로 a category ~ intelligence를 보충 설명하는 관계사절을 이끌며, and it으로 바꿔 쓸 수 있다.

[2]This **means** // **that** being good at *one* (of these three forms of intelligence) does **not necessarily mean** / (that) you are good at the others.
• that은 동사 means의 목적어인 명사절을 이끄는 접속사이다. 명사절 안의 동사 mean의 목적어절을 이끄는 접속사 that은 생략되었다.
• not necessarily는 '반드시 ~한 것은 아닌'이라는 의미의 부분부정 표현이다.

[3]Genetic differences and environmental effects, particularly in early childhood, lead to individual differences, // **which** is *(the reason)* [**why** we are all stronger or weaker in one form of intelligence than others].
• which는 앞 문장 전체를 선행사로 하는 계속적 용법의 관계대명사이다.
• why는 이유를 나타내는 관계부사로, 생략된 선행사 the reason을 수식하는 관계사절을 이끈다.

주제문
¹For the Celts, [an ancient group (located in what is now modern-day Europe)], / the forest was the embodiment of all [that is sacred]. They had a forest goddess and sacred forests, // and the Druids, the spiritual leaders of the Celts, were the forest (or tree) wise men. ²Julius Caesar described the Druids [he encountered] / while serving as Governor of the Roman province of Gaul: The Druid's education lasted twenty years, [a span of time [during which they lived "like the deer" in the forest and learned its secrets]]. Merlin, the archetypal Druid, was depicted / as a forest dweller (in the company of a bear and a male deer). Wild animals, (such as the deer, bear, and wild boar), embodied the soul of the forest, or were considered manifestations of the gods, // while the forest symbolized the world itself. The forest was long-lived, its foliage was a protection, it supplied food, and it was thus clearly the friend of man. For these reasons, and because it was the most persisting and living thing [men knew], // it became the worldly home of the gods.

해석 주제문 오늘날 유럽에 있었던 고대 종족인 켈트족에게 숲은 신성한 모든 것의 상징이었다. 그들에게는 숲의 여신과 신성한 숲이 있었고, 켈트족의 영적 지도자층인 드루이드는 숲(또는 나무)을 잘 아는 사람들이었다. Julius Caesar(율리우스 카이사르)는 로마의 속주(屬州)인 갈리아의 총독으로 일하는 동안 자신이 마주친 드루이드를 다음과 같이 묘사했다. 드루이드가 받는 교육은 20년간 계속되었는데, 이는 그들이 숲에서 '사슴처럼' 살면서 그것(= 숲)의 비밀을 배우는 기간이었다. Merlin은 드루이드의 전형(典型)으로서, 곰, 수사슴과 함께 숲에 거주하는 사람으로 묘사되었다. 사슴, 곰, 멧돼지와 같은 야생 동물들은 숲의 영(靈)을 구체화한 것, 즉 신들이 나타난 모습으로 여겨진 한편, 숲은 세계 그 자체를 상징했다. 숲은 수명이 길었고, 숲의 나뭇잎은 보호물이었으며, 식량을 제공해줬고, 따라서 숲은 명백히 인간의 친구였다. 이러한 이유로, 그리고 인간이 아는 가장 지속적이고 생기 있는 곳이었기 때문에 숲은 신들의 이 세상 거주지가 되었다.

어휘 embodiment 상징, 전형; 구체화 cf. embody 구체화하다, 구현하다 sacred 신성한, 종교적인 goddess 여신 spiritual 영적인, 정신적인; 종교적인 wise 박식한, 박학한 span 기간; 폭 depict 묘사하다, 그리다 dweller 거주자 in the company of ~와 함께 wild boar 멧돼지 manifestation (유령·영혼의) 나타남; 표명 foliage 나뭇잎 persist 지속[계속]되다 worldly 이 세상의, 현세의; 세속적인 [선택지 어휘] worship 숭배(하다), 예배(하다) symbolism 상징화; 상징주의

해설 글의 첫 문장이 주제문으로 숲이 켈트족에게 신성한 곳이었다고 진술한 후, 그에 대한 구체적인 설명이 이어지고 있다. 따라서 글의 주제로 가장 적절한 것은 ① '켈트족의 종교적인 삶에 있어서 숲의 중요성'이다.

오답 Check
② 켈트족의 종교적인 삶에 영향을 미친 드루이드의 영적인 본성
→ 드루이드의 영적인 본성에 대한 언급은 없음.
③ 켈트족의 숲 종교와 다른 종족 집단 사이의 관련성
→ 다른 종족 집단에 대한 내용은 없음.
④ 켈트족이 종교적인 숭배를 그렇게 중요하게 여겼던 이유
→ 켈트족이 종교적인 숭배를 중요하게 여겼다는 언급은 없음.
⑤ 고대 켈트의 종교 문화에서 동물 상징화의 목적
→ 동물은 신의 영(靈)이 나타난 모습이라는 내용에만 국한됨.

PLUS⁺ 변형문제

해석 고대 켈트족에게 숲은 세상 그 자체로 여겨진 (A) 신성한 장소였으며, 야생 동물들은 신들의 물리적인 (B) 표상으로 간주되었다.
해설 켈트족에게 숲은 신성한(holy) 장소였으며, 야생 동물들은 신들이 나타난 모습, 즉 물리적인 표상(representations)으로 여겨졌다는 내용의 요약문이다.
① 상징적인 – 증명 → (A)는 답이 될 수 있지만 (B)는 틀림.
③ 차별화된 – 종교 → (A), (B) 둘 다 답이 될 수 없음.
④ 신성한 – 힘 → (A)는 답이 될 수 있지만 (B)는 틀림.
⑤ 전통적인 – 특징 → (B)는 답이 될 수 있지만 (A)는 틀림.

13

구문 ¹For **the Celts**, [*an ancient group* (located in what is now modern-day Europe)], / the forest was the embodiment of *all* [**that** is sacred].
• the Celts와 an ancient group ~ Europe은 콤마(,)로 연결되어 동격을 이룬다.
• ( )는 located가 이끄는 과거분사구로 앞에 있는 an ancient group을 수식한다.
• that은 all을 선행사로 하는 주격 관계대명사이다. 선행사로 all, every, -thing, -body, little 등이 올 때 관계대명사는 that을 주로 쓴다.

²Julius Caesar described *the Druids* [he encountered] / while serving as Governor of the Roman province of Gaul: The Druid's education lasted **twenty years**, [*a span of time* [**during which** they lived "like the deer" in the forest |and| learned its secrets]].
• twenty years와 a span of time ~ secrets는 동격을 이룬다.
• during which는 「전치사+관계대명사」의 형태로 선행사 a span of time을 수식하는 절을 이끌며, 관계부사 when으로 바꾸어 쓸 수 있다.
• 관계사절 안의 동사구 lived ~ forest와 learned its secrets가 and로 병렬 연결되어 있다.

Digital spaces — social media sites, websites, chat areas, discussion boards, online games, workspaces, classes, conferences, and hangouts, even the spaces [in which we share email and text messages] — / are sometimes called virtual. Digital work teams and organizations, in particular, are commonly described / as virtual in nature. **¹The use (of the term *virtual*) is misleading, though, // for it implies / that something is almost, (but not quite,) real. And where digital spaces are concerned, / that is simply not the case.** As sociologist W. I. Thomas has classically stated / (in what has come to be called the Thomas Theorem), // if people "define situations as real, / they are real in their consequences." ²Digital experiences and the spaces [in which they take place] are quite real / and have real, definite consequences. ³For this reason, many consider descriptors (such as *sociomental*, *networked*, and/or *digital*) / preferable to virtual in describing these spaces and societies.

해석 디지털 공간 즉, 소셜 미디어 사이트, 웹사이트, 채팅 공간, 토론 게시판, 온라인 게임, 업무 공간, 수업, 회의, 아지트, 심지어 이메일과 문자 메시지를 공유하는 공간은 때때로 가상이라 불린다. 특히 디지털 작업팀과 단체들은 사실상 가상이라고 보통 묘사된다. 주제문 그러나 '가상'이라는 용어의 사용은 오해의 소지가 있는데, 왜냐하면 그것은(= 가상이라는 용어) 무언가가 거의 진짜이긴 하지만 완전히 진짜는 아니라는 것을 암시하기 때문이다. 그리고 디지털 공간이 관련된 곳에서 그것은 단지 사실이 아니다. 사회학자 W. I. 토마스가 (토마스 정리라고 불리게 된 것에서) 만약 사람들이 '상황을 진짜라고 정의하면, 그것은 그 결과 진짜가 된다.'고 고전적으로 말했다. 디지털 경험과 그 경험이 일어나는 공간은 상당히 진짜 같으며 진짜의 명백한 결과를 가진다. 이러한 이유로 많은 사람들은 이러한 공간과 사회를 묘사할 때 '사회 정신적인', '네트워크화된', 그리고/혹은 '디지털'과 같은 기술어가 가상보다 더 낫다고 생각한다.

어휘 workspace 업무[작업] 공간   conference 회의   hangout 아지트, 어울리기 위해 자주 가는 곳   virtual 가상의   describe A as B A를 B라고 묘사하다   term 용어, 말; 기간   misleading 오해의 소지가 있는   imply 암시하다; 함축하다   not quite 완전히 ~하지는 않은   concern 관련되다, 관계가 있다; 관심, 걱정   case 사실; 경우; 사건   classically 고전적으로   define A as B A를 B라고 정의하다   consequence 결과   take place 일어나다, 발생하다   definite 명백한; 명확한   descriptor 기술어   sociomental 사회 정신적인   preferable to ~보다 더 나은[좋은]   [선택지 어휘] authentic 진짜인; 진품인   apply 적용하다; 지원하다   communicative 통신의; 말하기 좋아하는

해설 디지털 공간을 가상이라고 칭할 때 가상이라는 용어는 오해를 불러일으키는 면이 있다는 내용이다. 즉, 가상은 완전히 진짜는 아니라는 것을 암시하는데, 디지털 공간은 진짜의 분명한 결과를 내놓기 때문에 가상이란 용어로 부르는 것은 적절하지 않다는 논지의 글이다. 그러므로 제목으로 가장 적절한 것은 ① '디지털 공간은 가상인가 진짜인가?'이다.

오답 Check
② 디지털 용어와 적용법 → '디지털'과 '용어'가 언급되었을 뿐, 디지털 용어를 어떻게 적용하는지에 대한 내용은 아님.
③ 디지털 공간은 검의 양날 → 디지털 공간에 대한 내용이긴 하나 디지털 공간의 양면성에 대한 내용은 아님.
④ 디지털 공간을 편안하게 만들기 위한 사회적 규칙
→ 지문에 언급되지 않은 내용.
⑤ 통신의 힘으로 디지털 공간 창조하기
→ 지문에 언급되지 않은 내용.

PLUS + 변형문제
해석 디지털 공간을 가상이라고 칭하는 것은 (A) 부적절한데, 이는 그들(= 디지털 공간)이 실제의 (B) 진정한 결과물을 만들어내기 때문이고, 이는 결국 그들이 어느 정도 실제적인 공간이라는 것을 의미한다.
해설 우리는 보통 디지털 공간을 가상이라고 부르지만, 가상이라는 단어를 사용하는 것은 부적절한(inadequate)데 디지털 공간은 실제적인 진정한(legitimate) 결과물을 내놓기 때문에 이 공간은 가상이 아닌 실제적이라고 볼 수 있다는 내용의 요약문이다.
① 가치 있는 – 바람직한 → (A), (B) 둘 다 답이 될 수 없음.
② 가치 있는 – 구체적인 → (B)는 답이 될 수 있지만 (A)는 틀림.
③ 적합한 – 분명한 → (B)는 답이 될 수 있지만 (A)는 틀림.
④ 부적절한 – 일관된 → (A)는 답이 될 수 있지만 (B)는 틀림.

 구문 ¹*The use* (of the term *virtual*) is misleading, though, // **for it** implies / that something is almost, (but not quite,) real.
• 여기서 for은 접속사로 '이유'를 나타내며 '왜냐하면 ~이므로, ~때문에'를 뜻한다.
• for이 포함된 절에서 it은 앞에 나온 the term *virtual*을 지칭한다.

²Digital experiences and *the spaces* [**in which** they take place] are quite real / 〔and〕 have real, definite consequences.
• in which는 「전치사+관계대명사」의 형태로 관계사절의 선행사는 the spaces이다.
• 주어가 digital experiences and the spaces로 복수이므로, 복수동사 are과 have가 and로 병렬 연결되었다.

³For this reason, many **consider** *descriptors* (such as *sociomental*, *networked*, and/or *digital*) / **preferable** to virtual in describing these spaces and societies.
• 「consider+O+O·C」의 구조로 descriptors ~ digital가 목적어, 형용사 preferable이 목적격보어에 해당된다.

20 ② PLUS + ③

Societies do not simply exist; they are created / by human languages, practices and habits. ¹However, most of us take the world for granted: we rarely stop / to question // how it got to be the way [it did], / or what social and historical conditions made our world possible. When we take the world for granted, // it becomes almost "natural" to us, / and as such we cannot see the social work [that produced it] — / how those conditions and the world [they create] / serve the interests (of some groups) / at the expense of others. _{주제문} ²That's [why we need to have a critical viewpoint / on those "natural" things / and discover the world]. Most Muslims might look at the Koran and think: "sacred book." Those (with a critical viewpoint), by contrast, will look at it / and attempt to reveal its assumed "sacredness" / by asking these questions: How and when was this book written? Who wrote it? Why do some people view this book as authoritative, but not others? Whose interests are served // when this book is taken for granted as sacred?

해석 사회는 단순히 존재하는 것이 아니라, 인간의 언어, 관행, 습관에 의해 창조된다. 하지만, 우리 대부분은 세상을 당연하게 여긴다. 다시 말해, 우리는 어떻게 그것이 그렇게 되었는지, 또는 어떤 사회적, 역사적 환경이 우리의 세상을 가능하게 했는지에 대해 의문을 제기하기 위해 좀처럼 멈추지 않는다(= 거의 의문을 제기하지 않는다). 우리가 세상을 당연하게 여길 때, 그것은 우리에게 거의 '자연스러운' 것이 되고, 우리는 그것을 만들어 낸 사회적 작용, 즉 그러한 환경과 그것들이 창조한 세상이 어떻게 다른 집단들을 희생하면서 어떤 집단에 이익이 되는지를 볼 수 없게 된다. _{주제문} 그것이 우리가 그러한 '자연스러운' 것들에 대해 비판적 시각을 갖고 세상을 깨달아야 하는 이유이다. 대부분의 이슬람교도들은 코란을 보고 '신성한 책'이라고 생각할지도 모른다. 그에 반해서, 비판적 시각을 가진 사람들은 그것(= 코란)을 보고 이러한 질문을 함으로써 그것의 가장된 '신성함'을 밝혀내려고 시도할 것이다. 어떻게 그리고 언제 이 책이 쓰였나? 누가 썼는가? 왜 어떤 사람들은 이 책을 권위 있는 것으로 보지만 다른 사람들은 그렇지 않은가? 이 책이 신성하다는 것이 당연시될 때 누구에게 이익이 되는가?

어휘 take A for granted A를 당연하게 여기다　condition 환경; 상태; 조건　serve the interests (of A) (A에게) 이익이 되다　at the expense of ~을 희생하여; ~의 비용으로　critical 비판적인; 대단히 중요한[중대한]　viewpoint 시각, 관점　sacred 신성한, 성스러운; 종교적인 cf. sacredness 신성함　reveal 밝히다; 드러내다　authoritative 권위 있는; 권위적인

해설 사회 현상이 일어나는 배경에 의문을 제기하지 않으면 이를 이용해 이익을 챙기는 사람들이 생길 수 있다는 문제점을 글의 중반부까지 서술한 후, 그러한 이유로 비판적인 시각으로 사회를 바라봐야 한다는 주제문(That's why ~ the world.)에서 주장을 드러내고 있다. 따라서 필자의 주장으로 가장 적절한 것은 ②이다.

오답 Check
① → 종교와 문화의 다양성에 대한 언급은 없음.
③ → 대화를 통해 사회적 합의를 이끌어야 한다는 언급은 없음.
④ → 세상을 있는 그대로 받아들이면 특정 집단에게 이익이 될 수 있다고 했지만 그들의 탐욕을 경계해야 한다는 내용은 아님.
⑤ → 사회 현상을 당연하게 받아들이지 말라는 내용으로 민주 시민 사회의 구현에 관한 언급은 없음.

PLUS + 변형문제

어휘 blind ~의 판단[분별]력을 잃게 하다　take advantage of ~을 이용하다; 기회로 활용하다

해석 사회 현상에 대한 (A) 무관심한 태도는 우리의 판단력을 잃게 할 수 있기 때문에, 우리를 이용하려고 하는 사람들을 (B) 알아차릴 수 있는 비판적 안목을 가져야 한다.

해설 우리가 세상을 당연하게 여기고 사회 현상에 무관심한 (indifferent) 태도를 가지면 특정한 집단의 사람들은 그것을 이용하여 자기의 이익을 챙기므로, 우리는 그들을 알아차릴(detect) 수 있도록 비판적 시각을 가져야 한다는 내용의 요약문이다.
① 무조건적인 – 선택하다
② 우유부단한 – 평가하다
④ 요구가 많은 – 만족시키다
⑤ 주저하는 – 보호하다
→ ①, ②, ④, ⑤ 모두 글에서 추론할 수 없는 오답.

구문 ¹However, most of us take the world for granted: we rarely **stop / to question** // how it got to be *the way* [it did], / or what social and historical conditions made our world possible.
• 「stop+to-v」는 '~하기 위해 멈추다'라는 뜻으로 to question은 목적을 나타내는 부사적 용법으로 쓰였다.
• question의 목적어로 쓰인 의문사절 how ~ did와 what ~ possible이 or로 병렬 연결되어 있다.
• [ ]는 관계부사 how가 이끄는 관계사절로 선행사 the way를 수식하는데, how와 the way는 함께 쓸 수 없으므로 관계부사가 생략되었다.

²**That's** (*the reason*) [**why** we need to have a critical viewpoint / on those "natural" things / and discover the world].
• 「that's why+주어+동사」는 '그것이 ~인 이유이다'라는 의미로, why는 관계부사이며, 선행사 the reason이 생략된 형태이다.
• 관계사절의 동사인 need와 discover가 and로 병렬 연결되어 있다.

We are generally afraid of confrontations. Conflict and friction are evil; we are encouraged to be respectful and agreeable. When dealing with the aggressors (around us) // we can be quite naive; we want to believe / that people are basically peaceful / and desire the same things as ourselves. We avoid conflicts // until they reach a point [where they no longer are neglected]. ¹To overcome this, we need to realize // that the ability (to deal with conflict) is a function of inner strength against fear, / and that it has nothing to do with goodness or badness. ²When you feel weak and afraid, // you have the sense [that you cannot handle conflict]. Your main goal then is to be liked / to keep everything smooth and even. This becomes a kind of shield. However, what you want instead / is to feel secure and strong from within. You are willing to occasionally displease people / and take on those [who stand against your interests]. From such a position of strength, / you can handle friction effectively, / being bad when appropriate.

해석 우리는 일반적으로 대립을 두려워한다. 갈등과 마찰은 사악한 것이며 우리는 공손하고 상냥하도록 장려된다. 우리 주변의 공격자를 대할 때 우리는 꽤 순진해질 수 있다. 다시 말해, 우리는 다른 사람들이 기본적으로 평화적이며 우리 자신과 같은 것을 원한다고 믿고 싶어 한다. 더 이상 무시할 수 없는 지경에 도달할 때까지 우리는 갈등을 피한다. 이를 극복하기 위해, 우리는 갈등에 대처하는 능력이 두려움에 대항하는 내적인 힘의 작용이며 선이나 악과는 무관하다는 사실을 깨달을 필요가 있다. 나약한 상태에 빠져 두려울 때는 갈등을 처리할 수 없을 것 같은 기분이 든다. 이때 당신의 주요 목표는 모든 것을 매끄럽고 평탄하게 유지하기 위해 호감을 얻는 것이다. 이것은 일종의 방패가 된다. 그러나 대신 당신에게 필요한 것은 내면에서 비롯되는 확고함과 강인함이다. 당신은 때로 기꺼이 사람들을 불쾌하게 만들 수 있으며, 당신의 이익에 반하는 사람들과 맞붙게 될 것이다. 주제문 그러한 유리한 위치에서 적당한 때에 사악해짐으로써 당신은 마찰을 효과적으로 처리할 수 있다.

어휘 confrontation 대립 conflict 갈등, 충돌 friction 마찰 respectful 공손한 agreeable 상냥한 aggressor 공격자 naive 순진한 neglect 무시하다; 방치하다 function 작용, 기능 even 평탄한, 고른 take on 맞붙다 stand against ~에 반대하다 interests 이익, 이해관계 a position of strength 유리한 위치[입장] **[선택지 어휘]** barrier 장벽, 장애물 indicate 보여주다, 나타내다 appealing 호소하는, 애원하는

해설 인간의 대립을 두려워하는 성향과 그것을 극복하는 방법에 관한 글이다. 갈등과 마주했을 때 원만하게 해결하려 좋게 행동하는 것은 효과적인 방식이 아니며 내면의 강인함을 토대로 적절한 때에 나쁘게 행동할 수 있어야 한다는 주제문이 마지막에 제시되어 있다. 밑줄 친 부분에서 미움받고 상처받을 것을 두려워해서 호감을 얻으려고 행동하는 것이 일종의 방패가 된다는 것은 다른 사람과의 갈등에 대한 두려움을 막아주는 것을 의미하므로, a kind of shield의 의미로 가장 적절한 것은 ③ '타인과의 갈등에 대한 두려움을 예방하는 수단'이다.

오답 Check
① 우리 내면의 힘과 두려움을 이루는 균형
→ 지문의 inner strength와 fear를 이용한 오답.
② 우리가 원하는 것과 필요로 하는 것 사이의 장벽
→ 지문에 언급되지 않은 내용.
④ 우리 삶의 숨겨진 욕구를 보여주는 거울
→ 지문에 나온 desire를 이용한 오답.
⑤ 우리 주변 공격자들에게 호소하는 방법
→ 공격자들에게 호소하는 것이 아닌 갈등을 다루는 방법에 관한 내용임.

PLUS + 변형문제

어휘 deserve ~을 받을 자격이 있다, ~할 만하다 disconnect 단절, 분리 aggression 공격(성)

해설 대립을 회피하고 친절하게 상대를 대하며 갈등을 해결하려는 태도를 지적하며 필요한 때에는 내면의 강인함을 바탕으로 다른 사람들과 대립하는 두려움에 맞서야 한다고 이야기하고 있으므로, 글의 제목으로 가장 적절한 것은 ③ '강해져라! 갈등을 다루는 방법을 배워라'이다.
① 자신을 사랑하라, 당신을 그럴만한 자격이 있다
→ 지문에 언급되지 않은 내용.
② 갈등은 극복해야 할 우리의 최대 두려움
→ 갈등을 피하는 것을 극복하는 것에 대한 내용임.
④ 두려움과 힘 사이의 단절 → 갈등에 대처하는 능력은 두려움과 힘의 단절이 아닌 두려움에 작용하는 내적 힘과 관련된 것임.
⑤ 공격이 중요한 이유, 즉 갈등에서 이기기
→ 갈등에서 이기기 위해 공격이 중요하다는 언급은 없음.

구문 ¹To overcome this, we need **to realize** // **that** *the ability* (**to deal with conflict**) is a function of inner strength against fear, / and **that** it has nothing to do with goodness or badness.
• to realize의 목적어로 쓰인 두 개의 that절이 and로 병렬 연결되어 있다.
• to deal with conflict는 to부정사의 형용사적 용법으로 앞의 the ability를 수식한다.

²When you feel weak and afraid, // you have **the sense** [**that** you cannot handle conflict].
• 접속사 that이 이끄는 절은 the sense와 동격을 이룬다.

[1]Physical ageing has an influence on a number of cognitive skills, / including an increasing difficulty in learning new skills / and remembering and recalling new information (related to these new skills). This may include seemingly simple tasks, / such as using a web browser or logging into an email account, and remembering passwords, / as well as learning how to handle new software, / such as social media and smartphone applications. In addition, physical barriers, such as deteriorating vision or problems with arthritis, / may play a role in preventing older people / from using the Internet at the same intensity or agility / as younger people. 주제문 [2]However, newer technologies provide an opportunity (to address some of these issues). We are moving towards more 'intuitive' touchscreen technologies in tablets, // which allow setting bigger icons on the screens. As a result, the use (of fickle gadgets), such as physical keyboards and a mouse, / may become obsolete in the future.

해석 신체적인 노화는 여러 인지 능력에 영향을 미치는데, 이는 새로운 기술을 배우거나 그 새로운 기술과 관련된 정보를 외우거나 기억해 내는 것에 점점 더 어려움을 느끼게 되는 것을 포함한다. 여기에는 소셜 미디어나 스마트폰 응용 프로그램과 같은 새로운 소프트웨어 사용법을 익히는 것은 물론이고 웹 브라우저를 사용하거나 이메일 계정에 로그인하는 것, 그리고 비밀번호를 기억하는 것과 같은 겉보기에는 간단한 과업도 포함될 수 있다. 게다가 시력 저하나 관절염 문제와 같은 신체적인 한계들은 노인들이 젊은이들과 같은 강도나 민첩함으로 인터넷을 사용하는 것을 방해하는 요인이 될 수 있다. 주제문 그러나 최신 기술은 이러한 문제에 대처할 기회를 주고 있다. 우리는 태블릿의 보다 '직관적인' 터치스크린 기술을 향해 나아가고 있는데, 이는 화면의 아이콘을 더 크게 설정할 수 있게 한다. 결과적으로, 물리적 키보드나 마우스와 같이 변화가 심한 도구의 사용은 미래에는 구식이 될 수도 있다.

어휘 ageing 노화 cognitive 인지[인식]의 seemingly 겉보기에는 application 응용 프로그램; 적용, 응용 deteriorate 저하[악화]하다 agility 민첩(함) address 대처하다, 다루다; 연설하다 intuitive 직관적인, 직관력이 있는 fickle 변화가 심한; 변덕스러운 gadget (작고 유용한) 도구, 장치 obsolete 구식의, 더 이상 쓸모없는, 한물간

해설 글 후반부 However로 시작하는 문장에서 글의 흐름이 바뀌며 앞서 나열된 노인들이 겪는 문제에 대한 해결책이 제시되고 있으므로 이 문장이 주제문에 해당한다. 따라서 글의 요지로 가장 적절한 것은 ⑤이다.

오답 Check
① → 직관적인 새로운 기술로 기술 장치의 사용이 쉬워졌다는 지문의 내용과 반대됨.
② → 노인들의 사회성이 아닌 노화와 신기술 이용의 관계에 대해 언급하고 있음.
③ → 세대 간 인터넷 이용률 격차에 대한 언급은 없음.
④ → 디지털 기기 사용이 야기하는 건강상의 문제에 대한 언급은 없음.

PLUS+ 변형문제

해석 기술의 발전은 우리가 기술 장치를 사용하는 것을 점점 더 (A) 단순하게 만들고 있기 때문에, 나이가 들면서 우리가 겪는 일상의 어려움들은 (B) 사라질 것이다.

해설 기술이 직관적인 방향, 즉 단순한(uncomplicated) 방향으로 발전하면서 노인들이 디지털 기기를 사용할 때 겪는 일상의 어려움들이 해결되어 사라질(vanish) 것이라는 내용의 요약문이다.
① 편리한 – 계속되다
② 편리한 – 드러나다
④ 단순한 – 증가하다
⑤ 편안한 – 중요하다
→ ①, ②, ④, ⑤ 모두 (A)는 답이 될 수 있지만 (B)는 틀림.

구문 [1]Physical ageing has an influence on *a number of cognitive skills*, / **including** an increasing difficulty **in** learning new skills / and remembering and recalling *new information* (related to these new skills).
• including 이하는 전치사구로 문맥상 a number of cognitive skills를 부연 설명하고 있다.
• 전치사 in의 목적어로 learning new skills와 remembering ~ new skills가 and로 병렬 연결된다.
• ( ) 부분은 앞의 new information을 수식하는 과거분사구이다.

[2]However, newer technologies, provide *an opportunity* (**to address** some of these issues).
• ( ) 부분은 앞에 있는 명사 an opportunity를 수식하는 형용사적 용법의 to부정사구이다.

[1]Emotional intelligence / is the ability (to monitor one's own and others' feelings and emotions, to discriminate among them, and to use that information / to guide one's thinking and actions). 주제문 [2]Because the face is the primary canvas (used to express distinct emotions nonverbally), // the ability (to read facial expressions) is particularly vital, and thus a crucial component (of emotional intelligence). This is // because individuals focus more attention / on projecting their own facial expressions and perceiving others' facial expressions / than they do on other nonverbal channels of communication, / such as vocal inflections and body movements, / and often more than they focus on verbal communication. Moreover, information (from the face) is privileged / relative to other communication channels. For example, when inconsistent or mixed messages are communicated / via different channels of communication — such as a positive facial expression with a negative spoken message — // the facial information tends to carry relatively more weight.

해석 정서 지능은 자기 자신 및 타인의 느낌과 감정을 관찰하고, 그것들을 구별해내고, 그 정보를 이용해 자신의 생각과 행동을 이끄는 능력이다. 주제문 얼굴은 뚜렷한 감정을 비언어적으로 표현하는 데 사용되는 주된 캔버스이기 때문에, 얼굴 표정을 읽는 능력은 특히 중요하며, 따라서 정서 지능의 중요한 요소이다. 이는 개인들이 목소리의 억양이나 몸의 움직임과 같은 다른 비언어적 의사소통 채널에 집중하는 것에 비해 자신의 얼굴 표정 투영과 타인의 표정 인식에 더 많은 주의를 집중시키며, 종종 언어적 의사소통보다 더 많이 집중하기 때문이다. 게다가 얼굴에서 나오는 정보는 다른 의사소통 채널에 비해 특권을 갖는다. 예를 들어, 일관성이 없거나 혼합된 메시지가 서로 다른 의사소통 채널을 통해 전달될 때, 즉 부정적인 음성 메시지가 긍정적인 얼굴 표정과 함께 있는 것과 같은 경우에 얼굴 정보는 상대적으로 더 많은 중요성을 지니는 경향이 있다.

어휘 discriminate 구별[식별]하다; 차별하다 distinct 뚜렷한, 분명한 nonverbally 비언어적으로 component (구성) 요소, 부품 project 투영[투사]하다; 계획하다 perceive 인식하다 inflection 억양, 어조 privilege 특권을 주다 relative to ~에 비하여 inconsistent 일관성 없는 via ~을 통해서; ~을 거쳐

해설 얼굴은 감정을 표현하는 주된 캔버스와 같아서 얼굴 표정을 읽는 능력은 특히 중요하다고 했고, 그 중요성을 뒷받침하는 설명이 이어지므로 글의 주제로 적절한 것은 ⑤ '정서 지능의 중요한 요소로서 얼굴 표정을 읽는 것'이다.

오답 Check
① 다른 사람들의 감정을 이해하는 데 기여하는 다양한 요소들
→ 감정을 이해하는 데 기여하는 요소들을 설명하는 글은 아님.
② 언어적, 비언어적 의사소통 형태들 간의 차이
→ 언어적, 비언어적 의사소통 형태의 차이는 언급되지 않음.
③ 말을 통해 전달된 메시지와 일치하는 얼굴 표정
→ 종종 말과 표정이 불일치할 경우 사람들은 표정에 더 집중한다고 했음.
④ 다른 사람들이 우리를 보는 방식에 긍정적으로 영향을 주는 얼굴 표정의 유형 → 어떤 표정이 다른 사람들에게 긍정적인 영향을 주는지는 언급되지 않음.

PLUS + 변형문제
어휘 convey 전달하다
해석 우리의 얼굴은 다른 어떤 비언어적 의사소통 방법보다 더 우리의 (A) 감정을 전달하기 때문에, 다른 사람의 얼굴 표정을 (B) 해석할 수 있다는 것은 정서 지능의 주요한 측면이다.
해설 사람들은 얼굴 표정을 통해 감정(feelings)을 표출하고, 이는 다른 비언어적 의사소통 방법보다 더 중시되기 때문에 다른 사람의 표정을 해석(interpret)하는 것은 정서 지능의 중요한 요소라는 내용의 요약문이다.
① 성격 – 모방하다
② 걱정 – 추정하다
③ 의도 – 느끼다
→ ①, ②, ③ 모두 글에서 추론할 수 없는 오답
⑤ 메시지 – 판단하다 → (B)는 답이 될 수 있지만 (A)는 틀림.

구문 [1]Emotional intelligence / is *the ability* (to monitor one's own and others' feelings and emotions, to discriminate among them, and to use that information / **to guide** one's thinking and actions).
• to monitor ~ emotions, to discriminate among them, to use ~ actions는 모두 앞의 the ability를 수식하는 형용사적 용법의 to부정사구로 and로 병렬 연결되어 있다.
• to guide one's thinking and actions는 to부정사의 부사적 용법으로 쓰였다.

[2]Because the face is *the primary canvas* (used to express distinct emotions nonverbally), // *the ability* (**to read** facial expressions) is particularly vital, and thus *a crucial component* (of emotional intelligence).
• 첫 번째 ( ) 부분은 과거분사구로 앞에 있는 the primary canvas를 수식한다.
• 두 번째 ( ) 부분은 형용사적 용법으로 쓰인 to부정사구로 앞의 the ability를 수식한다.
• 세 번째 ( ) 부분은 전치사구로 앞의 a crucial component를 수식한다.

[1]Without your realizing it, others have a huge influence on almost every aspect (of your life), // and it goes without saying that the more you like someone, / the more he or she is likely to influence you. But research by social scientists on this straightforward idea / can help you become more influential in your everyday interactions. **The researchers identified a range of factors, / including physical attractiveness and social status, / [that affect how much a person will like another]. Among the factors, one stood out as singularly powerful: similarity.** In a simple demonstration (of how this can work), researchers mailed out questionnaires. All the questionnaires were signed by a researcher, // but some of the signatures were faked to make the name resemble the recipient's (e.g., Elliott Smith might receive a letter signed Dr. Elliott Simon.) [2]Although identical in all other aspects, // the questionnaires [that had similar names] were twice as likely to be completed and returned.

해석 당신이 깨닫지 못한 채로 다른 이들은 당신 삶의 거의 모든 부분에 엄청난 영향을 끼치고 있으며, 당신이 어떤 사람을 더 좋아할수록 그 사람이 당신에게 더 많은 영향을 미치게 될 것이라는 것은 말할 필요도 없다. 하지만, 이 간단한 생각에 대한 사회 과학자들의 연구가 일상생활에서 (사람들과) 상호 작용할 때 당신이 더 영향력을 발휘하도록 도와줄 수 있다. 주제문 연구자들은 한 사람이 다른 사람을 얼마나 좋아할지에 영향을 미치는, 신체적 매력이나 사회적 지위를 포함한 다양한 요인들을 찾아냈다. 그 요인들 중 하나가 유별나게 효과적인 영향력을 발휘하는 것으로 두드러졌는데, 유사성이 바로 그것이다. 어떻게 유사성이 효과를 발휘할 수 있는지에 대한 간단한 입증에서 연구자들이 설문지를 우편으로 발송했다. 모든 설문지에는 한 연구자의 서명이 날인되어 있었는데, 그 서명의 일부는 받는 사람의 이름과 비슷하게 조작되었다. (예를 들면, Elliott Smith라는 사람은 Elliott Simon 박사라고 서명된 편지를 받을 수도 있었다.) 다른 면에서는 모두 같았지만, 비슷한 이름이 서명된 설문지는 완전히 작성되어 회신된 경우가 (다른 설문지에 비해) 두 배나 되는 경향을 보였다.

어휘 straightforward 간단한, 쉬운 identify 찾다, 발견하다; 확인하다 a range of 다양한 stand out 두드러지다 singularly 유별나게; 대단히 similarity 유사성; 닮음 demonstration 입증, 실증 mail out (대량의 우편물을 동시에) 발송하다 questionnaire 설문지 fake 조작[위조]하다; 가짜의 recipient 받는 사람, 수령[수취]인 [선택지 어휘] decisive 결정적인; 결단력 있는

해설 글의 전반부에서 우리는 호감을 느끼는 사람에게서 더 많은 영향을 받는다고 하며 이에 대한 연구가 진행되었음을 서술하고 있다. 중반부의 그 연구 결과에 해당하는 부분이 주제문(The researchers ~ similarity.)으로, 우리는 자신과 유사성을 가진 사람을 더 좋아한다는 것이 밝혀졌다고 했으며, 이를 뒷받침하는 예시가 뒤에 이어지고 있다. 이를 제목으로 가장 잘 표현한 것은 ④ '어떤 결정적인 요소가 사람에 대한 호감에 영향을 주는가?'이다.

오답 Check
① 왜 우리는 유사한 사람에게 끌리는가? → 우리가 유사성을 지닌 사람을 더 좋아한다는 내용은 있으나 그 이유를 설명하는 글은 아님.
② 명백한 진실, 즉 모든 사람이 당신에게 영향을 끼치고 있다 → 글의 요지를 벗어남.
③ 우리는 어떻게 타인과의 유사성을 쉽게 찾을 수 있나? → 타인과의 유사성을 찾는 방법에 대한 내용은 언급되지 않음.
⑤ 사람의 감정에 작용하는 영향력 있는 요소들을 밝히는 연구 → 글의 요지를 벗어남.

PLUS + 변형문제
어휘 susceptible to (~의) 영향을 받기 쉬운 favorable 우호적인; 유리한
해석 모든 사람은 다른 이들로부터 (A) 영향을 받기 쉬우며 우리는 우리와 (B) 유사성을 가지고 있는 사람들에게 우호적인 태도를 갖는 경향이 있다.
해설 우리는 삶의 대부분의 영역에서 다른 이들로부터 영향을 받기(influenced) 쉬우며, 다른 이와의 상호 작용에 영향을 미치는 여러 요소 중 특히 영향력을 발휘하는 것이 타인과의 유사성(resemblance)이라는 내용의 요약문이다.
① 비교된 – 개방성
② 차별화된 – 매력
③ 확인된 – 정체성
→ ①, ②, ③ 모두 글에서 추론할 수 없는 오답.
⑤ 영향을 받는 – 거리 → (A)는 답이 될 수 있지만 (B)는 틀림.

14

구문 [1]**Without** *your* **realizing** it, others have a huge influence on almost every aspect (of your life), // and it goes without saying that **the more** you like someone, / **the more** he or she is likely to influence you.
• 전치사 Without의 목적어로 동명사 realizing이 쓰였고, your는 동명사의 의미상 주어이다. 동명사의 의미상 주어로는 소유격 또는 목적격을 쓴다.
• 밑줄 친 「it goes without saying that ~」은 '~는 말할 필요도 없다'라는 의미이다.
• 「the more S+V ~, the more S+V …」은 비교급 구문으로 '더 ~할수록 점점 더 …하다'라는 의미이다.

[2]Although (the questionnaires were) identical in all other aspects, // *the questionnaires* [**that** had similar names] were **twice as** *likely* to be completed and returned.
• Although가 이끄는 부사절(Although ~ aspects)의 주어와 주절의 주어(the questionnaires)가 같아서 부사절의 「주어+be동사」가 생략되었다.
• [ ] 부분은 주격 관계대명사 that이 이끄는 관계사절로 선행사 the questionnaires를 수식한다.
• 「배수[twice, three times …]+as ~ as」는 '몇 배만큼 ~한'이라는 의미의 원급을 이용한 배수 표현으로, 두 번째 as 이하는 문장에서 생략되었다.

20 ④ PLUS+ ②

¹In the corporate world, it's not unusual / to see managers, supervisors, quality-control inspectors and cost analysts / wave their reports in the air / and complain // that costs are rising, quality is down, and orders have yet to be filled. When asked / if the people (doing the work) are aware of this, // the response often is, "Well, they ought to be, they're the ones (causing the problem)," or "Sure they are! I told them quality was declining / at our informative meeting last month / and nothing's changed." ^{주제문} An army of analysts, statisticians, and chart makers in your company (pumping out stacks of performance reports) / is useless // unless this information gets back to the people [who are directly responsible for doing the work]. ²Simply by mounting a large bulletin board in the work area, / posting several key performance measurement charts, / and having the area supervisor or manager gather the employees / in front of the board on a regular basis / to explain the results / and identify specific performance concerns / can remarkable results be achieved.

해석 기업 세계에서 매니저, 관리자, 품질 관리 검사관, 그리고 비용 분석가들이 그들 보고서를 허공에 흔들며 비용이 오르고 품질이 떨어지고 주문이 아직 채워지지 않았다고 불평하는 것을 보는 것은 흔히 있는 일이다. 그 일(= 실무)을 하는 사람들이 이것을 알고 있는지 (이들이) 질문 받으면 그 대답은 종종 "글쎄요, 그들은 그래야만(= 알고 있어야만) 해요. 그들이 문제를 일으킨 사람들이니까요." 이거나 "물론이죠! 제가 지난달 정보를 주는 회의에서 품질이 떨어지고 있다고 그들에게 말했는데 아무것도 달라지지 않았어요."이다. ^{주제문} 작업을 하는 것에 직접적으로 책임이 있는 사람들에게 이 정보가 돌아가지 않는다면 수행 보고서 더미를 쏟아 내는 회사의 분석가, 통계 전문가 그리고 차트를 만드는 사람들의 무리는 쓸모없다. 작업장에 큰 게시판을 설치해서 여러 핵심 수행 측정 차트를 게시하고, 작업장 감독관 또는 매니저가 성과를 설명하고, 특정 수행 관심사를 알아보기 위해 정기적으로 직원들을 게시판 앞에 모이게 함으로써 놀라운 결과가 달성될 수 있다.

어휘 corporate 기업의 inspector 검사관, 검열관 analyst 분석가 have yet to-v 아직 v하지 않았다 decline (가치 등이) 떨어지다, 내려가다 informative 정보를 주는; 유익한 an army of ~의 큰 무리, 대집단 statistician 통계 전문가, 통계학자 pump out ~을 쏟아 내다 stack 더미[무더기] mount 설치하다; 오르다 bulletin board 게시판 measurement 측정 on a regular basis 정기적으로 concern 관심(사); 걱정 remarkable 놀라운, 주목할 만한

해설 기업 세계에서 전문 관리자들이 업무 결과를 분석하고 보고서를 작성한다고 해도 실무자가 그 내용을 알지 못하면 소용이 없다는 주제문(An army ~ the work.)을 통해 성과에 변화를 주기 위해서는 실무자가 업무 성과에 대해 알도록 내용을 공유해야 한다는 것을 알 수 있으므로, 필자의 주장으로 가장 적절한 것은 ④이다.

오답 Check
① → 보상을 통한 동기 강화에 대한 언급은 없음.
② → 경영 쇄신에 관한 내용은 언급되지 않음.
③ → 지문에 언급되지 않은 내용.
⑤ → 실무자가 업무 결과를 알도록 해야 한다는 내용은 있으나 부서 간 소통에 대한 언급은 없음.

PLUS+ 변형문제

어휘 administration 관리 (직원들), 경영
해석 관리 직원들이 근로자들에게 그들의 업무 성과에 대한 (B) 피드백을 주지 않는다면 발생한 회사 실적을 (A) 분석하는 보고서를 만들어내도록 하는 것은 의미가 없다.
해설 관리자와 분석가들이 아무리 회사 실적을 분석해(analyzing)봤자 실무자들에게 그 업무 성과에 대한 피드백(feedback)이 공유되지 않는다면 변화를 만들어 낼 수 없다는 내용의 요약문이다.
① 강조하는 – 특혜
③ 자세히 설명하는 – 재량권
④ 과소평가하는 – 동기
⑤ 과대평가하는 – 비전
→ ①, ③, ④, ⑤ 모두 글에서 추론할 수 없는 오답.

구문 ¹In the corporate world, **it**'s not unusual / **to see** managers, supervisors, quality-control inspectors and cost analysts / wave their reports in the air / and **complain** // **that** costs are rising, quality is down, [and] orders have yet to be filled.
• it은 가주어, to see 이하가 진주어이다.
• that은 complain의 목적어인 명사절을 이끄는 접속사이다. that절 안에 세 개의 절이 and로 병렬 연결되어 있다.

²Simply **by** mounting a large bulletin board in the work area, / (by) posting several key performance measurement charts, / [and] (by) having the area supervisor or manager gather the employees / in front of the board on a regular basis / to explain the results / and (to) identify specific performance concerns / **can remarkable results be achieved**.
• 전치사 by의 목적어로 세 개의 동명사구인 mounting ~ area, posting ~ charts, having ~ concerns가 콤마(,)와 and로 병렬 연결되어 있다.
• 강조를 위해 전명구가 문두로 나가면서 「조동사(can)+주어(remarkable results)+동사(be achieved)」의 어순으로 도치가 일어났다.

주제문
¹You need to change the lens [through which you observe and interpret our increasingly interdependent world] — a world [that's getting more and more complicated every day]. You can neither capture nor appreciate the full richness and complexity (of the physical world) // if you only take snapshots / using a still camera. ²Rather, you need to train your mind / to act as a sophisticated "mental camera" / to gain a dynamic view (of the rapidly-changing world). For example, a still picture of Usain Bolt (sprinting in a 100m race) / won't unveil his sheer velocity; // but a 10-second video will do justice / to his lightning-speed performance. Fortunately, in today's fast-paced digital-information environment, / it's easier for us / to form opinions and make decisions / based on a dynamic view (of an issue) // as we have access to more information.

해석 주제문 당신은 점점 더 상호 의존적인 세상, 즉 매일 점점 더 복잡해지고 있는 세상을 관찰하고 해석하는 렌즈를 바꿀 필요가 있다. 당신이 스틸카메라를 이용하여 스냅 사진만 찍는다면 물질적 세계의 완전한 풍요로움과 복잡성을 담아내지도 제대로 인식할 수도 없다. 그보다는 주제문 빠르게 변하고 있는 세상에 대한 역동적인 시야를 얻기 위해서는, 당신의 마음이 정교한 '정신의 카메라'로서 역할을 하도록 훈련시켜야 한다. 예를 들면, 100m 경주에서 전력 질주하는 우사인 볼트가 담긴 한 장의 스틸사진은 그의 순전한 속도를 드러내지 않을 것이지만, 10초간의 비디오 영상은 번개 같은 속도인 그의 수행 능력을 제대로 보여줄 것이다. 다행히, 오늘날 빠르게 변화하는 디지털 정보 환경에서, 우리는 많은 정보에 접근할 수 있으므로, 우리가 어떤 문제에 대한 역동적인 시야에 근거하여 의견을 갖고 결정을 내리는 것이 더 쉽다.

어휘 **increasingly** 점점 더, 갈수록 더 **interdependent** 상호 의존적인 **capture** 담아내다, 포착하다; 잡다 **appreciate** (제대로) 인식하다; 진가를 알아보다; 감사하다 **richness** 풍요로움, 풍부함 **complexity** 복잡성 **snapshot** 스냅 사진 **sophisticated** 정교한, 복잡한; 세련된 **dynamic** 역동적인 **sprint** 전력 질주하다; 단거리 경주 **unveil** 드러내다; 덮개를 벗기다 **sheer** 순전한, 순수한 **velocity** 속도 **do justice to A** A를 제대로[정당하게] 보여주다 **performance** 수행, 실행; 성과 **fast-paced** 빠르게 변화하는; 빨리 진행되는 [선택지 어휘] **hard fact** 확실한 정보 **outcome** 결과 **on one's own** 혼자서, 단독으로 **fixed** 변치 않는, 확고한; 고정된

해설 빠르게 변화하는 세상을 제대로 인식하려면 한 장의 스틸 사진이 아니라 비디오 영상과 같은 역동적인 시야를 가져야 한다는 내용의 글이다. '스틸카메라를 이용하여 스냅 사진만 찍는다'는 것은 역동적인 시야를 갖는 것과 반대되는 것이다. 따라서 밑줄 친 부분이 의미하는 것은 ⑤ '변치 않는 태도를 유지한다'이다.

오답 Check
① 확실한 정보를 믿는다
② 결과를 가치 있게 여긴다
③ 혼자서 일한다
④ 세부 사항을 기억한다
→ ①, ②, ③, ④ 모두 글에 언급되지 않은 내용.

PLUS⁺ 변형문제

해설 빠르게 변화하는 복잡한 세상을 제대로 인식하기 위해서는 역동적인 시야를 가져야 한다는 내용의 글이므로, 제목으로 가장 적절한 것은 ② '우리의 복잡한 세상을 제대로 보는 방법'이다.
① 당신은 가치를 만들고 있는가 포착하고 있는가?
→ 글에 언급되지 않은 내용.
③ 기본으로 돌아가는 것이 디지털 시대에서의 의사 결정이다
→ 글에 언급되지 않은 내용.
④ 연결된 세상에서 기술의 어두운 면
→ 빠르게 변화하는 세상에서 많은 정보를 통해 의사 결정할 수 있다고 했음.
⑤ 늘 변화하는 세상에서 지속되는 변화를 이끌기
→ 글에 언급되지 않은 내용.

구문 ¹You need to change *the lens* [**through which** you **observe and interpret** our increasingly interdependent world] — *a world* [**that**'s getting more and more complicated every day].
- 첫 번째 [ ]는 「전치사+관계대명사」 형태의 through which가 이끄는 관계사절로 선행사 the lens를 수식한다. through which는 through the lens로 해석할 수 있다.
- 두 번째 [ ]는 주격 관계대명사 that이 이끄는 관계사절로 선행사 a world를 수식한다.
- 두 밑줄 친 부분은 관계사절 내의 동사 observe and interpret의 목적어 역할을 하며 서로 동격 관계이다.

²Rather, you need to **train** *your mind* / **to act** as a sophisticated "mental camera" / **to gain** a dynamic view (of the rapidly-changing world).
- 「train+O+to-v (O가 v하도록 훈련시키다)」 구문이 사용되었다.
- to gain 이하는 목적을 나타내는 부사적 용법의 to부정사구이다.

15

There are several issues // when we conceive of the philosophy of art. One issue is raised by the question: what is art? Most commonly, one attempts to resolve it / by providing a definition, // which attempts to identify the essential nature of art, or at least principles of classification (for distinguishing art from nonart). Traditionally it searches for characteristics [that all artworks share and all nonartworks lack]. The conception of art has a neat answer: something is art // if it is made to create significant aesthetic value. However, this answer has carried less and less conviction // as art has developed / through the twentieth and twenty-first centuries. ¹We have countless examples of items (put forward as art) [that aim for something other than artistic satisfaction]: pop art replicas of soup cans, lint (scattered across a gallery floor), and so on. Some of these works may have an aesthetic value, // but appreciation of them requires much contextual understanding. ²The seemingly strange turns [art has taken over the recent past] is an important reason [why the concept of art should be reformed].

해석 예술 철학을 이해할 때 여러 문제들이 있다. 한 가지 문제가 '예술은 무엇인가?' 라는 질문에 의해 제기된다. 가장 일반적으로, 사람들은 정의를 제시함으로써 그것을 해결하려고 하는데, 그것은 예술의 본질, 또는 최소한 예술을 비예술과 구별하는 분류 기준을 확인하려고 한다. 전통적으로 그것(= 예술의 정의를 제시하는 것)은 모든 예술 작품이 공유하고 모든 비예술작품에 없는 특징들을 찾는다. 예술의 개념은 다음과 같은 간결한 답을 가지고 있는데, 어떤 것이 중요한 심미적 가치를 창조하기 위해 만들어졌다면 그것은 예술이라는 것이다. 주제문 그러나 이 답은 20세기와 21세기를 지나는 동안 예술이 발전해가면서 점점 더 적은 확신을 가져다준다. 우리에게는 예술적 만족감이 아닌 다른 것을 목적으로 하는, 예술로 내세워진 수없이 많은 항목들의 예시가 있는데, 즉 팝 아트에서 수프 캔을 모사한 것, 미술관 바닥에 흩어져 있는 실보푸라기 등과 같은 것들이다. 이러한 몇몇 작품들이 미적 가치를 가지고 있을지 모르지만, 그것들을 감상하는 것은 많은 문맥상의 이해를 필요로 한다. 예술이 최근에 취해 온 겉보기에 이상한 전환들은 예술의 개념이 개선되어야 하는 중요한 이유이다.

어휘 conceive (of) (~을) 이해하다; 생각하다 resolve 해결하다; 결심하다 classification 분류 lack ~이 없다; 부족(하다) conception 개념; 구상 aesthetic 심미적, 미학적 conviction 확신; 유죄 판결 put forward 내세우다, 지명하다 aim for ~를 목적으로 하다 replica 모사, 복제품 lint 실보푸라기 scattered 흩어져 있는, 산재해 있는 seemingly 겉보기에는

해설 글의 중반부까지는 심미적 가치의 유무로 예술과 비예술을 구분한다는 내용이 제시되다가 However로 시작하는 문장에서 이러한 전통적인 시각은 점점 확신을 잃어가고 있다는 주제문을 제시한 후, 현대 예술에서는 예술적 만족감 이외의 목표를 가진 예술 작품들이 있다고 예를 들며 설명하고 있으므로 이 글의 요지로 가장 적절한 것은 ④이다.

오답 Check
① → 예술의 가치가 아니라 예술의 정의 변화에 관한 내용임.
② → 예술에 대한 전통적인 시각이 줄어들고 있다는 내용임.
③ → 과거의 예술 정의에 해당함.
⑤ → 지문의 내용과 상관없는 내용임.

PLUS + 변형문제

해석 어떤 것이 예술인지 여부를 결정할 때, (A) 심미적 특징이 평가되어 왔지만, 이것은 오늘날 아주 많은 예술 작품들이 예술적 (B) 만족감을 주는 것 이외에 다른 목적을 가지고 있기 때문에 바뀌어야 한다.

해설 시간이 흐르면서 예술적 만족감(gratification) 이외에 다른 목적을 가진 작품들이 예술로 분류되면서 심미적(aesthetic) 가치로 예술을 정의해왔던 관행은 바뀔 필요가 있다는 내용의 요약문이다.
① 시각적인 – 영감 → (A)는 답이 될 수 있지만 (B)는 틀림.
② 지적인 – 표현
④ 물질적인 – 우수성
⑤ 문맥상의 – 성취
→ ②, ④, ⑤ 모두 글에서 추론할 수 없는 오답.

구문 ¹We have *countless examples of items* (*put forward as art*) [**that** aim for something **other than** artistic satisfaction]: pop art replicas of soup cans, *lint* (scattered across a gallery floor), and so on.
• 첫 번째 ( )는 앞에 있는 countless examples of items를 수식하는 과거분사구이다.
• [ ] 부분은 주격 관계대명사 that이 이끄는 관계사절로 선행사 countless ~ as art를 수식하며, other than은 '~이 아닌'의 의미를 갖는다.
• 두 번째 ( )는 앞에 있는 lint를 수식하는 과거분사구이다.

²*The seemingly strange turns* [(**which[that]**) art has taken over the recent past] **is** *an important reason* [**why** the concept of art should be reformed].
　　　　　　　　　　　　　　　C　　　　　　　　　　　　　　V　　　　　　　S
• 보어인 The seemingly ~ past가 문두에 쓰여 「동사+주어」의 어순으로 도치되었다. 주어가 an important reason으로 단수이므로 단수동사 is가 쓰였다.
• 보어 내 [ ]는 선행사 The seemingly strange turns를 수식하는 관계대명사절로 목적격 관계대명사 which[that]가 생략된 형태이다.
• 주어 내 [ ]의 why는 선행사 an important reason을 수식하는 관계부사절을 이끈다.

An individual's reputation / relies on the number of people [who hold the same opinion on them]. The typical individual knows only a small fraction of the people in their society, / and only trusts a proportion of the people [that they know]. ¹That is, when people occupy specialized roles in society, // others are generally more concerned about / how they play their roles than what they do / when out of role. For example, some famous entertainers may be trusted / to deliver value-for-money performances, // while being distrusted in matters (relating to their private lives). In daily life, moreover, we often ask one person / to help us in one way / but not in another; one advantage (of having a wide range of contacts) is // that help can always be obtained from a trustworthy source / whatever the problem happens to be. Thus, 주제문 reputation is often specific. ²The efficient exploitation (of a limited supply of trust) requires // that trustworthy people have wide reputations. These reputations will therefore attract other people / to deal with them / instead of with people [who lack reputation].

해석 개인의 평판은 그들에 대해 같은 의견을 가진 사람들의 수에 달려 있다. 보통의 개인은 그들이 있는 사회 속 사람들의 작은 일부만 알고 있으며, 그들(= 개인)이 아는 그 사람들의 부분만 신뢰한다. 즉, 사람들이 사회에서 전문적인 역할을 맡을 때, 다른 사람들은 일반적으로 그들이 역할에서 벗어나 있을 때 무엇을 하는지보다 그들이 자신의 역할을 어떻게 하는지에 대해 더 신경 쓴다. 예를 들어, 어떤 유명 연예인은 사생활과 관련된 문제들에 대해 신뢰를 얻지 못하면서도 돈에 합당한 가치가 있는 공연을 할 거라고 신뢰받을 수도 있다. 더욱이 일상생활에서, 우리는 종종 한 사람에게 하나의 상황에서는 도와달라고 부탁하지만 다른 상황에서는 그러지 않는다. 따라서 광범위한 인맥을 가지는 것의 이점은 발생하는 문제가 무엇이든 간에 신뢰할 수 있는 제공자로부터 언제든 도움을 받을 수 있다는 것이다. 그러므로 주제문 평판은 종종 특정적이다. 제한된 신뢰의 공급에 대한 효율적인 이용은 신뢰할 수 있는 사람들이 폭넓은 평판을 가질 것을 요구한다. 그 결과 이러한 평판은 다른 사람들로 하여금 평판이 부족한 사람들을 상대하는 대신에 그들(= 폭넓은 평판을 가진 사람들)을 상대하도록 끌어들일 것이다.

어휘 reputation 평판, 명성 hold (신념·의견을) 가지다 fraction 일부, 부분 proportion 부분, 비율; 균형 occupy (공직을) 맡다; 차지하다 deliver (연설·강연 등을) 하다 distrust 신뢰하지 않다 contact 인맥, 연줄; 접촉 trustworthy 신뢰할 수 있는, 믿을 만한 exploitation 이용; 착취

해설 한 개인의 평판은 그 사람이 사회에서 맡은 역할에 대해 얼마나 많은 사람들이 같은 믿음을 갖는지를 반영하며, 대부분의 사람이 특정한 역할만을 잘하기 때문에 신뢰할 만한 사람이 많을수록 여러 상황에서 도움을 받을 수 있다는 내용이 전개된다. 제한된 인맥을 효율적으로 이용하기 위해서는 신뢰할 만한 사람이 폭넓은 평판을 가져야 하는데, 이는 그들이 다른 사람들을 끌어들이기 때문이라는 내용이다. 따라서 이 글의 주제로 적절한 것은 ⑤ '타인으로부터 신뢰를 얻는 데 있어 폭넓은 평판을 가질 필요성'이다.

오답 Check
① 타인으로부터 평판을 얻기 위해 우리의 역할을 전문화하는 방법
→ 역할을 전문화하는 방법은 나와 있지 않음.
② 타인이 자신들에게 의지하도록 돕는 믿을 만한 성품
→ 믿을 만한 성품에 대한 내용은 언급되지 않음.
③ 우리가 보여지는 방식을 개선하기 위해 전문성을 가질 필요성
→ 보여주기 위해 전문성을 가져야 한다고 하지는 않음.
④ 사회에서 우리의 위치를 찾는 데 있어서 평판의 중요성
→ 우리의 사회적 위치를 찾기 위해 평판을 이용하는 것은 아님.

PLUS+ 변형문제
해석 우리는 제한적 인맥을 가지고 있는데다 사람들이 하는 (A) 특정한 역할만 신뢰하므로, (B) 광범위한 평판을 가진 사람들이 더 많은 영향력을 가지며, 이는 더 많은 사람들이 그들에게 의지하게 한다.
해설 우리는 사회 속 작은 일부만 알고 있으며 그 사람들의 특정한(specific) 역할만 신뢰하기 때문에 문제가 발생했을 때 도움을 제공해줄 수 있을 것으로 신뢰할 수 있는 사람들이 광범위한(wide) 평판을 가진다면 발생하는 문제가 무엇이든 도움을 받을 수 있다는 내용의 요약문이다.
① 적절한 – 좁은 → (A), (B) 모두 답이 될 수 없음.
② 단일한 – 폭넓은 → (B)는 답이 될 수 있지만 (A)는 틀림.
③ 정확한 – 괜찮은 → (A)는 답이 될 수 있지만 (B)는 틀림.
⑤ 전형적인 – 직접적인 → (A), (B) 모두 답이 될 수 없음.

15

구문 ¹That is, when people occupy specialized roles in society, // others are generally more concerned **about** / how they play their roles than what they do / **when** (they are) out of role.
• 밑줄 친 how ~ roles와 what they do는 「의문사+주어+동사」 어순의 간접의문문으로 각각 전치사 about의 목적어 역할을 한다.
• 부사절을 이끄는 접속사 when 뒤에 「주어+be동사」가 생략되었다.

²*The efficient exploitation* (of a limited supply of trust) **requires** // **that** trustworthy people **(should) have** wide reputations.
• ( ) 부분은 전치사구로 앞에 있는 The efficient exploitation을 수식한다.
• that 이하는 동사 requires의 목적어로 that은 명사절을 이끄는 접속사이다.
• 주절의 동사가 주장, 명령, 요구, 제안 등을 의미할 때, 목적어로 나오는 that절의 동사는 「(should+)동사원형」 형태로 와야 한다. 이때 should는 종종 생략된다.

You probably haven't noticed, // but the world is significantly darker today / than it was 40 years ago. A few years ago, a scientific study released data (confirming "global dimming" as a phenomenon). The study analyzed water evaporation rates around the world. [1]Because Earth has warmed substantially, // it would stand to reason / that water would evaporate faster now / than it did in the 1960s. But observations show otherwise. Evaporation has been, on average, declining. Recently, some researchers argued // that the dimming is caused / by such substances as carbon dioxide and other air pollutants, ash from volcanic eruptions, and smoke from fires; / this theory has been approved by many scientists. [2]Tiny chemical particles (thrown into the atmosphere) / reflect sunlight back into space / and contribute to heavier cloud formation. These are producing a barely noticeable yet steady darkening of the planet.

해석 당신은 아마도 알아차리지 못했을지 모르지만, 오늘날 세상은 40년 전보다 훨씬 더 어둡다. 몇 년 전에 한 과학 연구 논문이 '지구 암흑화'를 하나의 현상으로 확증해주는 자료를 발표했다. 그 연구는 전 세계의 수분 증발률을 분석했다. 지구가 상당히 따뜻해졌기 때문에, 물은 1960년대보다 지금 더 빨리 증발하는 것이 당연할 것이다. 하지만, 관측 결과는 다르게 나타난다. 평균적으로 (물의) 증발이 감소하고 있는 것이다. 최근 몇몇 연구자들은 암흑화 현상이 이산화탄소와 다른 대기 오염원, 화산 폭발에 의한 (화산)재, 그리고 화재로 인한 연기와 같은 물질에 의해 야기된다고 주장했는데, 이 이론은 많은 과학자들에 의해서 인정받았다. 대기에 뿌려진 작은 화학 입자들은 태양 빛을 우주로 반사하고, 더 무거운 구름 형성의 원인이 된다. 이것들은 거의 알아차릴 수는 없지만, 지구를 계속 어두워지게 만들고 있다.

어휘 dim 어둑하게 하다; 어둑한, 흐릿한   evaporation 증발 (작용); 증발량   substantially 상당히; 대체로   stand to reason 당연하다, 도리에 맞다   carbon dioxide 이산화탄소   pollutant 오염원, 오염 물질   ash (화산)재   volcanic 화산의; 화산과 같은   eruption 폭발; 분출   particle 입자, 분자; 아주 작은 조각   reflect 반사하다; 반영하다; 숙고하다   contribute to ~의 원인이 되다; ~에 기여하다   barely 거의 ~ 않다

해설 주제문이 따로 없는 지문으로, 글 전체의 내용을 종합해 정답을 찾아야 한다. 글 전반부에는 지구 암흑화 현상이 나타나고 있다는 내용이며, 뒤이어 수분 증발률 분석을 통해 이를 입증하는 연구 내용이 서술되고 있다. 글 후반부에는 암흑화 현상이 나타나는 이유로 대기 중의 오염원, 화산재 등을 제시하고 있으므로, 이를 종합해 제목으로 가장 잘 표현한 것은 ③ '지구 암흑화에 대한 증거와 원인'이다.

오답 Check
① 어두워지는 대기로 인한 피해
→ 대기가 어두워지고 있다고 했을 뿐 그로 인한 피해는 언급되지 않음.
② 수분 증발률을 측정하는 방법
→ 글의 요지를 벗어남.
④ 왜 하늘이 어두워지는 것은 눈에 띄지 않는가?
→ 글의 요지를 벗어남.
⑤ 오염된 대기를 깨끗하게 하기 위해 필요한 조치
→ 글에 언급되지 않은 내용임.

PLUS + 변형문제
해석 한 과학적 연구에서, 수분 증발량의 (A) 감소는 지구가 점점 더 어두워지고 있다는 사실을 입증했고, 더 최근에는 대기 중의 (B) 오염 물질들에 책임이 있다고 믿어진다.
해설 지구가 과거에 비해 따뜻해졌기 때문에 수분 증발률이 증가해야 하지만, 한 연구에 의하면 실제로는 감소(decrease)하고 있으며 이는 지구가 어두워지고 있다는 것을 증명한다. 또한, 최근에는 화산재, 화재로 인한 연기를 비롯해 여러 오염(polluting) 물질이 이러한 지구 암흑화의 원인으로 인정받았다는 내용의 요약문이다.
① 현상 – 물기가 많은 → (A), (B) 둘 다 답이 될 수 없음.
② 영향 – 화학적인 → (B)는 답이 될 수 있으나 (A)는 틀림.
③ 분석 – 인위적인 → (A)는 답이 될 수 있으나 (B)는 틀림.
④ 증가 – 원하지 않는 → (A), (B) 둘 다 답이 될 수 없음.

구문 [1]Because Earth has warmed substantially, // **it** would stand to reason / **that** water would evaporate faster now / than it **did** in the 1960s.
• it은 가주어, that 이하가 진주어이다.
• did는 evaporated를 대신하는 대동사이다.

[2]*Tiny chemical particles* (thrown into the atmosphere) / reflect sunlight back into space / and contribute to heavier cloud formation.
• ( ) 부분은 과거분사구로 앞에 있는 Tiny chemical particles를 수식한다.
• 동사 reflect ~ space와 contribute ~ formation이 and로 병렬 연결되어 있다.

20 ④ PLUS+ ⑤

While the educational level of tourists is relatively high, / facilitating communication and information campaigns, // tourists are in an unknown environment / when visiting a foreign country. ¹While tourists may learn from repeat visits, // there is a considerable danger [that, (through lack of experience), they may disregard warning signs (of impending disaster) [which the local population would tend to heed]]. This is a matter [which must be taken into account] / in developing educational material and warning services for tourists. It will be especially important / in the case of the risk (of avalanches, flash floods and tropical storms). ²The provision of easy-to-understand guidance (flags on beaches or exposed coastal areas; avalanche warnings to mountaineers; severe weather warnings for campers and other tourists [whose activities are likely to be affected / by dangerous weather conditions or sudden floods]) / will assist in bridging this particular communication gap.

해석 여행자들의 교육 수준이 비교적 높아 의사소통과 정보 활동을 용이하게 하긴 하지만 여행자들은 외국을 방문할 때 미지의 환경에 놓이게 된다. 여행자들이 반복된 방문에서 체득할 수도 있긴 하지만, 경험의 부족으로 말미암아 그 지역 사람들이라면 주의하는 경향이 있을 임박한 재난의 경고 신호들을 무시할 수 있는 상당한 위험성이 존재한다. **주제문** 이것은 여행객들을 위한 교육 자료와 경고 서비스를 개발할 때 반드시 고려되어야 할 사안이다. 그것은 눈사태, 갑작스러운 홍수 그리고 열대 폭풍우의 위험성의 경우에 특히 중요할 것이다. 이해하기 쉬운 안내 (해변이나 노출된 연안 지역의 깃발, 등산객을 위한 눈사태 경고, 그들의 활동이 위험한 날씨 상황이나 갑작스러운 홍수에 영향을 받을 가능성이 많은 캠핑객들과 다른 여행객을 위한 극심한 기상 경보)의 제공이 이러한 특수한 의사소통 상의 간극을 메우는 데 도움이 될 것이다.

어휘 facilitate 용이하게[쉽게] 하다　considerable 상당한　disregard 무시하다, 경시하다　impending 임박한　heed 주의하다　take into account ~을 고려하다　avalanche 눈사태　flood 갑작스러운 홍수　provision 제공, 공급　guidance 안내, 지시　coastal 연안[해안]의　mountaineer 등산객　severe 극심한; 엄격한　weather warning 기상 경보　assist 도움이 되다; 돕다　bridge (공간을) 메우다

해설 해외여행자들이 낯선 여행지에서 혹시 모를 위험을 파악하도록 경고 신호를 알기 쉽게 표시하는 것의 필요성에 대해 논하는 글이다. 필자의 주장이 조동사 must를 사용한 문장(This is ~ for tourists.)에 드러나 있고 이어지는 내용에서 이해하기 쉬운 안내가 의사소통 상의 간극을 메우는 데 도움이 될 것이라고 했으므로, 필자의 주장으로 가장 적절한 것은 ④이다.

오답 Check
① → 여행자 보험 가입에 대한 내용은 없음.
② → 위험을 숙지하는 것의 필요성에 대한 언급은 없음.
③ → 지문에 언급되지 않은 내용.
⑤ → 재난에 대비한 교육 자료에 대한 언급은 있었지만 안전 교육 실시에 대한 내용은 없음.

PLUS + 변형문제

해석 해외여행자들이 낯선 환경에서 중요한 정보를 (B) 간과하지 않도록 자연재해를 경고하기 위한 (A) 간단한 신호를 제공하는 것은 중요하다.

해설 의사소통이 되지 않는 낯선 장소를 여행하는 해외여행자들에게 쉽게 이해할 수 있는 간단한(straightforward) 위험 신호를 제공하여 그들이 위험에 관한 중요한 정보를 간과하지(overlook) 않도록 해야 한다는 내용의 요약문이다.
① 매력적인 – 교환하다 → 글에서 추론할 수 없는 오답.
② 정확한 – 잊다 → 글에서 추론할 수 없는 오답.
③ 대안적인 – 무시하다 → (B)는 정답이 될 수 있지만 (A)는 틀림.
④ 교육적인 – 생략하다 → 글에서 추론할 수 없는 오답.

16

구문 ¹While tourists may learn from repeat visits, // there is **a considerable danger** [**that**, (through lack of experience), they may disregard *warning signs (of impending disaster)* [**which** the local population would tend to heed]].
• a considerable danger와 that 이하는 동격 관계이다.
• 목적격 관계대명사 which가 이끄는 관계사절이 선행사 warning signs of impending disaster를 수식한다.

²The provision of easy-to-understand guidance (flags on beaches or exposed coastal areas; avalanche warnings to mountaineers;
　　S
severe weather warnings for *campers and other tourists* [**whose** activities are likely to be affected / by dangerous weather conditions or sudden floods]) / will assist in bridging this particular communication gap.
　　　　　　　　　　　　　　　　　　　　　V
• 중간에 긴 명사구(flags on ~ sudden floods)가 삽입된 형태로, 문장의 주어는 The provision이고 동사는 will assist이다.
• [ ]는 소유격 관계대명사 whose가 이끄는 관계사절로 선행사 campers and other tourists를 수식한다.

In India, various projects are now approved / according to <u>a Gandhian approach: not "them" but "us"</u>. Seventy-five villages in Lathur, in southern India, are identified / as being below the poverty line and in need of aid. ¹Even though the aid is coming from the central authority, // it is the village residents / who decide which individuals should receive aid. The residents' will is expressed / by each village council of 40 people (elected annually). Consider Mr. Rajamani, // who thought he could double his income / if his well were deeper, / so he applied to the village council for a loan. The village council assessed his proposal / and approved the necessary loan. Eventually, he repaid it / plus interest to the village council, // which then repaid the central authority. This is the route [by which aid flows to the village community]. Most loans are satisfactorily repaid, / enabling the community to build up a fund. ²When it reaches a certain size // the authority withdraws / and the village itself continues with the process, / using its own accumulated funds. In such a manner, everything in India / flows from the local community.

해석 인도에서는 '그들'이 아닌 '우리가'라는 간디의 접근법에 따라 여러 계획이 현재 승인된다. 인도 남쪽에 있는 라투르의 75개 마을은 빈곤선 아래에 있어서 원조를 필요로 하는 것으로 확인된다. 비록 중앙 정부로부터 원조가 오고 있다고 하더라도, 어느 사람이 원조를 받아야 하는지를 결정하는 것은 바로 마을 주민들이다. 주민들의 뜻은 매년 선출되는 40명으로 이루어진 각기 마을 의회에 의해 표명된다. Rajamani 씨의 경우를 살펴보면, 그는 자신의 우물이 더 깊다면 수입을 두 배로 만들 수 있다고 생각하여 마을 의회에 대출을 신청했다. 마을 의회는 그의 제안을 평가했고 필요한 대출을 승인했다. 결국, 그는 그것을(= 대출금에) 이자를 합쳐 마을 의회에 상환했고, 그다음에 그것은(= 마을 의회) 중앙 정부에 상환했다. 이것이 원조가 마을 지역 사회로 흐르는 방법이다. 대부분의 대출은 충분히 상환되어서, 마을이 자금을 조성하는 것을 가능하게 한다. 그 자금이 특정한 규모에 이르면 중앙 정부는 물러나고 마을은 직접 축적한 자금을 이용해 그 과정을 스스로 계속한다. 그러한 방식으로, 인도에서 모든 것은 지역 사회에서 나온다.

어휘 poverty line 빈곤선 《최저 생계 수준》 authority ((the ~)) 정부, 공공기관 council (지방 자치 단체의) 의회 apply for ~을 신청하다; ~에 지원하다 assess 평가하다 satisfactorily 충분히, 만족스럽게 withdraw 물러나다, 철수하다 accumulate 축적하다 flow from ~에서 나오다 [선택지 어휘] welfare 복지; 행복

해설 이야기 글로써 전체 내용을 종합해 주제를 찾아야 한다. 인도의 마을 주민들이 중앙 정부의 원조를 받아 이익을 창출하고 이를 통해 자체 기금을 조성해서 결국 가난에서 벗어날 수 있었다는 내용으로, 밑줄 친 부분에서 them은 중앙 정부, us는 지역 사회를 가리킨다. 즉, 중앙 정부의 도움을 받지 않고 스스로 통치해야 한다는 내용이므로 밑줄 친 어구의 의미는 ② '지역 사회는 그들 스스로를 통치해야 한다.'이다.

오답 Check
① 한 푼을 아끼면 한 푼을 번다.(= 티끌 모아 태산)
→ 절약에 관한 내용은 언급하지 않음.
③ 타인을 돕는 것이 결국 자신을 돕는 것이다.
→ 타인을 돕는 것에 관한 내용은 없음.
④ 검소하게 살 때, 시간과 공간을 얻을 수 있다.
→ 검소한 생활의 장점은 언급되지 않음.
⑤ 중앙 정부는 공공복지를 제공해야 한다.
→ 지역 사회가 자체적으로 자금을 조성한다는 내용의 지문임.

PLUS⁺ 변형문제
어휘 nonviolence 비폭력(주의)
해설 마을의 자치적인 운영을 통해 가난에서 벗어날 수 있었다는 내용이므로 제목으로 가장 적절한 것은 ⑤ '인도에서 경제적 독립을 얻는 열쇠'이다.
① 탄탄한 지역 공동체를 구축하는 방법
→ 글의 요지에서 벗어남.
② 당신의 지역 사회를 지지하라, 즉 더 많이 기부하라
→ 글에서 추론할 수 없는 오답.
③ 간디의 접근법에 대한 비판적인 시각 → 간디의 접근법에 관한 내용이긴 하나, 그에 대한 비판적 시각을 서술하는 글은 아님.
④ 간디의 신조, 즉 진실과 비폭력
→ 진실과 비폭력에 대한 내용은 없음.

구문 ¹Even though the aid is coming from the central authority, // **it is** *the village residents* / **who** decide which individuals should receive aid.
• 「it is ~ who」 강조구문으로 the village residents를 강조하고 있다.

²When it reaches a certain size // the authority withdraws / [and] the village itself continues with the process, / **using** its own accumulated funds.
• 밑줄 친 두 개의 절이 and로 병렬 연결되어 있다.
• using 이하는 접속사와 의미상 주어가 생략된 분사구문이다.

In 1883, Francis Galton, cousin of the famous biologist Charles Darwin, came up with a new, unique technique (called composite photography), // which (he believed) could be used to identify different "types" of people based solely on their physical appearance. ¹To prove his belief, / he created photographic composite images (of the faces (of vegetarians and criminals)), // which were used to see if there was a typical facial appearance for each. ²While the resultant "averaged" faces did little to allow the identification (of either criminals or vegetarians), // Galton observed / he noticed / that the mixed images were more attractive / than any of the individual images. A group of researchers reproduced the result / under more controlled conditions / and found // that the computer-made, mathematical average (of a series of faces) is rated more favorably / than individual faces.

해석 1883년에 유명한 생물학자 찰스 다윈의 사촌인 프랜시스 골턴은 합성 사진술이라고 불리는 새롭고 독특한 기법을 생각해 냈는데, 그는 그것이 신체적 외모에만 기반하여 사람들의 여러 '유형'을 식별하기 위해 사용될 수 있다고 믿었다. 자신의 믿음을 증명하기 위해서, 그는 채식주의자와 범죄자 얼굴의 사진 합성 이미지를 만들었는데, 그것은 각각에 대한 전형적인 얼굴 모습이 있는지 아닌지를 알아보기 위해서 사용되었다. 그 결과로 생긴 '평균적인' 얼굴은 범죄자나 채식주의자를 검증하는 데는 별 도움이 되지 못했지만, 주제문 골턴은 자신이 합쳐진 이미지들이 개개의 이미지 중 어떤 것보다도 더 매력적이라고 인지한 것을 알아차렸다. 한 연구원들의 집단은 더 통제된 조건 하에서 그 결과를 다시 만들어 냈고 주제문 컴퓨터로 만들어 낸 일련의 얼굴의 수학적인 평균이 개개의 얼굴보다 더 호의적으로 평가된다는 것을 발견했다.

어휘 come up with ~을 생각해 내다 composite 합성의; 합성물 photography 사진[촬영]술 cf. photographic 사진의 identify 식별하다; 확인하다; 동일시하다 cf. identification 검증, 증명; 일체감 appearance 외모, (겉)모습 vegetarian 채식주의자 criminal 범죄자; 범죄의 typical 전형적인, 대표적인 resultant 그 결과로 생긴; 그에 따른 average 평균을 내다; 평균(의) observe 알아채다, 알다; 관찰하다; (법률 등을) 지키다 reproduce 다시 만들어 내다, 재생[재현]하다 condition 조건; 상태; 상황 a series of 일련의 rate 평가하다, 여기다; 비율 favorably 호의적으로; 유리하게, 순조롭게

해설 골턴의 실험 결과를 나타낸 문장(the mixed ~ images)과 다른 연구원들의 연구 결과에 해당되는 문장(the computer-made ~ faces)을 통해 필자는 여러 얼굴의 평균이 더 매력적이고 호의적으로 평가된다는 것을 말하고 있다. 따라서 이 글의 요지로 가장 적절한 것은 ②이다.

오답 Check
① → 현대인의 외모에 개성이 사라지고 있다는 내용은 언급되지 않음.
③ → 같은 직업의 사람의 얼굴이 닮은 점이 있다는 내용은 언급되지 않음.
④ → 합성 사진이 개개의 사진보다 더 매력적으로 보인다고 했지만, 이상적 외모가 합성 사진에만 존재한다는 내용은 아님.
⑤ → 예시로서 '범죄자의 얼굴'은 언급되었지만, 외모가 평범하다는 언급은 없음.

PLUS⁺ 변형문제

해석 연구에 의하면, 얼굴의 (A) 혼합된 이미지가 개개의 것들보다 더 (B) 높게 평가된다.

해설 사진을 합성하여 만든 혼합된(blended) 이미지인 평균적인 얼굴이 개개의 얼굴 이미지보다 더 높게(highly) 평가된다는 내용의 요약문이다.
① 혼합된 – 부정적으로 → (A)는 답이 될 수 있지만 (B)는 틀림.
③ 널리 퍼진 – 긍정적으로 → (B)는 답이 될 수 있지만 (A)는 틀림.
④ 일관된 – 정확히 → (A), (B) 둘 다 답이 될 수 없음.
⑤ 일관된 – 나쁘게 → (A), (B) 둘 다 답이 될 수 없음.

구문 ¹To prove his belief, / he created *photographic composite images* (of *the faces* (of vegetarians and criminals)), // **which** were used **to see if** there was a typical facial appearance for each.
• 첫 번째 전치사구 ( )는 앞의 photographic composite images를 수식하고, 그 안의 두 번째 전치사구 ( )은 앞의 the faces를 수식한다.
• which는 계속적 용법으로 쓰인 관계대명사로 선행사 photographic composite ~ criminals를 부연 설명한다.
• 관계사절 내 if 이하는 명사절로 to see의 목적어 역할을 하며, '~인지 (아닌지)'의 의미이다.

²While the resultant "averaged" faces did little to allow the identification (of either criminals or vegetarians), // Galton **observed** / (that) he **noticed** / **that** the mixed images were more attractive / than any of the individual images.
• 「either A or B (A나 B 둘 중 하나)」는 상관접속사로 명사 criminals와 vegetarians가 병렬 연결되었다.
• 주절의 동사 observed 뒤에 목적어 역할을 하는 명사절을 이끄는 접속사 that이 생략되어 있다.
• noticed 뒤에 위치한 that은 noticed의 목적어 역할을 하는 명사절을 이끄는 접속사이다.

16

주제문
Theater is an ensemble art. Focusing only on the inner mental states (of the individual performers) / will miss the most fundamental aspects (of performance creativity): the emergence of a unique performance / from the unpredictable and always changing interactions (among performers on stage). [1]If every group used a script, // there would be a lot less variability / from night to night. But theater isn't about predictability. Groups attain their best performances / by staying in an improvisation zone (between complete predictability and being out of control). They can't just develop the scene / in a conventional way, // because that would be boring. [2]But they also can't do something so radical // that it doesn't make sense, / surprising all of the other actors and puzzling the audience. [3]The challenge (of staying in this zone) / leads to the group (getting immersed in their task simultaneously), // which actors speak of as "a state of unselfconscious awareness [in which every individual action seems to be the right one / and the group works with apparent perfect synchronicity]."

해석 주제문 연극은 앙상블 예술이다. 개별 연기자들의 내면적 정신 상태에만 초점을 맞추면 공연 창의성의 가장 근본적인 측면, 즉 무대 위의 연기자들 사이의 예측 불가능하고 항상 변화하는 상호 작용에서 독특한 공연이 발생하는 것을 놓치게 될 것이다. 만약 모든 극단이 대본을 사용한다면, 매일 밤 (연극의) 변동성은 훨씬 줄어들 것이다. 하지만 연극은 예측 가능성에 관한 것이 아니다. 극단은 완벽한 예측 가능성과 통제 불능 사이의 즉흥적인 영역에 머물면서 최고의 공연을 얻는다. 그들은 관습적인 방식으로 그 장면을 전개할 수 없는데, 왜냐하면 그것은 지루할 것이기 때문이다. 하지만 그들은 또한 다른 배우들을 모두 놀라게 하고 관객들을 어리둥절하게 하면서 너무 급진적이라 말이 안 되는 일을 할 수는 없다. 이 영역에 머물려는 도전은 극단이 자신들의 역할에 동시에 몰입되도록 하는데, 배우들은 이를 '모든 개별적인 동작이 옳은 것 같고 극단은 명백히 완벽하게 동시에 움직이는, 남의 눈을 의식하지 않는 인식의 상태'라고 말한다.

어휘 ensemble 앙상블, 극단   emergence 발생, 출현 unpredictable 예측 불가능한   variability 변동성, 가변성 predictability 예측 가능성   improvisation 즉흥(적으로 만든 것)   out of control 통제 불능의   conventional 관습적인; 전통적인   radical 급진적인; 근본적인   puzzle 어리둥절하게 하다 immerse 몰입하다, 몰두하다   simultaneously 동시에, 일제히 unselfconscious 남의 눈을 의식하지 않는   synchronicity 동시 발생, 동시성   [선택지 어휘] superlative 최상의; 《문법》 최상급의 mentality 사고방식   morale 사기, 의욕

해설 첫 문장이 글의 전체 내용을 포괄하는 주제문으로, 배우들이 상호 작용을 통해 창의성을 발휘할 때 최고의 공연이 나온다는 내용이다. 따라서 이 글의 주제로 적절한 것은 ② '최상의 연극으로 이어지는 배우들 간의 상호 작용'이다.

오답 Check
① 사회적인 상호 작용과 의사소통에서의 어려움들
→ 글에 언급되지 않은 내용임.
③ 무대 위에서 관객들과 의사소통하는 것의 중요성
→ 관객들과 의사소통하는 것에 관해서는 언급되지 않음.
④ 연기에서 예측 가능성을 만들어내는 배우들의 사고방식
→ 배우들의 사고방식에 대한 내용은 없음.
⑤ 즉흥성이 긍정적인 극단의 사기에 기여하는 이유
→ 글에 언급되지 않은 내용임.

PLUS + 변형문제

해석 가장 훌륭한 연극 공연은 각각의 연기자들이 연기하면서 그들끼리의 (A) 의사소통을 발전시켜 대본을 따르는 것과 (B) 즉석에서 하는 것 사이에서 균형을 맞출 때 발생한다.
해설 공연 창의성의 가장 근본적인 측면은 무대 위 연기자들 사이의 상호 작용, 즉 의사소통(communication)이고 극단이 이를 발전시켜 예측 가능성, 즉 대본과 통제 불능, 즉 즉석에서 하는 것 (improvising) 사이의 영역에 머물 때 최고의 공연을 얻을 수 있다는 내용의 요약문이다.
① 관계 – 상호 작용하는 것
③ 애착 – 준비하는 것
④ 이해 – 리허설하는 것
⑤ 유대 – 계속하는 것
→ ①, ③, ④, ⑤ 모두 글에서 추론할 수 없는 오답.

구문 [1]**If** every group **used** a script, // there **would be** a lot less variability / from night to night.
• 「If+주어+동사의 과거형 ~, 주어+조동사의 과거형+동사원형 ....」의 가정법 과거를 나타내는 문장이다. 가정법 과거는 현재 사실의 반대를 상상하거나 가정할 때 사용한다.

[2]But they also can't do something **so** *radical* // **that** it doesn't make sense, / **surprising** all of the other actors and puzzling the audience.
• 「so+형용사+that ~」은 '너무 …해서 ~하다'의 의미이다.
• surprising 이하는 부대상황을 나타내는 분사구문으로, surprising ~ actors와 puzzling the audience가 and로 병렬 연결되어 있다.

[3]*The challenge* (of staying in this zone) / leads to *the group* (getting immersed in their task simultaneously), // **which** actors speak of as "a state of unselfconscious awareness [**in which** every individual action seems to be the right one / and the group works with apparent perfect synchronicity]."
• which는 계속적 용법으로 쓰인 관계대명사로 which가 이끄는 절이 선행사 the group ~ simultaneously를 부연 설명한다.
• in which는 「전치사+관계대명사」의 형태로 관계사절의 선행사는 a state of unselfconscious awareness이다.

¹Modern mathematics has been developed step by step over many centuries, // which means / the histories of the most recent theories — (having been built upon countless prior developments) — can seem inaccessible to students. At the same time, the level of mathematical sophistication (needed to grasp these theories in their final states) / is incredibly high. For exactly these reasons, math educators often make the mistake (of neglecting the history of mathematical development / in favor of presenting topics in their modern form). While this may seem like an ideal way (to give students a great deal of relevant knowledge in a short time), // it leaves many students lost / in a sea (of remote and arbitrary abstract concepts). This is a shame // because every high-level concept (being taught today) was originally motivated / by simple, common-sense principles. ²Exposing students to this initial motivation, (along with a theory's evolution), firmly places the final concept within a rational framework, // where it can then be applied correctly in practice.

해석 오늘날의 수학은 여러 세기에 걸쳐 차근차근 발전해 왔고, 이는 가장 최근 이론의 역사가 무수한 기존의 발전 위에 쌓아져서 학생들이 이해할 수 없는 것처럼 보임을 의미한다. 동시에, 이러한 이론들의 최종 상태를 완전히 이해하는 데 요구되는 수학적 정교함의 수준은 믿을 수 없을 정도로 높다. 정확히 이러한 이유 때문에, 수학 교육자들은 주제를 현대적 형식으로 제시하는 것을 지지하여 수학 발전의 역사를 등한시하는 실수를 자주 범한다. 이것이 학생들에게 단시간에 많은 관련된 지식을 제공하는 이상적인 방법처럼 보일지 모르지만, 많은 학생들을 동떨어지고 임의적인 추상적 개념의 바다에서 길을 잃은 상태로 내버려 두게 된다. 이는 유감스러운 일인데, 오늘날 가르쳐지고 있는 모든 수준 높은 개념이 원래는 간단하고 상식적인 원칙에 의해 유발된 것이기 때문이다. 주제문 학생들이 이론의 진화와 함께 이러한 초기의 동기 부여를 접하게 하는 것은 최종 개념을 합리적인 틀 안에 확고하게 두게 되는데, 그 틀에서 그것(= 최종 개념)은 실제로 정확히 적용될 수 있다.

어휘 step by step 차근차근, 점차로 countless 무수한, 셀 수 없이 많은 inaccessible 이해할 수 없는; 접근하기 어려운 sophistication 정교함; 세련 grasp 완전히 이해하다, 파악하다 neglect 등한시하다; 방치하다 a great deal of 많은, 다량의 relevant 관련된, 적절한 remote 동떨어진; 먼 arbitrary 임의적인 abstract 추상적인 shame 유감스러운 일; 부끄럼 originally 원래, 본래 common-sense 상식적인; 상식이 풍부한 principle 원칙 expose A to B A가 B를 접하게[경험하게] 하다 initial 초기의 along with ~와 함께 firmly 확고하게; 단호히 rational 합리적인; 이성적인 framework 틀 in practice 실제로, 실제는 [선택지 어휘] inspire 영감을 주다; 고무[격려]하다 lifelong 평생 동안의 essence 본질, 정수 relative 친척; 동족

해설 수학 개념의 역사를 가르치는 것에 대한 의의에 관한 내용이다. 즉 수학 개념이 초기의 간단한 형태에서 시작하여 발전을 거듭하였고, 그 결과 최종 형태가 고난도의 개념으로 나타난 것이므로 그 역사적 발전 과정을 학생들에게 제시해주어야 한다는 내용이다. 따라서 이 글의 제목으로 가장 적절한 것은 ⑤ '이해를 돕기 위해 어려운 수학의 역사를 가르쳐라'이다.

오답 Check
① 수학의 평생 학습에 영감을 주는 방법 → 지문에 언급되지 않은 내용.
② 수학은 모든 과목의 본질 → 지문에 언급되지 않은 내용.
③ 역사는 수학의 가장 먼 친척 → 수학의 역사를 가르쳐야 한다는 글의 내용과 반대되는 내용.
④ 문제 해결은 수학의 최고 동기 요인이다 → 수학 학습에 영향을 미치는 동기 요인에 대한 내용은 아님.

PLUS⁺ 변형문제

해석 학생들이 실용적인 수학 능력을 (A) 육성하도록 도와주기 위해 교사들은 현대 수학의 역사를 (B) 무시하는 것 대신에 그 역사를 학생들에게 제시하기 위해 노력해야 한다.

해설 현대 수학은 오랜 시간에 걸쳐 과거 간단한 개념에서부터 점차 발전해 만들어진 것으로, 학생들이 실용적인 수학 능력을 육성하는(foster) 것을 돕기 위해서는 수학의 역사를 무시해(disregarding) 넘어가면 안 된다는 내용의 요약문이다.
① 테스트하다 - 왜곡하는 것 → (A), (B) 둘 다 답이 될 수 없음.
② 검토하다 - 간과하는 것 → (B)는 답이 될 수 있지만 (A)는 틀림.
③ 개발하다 - 자세히 설명하는 것 → (A)는 답이 될 수 있지만 (B)는 틀림.
⑤ 진척시키다 - 요약하는 것 → (A)는 답이 될 수 있지만 (B)는 틀림.

구문 ¹Modern mathematics has been developed step by step over many centuries, // which means / (that) the histories of the most recent theories — (having been built upon countless prior developments) — can seem inaccessible to students.
• which는 계속적 용법으로 쓰인 관계대명사로 which가 이끄는 절이 선행사인 앞 절 전체(Modern mathematics ~ many centuries)를 부연 설명한다.
• the histories 이하는 동사 means의 목적어에 해당하는 명사절로, 명사절을 이끄는 접속사 that이 생략되었다.
• 명사절 내 having been ~ prior developments는 부대상황을 나타내는 분사구문으로 절 중간에 삽입되었다.

²Exposing students to this initial motivation, (along with a theory's evolution), firmly **places** the final concept within *a rational framework*, // **where** it can then be applied correctly in practice.
• 문장의 주어는 Exposing students ~ a theory's evolution으로 동명사 주어가 쓰였으므로 단수동사 places가 쓰였다.
• where는 계속적 용법으로 쓰인 관계부사로 where이 이끄는 절이 선행사 a rational framework를 부연 설명한다.

16

20 ④ PLUS + ③

We have an unlimited selection of words [we use daily]. ^{주제문} ¹In fact, it's not the quantity, but the quality of the words [that you speak] / that will give you a good return. Whether in correcting, instructing, or even in casual conversation, / words should be fair, rational, and governed by reason. Once in a store, / I heard a mother / ordering her child / not to dare touch // whatever the child was reaching for. The child asked [why she couldn't touch it. The mom's response was, "Because I said so, that's why!" ²The reason (behind her answer) had nothing to do with / [why the child could not touch / whatever she wasn't allowed to touch] / in the first place. Good communication is not always the easiest route (to take) // when you're in a hurry or the kids are acting up, / but it is by far the best. No matter how many whys we hear in a day / from our children, // we should always try to give reasonable answers.

해석 우리는 우리가 매일 사용하는 말들에 대한 무제한적인 선택을 갖고 있다. ^{주제문} 사실, 당신에게 좋은 응답을 가져다줄 것은 당신이 하는 말의 양이 아니라 질이다. (틀린 것을) 바로잡건, 지시를 하건, 혹은 심지어 일상적인 대화에서건 간에, 말은 공정하고, 합리적이고, 이성에 의해 통제되어야 한다. 한번은 상점에서, 나는 어떤 어머니가 자신의 아이에게 손을 뻗는 것은 무엇이든 감히 만지지 말라고 명령하는 것을 들은 적이 있다. 그 아이는 왜 그것을 만질 수 없느냐고 물었다. 어머니의 대답은 이랬다. "내가 그렇게 말했으니까, 그것이 이유야!" 그녀의 대답 이면에 있는 논리는 그 아이가 만지도록 허용되지 않은 것은 무엇이든 만질 수 없었던 이유와 애초에 전혀 관련이 없었다. 당신이 바쁠 때나 혹은 아이들이 제멋대로 행동을 할 때에 좋은 의사소통은 항상 취할 수 있는 가장 쉬운 길인 것은 아니지만, 그것은 단연코 가장 좋은 길이다. 하루에 우리의 자녀들로부터 아무리 많은 이유를 묻는 질문을 듣더라도, 우리는 항상 합리적인 대답을 해주려고 노력해야 한다.

어휘 selection 선택, 선발 quantity 양 quality 질 instruct 지시하다; 가르치다 rational 합리적인 govern 통제[지배]하다 reason 이성, 사고력; 이유 cf. reasonable 합리적인, 타당한 order 명령하다 reach for 손을 뻗다 have nothing to do with ~와 전혀 관련이 없다 in the first place 애초에; 우선 route 길, 경로 act up 제멋대로 행동하다, 말을 안 듣다 by far 단연코 ((최상급 강조))

해설 우리는 사용하는 말의 양보다 질을 고려하여 어떤 대화에서든 공정하고, 합리적이고, 이성적인 말을 사용해야 한다는 주제문(In fact ~ by reason.)을 제시하고 나서 아이에게 상점에서 물건을 만지면 안 되는 이유를 논리 없이 강요하는 어머니의 부정적인 사례를 들며 자녀에게 합리적인 대화를 하도록 노력해야 한다고 마지막 문장에서 다시 주제를 강조하고 있다. 따라서 필자의 주장으로 적절한 것은 ④이다.

오답 Check
① → 우리가 말을 좋게 해야 상대도 좋게 한다는 내용은 언급되지 않음.
② → 지문에 언급되지 않은 내용.
③, ⑤ → 부모와 자녀의 대화의 예에서 유추할 수 있는 내용이지만 글의 주제와는 관계없음.

PLUS + ^{변형문제}

해석 우리가 대화에서 사용하는 말의 (A) 질을 유지하기 위해서, 우리가 어떤 상황에서 누구와 대화하든 간에 말은 (B) 분별 있어야 한다.

해설 대화의 질(quality)은 좋은 대화가 이루어지기 위한 조건으로, 이를 위해서 우리는 누구와 어떤 대화를 하든 간에 우리가 사용하는 말이 합리적이고 분별 있는(sensible)어야 한다는 내용의 요약문이다.
① 양 - 명확한 → (A)는 정답과 반대되며 (B)는 글에서 추론할 수 없음.
② 양 - 의미 있는 → (A)는 정답과 반대되며 (B)는 글에서 추론할 수 없음.
④ 질 - 예의 바른 → (A)는 답이 될 수 있지만 (B)는 틀림.
⑤ 믿음 - 적절한 → (A), (B) 모두 글에서 추론할 수 없는 오답.

구문 ¹In fact, **it's** [not] the quantity, [but] the quality of *the words* [**that** you speak] / **that** will give you a good return.
• 「not A but B」 구문으로 'A가 아니라 B'라고 해석한다.
• [ ]은 목적격 관계대명사 that이 이끄는 절로 선행사 the words를 수식한다.
• 「It is ~ that ... (…하는 것은 (바로) ~이다)」의 강조구문이 쓰였다.

²*The reason* (behind her answer) had nothing to do with / (*the reason*) [**why** the child could not touch / **whatever** she wasn't allowed to touch] / in the first place.
• [ ] 부분은 관계부사 why가 이끄는 관계사절로 생략된 선행사 the reason을 수식한다.
• 복합관계대명사 whatever는 anything that으로 바꿔 쓸 수 있으며 '~하는 것은 무엇이든'이라고 해석한다.

주제문
The burden (to please or impress others) / can be overwhelming. It can cause us to mortgage our lives to the limit / and compromise our self-worth in the process. ¹People pleasing is the opposite of the self-sabotaging behavior (coming from the thought // [that others should make you happy]). If you believe / that your job (in life) is to make others happy / or at least to impress them, // you will suffer from the attitudes and behaviors (of always trying to please others). If at first you do not accomplish this, // you will try longer and harder. Then if you get unsatisfactory responses, // you will become frustrated and even depressed. The inability (to flip the inner switch of someone else) / is enough to drive a people-pleaser insane. ²The need (to make people happy) appears selfless, // but it will destine a person to a life (filled with anxiety and disappointment).

해석 주제문 다른 사람들을 기쁘게 하거나 감동시키려는 부담은 압도적일 수 있다. 그것은 우리가 극단적으로 목숨을 내걸고 달려들게 하고 그 과정에서 우리의 자존감을 손상시킬 수 있다. 사람들을 기쁘게 하는 것은 다른 사람들이 당신을 행복하게 해 주어야 한다는 생각에서 나오는 자기 태만 행위의 정반대이다. 만약 다른 사람들을 행복하게 하거나 최소한 그들에게 감명을 주는 것이 당신의 인생에서 할 일이라고 생각한다면, 당신은 항상 다른 사람들을 기쁘게 하려고 노력하는 태도와 행동들로 고통받을 것이다. 당신이 처음에 이를 성취하지 못한다면, 당신은 더 오래 그리고 더 열심히 노력할 것이다. 그리고 만약 불만족스러운 반응을 얻는다면, 당신은 좌절하고 심지어 우울해질 것이다. 다른 사람의 내면의 스위치를 켤 수 없는 것은 타인을 기쁘게 하려는 사람을 미치게 만들기에 충분하다. 사람들을 행복하게 하려는 욕구는 이타적으로 보이지만, 그것은 한 개인을 불안과 실망으로 가득한 삶으로 운명지을 것이다.

어휘 burden 부담; 짐 overwhelming 압도적인 to the limit 극단적으로 compromise 손상시키다; 타협하다 flip (스위치를) 켜다; (손가락으로) 튀기다 insane 미친, 제정신이 아닌 selfless 이타적인, 이기심[욕심] 없는 destine 운명짓다; 미리 정해 두다 [선택지 어휘] adjust to ~에 적응하다 stressful 스트레스가 많은 let go of ~을 놓아주다 request 요구[요청]; 요구[요청]하다 emotional state 정서 상태

해설 다른 사람들을 기쁘게 하려는 것은 불안과 실망으로 사람을 고통받게 한다는 내용의 글이다. '다른 사람들의 내면의 스위치를 켤' 수 없는 것이 타인을 기쁘게 하려는 사람을 미치게 한다는 것은 다른 사람들에게서 자신이 바라는 반응을 얻지 못해서 좌절한다는 의미이다. 따라서 밑줄 친 부분이 의미하는 것은 ④ '다른 사람들의 태도를 통제하다'이다.

오답 Check
① 스트레스가 많은 일에 적응하다
→ 다른 사람을 감동시키려는 것이 부담이 된다는 내용을 이용한 오답.
② 오래된 관계를 놓아주다
→ 다른 사람들과의 관계에 대한 내용을 이용한 오답.
③ 다른 사람들의 요구를 거절하다
→ 원하는 반응을 못 얻었을 때 고통받는다고는 했지만 타인의 요구에 관한 내용은 언급되지 않음.
⑤ 다른 사람들의 정서 상태를 고려하다
→ 지문에 언급되지 않은 내용.

PLUS+ 변형문제

해설 항상 다른 사람들을 기쁘게 하려고 노력하면 불안과 실망으로 고통받게 된다는 내용의 글이므로, 제목으로 가장 적절한 것은 ② '타인을 기쁘게 하는 사람인 것이 이익이 되지 않는 이유'이다.
① 이기적인 사람들이 협력하게 만드는 방법
→ 글에 언급되지 않은 내용.
③ 다른 사람들의 부정적인 의견을 극복하기
→ 다른 사람들로부터 원하는 반응을 얻지 못하는 것에 대한 언급은 있으나, 이것이 글의 요지는 아님.
④ 행복은 다른 사람을 행복하게 만드는 것에서 온다
→ 글의 내용과 반대되는 내용.
⑤ 자신의 일에만 신경 써라. 당신은 남을 바꿀 수 없다
→ 다른 사람의 태도와 행동을 바꿀 수 없다는 언급은 있으나, 이것이 글의 요지는 아님.

구문 ¹People pleasing is the opposite of *the self-sabotaging behavior* (coming from **the thought** // [**that** others should make you happy]).
• ( ) 부분은 coming이 이끄는 현재분사구로 앞에 있는 명사 the self-sabotaging behavior를 수식한다.
• the thought와 that 이하는 동격 관계이다.

²*The need* (**to make** people happy) appears selfless, // but it will destine a person to *a life* (filled with anxiety and disappointment).
• 첫 번째 ( )은 형용사적 용법의 to부정사구로 주어 The need를 수식한다.
• 두 번째 ( )은 과거분사구로 앞에 있는 a life를 수식한다.

17

[1]Uncertainty (about what tool or procedure to use) is a problem (common to all the scientific disciplines). The development of new tools allows scientists / to answer questions [they could not answer in the past], // and the answers (to those questions) will lead to new questions, and so on. Therefore, _{주제문} new technologies and procedures are crucial / to the progress of science. At the same time, other scientists (unfamiliar with a new tool) may express skepticism / and call for others to replicate the experiments. [2]People find this skepticism annoying // because they are not familiar with the fact [that uncertainty (about experimental tools) is an aspect of science]. From their perspectives, the skepticism may seem like waffling, // especially when they are trying to make decisions / on the basis of scientific information. However, if a new technique is the source of the uncertainty, // _{주제문} time and future experiments will confirm or disconfirm its usefulness / and clear it up.

해석 어떤 도구나 절차를 사용할지에 대한 불확실성은 모든 과학 분야에 있어 공통적인 문제이다. 새로운 도구의 개발은 과학자들이 과거에 답하지 못했던 질문에 답하게 해주고, 그 질문에 대한 대답은 새로운 질문 등으로 이어질 것이다. 따라서 _{주제문} 새로운 기술과 절차는 과학의 발전에 매우 중요하다. 동시에, 새로운 도구에 익숙하지 않은 다른 과학자들은 회의론을 표명하고 다른 과학자들에게 그 실험을 반복하도록 요구할 수도 있다. 사람들은 실험 도구에 대한 불확실성이 과학의 한 측면이라는 사실에 익숙하지 않기 때문에 이 회의론을 짜증 나는 것으로 생각한다. 그들의 관점에서, 특히 그들이 과학적 정보에 근거하여 결정을 내리려고 할 때 회의론은 쓸데없는 말을 하는 것처럼 보일 수도 있다. 그러나 새로운 기법이 불확실성의 원천이라면, _{주제문} 시간과 미래의 실험은 그 유용성을 입증하거나 부당성을 입증해서 그것(= 불확실성)을 해결할 것이다.

어휘 uncertainty 불확실성 discipline 학문 (분야) crucial 매우 중요한; 결정적인 call for 요구하다 replicate 반복하다; 복제하다 annoying 짜증스러운 experimental 실험의; 실험적인 aspect 측면, 양상 perspective 관점, 시각 on the basis of ~에 근거하여, ~을 기반으로 disconfirm 부당성을 입증하다 clear up 해결하다, 설명하다; 정리하다

해설 새로운 기술과 과학의 발전, 그리고 불확실성에 관한 글로, 새로운 기술은 과거에 답하지 못했던 질문에 답하게 해줌으로써 과학의 발전을 가져오기도 하지만 과학자들 사이에서 불확실성 또한 야기할 수 있는데, 이 불확실성은 시간이 지나면서 해결된다는 내용이다. 이를 종합했을 때 이 글의 요지로 가장 적절한 것은 ⑤이다.

오답 Check
① → 회의론이 발전을 저해한다는 내용은 없음.
② → 과학 기술이 급속한 발전에 대한 문제점은 언급되지 않음.
③ → 글에 언급되지 않은 내용임.
④ → 회의론이 과학 발전에 대한 비판적 시각을 갖게 한다는 내용은 없음.

PLUS+ 변형문제

어휘 bring about 가져오다, 일으키다 advancement 발전, 진보

해석 새로운 기술과 절차가 과학 발전을 가져온다는 것은 의심할 여지가 없지만, 새로운 도구에 대한 과학자들의 (A) 경험 부족으로 인해 그것들(= 새로운 기술과 절차)은 또한 불확실성의 원인이 되는데, 그것(= 불확실성)은 시간이 흐르면서 그리고 발전이 지속적으로 이루어지면서 (B) 감소한다.

해설 과학계에서 새로운 기술과 절차에 익숙하지 않은 경험 부족(inexperience)은 종종 불확실성을 초래하지만, 이러한 불확실성은 시간이 흐르면서 해결된다고 했으므로, 이는 감소한다(decreases)는 내용의 요약문이다.
① 무지 – 폭발하다 → (A)는 답이 될 수 있지만 (B)는 틀림.
② 회의론 – 증가하다 → (A)는 답이 될 수 있지만 (B)는 틀림.
③ 약점 – 오르다 → (A)는 답이 될 수 있지만 (B)는 틀림.
⑤ 비난 – 사라지다 → (B)는 답이 될 수 있지만 (A)는 틀림.

구문 [1]Uncertainty (about what tool or procedure to use) is *a problem* (common to all the scientific disciplines).
- 첫 번째 ( )는 전명구로 앞에 있는 Uncertainty를 수식한다.
- 두 번째 ( )는 형용사구로 앞에 있는 a problem를 수식한다. common 앞에 which is가 생략된 것으로도 볼 수 있다.

[2]People **find** *this skepticism* **annoying** // because they are not familiar with **the fact** [**that** *uncertainty* (about experimental tools) is an aspect of science].
- 「find+O+O·C」의 5형식 문장으로 목적격보어 자리에 형용사 annoying이 쓰였다.
- 접속사 that은 앞에 있는 명사 the fact를 부연 설명하는 동격절을 이끈다.

Plants (firmly rooted in place in temperate zones) must disperse their offspring / by various means (including wind and gravity). Some plants are often inferior to others, // so they must disperse as widely as possible / to find new places (to grow) [that give better chances of survival]. ¹Other plants may persist in old habitats; // but young plants must be able to move far enough away / from their parents / not to have to compete with them, and to avoid enemies (like predators) and disease [that may accompany their parents]. Tropical plants face the same dispersal problems [that temperate zone plants do], and plants (in both regions) do show some of the same solutions / to the problem. ²But in a tropical rainforest / the favored solutions are ones (seldom used in a temperate woodland). This is because many of the dispersal methods, / including dispersal by wind and gravity, / are not particularly well suited for most plants / in a mature rainforest. Instead, plants in rainforests must rely on other methods, / such as dispersal by animals.

해석 온대 지역에서 제자리에 단단히 뿌리를 내리고 있는 식물들은 바람과 중력을 포함한 다양한 방법으로 자손을 퍼뜨려야 한다. 어떤 식물은 종종 다른 식물들보다 열등해서 살아남을 가능성이 더 높은 새로운 성장 장소를 찾으려면 가능한 한 멀리 퍼져야 한다. 다른 식물들은 오래된 서식지에서 살아남을 수도 있지만, 어린 식물들은 부모와 경쟁할 필요가 없고, 포식자와 같은 적들과 부모가 가지고 있을 수도 있는 질병을 피할 만큼 부모로부터 충분히 멀리 이동할 수 있어야 한다. 열대성 식물은 온대성 식물과 동일한 확산 문제에 직면해 있고, 두 지역의 식물들은 그 문제에 대해 일부 같은 해결책을 보여준다. 그러나 열대우림에서 가장 선호되는 해결책은 온대 삼림 지대에서 거의 사용되지 않는 것이다. 이는 바람과 중력에 의한 확산을 포함하여 많은 확산 방법이 성숙한 열대우림에 있는 대부분의 식물에 그다지 적합하지 않기 때문이다. 대신, 열대우림의 식물들은 동물에 의한 확산과 같은 다른 방법들에 의존해야 한다.

어휘 in place 제자리에   temperate zone 온대 지역   disperse 퍼뜨리다; 흩어지다[확산시키다] *cf.* dispersal 확산; 분산   offspring 자손, 자식   inferior 열등한   predator 포식자   accompany 동반하다, 딸리다   not particularly 그다지, 별로   suited 적합한   **[선택지 어휘]** circumstance 환경, 상황   mechanism (특정 기능을 하는) 메커니즘, 기제

해설 뚜렷한 주제문이 없는 글로, 전체 내용을 종합해 주제를 찾아야 한다. 글 전반부에서는 온대 지역 식물들이 종자를 퍼뜨리는 방식으로 번식을 한다는 내용이 나오고, 후반부에는 열대성 식물도 마찬가지로 확산을 통해 번식하긴 하지만 그 방식에서 약간의 차이가 있음이 서술되고 있다. 따라서 이 글의 주제로 가장 적절한 것은 ④ '씨앗 확산의 메커니즘과 그 차이에 영향을 주는 환경'이다.

오답 Check
① 종자를 퍼뜨리는 더 좋은 방법을 찾기 위해 식물이 사용하는 방법
→ 글의 요지에서 벗어남.
② 식물의 종자를 퍼뜨리는 어려움의 환경적 원인
→ 글에 언급되지 않은 내용임.
③ 식물이 잘 자라는 안전한 환경을 찾는 데 겪는 문제
→ 식물이 잘 자라는 안전한 환경에 관한 언급은 있으나 그것을 찾는 데 겪는 문제는 언급되지 않음.
⑤ 다른 지역 출신의 식물이 종자를 퍼뜨리는 데 겪는 공통의 어려움
→ 두 지역 식물의 번식 방법에서의 유사점과 차이점을 설명하는 글임.

PLUS + 변형문제

해석 온대 지역과 열대 지역 식물들은 새로운 성장 장소에 씨앗을 (A) 퍼뜨림으로써 번식을 하며, 그것이 일어나는 방식은 그 식물의 (B) 환경에 따라 달라진다.

해설 온대와 열대 지역 식물들은 씨앗을 퍼뜨림(scattering)으로써 번식하는데, 온대 지역 식물이 쓰는 확산 방식과 열대 지역 식물이 쓰는 확산 방식은 그들이 자라는 환경(environment)에 따라 다르다는 내용의 요약문이다.
① 확산시키는 – 포식자 → (A)는 답이 될 수 있지만 (B)는 틀림.
③ 고무시키는 – 관점 → 글에서 추론할 수 없는 오답.
④ 대량 서식하는 – 성숙한 상태 → (A), (B) 모두 답이 될 수 없음.
⑤ 균형을 유지하는 – 나이 → 글에서 추론할 수 없는 오답.

구문 ¹Other plants may persist in old habitats; // but young plants must be able to move far enough away / from their parents / not to have to compete with them, and to avoid *enemies* (like predators) and *disease* [**that** may accompany their parents].
• to have to compete와 to avoid가 and로 병렬 연결되어 있다.
• [ ] 부분은 주격 관계대명사 that이 이끄는 관계사절로 선행사 disease를 수식한다.

²But in a tropical rainforest / the favored solutions are **ones** (seldom used in a temperate woodland).
• ( )는 과거분사구로 앞에 있는 대명사 ones를 수식한다.
• 대명사 ones는 앞에 언급된 the favored solutions의 반복을 피하기 위해 사용되었다.

17

¹A good way (to approach the question of whether we need some knowledge to appreciate nature) / is to ask whether appreciation (based on false belief) should be regarded as essentially flawed. If such appreciation is flawed, // then *some* knowledge is required for proper appreciation. Certain sorts of false belief / should be regarded as permitting genuine appreciation of nature // if one is faultless in holding them. ²There may have been a time, for example, [when people were faultless / in believing whales and dolphins were fish]. Should we say // they were unable to see the beauty of these creatures? We shouldn't say // that they were unable to see the beauty (of these creatures) / just as we shouldn't think / that people (of an earlier age) / could not see the beauty (of the human body) / because they radically misunderstood the nature of the body. The art of the past shows us / that people could appreciate human beauty, // even though their understanding (of the human body) was deeply flawed. It indicates // that some amount of false belief / does not disqualify the appreciative experience.

[해석] 주제문 우리가 자연을 감상하는 데 약간의 지식이 필요한지에 대한 질문에 접근하는 한 가지 좋은 방법은 잘못된 생각에 기초한 감상이 본질적으로 결함이 있는 것으로 여겨져야 하는지를 질문하는 것이다. 만약 그런 감상이 결함이 있는 것이라면, 적절한 감상을 위해 '약간의' 지식이 필요하다. 만약 어떤 사람이 그것들(= 잘못된 생각)을 갖고 있는 것에 대해 잘못이 없다면 어떤 종류의 잘못된 생각은 자연을 진실하게 감상하는 것을 가능하게 하는 것으로 여겨져야 한다. 예를 들어, 사람들이 고래와 돌고래가 어류라고 생각하는 것이 틀리지 않았던 때가 있었을지도 모른다. 그들이 이러한 생물들의 아름다움을 볼 수 없었다고 말해야 하는가? 우리는 그들이 인체의 본질을 근본적으로 잘못 이해했기 때문에 더 이른 시대의 사람들이 인체의 아름다움을 볼 수 없었다고 생각할 수 없는 것처럼 그들이 이러한 생물들의 아름다움을 볼 수 없다고 말할 수는 없다. 과거의 예술은 인체에 대한 (과거) 사람들의 이해가 매우 잘못되어 있었을지라도 그들이 인간의 아름다움을 감상할 수 있었다는 것을 우리에게 보여준다. 그것은 주제문 어느 정도의 잘못된 생각이 감상하는 경험을 막지는 못한다는 것을 시사한다.

[어휘] approach (문제·업무 등에) 접근하다[착수하다] appreciate 감상하다; 올바르게 인식하다 *cf.* appreciation 감상; 인식 appreciative 감상하는; 고마워하는 essentially 본질적으로 flawed 결함이 있는 permit 가능하게 하다, 허용하다 radically 근본적으로; 과격하게 disqualify 자격을 빼앗다; 부적격으로 간주하다 **[선택지 어휘]** abandon 버리다, 포기하다 fool 속이다, 기만하다

[해설] 글의 첫 문장에 제시된 질문 '자연을 감상하는 데 약간의 지식이 필요한지'와 마지막 문장에서 나온 이에 대한 대답 '어느 정도의 잘못된 생각이 감상의 경험을 막지는 못한다'가 글의 주제문에 해당한다. 글의 중반부 고래와 돌고래의 예시, 인체에 대한 아름다움을 감상하는 것에 대한 예시가 주제문을 보충 설명하고 있다. 따라서, 이 글의 제목은 ⑤ '자연을 아는 것과 감상하는 것은 함께 가야 하는가(= 자연을 알아야만 감상할 수 있는가)?'이다.

[오답 Check]
① 자연을 더 즐겨라, 즉 잘못된 믿음을 버려라 → '자연을 더 즐겨라'는 요지와 부합하지만, '잘못된 믿음을 버려라'는 반대됨.
② 우리가 잘못된 생각에 쉽게 속는 이유
→ 지문에 반복되는 false belief를 이용한 오답임.
③ 당신의 믿음을 바꾸고 자연을 새로운 방식으로 보라
→ 믿음이 자연을 감상하는 데 중요하지 않다는 요지의 글임.
④ 잘못된 믿음 대(對) 참된 믿음, 즉 감상에서의 역할들
→ 지식의 참, 거짓 여부가 감상에서 큰 역할을 하지 않는다고 하며 감상에서 지식의 필요 여부에 주안점을 둔 글임.

PLUS + 변형문제

[어휘] admiration 감탄, 존경
[해석] 우리는 자연에 대한 지식이 그것을 향유하는 데 (A) 필수적이라고 생각할 수 있지만, 자연을 감탄하며 바라보는 것은 우리가 그것에 대해 아는 정보에 의해 (B) 영향을 받지 않을 수 있기 때문에, 이것이 꼭 사실인 것은 아니다.
[해설] 우리가 자연을 감상하는 데 있어 지식은 필수적(mandatory)이라고 볼 수 없으며, 기존 지식에 결함이 있을지라도 자연을 감상하는 데 있어 그 정보의 영향을 받지(affected) 않을 수 있다는 내용의 요약문이다.
② 의미 있는 – 받아들여진 → (B)는 답이 될 수 있지만 (A)는 틀림.
③ 입증된 – 결정된 → (B)는 답이 될 수 있지만 (A)는 틀림.
④ 관련 있는 – 등급이 나뉜 → 글에서 추론할 수 없는 오답.
⑤ 고정된 – 입수된 → 글에서 추론할 수 없는 오답.

[구문] ¹A *good way* (**to approach** the question **of whether** we need some knowledge to appreciate nature) / is **to ask whether** *appreciation* (based on false belief) should be regarded as essentially flawed.
• to approach ~ to appreciate nature는 형용사적 용법으로 쓰인 to부정사구로 앞의 A good way를 수식한다.
• whether는 '~인지 아닌지'의 의미로 명사절을 이끄는 접속사이다. 밑줄 친 두 개의 whether절은 각각 of와 to ask의 목적어로 쓰였다.

²There **may have been** *a time*, for example, [**when** people were faultless / in believing whales and dolphins were fish].
• 「may have p.p.」는 '~이었을 수도 있다'라는 의미로, 과거 사실에 대한 불확실한 추측을 나타낸다.
• [ ] 부분은 관계부사 when이 이끄는 관계부사절로 선행사 a time을 수식한다.

20 ⑤ PLUS+ ①

The unconventional is for the young [who are not comfortable with conventions / and take great pleasure in going against them]. The danger is that as we age, // we want more comfort and predictability / and lose our taste (for the unusual). This is how one of the greatest strategists (in the history of our world), Napoleon, / declined as a strategist: // he came to rely more on the size of his army and on its superior weapons / than on novel strategies. He lost his taste (for the spirit of strategy) / and gave in to the growing weight of his accumulating years. ¹You must fight the psychological aging process even more than the physical one, // for a mind (full of strategies and tricks) will keep you young. ²Make a point of breaking habits [you have developed] / and act in a way [that is contrary to how you have operated in the past].

해석 관습에 얽매이지 않는 것은 관습에 편안해하지 않고 그것들을 거스르는 데 큰 기쁨을 얻는 젊은이들을 위한 것이다. 위험한 것은 나이가 들면서 우리는 더 많은 편안함과 예측 가능성을 원하고 색다른 것에 대한 감각을 잃게 된다는 것이다. 이런 식으로 세계 역사에서 가장 위대한 전략가 중 한 명인 나폴레옹이 전략가로서 쇠퇴하게 되었다. 그는 새로운 전략들보다 그의 군대 규모와 우월한 무기들에 더 의존하게 되었다. 그는 전략 정신에 대한 감각을 잃었고 쌓여가는 세월의 축적되는 무게에 굴복했다. 당신은 신체적 노화 과정보다 심리적 노화 과정에 훨씬 더 맞서 싸워야 하는데, 이는 전략과 교묘한 수법으로 가득 찬 마음이 당신을 젊게 유지시켜 줄 것이기 때문이다. **주제문** 반드시 당신이 길러온 습관들을 깨고 과거에 당신이 움직여 온 방식에 반대되는 방식으로 행동하라.

어휘 unconventional 관습에 얽매이지 않는; 색다른, 독특한 convention 관습, 인습; 집회, 대회 predictability 예측 가능성 decline 쇠퇴하다; 거절하다; 기울다 strategist 전략가 novel 새로운, 참신한 give in to A A에 굴복하다 accumulate 축적되다; 쌓다, 모으다 aging process 노화 과정 make a point of v-ing 반드시 v하다 contrary 반대되는

해설 이 글은 심리적 노화를 경계하라는 내용이다. 필자는 중반부에서 나폴레옹의 예를 든 뒤, 명령문으로 표현된 마지막 문장을 통해 습관을 깨고 과거와는 반대로 행동하라고 했으므로 필자의 주장으로 가장 적절한 것은 ⑤이다.

오답 Check
① → 지문에 언급되지 않은 내용.
② → 지문에 언급되지 않은 내용.
③ → 습관들을 깨고 과거 관습에 반대되어야 한다는 글의 내용과 반대되는 내용.
④ → 나이가 드는 것에 관한 내용이 언급되긴 했으나 글의 주제는 아님.

PLUS+ 변형문제

해석 오래된 관습과 관행을 (A) 버리는 것과 (B) 익숙지 않은 방식으로 행동하는 것은 당신이 심리적 노화 과정을 늦추는 것을 돕는다.

해설 심리적 노화에 맞서 이를 경계하기 위한 방법으로 과거부터 지금까지 길러온 습관이나 관습을 버리고(Discarding) 이와 다른 익숙지 않은(unfamiliar) 방식으로 행동해야 함을 언급하면서, 이를 통해 결과적으로 새로운 것에 대한 감각을 유지하게 된다는 내용의 요약문이다.
② 재검토하는 것 – 직접적인 → (A), (B) 둘 다 답이 될 수 없음.
③ 보존하는 것 – 예기치 않은 → (B)는 답이 될 수 있지만 (A)는 틀림.
④ 거부하는 것 – 방어적인 → (A)는 답이 될 수 있지만 (B)는 틀림.
⑤ 유지하는 것 – 성숙한 → (A), (B) 둘 다 답이 될 수 없음.

구문 ¹You must fight the psychological aging process even more than the physical one, // **for** *a mind* (full of strategies and tricks) will keep you young.
- 여기서 for는 '(왜냐하면) ~때문이다'라는 의미의 등위접속사로 앞 절(You must ~ physical one)과 뒤 절(a mind ~ you young)을 대등하게 연결하고 있다.

²Make a point of breaking *habits* [**(which[that])** you have developed] / and act in *a way* [**that** is contrary to how you have operated in the past].
- 첫 번째 [ ]은 목적격 관계대명사 which[that]가 생략된 관계사절로 선행사 habits를 수식한다.
- 두 번째 [ ]은 관계부사절로 선행사 a way를 수식한다. 선행사 a way와 how는 같이 쓰일 수 없으므로 관계부사 how 대신에 that이 쓰였다.

Cool technology makes the anonymity / in mediated environments (like online message boards) more possible today / than ever before. At the same time this techno-combo makes true anonymity (in physical life) much harder. For example, you don't need to submit your personal information // when using a mobile application. Instead, your gender, age, and geographical location are identified / based on your behavior in the network. [1]A world [where everything (about a person) can be found and archived] / is a world (with no privacy), // and therefore many technologists are eager to maintain anonymity. However, anonymity is like a trace element. These elements are necessary / in keeping a cell alive, // but the amount needed is too small to measure. As a trace element (in vanishingly small doses), it's good for the system / by enabling the occasional whistleblower. But if anonymity is present / in any significant quantity, // it will poison the system. [2]Are you willing to pump up the levels (of metallic elements in your body) / to make it stronger? You shouldn't be.

주제문

해석 멋진 기술은 온라인 게시판과 같은 매개 환경에서 그 어느 때보다도 오늘날 익명성을 더 가능하게 한다. 동시에 이런 기술 결합은 실제 삶에서 진정한 익명성을 훨씬 더 어렵게 만든다. 예를 들어, 당신은 모바일 애플리케이션을 사용할 때 개인 정보를 제공할 필요가 없다. 대신 당신의 성별, 나이, 지리적 위치가 네트워크 안에서의 당신의 행동을 기반으로 밝혀진다. 한 사람에 대한 모든 것이 발견되고 보관될 수 있는 세상은 사생활이 없는 세상이어서 많은 과학기술 전문가들은 익명성을 유지하기를 열망한다. **주제문** 그러나 익명성은 미량 원소와 같다. 이러한 원소들은 세포를 살아있게 하는 데 필수적이지만, 필요한 양은 너무 적어서 측정할 수 없다. 사라질 정도로 적은 양의 미량 원소로서, 때때로 내부 고발자를 가능하게 하여 시스템에는 유익하다. 그러나 만약 상당한 양의 익명성이 존재한다면, 그것은 시스템을 해칠 것이다. 더 강해지기 위해 체내의 금속 원소 수치를 증가시킬 의향이 있는가? 그래서는 안 된다.

어휘 anonymity 익명(성)　　mediate (정보) 전달의 매개를 하다; 조정[중재]하다　　physical 실제의; 신체의; 물질적인 geographical 지리(학)적인　archive (기록을) 보관하다　be eager to-v v하길 열망하다, v하고 싶어 하다　maintain 유지하다, 지키다　element 원소; 요소　measure 측정하다; 판단[평가]하다 vanishingly 사라지게　dose (어느 정도의) 양, 약간; (약의) 복용량 occasional 때때로의, 가끔의　whistleblower 내부 고발자 metallic 금속의; 금속성의　**[선택지 어휘]** alternative 대안(의) abuse 남용(하다)　in vain 헛되이

해설 사생활 보호를 위해 필요한 익명성의 정도에 대한 내용이다. 기술 전문가들이 익명성을 유지하기를 원한다는 내용 뒤에 역접의 연결어 However를 사용하여 익명성을 미량 원소에 비유하며 아주 적은 정도의 익명성은 사회 시스템에 도움이 될 수 있지만, 과하면 독이 될 것이라고 하면서 과도한 익명성에 대해 반대하고 있으므로, 밑줄 친 부분이 의미하는 것은 ④ '사생활을 보호하기 위해 익명성을 남용하여 사회를 위태롭게 하다'이다.

오답 Check
① 익명성의 대안을 생각해 내다
→ 익명성의 대안을 모색하는 내용은 없음.
② 완전한 개방에 초점을 맞추기 위해 익명성을 피하다
→ 적절한 정도의 익명성은 사회에 도움이 된다고 했음.
③ 사회를 더 좋게 만드는 방식으로 익명성을 추구하다
→ 과한 익명성이 사회를 위태롭게 한다는 내용과 반대됨.
⑤ 온라인 편의성을 바라며 사생활을 헛되이 희생하다
→ 온라인에서의 편의성을 위해 사생활을 희생하는 것은 언급되지 않음.

PLUS+ 변형문제

어휘 endanger 위태롭게 하다　transparency 투명성
해설 익명성은 꼭 필요한 것이긴 하지만, 너무 과한 익명성은 사회에 문제가 될 수 있다는 내용이므로, 이 글의 제목으로 적절한 것은 ③ '사회 속 익명성, 즉 우리가 필요한 것은 아주 조금이다'이다.
① 온라인 안전의 핵심은 익명성
→ 온라인 안전과 익명성의 관계에 대한 언급은 없음.
② 사생활이 없는 세상에서 살아남는 방법
→ 사생활을 보호하기 위해 익명성이 유지되기를 바란다는 의견도 있다고 했지만 살아남는 방법에 대한 언급은 없음.
④ 익명성 뒤에 숨다, 이는 투명성을 위태롭게 한다
→ 익명성이 투명한 온라인 활동을 위태롭게 한다는 언급은 없음.
⑤ 익명성이 온라인에서 사적일 수 있는 유일한 방법인가?
→ 익명성이 온라인에서 사생활을 지키는 유일한 방법이라는 언급은 없음.

구문 [1]*A world* [**where** *everything* (about a person) can be found and archived] / is *a world* (with no privacy), // and therefore many technologists are eager to maintain anonymity.
• [ ] 부분은 관계부사 where가 이끄는 관계사절로 선행사 A world를 수식한다.
• ( ) 부분은 모두 전치사구로 각각 앞에 있는 명사 everything과 a world를 수식한다.

[2]**Are you willing to pump up** *the levels* (of metallic elements in your body) / **to make** *it* **stronger**?
• 「be willing to-v」는 '기꺼이 v하다'라는 뜻이다.
• to make it stronger는 목적을 나타내는 부사적 용법의 to부정사구이며, 「make+O+O·C」의 구조로 목적격보어에 형용사(stronger)가 쓰였다.

Often, our estimates (of frequencies, probabilities, and even the desirability of consequences) are vague. ¹In ambiguous situations, / people form an "anchor" [that serves as a starting point], and adjust their estimate from this anchor, // which nevertheless remains too close to it. If we recalled / that a house sold for approximately $200,000 / and wanted to pinpoint the precise amount, // we would start our efforts to infer a more exact estimate with that value. As a result, we would end up with estimates [that are similar to the original number], / ignoring the possibilities [that our memories were faulty / or the number was inaccurate]. A similar situation occurs // when we toss a coin: we expect 2 heads in 4 tosses (even though the probability of that particular occurrence is only 3/8). ²Research indicates // that this cognitive limit is a natural result of our limited attention "channels" / by focusing on the anchor values at the start of the judgement / and the relevant information [that the judge has available in memory or at hand].

해석 빈도, 확률, 그리고 심지어 결과의 바람직함에 대한 우리의 추정치는 확실하지 않을 때가 많다. 주제문 모호한 상황에서, 사람들은 초기 값으로 작용하는 '기준점'을 설정하고 이 기준점으로부터 자신의 추정치를 조정하는데, 그럼에도 불구하고 그것(= 기준점)에 매우 근접한 상태를 유지한다. 만약 우리가 집이 대략 20만 달러에 팔린 것을 기억하고 정확한 금액을 나타내기를 원한다면, 우리는 그 기준점의 값에서 좀 더 정확한 추정치를 추론하려는 노력을 시작할 것이다. 그 결과 우리의 기억이 잘못되었거나 값이 잘못되었을 가능성은 무시한 채 결국 원래의 값과 비슷한 값을 추정하게 될 것이다. 비슷한 상황이 동전 던지기를 할 때 일어나는데, (이러한 특정한 사건에서의 확률이 여덟 번 중 세 번밖에 안 되는데도) 네 번 던지면 앞면이 두 번 나오기를 기대한다. 연구에 따르면, 이러한 인지적 한계는 판단을 시작할 때의 기준점이 가진 값에 집중하고 판단하는 사람의 기억에 있거나 (그 사람이) 즉시 이용 가능한 관련된 정보에 집중함으로써 관심 '채널'이 제한된 당연한 결과이다.

어휘 estimate 추정(치); 견적서; 추정하다   frequency 빈도   probability 확률; 가능성; 개연성   desirability 바람직함   vague 확실치 않은; 애매모호한   ambiguous 모호한, 애매한   pinpoint 정확하게 나타내다   end up with 결국 ~하게 되다   toss (가볍게 아무렇게나) 던지다   occurrence 사건; 발생(하는 것)   cognitive 인지[인식]의   relevant 관련된; 적절한

해설 글의 첫 문장은 도입이며 두 번째 문장이 주제문(In ambiguous ~ close to it.)으로 판단의 기준이 될 수 있는 정보가 주어질 경우 사람들은 그 기준점에 맞춰 생각을 조정하게 된다는 내용이다. 주제문 다음에 이어지는 두 가지 예시(집의 가격과 동전 던지기)가 주제문을 보충 설명하고 있다. 따라서 이 글의 요지로 가장 적절한 것은 ③이다.

오답 Check
① → 지문에 언급되지 않은 내용임.
② → 섣부른 일반화의 오류에 대한 언급은 없음.
④ → 판단을 내리는 데 있어 인간의 인지적 한계가 영향을 미친다는 언급은 있지만 이것이 글의 주된 내용은 아님.
⑤ → 고착된 생각과 집중력의 관계에 대한 언급은 없음.

PLUS + 변형문제

어휘 evaluation 평가   assumption 추정
해석 어떤 상황에 대한 우리의 평가는 (A) 고정 관념을 토대로 하며, 비슷한 상황에 대한 우리의 추정은 그것과 크게 (B) 다르지 않을 것이다.
해설 어떤 상황에 대해 판단의 기준점이 될 만한 경험이나 정보, 즉 고정 관념(stereotype)이 있으면 그 기준점을 기준으로 생각하기 때문에 비슷한 상황에 대해서도 크게 다르지(differ) 않은 비슷한 결론을 내리게 된다는 내용의 요약문이다.
② 관점 – 벗어나다 → (B)는 답이 될 수 있지만 (A)는 틀림.
③ 고정 관념 – 발생하다 → (A)는 답이 될 수 있지만 (B)는 틀림.
④ 관점 – 변하다 → (B)는 답이 될 수 있지만 (A)는 틀림.
⑤ 원칙 – 유래하다 → (A), (B) 둘 다 답이 될 수 없음.

구문 ¹In ambiguous situations, / people form *an "anchor"* [**that** serves as a starting point], and adjust *their estimate* from this anchor, // **which** nevertheless remains too close to it.
• 주격 관계대명사 that은 선행사 an "anchor"를 수식하는 관계사절을 이끈다.
• which가 이끄는 관계사절은 계속적 용법으로 쓰여 선행사 their estimate를 보충 설명한다.

²Research **indicates** // **that** this cognitive limit is a natural result of our limited attention "channels" / by **focusing on** the anchor values at the start of the judgement / and *the relevant information* [**that** the judge has available in memory or at hand].
• 첫 번째 that 이하는 동사 indicates의 목적어 역할을 하는 명사절이다.
• the anchor values ~ the judgement와 the relevant ~ at hand는 focusing on의 목적어로, 접속사 and로 병렬 연결된다.
• [ ] 부분은 목적격 관계대명사 that이 이끄는 관계사절로 선행사 the relevant information을 수식한다. that 뒤에는 동사 has의 목적어가 없는 불완전한 절이 이어진다.

주제문

Ignorance of nature's ways led people (in ancient times) / to invent gods for every aspect (of human life). There were gods of love and war; of the sun, earth, and sky; of the oceans and rivers; of rain and thunderstorms; even of earthquakes and volcanoes. When the gods were pleased, // mankind was treated to good weather, peace, and freedom (from natural disaster and disease). When they were displeased, // there came drought, war, and epidemics. Since the connection between cause and effect (in nature) was invisible to their eyes, // these gods appeared mysterious, / and people were at their mercy. **But with Thales of Miletus, [a Greek philosopher and astronomer], about 2,600 years ago, / that began to change.** ¹The idea arose [that nature follows consistent principles [that could be discovered]]. ²And so began the long process [of replacing the notion of the reign of gods / with the concept of a universe [that is governed by laws of nature [we could someday learn to read]]].

해석 주제문 자연의 방식에 대한 무지는 고대 사람들이 인간의 삶의 모든 면에 대해 신들을 지어내게 했다. 사랑과 전쟁의 신, 태양과 땅과 하늘의 신, 바다와 강의 신, 비와 뇌우의 신, 심지어 지진과 화산의 신도 있었다. 신들이 기쁠 때, 인류는 좋은 날씨, 평화, 그리고 자연재해와 질병에서의 면제로 대접받았다. 그들이 화났을 때는 가뭄, 전쟁, 전염병이 왔다. 자연의 인과관계가 그들의(= 고대 사람들의) 눈에 보이지 않았으므로, 이러한 신들은 신비한 것처럼 보였고 사람들은 신들에게서 휘둘렸다. 주제문 그러나 약 2,600년 전에 그리스의 철학자이자 천문학자인 밀레토스의 탈레스와 함께 그것은 변하기 시작했다. 자연이 발견될 수 있는 일관된 원리를 따른다는 생각이 나타났다. 그리하여 신의 지배라는 관념을 우리가 언젠가 읽는 법을 배울 수 있는 자연의 법칙에 의해 지배되는 우주라는 개념으로 교체하는 기나긴 과정이 시작되었다.

어휘 ignorance 무지, 무식 ancient 고대의 invent (사실이 아닌 것을) 지어내다; 발명하다 pleased 기쁜, 만족해하는 (↔ displeased 화난, 불쾌한) mankind 인류 treat A to B A에게 B를 대접하다, 한턱내다 drought 가뭄 epidemic 전염병, 유행병 invisible (눈에) 보이지 않는 at A's mercy A에 휘둘리는, A 앞에서 속수무책인 (= at the mercy of A) philosopher 철학자 astronomer 천문학자 arise 나타나다, 생겨나다 consistent 일관된 replace A with B A를 B로 교체[대체]하다 notion 관념, 개념 reign 지배, 통치, 군림 govern 지배[통치]하다

해설 이 글은 고대 사람들이 자연을 이해하기 위하여 신을 지어냈고 자연 현상을 신의 변덕으로 이해했지만, 약 2,600년 전 탈레스 이후부터는 자연을 인간이 알아낼 수 있는 원리와 법칙으로 움직인다는 개념으로 바라보게 됐다는 내용이다. 그러므로 이 글의 주제로 가장 적절한 것은 ⑤ '고대의 자연에 대한 접근법의 변화'이다.

오답 Check
① 많은 신들이 생겨나게 된 이유
→ 고대 사람들이 신들을 만들어냈다고는 했지만 이 글의 주제에서 벗어남.
② 현대 종교에 미친 고대 종교의 영향
→ 지문에 언급되지 않은 내용.
③ 자연을 이해하려는 고대인들의 노력
→ 고대 사람들이 자연을 이해하기 위해 어떤 노력을 했는지에 대한 언급은 없음.
④ 자연재해의 원인에 대한 고대의 믿음
→ 고대 사람들이 자연 현상의 원인을 신에게서 찾았다고는 했지만 이것이 글의 주제는 아님.

PLUS + 변형문제
해석 고대 사람들은 자연 현상을 (A) 이해하기 위한 방법으로 신을 만들어냈지만, 밀레토스의 탈레스 덕분에 사람들은 자연 현상이 자연의 (B) 일관된 법칙에 의해 일어난다는 것을 깨닫게 되었다.
해설 자연의 방식에 대해 알지 못했던 고대 사람들은 자연을 이해하기(interpret) 위해 신이라는 존재를 만들어냈고 그에 따라 자연 현상을 해석했다. 그러나 약 2,600년 전 밀레토스의 탈레스에 의해 자연은 인간이 발견할 수 있는 일관된(coherent) 법칙을 따른다는 것을 깨닫게 되었다는 내용의 요약문이다.
① 막다 – 변하기 쉬운 → (A), (B) 둘 다 답이 될 수 없음.
② 조사하다 – 일관된 → (B)는 답이 될 수 있지만 (A)는 틀림.
③ 이해하다 – 복잡한 → (A)는 답이 될 수 있지만 (B)는 틀림.
④ 경험하다 – 피할 수 없는 → (A), (B) 둘 다 답이 될 수 없음.

구문 ¹**The idea** arose [**that** nature follows *consistent principles* [**that** could be discovered]].
• 첫 번째 that은 접속사로 주어 The idea와 서로 동격 관계인 절을 이끈다.
• 두 번째 that은 주격 관계대명사로 선행사 consistent principles를 수식하는 관계사절을 이끈다.

²And so **began the long process** [of replacing the notion of the reign of gods / with the concept of *a universe* [**that** is governed by *laws of nature* [**(that)** we could someday learn to read]]].
• 동사는 began이고 주어는 the long process인 도치구문이다.
• 주어 the long process는 전치사 of를 통해 replacing ~ to read와 동격 관계를 이룬다.
• that is ~ to read는 주격 관계대명사 that이 이끄는 관계사절로 선행사 a universe를 수식한다.
• we could ~ to read는 앞에 접속사 that이 생략된 형태로, 앞의 laws of nature와 동격 관계이다.

Alexander the Great, / an ancient Macedonian ruler and one of history's greatest military minds, / established the largest empire [the ancient world had ever seen]. His genius (as a military strategist) was honored in ancient times, / and has hardly been questioned since. For centuries, the story (of Alexander's achievement) was the romance (of a dashing, heroic soldier [who led from the front]). This is the story [that still suits Hollywood]. However, historians have begun to revise the script. _{주제문} The daring young general is still there, // but in two respects the Alexander myth is now subject to modification. ¹First, it has become clear // that the aim (of seizing the Asian empire (created by the Achaemenid)) / was not originally Alexander's but his father's, / so Alexander just implemented an existing foreign policy. ²Second, we have become more aware of the extent [to which Alexander's success depended upon the fabrication and diffusion (of his image)]. The phenomenon of Alexander 'the Great' then translates / into a study (not of the art of power but the power of art).

해석 알렉산더 대왕은 고대 마케도니아의 통치자이자 역사상 가장 위대한 군인다운 인물 중 하나로 고대 세계가 본 적이 없던 가장 큰 제국을 세웠다. 군사 전략가로서의 그의 천재성은 고대에 존경받았으며, 그 이후로 거의 의문이 제기되지 않았다. 수 세기 동안 알렉산더의 업적에 대한 이야기는 전선에서 앞장선 늠름하고 영웅적인 군인의 모험담이었다. 이것은 지금 할리우드에도 잘 어울리는 이야기다. 그러나 역사학자들은 대본을 수정하기 시작했다. _{주제문} 대담한 젊은 장군은 여전히 거기에 있지만, 두 가지 점에서 알렉산더 신화는 지금 수정의 대상이 되고 있다. 첫째, 아케메네스 왕조에 의해 세워진 아시아 제국을 점령하려는 목적이 원래 알렉산더의 것이 아니라 그의 아버지의 것이었음이 분명해졌고, 따라서 알렉산더는 단지 기존의 외교 정책을 실행한 것이었다. 둘째, 우리는 알렉산더의 성공이 그의 이미지를 조작하여 확산시키는 것에 어느 정도로 의존했는지를 더 잘 알게 되었다. 그렇다면 알렉산더 '대왕' 현상은 권력의 기술이 아니라 예술의 힘에 대한 연구로 바뀐다.

어휘 mind (지적 능력의 소유자로서의) 인물 romance 모험담; 로맨스 dashing 늠름한 revise 수정하다 daring 대담한; 위험한 modification 수정, 변경 seize 점령하다; 꽉 붙잡다 implement 실행하다 fabrication 조작 diffusion 확산; 유포 phenomenon 현상 translate (다른 형태로) 바뀌다; 바꾸다[옮기다] art 기술; 예술

해설 글의 전반부에 우리가 기존에 알던 알렉산더 대왕의 위대한 이미지를 나열하고 중반부 역접의 연결어 However 이후에 그의 이미지가 사실에 기초한 것이 아닌 조작된 것임을 밝히고 있으므로, 글의 제목으로 적절한 것은 ② '알렉산더 대왕은 정말로 '위대'했을까?'이다

오답 Check
① 알렉산더의 가장 위대한 힘, 즉 영웅적 행위
→ 알렉산더의 영웅적 행위는 사실과 다르게 과장됐다는 내용이므로 지문 내용과 반대됨.
③ 왜 알렉산더 대왕이 그렇게 강력했는가?
→ 알렉산더 대왕에 대한 의문이 제기된다는 내용으로 강력한 힘을 가졌던 이유에 대한 언급은 없음.
④ 할리우드의 남자 주인공 알렉산더 대왕 → 알렉산더 대왕의 이야기가 할리우드에 어울린다는 언급은 있으나 글의 요지가 아님.
⑤ 아버지의 그늘 아래 알렉산더의 한계
→ 알렉산더의 위업이 그의 아버지 것이었다는 내용은 알렉산더 이야기가 조작된 것을 보여주기 위한 예의 일부임.

PLUS+ 변형문제
어휘 substantial 상당한, 많은 portion 부분, 일부
해석 알렉산더 대왕의 이야기는 (A) 재해석되고 있는데, 왜냐하면 제국을 건설한 것은 그 자신의 목표가 아니었고 그의 이야기의 상당 부분이 (B) 창조되었기 때문이다.
해설 알렉산더 대왕의 신화는 현재 수정의 대상, 즉 재해석되고 (reinterpreted) 있으며, 그가 아시아 제국을 점령하려고 했던 것은 사실 아버지의 목표로, 그의 업적에 관한 이야기는 대부분 조작되고 창조된(invented) 것이라는 내용의 요약문이다.
① 기억되는 – 날조된 → (B)는 답이 될 수 있지만 (A)는 틀림.
② 설명되는 – 속은
③ 인식되는 – 도입된
④ 과장되는 – 대립된
→ ②, ③, ④ 모두 글에서 추론할 수 없는 오답.

구문 ¹First, **it** has become clear // **that** *the aim* (of seizing *the Asian empire* (created by the Achaemenid)) / was [not] originally Alexander's [but] his father's, / so Alexander just implemented an existing foreign policy.
• it은 가주어, that ~ his father's의 that절이 진주어이다.
• 첫 번째 ( ) 부분(of ~ Achaemenid)은 전치사구로 앞에 있는 명사 the aim을 수식하고, 그 안의 ( ) 부분인 created by the Achaemenid는 과거분사구로 앞의 the Asian empire를 수식한다.
• 「not A but B」 구문으로 'A가 아니고 B'로 해석한다.

²Second, we have become more aware of *the extent* [**to which** Alexander's success **depended upon** the fabrication [and] diffusion (of his image)].
• to which는 「전치사+관계대명사」의 형태로 to which가 이끄는 관계사절은 선행사 the extent를 수식한다.
• depended upon의 목적어로 the fabrication과 diffusion이 and로 병렬 연결되어 있다.

18

20 ⑤ PLUS + ①

In the 1940s, / the saxophone player Charlie Parker / single-handedly revolutionized the world of jazz / with his invention "bebop." But he watched it become the convention in jazz, / and he was no longer worshipped by hipsters // as younger artists (taking his inventions to other levels) emerged. We exist in a particular cultural moment, / with its own flow and style. When we are young // we are more sensitive to these fluctuations in taste, / so we keep up with the times. ¹But as we get older // the tendency is for us to become locked in a dead style, / one [that we associate with our youth and its excitement]. Our momentum will halt // as people come to categorize us in the past. 주제문 **Thus, we must find a way (to periodically reinvent ourselves).** ²We can rediscover that youthful sensitivity (to what happens around us) and incorporate what we like into a newer spirit. The only thing [we have to fear] then / is becoming a social and cultural relic.

해석 1940년대의 색소폰 연주자 Charlie Parker는 '비밥'이라는 그의 창작물로 혼자 재즈계에 혁명을 일으켰다. 하지만 그는 그것이 재즈에서 전통(적 스타일)이 되는 것을 지켜보았고, 그의 창작물들을 다른 차원으로 끌어올리는 젊은 예술가들이 생겨나자 그는 유행을 좇는 사람들에게 더 이상 숭배받지 못했다. 우리는 자체의 흐름과 스타일을 가진 특정 문화적 순간에 존재한다. 우리가 젊을 때는 이러한 취향의 변동에 더 민감해서 유행을 따라간다. 하지만 나이가 들면서 우리는 우리의 젊은 시절과 그때의 흥분을 연관시키는 과거의 스타일에 갇히고 마는 경향이 있다. 사람들이 우리를 과거의 사람으로 분류함에 따라 우리의 추진력은 멈출 것이다. 주제문 따라서, 우리는 스스로를 주기적으로 재창조할 방법을 찾아야 한다. 우리는 우리 주변에서 일어나는 일에 대한 그 젊은 시절의 민감성을 되찾고 우리 마음에 드는 것을 더욱 새로운 정신 속에 통합시킬 수 있다. 우리가 두려워해야 할 유일한 것은 사회적, 문화적 유물이 되는 것이다.

어휘 single-handedly 혼자서, 단독으로   revolutionize 혁명[대혁신]을 일으키다   bebop 비밥 ((초기 모던 재즈의 한 형식))   convention 전통, 관습   hipster 유행을 좇는 사람   taste 취향, 기호   keep up with the times 유행[시류]을 따르다   tendency 경향, 성향   dead 과거의, 케케묵은   associate A with B A와 B를 연관시키다   momentum 추진력, 힘   halt 멈추다   categorize 분류하다   periodically 주기[정기]적으로   reinvent 재창조하다; 다시 고치다   incorporate A into B A를 B에 통합시키다   relic 유물

해설 한때 재즈계에 혁명을 일으킨 Charlie Parker가 구시대적 유물이 된 사례를 들며, 시류에 따르기 위해 변화할 줄 알아야 한다는 내용의 글이다. 필자는 주제문(Thus, ~ ourselves.)에서 조동사 must를 사용하여 주기적으로 자신을 재창조해야 한다고 했으므로, 필자의 주장으로 가장 적절한 것은 ⑤이다.

오답 Check
① → 젊은 예술가들이 '비밥'을 다른 차원으로 끌어올렸다는 내용은 '비밥'의 창작자가 시대에 뒤처지게 됐다는 것을 서술하기 위한 내용임.
② → 지문에 언급되지 않은 내용.
③ → 전통을 보존하고 계승해야 한다는 내용은 언급되지 않음.
④ → 지문과 반대되는 내용.

PLUS + 변형문제
어휘 mature 어른이 되다, 다 자라다
해석 우리는 어른이 되면서 우리 젊은 시절의 (A) 트렌드(경향)에 부속된 자신을 발견하는 경향이 있으므로, 과거에 얽매이는 것을 피하기 위해 우리는 현재와 조화되도록 (B) 발전하는 것이 중요하다.
해설 우리는 나이가 들면서 변화하지 못하고 과거의 트렌드(trends)에 얽매이게 되므로 이것을 피하기 위해 새로운 정신을 통합시키며 스스로 발전해(evolve) 나가야 한다는 내용의 요약문이다.
② 향수 – 맹세하다 → 글에서 추론할 수 없는 오답.
③ 열정 – 애쓰다 → (B)는 답이 될 수 있지만 (A)는 틀림.
④ 스타일 – 설계하다 → (A)는 답이 될 수 있지만 (B)는 틀림.
⑤ 명성 – 계속하다 → 글에서 추론할 수 없는 오답.

구문 ¹But as we get older // the tendency is **for us** to become **locked** in **a dead style**, / *one* [**that** we associate **with** ‾‾‾‾‾‾ our youth and its excitement].
• for us는 to부정사(to become)의 의미상 주어를 나타낸다.
• become 뒤에 보어로 형용사인 locked가 왔다.
• 콤마(,) 뒤의 명사구 one ~ excitement는 앞의 a dead style과 동격 관계이다. 여기서 one은 목적격 관계대명사 that이 이끄는 관계사절의 수식을 받는다.
• 전치사 with의 목적어인 명사구 our youth와 its excitement가 접속사 and로 병렬 연결되어 있다.

²We can <u>rediscover</u> that youthful sensitivity (**to what** happens around us) and (can) **incorporate what** we like into a newer spirit.
• 동사 rediscover와 incorporate가 접속사 and로 병렬 연결되어 있다.
• 첫 번째 what은 전치사 to의 목적어인 명사절을 이끄는 관계대명사이고, 두 번째 what은 동사 incorporate의 목적어인 명사절을 이끄는 관계대명사이다.

When I was a very young soldier (stationed in Alaska), // my squad leader told me a profound truth [that I have never forgotten]. I was standing in the field / during a training exercise, / trying to orient myself by studying my map, // when he approached and asked me what I was doing. "Sir," I said, "the map says / there should be a mountain over there, // but I can't see it." "Soldier," he replied, "if the map doesn't agree with the landscape, // then the map is wrong." And so it is / with our journey through life; 주제문 sometimes we must make the maps in our heads conform to the ground [we're on]. ¹The process (of drawing the map) starts early, / with our parents teaching us // the directions [that they've learned] are right. 주제문 ²However, there will come times [when our map seems incorrect], // and that's when we have to trust / what we can see / when we use our own eyes and look around.

해석 내가 알래스카에 배치된 아주 어린 병사였을 때, 분대장님은 내게 결코 잊지 못하는 심오한 진실을 말씀해 주셨다. 훈련 중 내가 들판에 서서 지도를 자세히 살펴보며 나 자신의 방향을 찾으려고 노력하고 있을 때, 분대장님이 다가오셔서 내게 무엇을 하고 있는지 물으셨다. "대장님, 저쪽에 산이 있다고 지도에 나와 있는데 저는 보이지 않습니다."라고 나는 말했다. "제군, 지도가 풍경과 일치하지 않으면 그 지도는 틀린 것일세."라고 대장님이 대답하셨다. 우리 일생 동안의 여행도 그렇다. 주제문 **때때로 우리의 머릿속에 있는 지도를 우리가 있는 땅에 일치하도록 해야** 한다. 부모님께서 그들이 배운 방향이 옳다고 우리에게 지도하시는 것과 더불어, (인생의) 지도를 그리는 과정은 일찍 시작된다. 주제문 **그러나 우리의 지도가 올바르지 않아 보이는 때가 올 것이고, 그때가 바로 우리의 눈을 사용하여 둘러보면서 우리가 볼 수 있는 것을 믿어야만** 하는 때이다.

어휘 station 배치[주둔]시키다 profound 심오한 orient oneself 자신의 방향을 찾다 agree (with) (~와) 일치하다[같다]; (~에) 동의하다 landscape 풍경, 경치 conform ~에 일치하다; 따르다 [선택지 어휘] previous 이전의 regardless of ~에 상관없이

해설 필자가 군인이었을 때의 일화를 통해 교훈을 시사하는 글이다. 지도와 맞지 않는 풍경이 보일 때 실제 풍경을 믿어야 한다는 것에서 자신이 배운 지식이 올바르지 않아 보일 때가 오면 우리의 눈에 보이는 것을 믿어야 한다는 것을 추론할 수 있으므로, 밑줄 친 부분의 의미로 가장 적절한 것은 ④ '다른 자료보다는 우리 자신의 판단을 믿다'이다.

오답 Check
① 우리의 바람에 맞게 우리의 믿음을 바꾸다
→ 글에서 추론할 수 없는 오답.
② 우리가 생각하는 것보다 다른 사람의 의견을 믿다
→ 글의 요지와 반대되는 내용.
③ 우리의 이전 경험에 기초해 현실을 확인하다
→ 글에서 추론할 수 없는 오답.
⑤ 현실에 상관없이 우리 눈앞에 있는 것을 따르다
→ 무조건 눈에 보이는 대로 따르라는 내용은 아님.

PLUS + 변형문제
어휘 discord 불일치, 불화; 의견 충돌
해설 우리의 지도(= 우리의 지식)가 올바르지 않아 보일 때, 지도와 현실 사이에서 우리가 볼 수 있는 것(= 현실)을 믿어야 한다는 내용으로, 글 중반부까지 필자가 어린 병사였을 때 겪은 일화를 예시로 제시한 후에 조동사 must가 쓰인 문장에서 주장을 드러내고 있다. 따라서 제목으로 가장 적절한 것은 ⑤ '지도와 현실 사이의 불일치, 즉 무엇을 택해야 하는가'이다.
① 믿을 만한 정보를 찾는 방법
② 과거의 경험이 우리가 누구인지를 결정한다
③ 왜 우리는 우리 자신의 감각을 믿어야 하는가
④ 의미 있는 경험을 만드는 법을 배워라
→ ①, ②, ③, ④ 모두 글에서 추론할 수 없는 오답.

구문 ¹The process (of drawing the map) starts early, / with *our parents* **teaching** us // **(that)** *the directions* [**that** they've learned] are right.
• 「with+목적어+분사」는 '동시동작'을 나타내는 분사구문으로 '~하면서'라고 해석한다.
• the directions 이하는 teaching의 직접목적어에 해당하는 명사절로 the directions 앞에 접속사 that이 생략되었다.
• the directions는 목적격 관계대명사 that이 이끄는 관계사절의 수식을 받는다.

²However, there will come *times* [**when** our map seems incorrect], // and that's **when** we have **to trust** / **what** we can see / **when** we use our own eyes and look around.
• 첫 번째 when은 선행사 times를 수식하는 관계부사이며, 두 번째 when은 be동사의 보어 역할을 하는 명사절을 이끌고, 세 번째 when은 부사절을 이끈다.
• what은 to trust의 목적어 역할을 하는 명사절을 이끈다.

19

In 1917, Ernest Hemingway volunteered / as an ambulance driver in Italy, at one of the war fronts, / to escape from his monotonous life. In one incident / he was nearly killed by a bomb, // and the experience forever altered his way of thinking. "I died then… I felt my soul coming right out of my body, like you'd pull a handkerchief out of a pocket." Surviving death made him feel like // he was reborn inside. Now he could write of his experiences / and make his work vibrate with emotion. [1]Similarly, whenever life feels particularly dull or confining, // we can force ourselves to leave familiar ground / by embarking on a new venture [in which success is uncertain]. [2]In this case / we experience a moment of powerlessness / in the face of something (large and overwhelming). We can overcome this feeling of control (slipping out of our hands) / by raising our level of effort, // and we will feel / as if we are reborn upon its completion. We now have a heightened appreciation for life / and a desire (to live it more fully).

해석 1917년에, Ernest Hemingway는 그의 단조로운 삶에서 탈피하기 위해 이탈리아의 한 전선에 구급차 운전사로 자원했다. 한 사고에서 그는 폭탄에 의해 거의 죽을 고비를 넘겼는데, 그 경험은 그의 사고방식을 영원히 바꾸어 놓았다. "나는 그때 죽었다…. 마치 손수건을 주머니 밖으로 잡아당긴 것처럼 영혼이 내 몸에서 쑥 빠져나가는 느낌이었다." 죽음에서 살아남은 것은 그를 내적으로 다시 태어난 듯이 느끼게 했다. 이제 그는 자신의 경험을 집필하여 그의 작품을 감동으로 전율하도록 만들 수 있었다. 이처럼, 삶이 유난히 단조롭고 갑갑하게 느껴질 때마다 우리는 성공이 불확실한 새로운 모험을 시작함으로써 익숙한 곳을 떠나게 할 수 있다. 이 경우 우리는 거대하고 압도적인 어떤 것에 직면하여 무력한 순간을 느낀다. 우리는 노력의 수준을 끌어올림으로써 통제가 우리 손에서 빠져나가는 이 느낌을 극복할 수 있으며, 그것을 완수하면 우리는 마치 다시 태어난 것처럼 느낄 것이다. 우리는 이제 삶에 대해 커진 고마움과 더욱 충실하게 삶을 살고 싶다는 욕구를 느낄 것이다.

어휘 monotonous 단조로운　alter 바꾸다, 변경하다　handkerchief 손수건　reborn 다시 태어난　vibrate 떨리게 하다, 진동시키다　dull 단조로운; 무딘　confine 제한하다; 가두다　embark on ~을 시작하다　venture 모험　powerlessness 무력함　overwhelming 압도적인, 저항할 수 없는　completion 완수, 완료　appreciation 고마움; 이해; 감상

해설 도전적인 새로운 경험을 통해 다시 태어난 듯한 기분과 삶의 숭고함을 느끼게 된다는 내용의 글이다. 거의 죽을 뻔한 사고에서 삶의 숭고함을 깨달은 Ernest Hemingway의 사례를 들며, 성공을 확신할 수 없는 일에 도전하고 완수함으로써 다시 태어난 기분과 삶을 충실하게 살아갈 에너지를 느낄 수 있다고 했으므로, 이 글의 요지로 가장 적절한 것은 ④이다.

오답 Check
① → 역경을 이겨내는 것에 대한 언급은 없음.
② → 삶에 영감을 주는 것으로서 여행이 아닌 성공이 불확실한 도전을 하는 것을 언급함.
③ → 두려움을 이겨내는 것에 대한 언급은 없음.
⑤ → 죽음의 평등에 관한 내용이 아님.

PLUS⁺ 변형문제

해석 우리 일상생활의 (A) 지루함에 싫증을 느낄 때, 우리가 실패할지도 모르는 새로운 경험을 추구하는 것은 우리로 하여금 삶에 대한 새로운 (B) 즐거움을 알게 할 것이다.

해설 단조로운 일상에 지루함(boredom)을 느낄 때, 우리는 새로운 도전을 함으로써 삶의 새로운 즐거움(joy)과 의미를 깨달아 삶을 충실히 살아갈 수 있다는 내용의 요약문이다.
② 의무 – 자유 → 글에서 추론할 수 없는 오답.
③ 무력감 – 관점 → (B)는 답이 될 수 있지만 (A)는 틀림.
④ 유혹 – 힘 → 글에서 추론할 수 없는 오답.
⑤ 실망 – 도전 → 글에서 추론할 수 없는 오답.

구문 [1]Similarly, whenever life feels particularly dull or confining, // we can **force** *ourselves* **to leave familiar ground** / by embarking on *a new venture* [**in which** success is uncertain].
• 형용사 dull과 confining이 or로 병렬 연결되어 있다.
• 「force+O+O·C」의 구조로 목적어로 ourselves, 목적격보어로 to leave familiar ground가 쓰였다.
• 「전치사+관계대명사」가 이끄는 관계사절(in which success is uncertain)이 선행사 a new venture를 수식한다.

[2]In this case / we experience a moment **of powerlessness** / in the face of *something* (large and overwhelming).
• 「of+추상명사」는 형용사와 같으므로, a moment of powerlessness는 a powerless moment와 같은 의미이다.
• 형용사구 large and overwhelming은 앞의 something을 수식한다. -thing, -body, -one으로 끝나는 대명사는 형용사가 뒤에서 수식한다.

There is a saying [that "Climate is what you expect, weather is what you get."] Basically, the weather is // what is happening to the atmosphere / at any time. ¹Climate, however, is determined by many variables (such as temperature, altitude, latitude, proximity to water, wind, rainfall, and other conditions [that are examined and recorded over a period of at least 30 years]). For example, South Florida is listed as a subtropical climate, // even though other places (around the world at the same latitude) are deserts. ²What makes its climate different from the Sonora, Gobi, or Sahara deserts is // that South Florida is surrounded by water and warm currents [that combine / to provide it with a wet season and a dry season]. It is classified as subtropical // because the usual definition of *tropical* entails / that the latitude is within 23.5 degrees north or south of the equator. South Florida is about 25 degrees north of the equator, // so, along with its unusual tropical weather, / it can get frost and even extended freezes.

해석 "기후는 예측하는 것이고, 날씨는 겪는 것이다."라는 말이 있다. 기본적으로, 날씨는 언제라도 대기에 발생하고 있는 것이다. 주제문 하지만 기후는 기온, 고도, 위도, 물 근접성, 바람, 강우, 그리고 적어도 30년의 기간 동안 조사되고 기록된 다른 환경들 같은 많은 변수들에 의해서 결정된다. 예를 들어, 플로리다 남부는 전 세계의 동일 위도에 있는 다른 지역들이 사막임에도 불구하고 아열대 기후에 포함된다. 그곳의 기후를 소노라, 고비, 또는 사하라 사막과 다르게 만드는 것은 플로리다 남부가 결합하여 건기와 우기를 제공하는 물과 난류(暖流)로 둘러싸여 있다는 점이다. '열대'의 일반적인 정의는 위도가 적도의 북쪽이나 남쪽 23.5도 이내라는 것을 수반하기 때문에 그곳은 아열대로 분류된다. 플로리다 남부는 적도의 북쪽 25도 정도에 있어서 비정상적인 열대 날씨와 함께, 서리가 내리거나 심지어 장기 한파를 겪을 수도 있다.

어휘 at any time 언제라도, 아무 때나   variable 변수   altitude 고도   latitude 위도   proximity 근접   rainfall 강우(량)   list 포함하다   subtropical 아열대의   current 해류; 경향; 현재의   classify A as B A를 B[로]라고 분류하다   definition 정의   entail 수반하다   equator 적도   along with ~와 함께; ~와 마찬가지로   frost 서리   extended 장기간에 걸친   freeze 한파; 결빙기   [선택지 어휘] forecast (일기의) 예보; 예보하다

해설 날씨와 기후의 차이를 언급하는 도입부에 이어, 세 번째 문장에서 기후에 영향을 주는 다양한 요인들을 나열하고 있다. 이어서 앞서 나열된 요인들로 인해 같은 위도의 다른 지역들과 다른 기후를 갖게 된 플로리다 남부를 예로 들어 앞 문장의 내용을 뒷받침하고 있다. 따라서 세 번째 문장이 주제문(Climate ~ years.)이며, 이를 주제로 가장 잘 표현한 것은 ③ '기후를 결정하는 데 함께 작용하는 다양한 요인들'이다.

오답 Check
① 오랜 시간에 걸친 기후 변화에 대한 늘어나는 염려
→ 글에 언급되지 않은 내용임.
② 더 정확한 일기 예보를 하기 위한 방법들
→ 일기 예보에 관한 내용은 언급되지 않음.
④ 비정상적인 기상 상황이 점점 더 많이 발생하는 이유
→ 글의 마지막 문장 unusual tropical weather를 이용한 오답임.
⑤ 적도 근처 지방의 날씨를 예측하는 데 있어서의 어려움
→ 날씨 예측에 관한 내용이 아님.

PLUS+ 변형문제
해석 기후에 영향을 미치는 (A) 많은 요인들이 있는데, 전 세계의 여러 곳들이 동일한 위도에 위치하지만 (B) 다양한 기후를 가질 수 있는 것이 바로 이 이유에서이다.
해설 기후는 많은(multiple) 변수들에 의해서 영향을 받고 세계 여러 사막과 같은 위도에 있지만, 남부 플로리다는 서리가 내리거나 한파를 겪는 다양한(diverse) 기후를 가진다는 내용의 요약문이다.
② 눈에 보이는 – 유사한 → 글에서 추론할 수 없는 오답.
③ 지역의 – 예측할 수 없는 → (A)는 답이 될 수 있지만 (B)는 틀림.
④ 내적인 – 안정적인 → 글에서 추론할 수 없는 오답.
⑤ 대기의 – 안정된 → 글에서 추론할 수 없는 오답

19

구문 ¹Climate, however, is determined by *many variables* (**such as** temperature, altitude, latitude, proximity to water, wind, rainfall, and *other conditions* [**that** are examined [and] (are) recorded over a period of at least 30 years]).
• such as는 '~와 같은'의 의미로 전치사 like로 바꾸어 쓸 수 있고, such as가 이끄는 전명구 ( )가 앞에 있는 many variables를 수식한다.
• that은 other conditions를 선행사로 하는 주격 관계대명사이며, 선행사의 수에 맞추어 관계사절의 동사는 복수형 are를 썼다. are examined와 (are) recorded는 and로 병렬 연결된다.

²**What makes** *its climate* **different** from the Sonora, Gobi, or Sahara deserts **is** // **that** South Florida is surrounded by *water and warm currents* [**that** combine / to **provide** it **with** a wet season and a dry season].
• what은 명사절을 이끄는 관계대명사로 '~하는 것'으로 해석하며, what이 이끄는 절(what ~ deserts)이 문장의 주어 역할을 한다.
• what절 내 「make+O+O·C」 구문은 목적격보어에 형용사(different)가 쓰여 'O를 ~하게 만들다'라는 의미를 나타낸다.
• 첫 번째 that은 보어인 명사절(that South ~ dry season)을 이끄는 접속사이고, 두 번째 that은 water and warm currents를 선행사로 하는 주격 관계대명사이다.
• 「provide A with B」는 'A에게 B를 제공하다'라는 의미이며, 「provide B for A」와 의미가 같다.

Some people often say, "I must make sure // I know all about this before I start." Here our intolerance for ambiguity / stops us from taking action. We feel as though we will be exposed / or that people may discover that we are an impostor // and we decide that it is safer to do nothing. Sometimes we try to get more information // but with this belief / it is unlikely that it will ever be enough. One traveler recalled // that for years he had been toying with the idea (of motorcycling across Europe). ¹Every time [the dream got close to becoming a reality], // he decided that he didn't know enough about the bike, the journey, first aid, the places [he'd visit], the local languages or any of a host of imponderables. He told himself // that more research was needed. ²His belief [that 'I must be certain'] / prevented him from making a start. If everyone thought like this, // there'd be no Edisons or Picassos; and not many books, films or new medicines either. ^{주제문} If you need to play it safe, // don't expect to leave your name in the history books.

해석 어떤 사람들은 "시작하기 전에 이것에 대한 모든 것을 내가 알고 있는지 확인해야만 해."라고 자주 말한다. 우리가 불확실한 상태를 참지 못하는 것이 우리가 행동을 취하는 것을 막는다. 마치 우리가 (위험에) 노출될 것처럼 또는 사람들이 우리를 사기꾼이라고 알게 될지도 모른다고 느끼면서 우리는 아무것도 하지 않는 것이 더욱 안전하다고 결정한다(= 우리는 불확실한 것에 자신이 취약하다고 느끼거나 다른 사람들이 우리를 안 좋게 판단할지도 모른다고 생각해서 새로운 것을 시작하기를 주저한다). 때때로 우리는 더 많은 정보를 얻으려 노력하지만 이러한 믿음을 갖고서는 (그 정보가) 도통 충분해질 것 같지가 않다. 한 여행자는 오토바이를 타고 유럽을 횡단하는 생각을 수년간 재미 삼아 해오던 것을 상기했다. 꿈이 현실에 가까워질 때마다 그는 오토바이, 여정, 응급 처치, 방문하고자 하는 장소, 그 지방의 언어, 또는 헤아릴 수 없는 수많은 어떤 것들에 대해 자신이 충분히 알고 있지 않다고 판단을 내렸다. 그는 스스로에게 더 많은 조사가 필요하다고 말했다. '나는 확신해야만 해'라는 그의 믿음이 그가 출발하는 것을 막아 버렸다. 모든 사람이 이렇게 생각한다면, Edison이나 Picasso와 같은 사람들은 없을 것이다. 또한 책이나 영화, 신약도 많지 않을 것이다. ^{주제문} 위험을 감수하는 것을 피하고자 한다면, 역사책에 당신의 이름을 남길 기대를 하지 마라.

어휘 intolerance 참지 못함; 조급함 ambiguity 불확실함, 애매모호함 take action 행동을 취하다 recall 상기하다; 소환하다; 회수[리콜]하다 toy with (재미 삼아 잠깐) ~을 생각해 보다; 만지작거리다 first aid 응급 처치 imponderable 헤아릴 수 없는 (것) [선택지 어휘] hem and haw (결정이나 말을 하기 전에) 오래 망설이다; 더듬거리다 risk-taker 위험을 감수하는[모험을 좋아하는] 사람

해설 확신이 들기 전까지 생각만 하고 이를 행동으로 옮기지 않는다면 아무 일도 일어나지 않는다는 내용의 글로, 한 여행자가 완벽하게 준비되지 않았다는 이유로 오토바이로 유럽을 횡단하는 꿈을 실현하기를 주저하는 사례를 보여주고 있다. 위험을 감수하려 하지 않으면 아무것도 이룰 수 없다는 교훈을 서술하는 마지막 문장이 주제문으로, 글의 제목으로 가장 적절한 것은 ① '망설이면 아무 일도 일어나지 않는다.'이다.

오답 Check
② 당신이 안전하게 행동해야 하는 이유
→ 지문의 요지와 반대되는 내용
③ 우리가 위험을 감수하게 만드는 것
→ 위험을 감수하게 만드는 요인에 대한 내용은 언급되지 않음.
④ 오래 망설이는 것과 그냥 하는 것
→ 지문의 요지를 벗어남.
⑤ 역사는 위험을 감수하는 자들에 의해 쓰이지 않는다
→ 지문의 요지와 반대되는 내용.

PLUS+ 변형문제
어휘 embrace 포용[포옹]하다; 껴안다 chase after ~을 쫓다 ultimately 결국, 궁극적으로
해석 우리는 꿈을 쫓을 때 우리의 (A) 모험 정신을 포용할 필요가 있는데, 그러지 않으면 우리는 (B) 완벽을 쫓다가 결국엔 우리가 정말 하고 싶은 것을 미루게 될 것이기 때문이다.
해설 완벽(perfection)하게 준비하느라 정작 꿈을 실행에 옮기지 못하면 아무것도 이룰 수 없기 때문에 위험을 감수하고 일단 시작해보는 모험(adventure) 정신이 필요하다는 내용의 요약문이다.
① 모호함 – 이익 → (A)는 답이 될 수 있지만 (B)는 틀림.
② 책임 – 결과 → 글에서 추론할 수 없는 오답.
④ 직감 – 확실성 → (B)는 답이 될 수 있지만 (A)는 틀림.
⑤ 유머 – 무상함 → 글에서 추론할 수 없는 오답.

구문 ¹*Every time* [**(when)** the dream got close to becoming a reality], // he **decided that** he didn't know enough about the bike, the journey, first aid, *the places* [**(where)** he'd visit], the local languages or any of a host of imponderables.
• 첫 번째 [ ]은 생략된 관계부사 when이 이끄는 절로 선행사 Every time을 수식한다.
• that 이하는 동사 decided의 목적어로, that은 명사절을 이끄는 접속사이다.
• 두 번째 [ ]은 생략된 관계부사 where가 이끄는 절로 선행사 the places를 수식한다.

²**His belief** [**that** 'I must be certain'] / **prevented** *him* **from making** a start.
• His belief와 that절은 동격 관계이다.
• 「prevent+A+from v-ing」 구문으로 'A가 v하는 것을 막다'라는 의미이다.

20 ④ PLUS+ ⑤

[1]Something [actors master] is the ability (to create characters). They must be able to establish sets of emotions, postures, and reactions / to express a role. Some things, such as thoughts (expressed in lines from the script), are / within conscious control. Others, like emotions or attitudes, aren't. **When actors want to develop a feeling or characteristic / in themselves, // they are taught to act / as though they already have it. If you are to develop a certain trait, // you need to do much the same thing.** Say // you find yourself lacking in creativity. What can you do? Start facing the world // as you would / if you were more creative. When faced with a problem, for example, // instead of taking the first solution [that comes to mind], / think of two or three others first. You can do this / for virtually any characteristic / outside of the physiological. [2]You might even find // that you gain confidence / by approaching life / in the way [you would / if you possessed it].

해석 배우들이 숙달하는 것은 캐릭터를 창조하는 능력이다. 그들은 역할을 표현하기 위해 감정, 자세, 그리고 반응의 모음을 확립할 수 있어야 한다. 대본에서 대사로 표현되는 생각과 같은 어떠한 것들은 의식적인 통제 안에 있다. 감정이나 태도와 같은 다른 것들은 그렇지 않다(= 의식적인 통제 안에 있지 않다). **주제문 배우들은 자체적으로 감정이나 특성을 개발하고 싶을 때, 그들은 이미 그것을 가지고 있는 것처럼 행동하도록 배운다. 만약 당신이 어떤 특성을 기르고 싶다면, 이와 비슷하게 할 필요가 있다.** 가령 자신에게 창의력이 부족한 것을 안다고 해보자. 당신은 무엇을 할 수 있는가? 당신이 좀 더 창의적이라면 그럴(= 마주할) 것처럼 세상을 마주하기 시작하라. 예를 들어 어떤 문제에 직면했을 때, 머리에 떠오르는 첫 번째 해결책을 취하는 대신 다른 두세 가지를 먼저 생각해 보라. 생리적인 것 외에는 거의 모든 특성에 대해 이것을 할 수 있다. 심지어 당신이 그것(= 자신감)을 가지고 있다면 그럴(= 접근할) 방식으로 삶에 접근함으로써 자신감을 얻는다는 것을 발견할 수도 있다.

어휘 master 숙달[통달]하다　establish 확립하다; 세우다　posture 자세　line (연극·영화의) 대사　conscious 의식적인　characteristic 특성, 특징　as though 마치 ~인 것처럼　trait (성격상의) 특성, 특징　lacking ~이 부족한[없는]　virtually 거의, 사실상　physiological 생리적인; 생리학의　possess 가지고 있다, 소유하다

해설 배우들의 연기 비법을 부족한 특성을 개발하는 데 활용하는 것에 대한 글이다. 글 중반부 need to가 쓰인 문장(If you ~ same thing.)에서 필자의 주장이 드러나고 있으며, 배우들이 맡은 배역의 특성을 개발하기 위해 그런 성격을 이미 가지고 있는 것처럼 행동하듯이 우리도 부족한 특성을 개발하려면 그 특성을 이미 가진 것처럼 생각하고 행동할 필요가 있다고 했으므로, 필자의 주장으로 가장 적절한 것은 ④이다.

오답 Check
① → 지문과 관계없는 내용.
② → 배역의 감정, 태도 등은 의식적인 통제 밖에 있다고 했음.
③ → 창의력은 연기 기법으로 어떤 특성을 발전시킬 수 있다는 주장을 뒷받침하기 위한 예시임.
⑤ → 감정 조절에 관한 내용은 없음.

PLUS+ 변형문제

해석 우리는 이미 우리가 그 특성을 (B) 가진 것처럼 행동함으로써 우리가 원하는 특성을 (A) 기를 수 있다.

해설 배우들이 연기 기법을 이용해 감정, 자세, 반응 등을 설정하고 캐릭터를 만드는 것처럼 우리도 가지고 싶은 특성을 이미 가진(own) 것처럼 행동함으로써 그 특성을 기를(cultivate) 수 있다는 내용의 요약문이다.
① 기르다 - 이해하다 → (A)는 답이 될 수 있지만 (B)는 틀림.
② 풍요롭게 하다 - 지배하다
③ 전환하다 - 찾다
④ 향상시키다 - 받을 만하다
→ ②, ③, ④는 (A), (B) 모두 답이 될 수 없음.

구문 [1]Something [**(that)** actors master] is *the ability* (**to create** characters).
• [ ] 부분은 목적격 관계대명사가 이끄는 관계사절로 선행사 Something을 수식한다. 이때 목적격 관계대명사 that은 생략되었다.
• to create characters는 형용사적 용법으로 쓰인 to부정사구로 앞에 있는 the ability를 수식한다.

[2]You might even **find** // **that** you gain confidence / by approaching life / in *the way* [**you would** / **if you possessed it**].
• that 이하는 find의 목적어로, that은 명사절을 이끄는 접속사이다.
• [ ] 부분은 관계부사절로 선행사 the way를 수식한다. 이때 선행사 the way와 how는 같이 쓸 수 없으므로 how는 생략되었다.
• you would if you possessed it은 현재 사실을 반대로 나타내는 가정법 과거이다.

Jeremy Bentham, an English moral philosopher and legal reformer, founded the doctrine of utilitarianism. Its main idea is simply stated and intuitively appealing: The highest principle of morality / is to maximize happiness, the overall balance of pleasure over pain. According to Bentham, the right thing to do is // whatever will maximize utility. By "utility," he means // whatever produces happiness, and whatever prevents suffering. Bentham arrives at his principle / by the following line of reasoning: We are all governed by the feelings (of pain and pleasure). They are our "sovereign masters." The standard of right and wrong is "fastened to their throne." We all like pleasure and dislike pain. ¹The utilitarian philosophy recognizes this fact, / and makes it the basis (of moral and political life). Maximizing utility is a principle / not only for individuals but also for legislators. In deciding what laws to enact, / a government should do / whatever will maximize the happiness (of the community as a whole). ²Attaining pleasure (happiness) and avoiding pain (unhappiness) / are the ultimate objectives of everything [we do], // so any system of ethics should recognize that fact.

해석 영국의 윤리 철학자이자 법률 개혁가인 Jeremy Bentham은 공리주의의 원칙을 창시했다. 그것의 주요 개념은 (다음과 같이) 간략하게 서술되어 직관적으로 매력적이다. 주제문 도덕의 최고 원칙은 행복, 즉 고통을 능가하는 기쁨의 전체적인 균형을 극대화하는 것이다. Bentham에 따르면, 해야 하는 옳은 일이란 공리성을 극대화할 모든 것이다. '공리'에서 그는 행복을 만들어내는 모든 것과 괴로움을 막는 모든 것을 의미한다. Bentham은 다음의 추론으로 그의 원칙에 도달한다. 우리는 모두 고통과 기쁨의 감정에 의해 지배된다. 그들은 우리의 '군주'이다. 옳고 그름의 기준은 '그들의 왕좌에 매여' 있다. 우리는 모두 기쁨을 좋아하고 고통을 싫어한다. 공리주의 철학은 이 사실을 알고 그것을 도덕과 정치 생활의 기초로 만들었다. 공리를 극대화하는 것은 개인뿐만이 아니라 입법자들에게도 원칙이 된다. 어떤 법을 제정할지 결정함에 있어 정부는 사회 전체로서의 행복을 극대화해줄 무엇이든 해야 한다. 기쁨(행복)을 이루고 고통(불행)을 피하는 것은 우리가 하는 모든 것의 궁극적인 목적이며, 모든 윤리 체계는 그 사실을 인지해야 한다.

어휘 moral 윤리상의, 도덕상의 cf. morality 도덕(성), 윤리(성) philosopher 철학자 legal 법률(상)의 reformer 개혁가 doctrine 원칙; 교리 utilitarianism 공리주의 cf. utilitarian 공리주의의; 실용적인 intuitively 직관적으로 appealing 매력적인, 마음을 끄는 principle 원칙, 원리 maximize 극대화하다 utility 공리(성); 유용(성) sovereign 군주, 국왕 fasten 매다, 채우다 throne 왕좌, 옥좌 legislator 입법자 enact (법을) 제정하다 attain 이루다, 달성하다 ultimate 궁극적인 ethics 윤리, 도덕

해설 Jeremy Bentham이 창시한 공리주의 철학의 최대 다수의 최대 행복이라는 주요 개념을 소개하고 있다. 옳고 그름의 기준이 기쁨과 고통이라는 감정의 왕좌에 매여 있다는 것은 기쁨과 고통이 도덕성을 판단하는 기준이 된다는 것으로, 밑줄 친 부분이 의미하는 것은 ③ '기쁨과 고통이 도덕성을 결정한다.'이다.

오답 Check
① 공리는 합리적인 선택이다.
→ 지문에 언급되지 않은 내용.
② 도덕이 모든 행동을 만든다.
→ 지문에 언급되지 않은 내용.
④ 행복은 우리 감정에 달려 있다.
→ 인간이 기쁨과 고통의 감정적 지배를 받는다는 내용을 이용한 오답.
⑤ 우리는 자신의 안녕을 위해 행복을 추구한다.
→ 행복을 추구하는 목적에 대해서는 언급되지 않음.

PLUS⁺ 변형문제

어휘 bring about ~을 야기하다, 초래하다 obey 따르다 cloud (판단력 등을) 흐리다

해설 행복을 극대화하는 것을 가장 중요하게 생각한 공리주의의 주요 원칙에 대한 글이므로, 제목으로 가장 적절한 것은 ③ '공리주의는 최대 행복의 원칙'이다.
① 이성이 모두를 위한 행복을 야기한다
→ 행복과 이성의 관계에 대한 언급은 없음.
② 행복을 늘리는 데 있어 정치인의 역할
→ 지문에 언급되지 않은 내용.
④ 권위, 즉 사람들이 다른 사람들을 해하는 지시에 따르는 이유
→ 권위에 복종하는 내용은 언급되지 않음.
⑤ 기쁨은 옳고 그름에 대한 우리의 판단을 흐린다
→ 기쁨이 판단을 흐린다는 내용은 언급되지 않음.

구문 ¹The utilitarian philosophy recognizes this fact, / and makes it the basis (of moral and political life).
• 동사 recognizes와 makes가 and로 병렬 연결되어 있다.
• 「make+O+O·C」의 구조로 it은 makes의 목적어, the basis of moral and political life는 목적격보어이다. 여기에서 it은 앞에 언급된 this fact를 지칭한다.

²Attaining pleasure (happiness) and avoiding pain (unhappiness) / are the ultimate objectives of everything [(that) we do], // so any system of ethics should recognize that fact.
• 주어인 동명사구 Attaining pleasure (happiness)와 avoiding pain (unhappiness)이 and로 병렬 연결되었으며 주어가 복수이므로, 복수동사 are가 쓰였다.
• [ ] 부분은 목적격 관계대명사가 생략된 관계사절로 선행사 everything을 수식한다.

Until recently, the media often gave equal time and space / to the arguments for and against humans / as the cause of global climate change. Surveys have indicated // that there is discord on the issue, / but that the majority of scientists agree / that humans are altering global climate. One analysis of a decade of research papers (on global climate change) / found no papers [that disputed human impacts on global climate]. ¹Also, all but one of the major scientific organizations in the United States [whose members have expertise (relevant to global climate change)] / have issued statements (acknowledging // that human activities are altering the earth's climate). ²Therefore, there is a general consensus within the scientific community [that humans are causing global climate change]. 주제문 ³While it is legitimate / to explore the arguments against the consensus position, // it is misleading for the media to present the issue / so as to give the impression [that the scientific community is evenly divided on the matter].

해석 최근까지도 대중 매체는 종종 지구 기후 변화의 원인으로 인간을 지목하는 것에 대한 찬반 논쟁에 동일한 시간과 공간을 할애했다. 조사에 따르면, 그 쟁점에 대한 의견 충돌은 있지만, 대부분의 과학자들은 인간이 지구의 기후를 바꾸고 있다는 점에 동의한다. 지구 기후 변화에 관한 10년간의 연구 논문에 대한 분석에서 어떤 논문도 지구 기후에 미치는 인간의 영향에 이의를 제기하지 않았다는 것이 밝혀졌다. 또한 지구 환경 변화와 관련된 전문 지식을 갖고 있는 일원들이 속한 미국 주요 과학 단체의 대부분이 인간 활동이 지구의 기후를 바꾸고 있다는 것을 인정하는 내용의 성명을 발표했다. 그러므로 과학계 안에서는 인간이 지구 환경 변화의 요인이라는 전반적인 의견의 일치가 있다. 주제문 합치된 입장에 반대하는 의견도 살펴보는 것이 타당하지만, 그 문제에 대해 과학계가 균일하게 양분되어 있다는 인상을 주기 위해 대중 매체가 그 사안을 보도하는 것은 진실을 오도하는 것이다.

어휘 discord 의견 충돌; 불화, 다툼   alter 바꾸다, 고치다   analysis 분석   dispute 이의를 제기하다, 반박하다; 분쟁   expertise 전문 지식[기술]   relevant to ~와 관련된   issue 발표[공표]하다; 쟁점, 사안   consensus 의견 일치, 합의   legitimate 타당한, 정당한; 합법적인   misleading 오도하는, 오해의 소지가 있는

해설 대중 매체는 기후 변화의 원인이 인간에게 있다는 의견에 대한 찬성과 반대 입장을 비슷한 비중으로 다루고 있지만, 실제로 기후 변화의 원인이 인간에게 있다는 것이 대부분의 합치된 의견이라는 내용이 글 중후반부까지 서술된다. 이 내용을 종합하여 결론을 내리고 있는 마지막 문장이 주제문으로, 대중 매체가 실제로는 합치된 의견을 마치 균일하게 양분된 것처럼 보도해 진실을 오도한다는 내용이다. 따라서 이 글의 요지로 가장 적절한 것은 ⑤이다.

오답 Check
① → 지구 기후 변화의 요인이 사례로 언급되긴 했으나 글의 주된 내용은 아님.
② → 글에서 언급되지 않은 내용임.
③ → 글의 주된 내용은 아님.
④ → 대중 매체가 과학계의 분쟁을 축소해서 전달한다는 내용은 없음.

PLUS+ 변형문제

해석 특정 의견에 대한 뚜렷한 (B) 경향이 존재할 때, 과학적 사안의 상반된 의견에 대해 대중 매체가 동일하게 주목하는 것은 (A) 부적절하다.

해설 어떤 쟁점에 대해 과학계의 대부분이 합치된 의견, 즉 뚜렷한 경향(inclination)을 가지고 있다면, 상반된 두 개의 의견을 동일한 비중으로 다루는 것이 오히려 진실을 왜곡시킬 수 있는데, 이는 부적절하(inappropriate)다는 내용의 요약문이다.
① 부적절한 – 장점 → (A)는 답이 될 수 있지만 (B)는 틀림.
③ 필요한 – 의견 → (B)는 답이 될 수 있지만 (A)는 틀림.
④ 필요한 – 편견 → (A), (B) 둘 다 답이 될 수 없음.
⑤ 치명적인 – 진전 → (A), (B) 둘 다 답이 될 수 없음.

구문 ¹Also, all but one of *the major scientific organizations in the United States* [**whose** members have *expertise* (relevant to global climate change)] / have issued *statements* (**acknowledging** // **that** human activities are altering the earth's climate).
• [ ] 부분은 소유격 관계대명사 whose가 이끄는 관계사절로 선행사인 the major scientific organizations in the United States를 수식한다.
• 첫 번째 ( ) 부분은 앞의 명사 expertise를 수식하는 형용사구이다.
• 두 번째 ( ) 부분은 앞의 명사 statements를 수식하는 현재분사구이다. 이때 acknowledging의 목적어로 that이 이끄는 명사절(that ~ climate)이 왔다.

²Therefore, there is **a general consensus** within the scientific community [**that** humans are causing global climate change].
• that이 이끄는 절(that ~ change)은 a general consensus와 동격 관계이다.

³While **it** is legitimate / **to explore** the arguments against the consensus position, // **it** is misleading *for the media* **to present** the issue / **so as to** give **the impression** [**that** the scientific community is evenly divided on the matter].
• it은 가주어, to부정사구(to explore ~ position, to present the issue)는 각각 주절과 종속절 진주어이며, 주절에서 for the media는 to부정사구의 의미상 주어이다.
• so as to는 '~하기 위해'의 의미이며, 뒤에는 동사원형이 온다.
• that이 이끄는 절(that ~ on the matter)은 the impression과 동격 관계이다.

20

The denotation of a word is its explicit definition // as listed in a dictionary. The denotative meaning of "home" is "a place [where one lives]." The expressiveness of language, however, / comes from the other type of word meaning / — connotation, or [the association [that a word usually brings to mind]]. The connotative meaning of "home" is a place (of security, comfort, and family). When Dorothy in *The Wizard of Oz* says, "There's no place like home," // ¹she's not referring to the word's denotation, / but the emotions ["home" evokes for her and most people]. 주제문 So, focusing on a denotation approach (to learning vocabulary) can lead only to a superficial understanding (of words). It is also inadequate / in teaching the concepts behind complex words / such as "photosynthesis." Much more explanation is required / to learn concept vocabulary. ²In other words, telling children to "look it up in the dictionary" / without following up by illustrating how the word is used in context / often leads to miscomprehension.

해석 단어의 명시적 의미는 사전에 등재된 것처럼 그 단어의 분명한 정의이다. '집'의 표시적 의미는 '사람이 사는 장소'이다. 그러나 언어의 의미심장함은 단어 의미의 다른 유형인 함축, 즉 한 단어가 대개 상기시키는 연상에서 나온다. '집'의 함축적 의미는 안전, 위안, 그리고 가족의 장소이다. '오즈의 마법사'의 Dorothy가 "집보다 좋은 곳은 없어요."라고 말할 때, 그녀는 그 단어의 명시적 의미를 말하고 있는 것이 아니라 '집'이 자신과 대부분의 사람들에게 불러일으키는 감정을 말하고 있는 것이다. 주제문 따라서 어휘 학습에 대해 명시적 의미 접근법에 중점을 두는 것은 단어에 대한 피상적 이해로만 이어질 수 있다. 그것은 또한 '광합성' 같은 복잡한 단어에 숨겨져 있는 개념을 가르치는 데에도 불충분하다. 개념 어휘를 학습하는 데 훨씬 더 많은 설명이 요구된다. 즉, 어린이들에게 그 단어가 문맥에서 어떻게 사용되는지 설명함으로써 덧붙이는 것이 없이 "그 단어를 사전에서 찾아봐라."라고 말하는 것은 종종 (그 단어에 대한) 오해를 일으킨다.

어휘 explicit 분명한, 명백한 denotative 표시적인 expressiveness 의미심장함 connotation 함축(된 의미) *cf.* connotative 함축적인 association 연상 bring A to mind A를 상기[연상]시키다 security 안전; 보안 comfort 위안, 위로 refer to ~을 말하다, 언급하다 evoke (기억·감정 등을) 불러일으키다 superficial 피상[표면]적인; 깊이 없는, 얄팍한 inadequate 불충분한, 부적당한 look up (정보를) 찾아보다 follow up 덧붙이다 illustrate 설명하다; 예증하다 miscomprehension 오해

해설 이 글은 단어의 뜻을 소재로 한 것으로, 단어에는 명시적 의미와 함축적 의미가 있는데 명시적 의미만을 가르치는 것은 피상적인 이해로만 그칠 수 있고, 문맥을 통한 설명이 반드시 필요한 개념 어휘를 가르치는 데도 충분하지 않다는 내용이다. 그러므로 이 글의 주제로 가장 적절한 것은 ⑤ '어휘를 학습할 때 명시적 의미만을 사용하는 것의 단점'이다.

오답 Check
① 단어의 근본적인 개념을 잘 가르치는 방법
→ 지문에 언급되지 않은 내용.
② 명시적 의미와 함축적 의미의 차이
→ 명시적 의미와 함축적 의미가 소재로 등장하기 하나 둘의 차이에 대한 언급은 없음.
③ 언어를 배울 때 사전을 사용하는 것의 이점들
→ 지문에 언급되지 않은 내용.
④ 어린이들에게 사전 사용법을 가르칠 필요성
→ 어린이들에게 함축적 의미 또한 가르쳐야 할 필요성에 대한 것이지 사전 사용법을 가르쳐야 한다는 내용은 없음.

PLUS⁺ 변형문제

해석 새로운 단어를 배울 때, 명시적인 의미에만 중점을 두는 것은 (A) 충분하지 않은데, 그 이유는 그것(= 명시적인 의미에만 중점을 두는 것)은 단지 그 단어에 대한 (B) 피상적인 이해에 지나지 않기 때문이다.
해설 단어에는 명시적 의미와 함축적 의미 두 가지가 있는데, 어린이들에게 명시적 의미만을 가르치는 것은 어린이들이 그 단어에 대해 피상적인(shallow) 이해를 하는 것에만 그칠 수 있기 때문에 명시적 의미만 가르치는 것은 충분하지(sufficient) 않고 따라서 그 단어에 대한 추가적인 설명이 필요하다는 내용의 요약문이다.
② 충분한 – 공유된 → (A)는 답이 될 수 있지만 (B)는 틀림.
③ 불필요한 – 상호간의 → (A), (B) 둘 다 답이 될 수 없음.
④ 불충분한 – 피상적인 → (B)는 답이 될 수 있지만 (A)는 틀림.
⑤ 불충분한 – 공유된 → (A), (B) 둘 다 답이 될 수 없음.

구문 ¹she's not referring to the word's denotation, / but *the emotions* [(which[that]) "home" evokes for her and most people].
• 「not A but B」 구문은 'A가 아니라 B'라는 뜻이다. 밑줄 친 두 부분이 각각 A, B에 해당된다.
• [ ]는 앞에 목적격 관계대명사 which[that]가 생략된 관계사절로 선행사 the emotions를 수식한다.

²In other words, **telling** *children* **to** "**look it up** in the dictionary" / without following up by **illustrating** how the word is used in context / often **leads** to miscomprehension.
• telling ~ in context가 문장의 주어이며 leads가 동사이다.
• 주어는 「tell+O+to-v(O에게 v하라고 말하다)」의 구조로 쓰였다.
• 밑줄 친 how the word is used in context는 「의문사(how)+주어(the word)+동사(is used)」 어순의 간접의문문으로 illustrating의 목적어 역할을 한다.

Throughout history / we witness continual cycles (of rising and falling levels (of the irrational)). To some extent irrationality, in fact, / is a function of the structure of our brains / and is wired into our very nature / by the way [we process emotions]. ¹Everyone is capable of irrational decisions, // some of which are caused by circumstances / beyond our control. 주제문 However, almost all of us / at some point in our lives / have experienced moments (of greater rationality). This often comes with the *maker's mind-set*. We have a project (to get done, perhaps with a deadline). The only emotion [we can afford] is excitement. Other emotions simply make it impossible to concentrate. Because we have to get results, // we become exceptionally practical. If people try to interrupt or infect us with emotions, // we resent it. ²These moments — as fleeting as a few weeks or hours — reveal the rational self [that is waiting to come out]. It just requires some awareness and some practice.

해석 역사를 통틀어 우리는 비합리성의 정도가 증가하고 감소하는 연속적인 순환을 목격한다. 사실 어느 정도까지 비합리성은 우리 뇌 구조의 작용이며 우리가 감정을 처리하는 방식으로 우리의 바로 그 본성과 연결되어 있다. 누구나 비합리적인 결정을 내릴 수 있고, 그중 일부는 우리의 통제 밖 사정에 의해 일어난다. 주제문 그러나 거의 모든 사람은 삶의 어느 순간에 더 위대한 이성의 순간을 경험한 적이 있다. 이것에는 종종 '수행자의 심적 태도'가 동반된다. 우리에게는 아마도 마감 시간이 있는 끝내야 할 프로젝트가 있다. 우리가 느껴도 될 유일한 감정은 흥분이다. 다른 감정들은 단지 집중을 불가능하게 만들 뿐이다. 결과를 얻어야 하기 때문에 우리는 대단히 현실적으로 된다. 만약 사람들이 감정으로(감정을 자극해) 우리를 방해하거나 영향을 끼치려고 하면, 우리는 그것을 불쾌하게 여긴다. 몇 주나 몇 시간과 같이 순식간에 지나가는 이런 순간들은 나오려고 기다리고 있는 이성적인 자아를 드러낸다. 그것에는 단지 약간의 자각과 약간의 연습이 필요할 뿐이다.

어휘 witness 목격하다; 목격자   irrational 비합리적인 *cf.* irrationality 비합리성   function 작용, 기능   wire 연결하다 rationality 이성 *cf.* rational 이성적인, 합리적인   mind-set 심적 태도   afford ~해도 되다; 여유[형편]가 되다   exceptionally 대단히; 이례적으로   infect 영향을 주다; 감염시키다   resent 불쾌하게 여기다, 분개하다   fleeting 순식간에 지나가는
[선택지 어휘] work one's way 노력하며 나아가다   breakthrough 돌파구   embrace 포용하다

해설 사람은 비합리성을 타고났으며 누구나 비합리적인 결정을 내릴 수 있다는 내용이 도입부에 전개된다. 뒤이어 역접의 연결어인 However와 함께 모두에게 '수행자의 심적 태도'가 동반된 위대한 이성적 순간을 경험할 수 있는 순간이 있다는 주제문(However, ~ the *maker's mind-set*.)이 나오고 기한 안에 끝마쳐야 하는 프로젝트를 예로 들며 이성적 자아가 드러나는 때를 설명하고 있으므로 제목으로 가장 적절한 것은 ④ '우리가 이성적 자아를 끌어낼 수 있는 때'이다.

오답 Check
① 성공을 위해 노력하며 나아가라
→ 성공 자체에 초점을 맞춘 내용이 아님.
② 어떻게 논리가 인간의 진보를 막는가
→ 글의 내용과 정반대되는 제목임.
③ 돌파구를 만들라, 즉 감정을 포용하라
→ 이성에 초점을 둔 글임.
⑤ 진보의 방법, 즉 감성 대 이성
→ 진보의 방법으로서 감성과 이성을 비교하는 내용은 없음.

PLUS + 변형문제

해석 비합리성은 우리의 (A) 내재적인 특성이지만, 이것이 문제되지 않고 우리가 집중만 하는 때가 있는데, 그것은 우리를 매우 (B) 능률적이게 해준다.
해설 인간의 비합리성은 본성과 연결되어 있는 내재적인(innate) 특성이지만 우리는 이성이 동반되는 순간에 고도로 집중해서 감정을 통제하며 과업을 완수해 나갈 수 있으므로 매우 능률적(efficient)이게 된다는 내용의 요약문이다.
① 자발적인 – 자신감 있는 → 글에서 추론할 수 없는 오답.
② 통제 가능한 – 신속한 → 글에서 추론할 수 없는 오답.
④ 후천적인 – 정확한 → 글에서 추론할 수 없는 오답.
⑤ 일반적인 – 전문적인 → (A)는 답이 될 수 있지만 (B)는 틀림.

구문 ¹Everyone is capable of *irrational decisions*, // **some of which** are caused by circumstances / beyond our control.
• which는 irrational decisions를 선행사로 하며 some of which가 이끄는 절은 선행사를 부연 설명하는 계속적 용법으로 쓰였다.

²These moments — **as** *fleeting* **as** a few weeks or hours — reveal *the rational self* [**that** is waiting **to come out**].
• 「as+형용사/부사의 원급+as」의 원급 비교 구문이 쓰였다.
• [ ]는 주격 관계대명사 that이 이끄는 관계사절로 선행사 the rational self를 수식한다.
• 관계사절 내 to come out은 목적을 나타내는 to부정사의 부사적 용법으로 쓰였다.

20

20 ⑤ PLUS + ④

Technological decisions often have extremely long-term consequences, / especially regarding the extraction of non-renewable resources / and the depositing of toxic substances. ¹Ethical adequacy would require // that in fairness the risks and the costs (of all such decisions) be considered / over the full-time frame of the impact. Future persons cannot speak for themselves. They do not vote. There are even conceptual problems (about whether "they" can have rights at all), // since "they" are only probable and not actual people, / abstract and not specifically identifiable. ²The ethical assessment of technology will require a long time frame / and a respect for the principle [that future persons, (once they become actual persons), will have no less claim / on equitable treatment by us / than persons (living today)]. If cost and risk-benefit analysis minimizes this significant ethical concern, // we may conclude / that it tends to be inadequately concerned / for inter-generational justice.

해석 과학 기술에 관한 결정들은 흔히 매우 장기적인 결과를 갖는데, 재생 불가능한 자원의 발굴과 독성 물질들의 매립에 관해서는 특히 그렇다. **주제문** 윤리적 타당성은 공정성에 있어서 그러한 모든 결정의 위험성과 대가들이 그 영향력의 전반적인 시간의 틀에 걸쳐서 고려되어야 한다고 요구한다. 미래의 사람들은 자신들의 생각을 직접 말하지 못한다. 투표도 하지 않는다. '그들'은 단지 있음 직하며 실제 사람들이 아니고, 추상적이며 구체적으로 인식되지 않기 때문에 '그들'이 조금이라도 권리를 가질 수 있는지에 대한 개념적 문제들까지도 있다. 과학 기술의 윤리적 평가는 장기적 틀을 필요로 할 것이며 미래의 사람들이 실제 사람들이 되고 나면 오늘날 살고 있는 사람들만큼이나 우리로부터 공평한 대우를 요구할 것이라는 원칙에 대한 존중을 필요로 할 것이다. 비용과 위험성 대비 이윤의 분석이 이러한 중요한 윤리적 문제를 축소한다면 그것은 세대 간의 공평성에 대해 불충분하게 고려한 것 같다는 결론을 내릴 수도 있다.

어휘 consequence 결과; 중요성 extraction 발굴; 추출 non-renewable 재생 불가능한 deposit 매립하다; 매장층 toxic 독성(이 있는) substance 물질 adequacy 타당성 fairness 공정성 conceptual 개념의, 구상의 probable (현실로) 있음 직한 identifiable 인식할 수 있는 assessment 평가 equitable 공평한, 공정한 treatment 대우; 치료 inadequately 불충분하게

해설 과학 기술에 대한 결정이 야기할 수 있는 장기적인 영향에 관한 내용이다. 현재의 결정이 미래 세대에 지대한 영향을 미칠 수 있으므로 윤리적 타당성은 그러한 영향력을 장기적인 시간의 틀에서 고려하도록 요구한다는 주제문(Ethical ~ impact.)을 제시하고 이어지는 문장에서 미래 사람들의 권리를 존중할 필요성에 관해 이야기하고 있으므로, 필자의 주장으로 가장 적절한 것은 ⑤이다.

오답 Check
① → 친환경 대체 에너지 개발의 필요성에 대한 언급은 없음.
② → 기술에 대한 결정이 장기적인 영향을 미친다는 언급이 있지만 그 문제를 예측하고 예방해야 된다는 내용은 없음.
③ → 지문에 언급되지 않은 내용.
④ → 기술의 실현 가능성은 언급되지 않음.

PLUS + 변형문제

해석 오늘의 결정은 내일의 사람들에게 (B) 영향을 미칠 힘이 있기 때문에 과학 기술에 관한 결정을 내리는 데 있어 미래 사람들의 권리를 (A) 인정하는 것은 중요하다.
해설 과학 기술에 관한 결정은 우리 삶에 장기적인 영향을 가져오며, 오늘의 결정이 미래에 영향을 미칠(affect) 수 있기에 결정을 내림에 있어 미래 사람들의 권리를 인정하는(acknowledge) 것이 중요하다는 내용의 요약문이다.
① 주다 – 설득하다
② 지키다 – 돕다 → (A)는 답이 될 수 있지만 (B)는 틀림.
③ 확실하게 하다 – 지탱하다 → (A)는 답이 될 수 있지만 (B)는 틀림.
⑤ 되찾다 – 경고하다
→ ①, ⑤ 모두 글에서 추론할 수 없는 오답.

구문 ¹Ethical adequacy would **require** // **that** in fairness *the risks and the costs (of all such decisions)* **(should) be considered** / over the full-time frame of the impact.
• 「require+that+S'(+should)+동사원형」의 구문으로 주장, 제안, 요구 등을 나타내는 동사 뒤에 오는 that절이 당위성을 나타낼 때, that절 내의 'should+동사원형'에서 should는 생략 가능하다.

²The ethical assessment of technology will require a long time frame / and a respect for **the principle** [**that** future persons, (once they become actual persons), will have no less claim / on equitable treatment by us / than *persons* (living today)].
• the principle과 that 이하는 동격을 이룬다.
• 문장 중간에 부사절(once ~ actual persons)이 삽입되었다.
• 현재분사구 living today가 앞의 명사 persons를 수식한다.

Alone, we imagine // we have all kinds of powers and abilities. But when we produce something [that fails to have the expected impact], // we are suddenly faced with a limit. ¹In this case, our tendency is / blaming others for not understanding it and closing ourselves off, // which makes it difficult / to succeed with our next venture. ²Instead of turning inward, / consider people's coolness and their criticisms / as a kind of mirror [they are holding up to you]. A physical mirror turns you into an object; you can see yourself // as others see you. The mirror does not lie. You use it to correct your appearance and avoid ridicule. The opinions (of other people) serve a similar function. You view your work / from inside your mind, / encrusted with all kinds of desires and fears, // but they see it / as it is. Through their criticisms / you can get closer to this objective version and gradually improve. When your work does not communicate with others, // consider it your own fault — you did not make your ideas clear enough. You are simply perfecting your work / through the social mirror.

[해석] 다른 사람 없이도, 우리는 자신이 모든 종류의 힘과 능력을 갖고 있다고 상상한다. 그러나 예상한 효과를 발휘하지 못하는 것을 만들면 우리는 돌연 한계에 직면한다. 이 경우 우리는 그것을 이해하지 못한다고 다른 사람들을 비난하고 우리 스스로를 고립시키려는 경향이 있는데, 이는 다음번 모험을 성공하는 것을 어렵게 만든다. 주제문 내성적으로 되는 대신 다른 사람들의 냉담함과 비판을 그들이 당신을 향해 들고 있는 일종의 거울과 같이 생각하라. 실제 거울은 당신을 하나의 객체로 바꿔 놓아서 마치 다른 사람이 보는 것처럼 자기 자신을 바라볼 수 있게 해 준다. 거울은 거짓말을 하지 않는다. 당신은 그것을 당신의 겉모습을 고치고 놀림을 피하기 위해 사용한다. 타인의 견해는 비슷한 기능을 한다. 당신은 자신의 결과물을 온갖 욕망과 두려움에 뒤덮인 채 자기 내부로부터 바라보지만, 그들은 그것을 있는 그대로 볼 뿐이다. 그들의 비판을 통해 당신은 이 객관적인 형태에 더 가까워질 수 있으며 서서히 향상될 수 있다. 당신의 결과물이 다른 사람들과 소통되지 않는다면, 그것을 당신 자신의 잘못으로 생각하라. 당신이 아이디어를 충분히 명확하게 제시하지 못한 것이다. 당신은 사회적 거울을 통해 당신의 결과물을 그야말로 완전하게 다듬는다.

[어휘] tendency 경향; 풍조 blame A for B B에 대해 A를 비난하다 inward 내성적인; 내면의 coolness 냉담함; 차분함 criticism 비판 physical 물리적인; 신체의 object 객체, 대상 cf. objective 객관적인; 목표 appearance 겉모습, 외모 ridicule 놀림, 조롱 function 기능(하다) encrust 외피로 덮다; 표면을 장식하다 gradually 서서히 [선택지 어휘] symbolic 상징적인

[해설] 한계에 직면했을 때 자신의 내면으로 잠식하기보다 타인의 의견을 수용함으로써 결과물을 향상시킬 수 있다는 내용의 글이다. 필자는 이것을 거울에 비유하며 거울이 자신을 하나의 객체로 만들어 객관적으로 볼 수 있게 해주듯이 사람들의 냉담함과 비판 역시 자신의 결과물을 객관적으로 바라볼 수 있는 지표로 삼는 것이 도움이 된다고 이야기하고 있으므로, 밑줄 친 부분의 의미로 가장 적절한 것은 ④ '당신의 결과물을 객관적으로 보는 다른 사람들의 견해'이다.

[오답 Check]
① 당신이 향상시킬 수 있는 물리적 대상
→ 지문에 나온 physical, object, improve를 이용한 오답.
② 당신의 모든 행동에 영향을 미치는 상징적 판단
→ 지문에 언급되지 않은 내용.
③ 직장에서 다른 사람들과 형성하는 관계 → 사람들과의 관계가 아닌 타인의 의견을 통해 결과물을 발전시킬 수 있다는 내용임.
⑤ 자신의 감정을 털어놓고 소통하는 능력
→ 지문에 나온 communicate를 이용한 오답.

PLUS + 변형문제

[어휘] cooperative 협력하는; 협조적인
[해설] 글의 중반부 명령문(Instead ~ you.)에서 필자의 주장이 드러난다. 타인의 의견을 통해 자신의 결과물을 객관적으로 바라보고 발전시켜 나갈 수 있다는 내용이므로, 글의 제목으로 가장 적절한 것은 ② '귀 기울여라! 당신의 결과물이 다른 사람들의 견해에 달려있다'이다.
① 자신감을 가져라, 자신을 적절히 표현하라
→ 자신감을 가지라는 언급은 없음.
③ 당신의 결과물을 향상시키는 열쇠는 소통
→ 결과물을 향상시키게 해주는 것은 다른 사람의 견해를 얻는 것이며 이를 위해서는 자신의 결과물이 잘 소통되도록 만들어야 한다고 했음.
④ 혼자 일하는 것 대 협업의 이점
→ 혼자 일하는 것과 협업의 이점은 언급되지 않음.
⑤ 왜 우리는 다른 사람의 견해에 비판적이어야 하는가?
→ 오히려 다른 사람의 의견을 통해 발전하라는 내용임.

[구문] ¹In this case, our tendency is / blaming others for not understanding it [and] closing ourselves off, // which makes it difficult / to succeed with our next venture.
• be동사의 보어로 쓰인 동명사구 blaming ~ it과 closing ~ off가 and로 병렬 연결되어 있다.
• which가 이끄는 계속적 용법의 관계사절이 앞 문장 내용을 부연 설명한다.
• 관계사절 내의 it은 makes의 가목적어이고 to succeed 이하가 진목적어이다.

²Instead of turning inward, / consider people's coolness [and] their criticisms / as a kind of mirror [(which[that]) they are holding up to you].
• 동사 consider의 목적어인 people's coolness와 their criticisms가 and로 병렬 연결되어 있다.
• as는 전치사로 '~같이[처럼]'로 해석한다.
• [ ]은 목적격 관계대명사 which[that]가 생략된 관계사절로 선행사 a kind of mirror를 수식한다.

We are fascinated by neuroscientists' findings (about our powers of thinking and imagination, / our abilities to represent and report our thoughts), // and we wonder at them and about their applications to ourselves. But as the great naturalist philosopher David Hume knew, // nature is too strong in us, / and it will not let us abandon our cherished and familiar ways of thinking / for long. ¹Hume knew / that however curious an idea and vision (of ourselves) we entertained / in our study, or in the lab, / when we returned to the world / to dine and make merry with our friends, // our most natural beliefs and habits returned / and banished our stranger thoughts and doubts. ²It is likely // that whatever we have learned / and whatever we know / about the error (of our thinking) / and about the fictions [we maintain], / they will remain the dominant guiding force / in our everyday lives.

해석 우리는 우리의 생각과 상상의 힘, 즉 우리의 생각을 표현하고 전하는 능력에 관한 신경 과학자들의 발견에 매료되고, 그 발견에 놀라고, 그 발견이 우리 자신에게 적용되는 것에 대해 궁금해한다. 그러나 위대한 자연주의 철학자 David Hume이 깨달았듯, 주제문 **본성은 우리 안에서 너무 강하며, 이것(= 본성)은 우리가 오랫동안 간직해온 익숙한 사고방식을 버리지 못하게 할 것이다.** Hume은 우리가 서재나 연구실에서 아무리 호기심 많은 생각과 상상을 즐긴다고 해도, 우리가 친구들과 식사를 하고 즐겁게 놀기 위해 세상으로 돌아왔을 때, 우리의 가장 자연스러운 믿음과 습관이 되돌아와 우리의 더 낯선 생각과 의심을 사라지게 만든다는 것을 알고 있었다. 우리가 무엇을 배워왔든, 그리고 우리 생각의 오류와 우리가 주장하는 허구들에 대해 무엇을 알고 있든, 그것들(= 우리의 가장 자연스러운 믿음과 습관)은 우리의 일상생활에서 여전히 지배적인 이끌어주는 힘일 것이다.

어휘 fascinate 매료하다, 마음을 사로잡다 neuroscientist 신경 과학자 represent 표현하다, 나타내다; 대표하다 wonder 놀라다(at); 궁금해하다(about) application 적용, 응용; 지원(서) naturalist 자연주의자 abandon 버리다, 포기하다 cherish (마음속에) 간직하다; 소중히 여기다 entertain 즐겁게 하다 make merry 즐겁게 놀다 banish 사라지게 만들다; 추방하다 maintain 주장하다; 계속하다, 유지하다 remain 여전히 ~이다 dominant 지배적인

해설 인간의 사고에 관한 많은 신경 과학적 연구에 우리가 매료된다는 도입 뒤에 역접의 연결어 But을 사용하여 인간의 본성이 너무나 강해서 익숙한 사고방식을 잘 버리지 못한다는 글의 주제를 나타내고 있다. 뒤에 이어지는 내용 역시 인간이 호기심과 새로운 생각을 즐긴다 해도 결국 자연스러운 믿음과 습관의 지배를 받게 된다고 하면서 주제문을 뒷받침하고 있으므로 글의 요지로 적절한 것은 ②이다.

오답 Check
① → 자연주의 철학은 인간의 이성보다 본성이 더 강하다고 했을 뿐, 본성의 발현을 중시한다는 언급은 없음.
③ → 지문에 언급되지 않은 내용.
④ → 인간이 익숙한 것을 선택하는 이유는 불확실한 것을 두려워해서가 아니라 오랜 믿음이나 습관을 유지하려는 본성 때문임.
⑤ → 지문에 언급되지 않은 내용.

PLUS+ 변형문제

해석 우리가 정신을 아무리 많이 (A) 연구할지라도 우리는 결코 우리가 따르도록 설정되어 있는 (B) 틀에 박힌 사고방식에서 벗어날 수 없을 것이다.

해설 인간의 사고에 대해 많이 연구(study)하더라도 익숙한 것을 따르도록 되어 있는 인간의 강한 본성 때문에 우리는 관습적이고 틀에 박힌(conventional) 사고방식에서 벗어날 수 없는 한계를 가진다는 내용의 요약문이다.
① 분석하다 – 변하기 쉬운 → (A)는 답이 될 수 있지만 (B)는 틀림.
② 발달시키다 – 근본적인 → (B)는 답이 될 수 있지만 (A)는 틀림.
③ 이용하다 – 수동적인 → 글에서 추론할 수 없는 오답.
④ 새롭게 하다 – 비논리적인 → (B)는 답이 될 수 있지만 (A)는 틀림.

구문 ¹Hume **knew** / **that** however curious an idea and vision (of ourselves) we entertained / in our study, or in the lab, / when we returned to the world / **to dine** and (to) make merry with our friends, // our most natural beliefs and habits returned / and banished our stranger thoughts and doubts.
• 접속사 that 이하는 동사 knew의 목적어 역할을 하는 명사절이다.
• 밑줄 친 however ~ entertained는 '아무리 ~할지라도'라는 뜻으로 「however+형용사+명사+주어+동사」의 어순으로 쓰였다.
• to dine 이하는 목적을 나타내는 부사적 용법의 to부정사구이며, to dine과 (to) make merry가 and로 병렬 연결되어 있다.

²**It** is likely // **that whatever** we have learned / and **whatever** we know / about the error (of our thinking) / and about *the fictions* [(which[that]) we maintain], / they will **remain** the dominant guiding force / in our everyday lives.
• It은 가주어, that 이하가 진주어이다.
• that절 안에서 복합관계대명사인 whatever가 이끄는 두 개의 부사절이 and로 병렬 연결되어 있다. whatever는 '무엇을 ~하더라도'라는 뜻이다.
• [ ]은 목적격 관계대명사 which[that]가 생략된 관계사절로 선행사 the fictions를 수식한다.
• 자동사 remain 뒤에는 주격보어로 대부분 형용사가 오지만 명사나 to부정사가 오기도 한다.

[1]Harp and Mayer performed an experiment (about how adding visuals and text [that are topically related to a lesson but irrelevant to the learning goal] affects learning). They created two versions of a lesson [that taught the process (of lightning formation)]. The basic lesson version / used words and relevant visuals / to describe the process. [2]The enhanced lesson version / added short narrative vignettes with visuals such as a video of lightning striking trees, an ambulance (arriving near the trees), / and a lightning victim (being carried on a stretcher to the ambulance). At the same time, the narrator said: "Approximately 10,000 Americans are injured / by lightning every year." Learning was about 30 percent better for students (using the basic lesson version). **The enhancements actually detracted from learning // because they stole attention from the primary content (aligned with the learning goal).**

해석 Harp와 Mayer는 주제 면에서는 수업과 관련이 있지만, 학습 목표와는 무관한 시각 자료와 글을 추가하는 것이 학습에 어떤 영향을 미치는지에 관한 실험을 했다. 그들은 번개 형성 과정을 가르치는 수업을 두 가지 형태로 만들었다. 기본 수업 형태는 그 과정을 설명하기 위해 용어와 관련된 시각 자료들을 사용했다. 강화된 수업 형태는 번개가 치는 나무, 그 나무 가까이에 도착하는 구급차, 그리고 들것에 실려 구급차로 옮겨지는 번개 피해자를 보여 주는 영상과 같은 시각 자료와 함께 짧은 이야기로 이루어진 소품문을 추가했다. 동시에 해설자는 "매년 약 10,000명의 미국인들이 번개로 부상을 당합니다."라고 말했다. 기본 수업 형태를 사용한 학생들에게 있어 학습 효과가 약 30퍼센트 더 좋았다. 주제문 강화물들은 학습 목표에 맞춰진 주요 (학습) 내용으로부터 주의 집중을 빼앗아 가기 때문에 실제로는 학습을 떨어뜨렸다.

어휘 visual 시각 자료; 시각의 irrelevant 무관한, 상관없는 (↔ relevant 관련된) formation 형성 (과정); 형성물; 대형 enhanced 강화한; 향상된; 증진된 cf. enhancement 강화; 향상; 증대 narrative 이야기로 이루어진; 이야기[서술, 화술]의 vignette 소품문; 삽화, 사진 victim 피해자 stretcher (부상자를 싣는) 들것 narrator 해설자; 이야기하는 사람 approximately 대략, 거의 detract from (가치 등을) 떨어뜨리다, 손상시키다 align 일직선으로 맞추다[가지런히 하다], 정렬시키다 [선택지 어휘] presentation 표현, 표시 capture (사람·마음 등을) 사로잡다; 포획하다 promising 유망한; 촉망[기대]되는; 조짐이 좋은

해설 학습 목표와 관련된 내용만으로 구성된 기본적인 학습과 자료가 강화된 수업의 학습 효과를 비교하는 실험의 결과를 설명하고 있다. 학습 목표와 관계없는 자료들이 강화된 수업은 학습을 부진하게 할 수 있다는 것을 알 수 있으므로 글의 주제로 가장 적절한 것은 ③ '강화물이 학습에 미치는 부정적 영향'이다.

오답 Check
① 시각적 표현에서의 몇 가지 흔한 실수들→ 지문에 언급되지 않은 내용.
② 주의를 사로잡는 효과적인 시각 자료 설계하기
→ 시각 자료들이 오히려 효과적이지 않다는 글의 내용과 반대되는 내용.
④ 어려운 주제를 가르치는 유망한 방법 → 지문에 언급되지 않은 내용.
⑤ 내용을 학습 목표에 맞추는 것의 어려움
→ 지문에 언급되지 않은 내용.

PLUS+ 변형문제

해석 연구에 따르면, 기본 수업을 받은 학생들은 향상된 수업을 받은 학생들보다 (A) 더 좋은 학습 효과를 보여 주었는데, 이는 강화물들이 학습에 있어 (B) 집중을 방해하는 것으로서 역할을 했기 때문이다.

해설 기본 수업과 강화된 수업 형태가 학습에 어떤 영향을 미치는지 비교하는 연구에서 영상과 시각 자료와 같은 강화물을 사용하지 않은 기본 수업을 들은 학생들이 더 좋은(greater) 학습 효과를 보여 주었는데, 이는 수업에 사용된 강화물이 학습에 있어 집중을 방해하는 것(distractions)으로 작용했기 때문이다.
① 더 광범위한 – 동기를 부여하는 것 → (A), (B) 둘 다 답이 될 수 없음.
③ 더 적은 – 자극제 → (A), (B) 둘 다 답이 될 수 없음.
④ 더 좋은 – 도움 → (A)는 답이 될 수 있지만 (B)는 틀림.
⑤ 더 낮은 – 안내서 → (A), (B) 둘 다 답이 될 수 없음.

구문 [1]Harp and Mayer performed an experiment (**about how** adding *visuals and text* [**that** are topically related to a lesson but irrelevant to the learning goal] **affects** learning).
• 밑줄 친 how가 이끄는 의문사절은 전치사 about의 목적어로, 「의문사+주어+동사」의 간접의문문 어순으로 되어 있다. 의문사절 내 주어는 동명사구인 adding ~ goal로 단수 취급하여 동사는 affects가 쓰였다.
• [ ] 부분은 주격 관계대명사 that이 이끄는 관계사절로 선행사 visuals and text를 수식한다.

[2]The enhanced lesson version / added short narrative vignettes with visuals such as a video **of** lightning striking trees, *an ambulance* (arriving near the trees), / [and] *a lightning victim* (being carried on a stretcher to the ambulance).
• 전치사 of의 목적어로 세 개의 명사구가 and로 연결되어 병렬구조를 이루고 있다.
• 두 ( ) 부분은 현재분사구로 각각 앞에 있는 an ambulance와 a lightning victim을 수식한다.

For many years researchers have been intrigued / by bilingual language learning. ¹As you can imagine, // researchers have been interested / in how children keep the languages straight. [주제문] ²Although many researchers concluded / that bilingual children tend to develop language skills (comparable to those of other children), // they believed that the best strategy (in the home) / was relatively unmixed language exposure, / in which one language was associated with one person and the other with another person. The assumption was // that the association (between the language and its source) would provide cues to the child (about which language was appropriate to use). ³However, more recent work (on this topic) suggests a different conclusion: [that most bilingual children receive both mixed and unmixed language input] // and [that children are able to use these rich input sources / in combination with their cognitive and language skills (to make sense of the two languages)].

[해석] 여러 해 동안 연구원들은 이중 언어 학습에 흥미를 느껴왔다. 당신이 상상할 수 있듯이, 연구원들은 [주제문] 어린이들이 그 언어들을 (헷갈리지 않고) 어떻게 명확하게 이해하는지에 관해 관심을 가져왔다. 많은 연구원들이 이중 언어를 구사하는 어린이들이 다른 어린이들의 언어 능력과 비슷한 언어 능력을 발전시키는 경향이 있다고 결론을 내리기는 했지만, 그들은 가정에서의 최고의 전략은 비교적 혼합되지 않은 언어 노출이라고 믿었는데, 이는 한 언어가 한 사람과 연관되어 있고, 다른 언어는 다른 사람과 연관된 것을 말한다. 언어와 그 언어의 제공원 사이의 연결이 아이에게 어떤 언어가 사용하기에 적절한지에 대한 단서를 제공해 줄 것이라는 가정이었다. 하지만 이 주제에 대한 더 최근의 연구는 이와는 다른 결론을 시사하는데, 대부분의 이중 언어 구사 어린이들은 혼합된 것과 혼합되지 않은 언어 입력을 모두 받게 되고, 아이들은 이러한 풍부한 입력원들을 두 언어를 이해하는 인지 및 언어 능력과 결합하여 이용할 수 있다.

[어휘] intrigue 흥미[호기심]를 불러일으키다 keep A straight A를 명확하게 이해하다 conclude 결론을 내리다 *cf.* conclusion 결론 comparable 비슷한; 비교할 만한 relatively 비교적 exposure 노출; 폭로 assumption 가정, 추정 cue 단서, 신호 input 입력, 투입 in combination with ~와 결합하여 cognitive 인지의, 인식의 make sense of ~을 이해하다 [선택지 어휘] multiple 다수[복수]의

[해설] 연구원들이 이중 언어 학습에 흥미를 느껴왔다는 내용이 도입부에 제시되는데 그들의 연구 목적, 즉 아이들이 두 가지 언어를 어떻게 명확하게 이해하는지가 글의 주제에 해당한다. 연구원들의 가정과 최근의 연구 결과를 구체적으로 나열하며 주제를 뒷받침하고 있으므로 글의 제목으로 가장 적절한 것은 ③ '이중 언어를 사용하는 어린이들은 어떻게 언어를 명확하게 이해할 수 있는가?'이다.

[오답 Check]
① 아이들에게 더 많은 언어를 쉽게 가르쳐라!
→ 글에서 언급되지 않은 내용임.
② 이중 언어 학습의 방법과 적용
→ 구체적인 방법과 적용에 대한 내용은 없음.
④ 어린아이들이 왜 다수의 언어로 말하면 안 되는가
→ 글에서 언급되지 않은 내용임.
⑤ 혼합되지 않은 언어 노출이 어떻게 당신의 아이들에게 도움이 되는가 → 과거의 연구 관점에만 국한됨.

PLUS + 변형문제

[해석] 원래는 언어들에 (A) 분리된(혼합되지 않은) 노출이 이중 언어 구사 어린이들에게 유익하다고 믿어졌지만, 최근의 연구는 (B) 혼합된 (언어) 입력 하에서도 그들이 언어 능력을 발전시킬 기량이 있다는 것을 시사한다.
[해설] 이중 언어를 사용하는 어린이들에게 혼합되지 않은 (separate) 언어 노출이 최고의 전략이라는 기존의 믿음과는 달리 혼합된(combined) 언어 노출 하에서도 언어 능력을 발전시킬 수 있다는 내용의 요약문이다.
① 이론 – 혼합되지 않은
② 집중적인 – 풍부한
③ 이중 언어의 – 언어의
⑤ 변화하는 – 규칙적인
→ ①, ②, ③, ⑤ 모두 글에서 추론할 수 없는 오답.

[구문] ¹As you can imagine, // researchers have been interested / **in how** children keep the languages straight.
• 밑줄 친 how가 이끄는 의문사절은 전치사 in의 목적어로, 「의문사+주어+동사」의 간접의문문 어순으로 되어 있다.

²Although many researchers concluded / that bilingual children tend to develop *language skills* (comparable to **those** of other children), // they believed that the best strategy (in the home) / was *relatively unmixed language exposure*, / **in which** one language was associated with one person and the other (language was associated) with another person.
• 대명사 those는 language skills를 대신한다.
• in which가 이끄는 관계사절은 계속적 용법으로 쓰여 선행사 relatively unmixed language exposure를 부연 설명한다.
• the other와 with another person 사이에 중복된 어구인 language was associated가 생략되었다.

³However, more recent work (on this topic) suggests **a different conclusion**: [**that** most bilingual children receive both mixed and unmixed language input] // [and] [**that** children are able to use these rich input sources / in combination with *their cognitive and language skills* (to make sense of the two languages)].
• and로 병렬 연결된 두 개의 that절은 a different conclusion을 부연 설명하는 동격의 명사절이다.

20 ② PLUS + ①

To be a leader often requires making tough choices, / getting people to do things against their will. ¹If you have chosen the soft, pleasing, compliant style of leadership, / out of fear of being disliked, // you will find yourself with less and less room (to compel people to work harder or make sacrifices). If you suddenly try to be tough, // they often feel wounded and personally upset. They can move from love to hate. The opposite approach yields the opposite result. If you build a reputation (for toughness and getting results), // people might resent you, / but you will establish a foundation of respect. You are demonstrating genuine qualities of leadership [that speak to everyone]. Now with time and a well-founded authority, / you have room (to back off and reward people, / even to be nice). ²When you do so, // it will be seen as a genuine gesture, / not an attempt (to get people to like you), / and it will have double the effect. ^{주제문} It is much better to be feared and respected / than to be loved.

해석 리더가 되는 것은 종종 어려운 선택을 하고 사람들로 하여금 그들 의지에 반하는 일을 하도록 만들어야 하는 것이다. 만일 당신이 미움받는 것에 대한 두려움으로 부드럽고 붙임성 있고 유순한 스타일의 리더십을 선택한다면, 당신은 사람들이 더 열심히 일하거나 희생하도록 만들 여지가 점점 줄어든다는 것을 알게 될 것이다. 만일 당신이 갑자기 엄격하려 한다면, 그들은 종종 상처받거나 개인적으로 당황해한다. 그들은 사랑에서 증오로 넘어갈 수 있다. 그 반대 접근은 반대의 결과를 낳는다. 만일 당신이 엄격하고 성과를 만들어낸다는 명성을 쌓는다면, 사람들은 당신에게 분개할지도 모르지만, 당신은 존경의 기반을 확립할 것이다. 당신은 모두에게 전하는 진실한 리더십의 자질을 보여주고 있는 것이다. 이제 시간이 지나 충분한 권위를 지니게 되면, 당신은 뒤로 물러나 사람들에게 보답하고 상냥해지기까지 하는 여유를 갖는다. 당신이 그렇게 할 때, 그것은 사람들이 당신을 좋아하도록 하려는 시도가 아닌 진실한 표현으로 보일 것이며, 그 효과는 두 배가 될 것이다. ^{주제문} 사랑받는 것보다 두려움의 대상이 되고 존경받는 것이 훨씬 더 낫다.

어휘 pleasing 붙임성 있는; 유쾌한   compliant 유순한   room 여지, 여유   compel 만들다, 강요하다   sacrifice 희생   wounded 상처를 입은; (마음) 상한   approach 접근(법)   yield 낳다, 산출하다   reputation 명성   resent 분개하다   foundation 기반   respect 존경(하다)   demonstrate (증거 등을 통해) 보여주다   genuine 진실한, 진심 어린   with time 시간이 지나   well-founded 근거가 충분한; 기초가 튼튼한   authority 권위   back off 뒤로 물러나다   reward 보답[보상]하다   attempt 시도

해설 리더의 자질에 관한 글이다. 리더는 사람들을 잘 통솔하기 위해 사람들에게 상냥하기보다 두려움과 존경의 대상이 되어야 한다고 마지막 문장에서 'It is much better ~'를 사용하여 이 글의 주제이자 주장을 드러내고 있으므로, 정답으로 가장 적절한 것은 ②이다.

오답 Check
① → 지문에 나온 getting result를 이용한 오답.
③ → 지문에 나온 sacrifice를 이용한 오답.
④ → 지문에 언급되지 않은 내용.
⑤ → 자발적으로 일할 수 있는 환경을 조성하기보다 권위를 세워 사람들이 따르도록 해야 한다고 했음.

PLUS + 변형응용문제

해석 그들(= 리더들)은 자신들에 대한 집단의 두려움과 존경 때문에 (사람들이) (B) 따를 가능성이 더 많기 때문에 리더는 한 집단을 효과적으로 운영하기 위해서 충분히 (A) 엄격한 것으로 인해 기꺼이 미움받아야 한다.

해설 리더는 사람들이 자신을 잘 따르게(followed) 하기 위해서 친절을 보이기보다 엄격해(strict)짐으로써 사람들이 자신을 두려워하고 존경하도록 해야 한다는 내용의 요약문이다.
② 설득력 있는 – 인정된 → 글에서 추론할 수 없는 오답.
③ 보수적인 – 칭찬받은 → 글에서 추론할 수 없는 오답.
④ 추진력 있는 – 기념하는 → 글에서 추론할 수 없는 오답.
⑤ 권위적인 – 명예로운 → (A)는 답이 될 수 있지만 (B)는 틀림.

구문 ¹If you have chosen the soft, pleasing, compliant style of leadership, / out of fear of being disliked, // you will find yourself with *less and less room* (**to compel** *people* to work harder or (to) make sacrifices).
• to compel 이하는 앞의 less and less room을 수식하는 형용사적 용법의 to부정사구이다.
• 「compel+O+O·C」의 구문으로 목적어로 people, 목적격보어로 to work harder와 (to) make sacrifices가 or로 병렬 연결되어 있으며, '~가 …하게 만들다[강요하다]'의 의미이다.

²When you **do so**, // it will be seen as a genuine gesture, / not *an attempt* (**to get** people to like you), / and it will have double the effect.
• 대동사 do의 목적어로 사용된 대용어 so는 '그렇게, 그처럼'의 의미이며, do so는 앞에 나온 동사구 back off and reward people, even be nice의 반복을 피하기 위해 사용되었다.
• ( )는 앞의 an attempt를 수식하는 형용사적 용법의 to부정사구이다.
• 두 개의 절 it will ~ like you와 it will ~ effect가 and로 병렬 연결되어 있다.

22

In life, (where conflict is inevitable,) you need to learn how to <u>occupy</u> <u>your enemies' flank</u>. Life is full of hostility — some of it overt, some clever and under-handed. Instead of imagining / you can avoid these clashes with others, / accept them and know // that the way [you deal with them] will decide your success in life. ¹What good is it / to win little battles and to succeed in pushing people around here and there, // if in the long run you create silent enemies [who will sabotage you later]? ^{주제문}At all cost, you must gain control of the impulse (to fight your opponents directly). ²Taking the fight out of people / through strategic acts (of kindness, generosity, and charm) / will clear your path, / helping you to save energy for the fights [you cannot avoid]. ^{주제문}<u>Find the way (to attract them) and win them over</u> — give the support [people crave], show the kindness [they will respond to], or do the favor [that will disarm them]. They will naturally take your side. In the political world [we live in], / this detour is the path to power.

해석 갈등이 필연적인 삶에서, 당신은 적들의 측면을 장악하는 법을 배워야 한다. 삶은 적의로 가득 차 있는데, 일부는 공공연하게 나타나며, 일부는 교묘하고 비밀스럽다. 다른 사람들과의 충돌을 피할 수 있다고 상상하는 대신, 그것들을 받아들이고 그것들에 대처하는 방식이 삶에서 당신의 성공을 결정할 것임을 이해하라. 장기적으로는 나중에 당신을 파괴할 무언의 적을 만들어내고 있다면 소소한 전투에서 승리를 거두고 때때로 다른 이들을 밀어내는 데 성공하는 것이 무슨 소용인가? ^{주제문}무슨 수를 써서라도 적과 직접적으로 싸우고자 하는 충동을 통제해야만 한다. 친절하고 관대하며 매력적인 전략적 행동을 통해 사람들로부터 전의(戰意)를 없애는 것은 당신의 앞길을 터주고, 당신이 피할 수 없는 싸움에 쓸 에너지를 비축하도록 도울 것이다. ^{주제문}그들의 마음을 끌 방법을 찾아 자기편으로 끌어들여라. 즉, 사람들이 갈망하는 도움을 주거나 그들의 보답을 이끌어내는 친절함을 보여주거나 그들을 무장 해제시킬 호의를 베풀어라. 그들은 자연스럽게 당신의 편에 설 것이다. 우리가 살아가는 정치적인 세계에서, 이 우회로는 힘으로 통하는 길이다.

어휘 inevitable 필연적인, 불가피한 occupy 장악하다, 차지하다 flank 측면; 옆구리 hostility 적의, 적대감 overt 공공연한, 명백한 clever 교묘한; 똑똑한 under-handed 비밀의, 음흉한 clash 충돌 what good is it ~? ~이 무슨 소용인가? sabotage 파괴하다; (고의적으로) 방해하다 at all cost 무슨 수를 써서라도 strategic 전략적인 win over 자기편으로 끌어들이다 crave 갈망하다, 열망하다 disarm 무장 해제시키다 detour 우회로; 우회하다 [선택지 어휘] ally 동맹(국)

해설 갈등은 우리 삶에서 피할 수 없는 것이며 이에 어떻게 대처하는지가 성공을 결정하는데, 갈등이 생겼을 때 적들과 맞서 싸우기보다 그들과 동맹을 맺음으로써 힘을 얻으라는 내용이다. 밑줄 친 부분은 호의를 베풀어 적의 전의를 없애고 자신의 편에 서도록 만듦으로써 갈등을 해결하는 전략을 의미한다. 따라서 정답은 ⑤ '적들을 무장 해제시켜 당신의 동맹으로 만들어라.'이다.

오답 Check
① 갈등을 해결하려면 그것들을 적의 관점에서 바라보아라.
→ 글에서 추론할 수 없는 내용.
② 당신의 적을 방해함으로써 그들을 이용하라.
→ 지문의 sabotage를 이용한 오답.
③ 자신을 통제하고 정치적인 세계에서 살아남아라.
→ 글에서 추론할 수 없는 내용.
④ 작은 전투에서 승리해서 타인에 대한 영향력을 쟁취하라.
→ 작은 전투에서 승리하는 것은 의미 없다고 했음.

PLUS + 변형문제

해설 갈등이 있을 때, 싸우고자 하는 충동을 통제하고 대신 적을 동맹으로 만들라는 내용이다. 글 중반부에서 적과 싸우고자 하는 충동을 통제하고 그들을 자신의 편으로 끌어들이라고 했으므로, 이러한 내용을 제목으로 가장 잘 나타낸 것은 ① '힘을 얻는 최선의 방법, 즉 친구가 되어라'이다.
② 단호한 태도를 통해 존경을 얻어라
→ 글에 언급되지 않은 내용.
③ 더 많은 동맹을 만들어라, 더 많은 사람에게 영향을 끼쳐라
→ 더 많은 사람에게 영향을 끼치라는 내용은 없음.
④ 성공적인 리더가 되는 비결
→ 성공적인 리더가 되는 비결을 설명하는 글이 아님.
⑤ 우리는 적들과 싸우고자 하는 충동을 통제할 수 있는가?
→ 글의 요지에서 벗어남.

구문 ¹**What good is it** / to win little battles 〔and〕 to succeed in pushing people around here and there, // if in the long run you create *silent enemies* [**who** will sabotage you later]?
- What good is it ~에서 good은 명사로 사용되어 '도움, 소용'의 의미를 나타낸다.
- to부정사구 to win little battles와 to succeed ~ there가 and로 병렬 연결되어 있다.
- [ ]은 주격 관계대명사 who가 이끄는 관계사절로 선행사 silent enemies를 수식한다.

²<u>Taking the fight out of people</u> / through strategic acts (of kindness, generosity, and charm) / <u>will clear</u> your path, / **helping** you to
_S　　　　　　　　　　　　　　　　　　　　　　　　　　　　　　　　　　　　_V
save energy for *the fights* [(**which[that]**) you cannot avoid].
- 동명사구 Taking the fight out of people이 주어이고 will clear가 동사인 문장이다.
- helping 이하는 부대상황을 나타내는 분사구문으로 and it will help ~의 절로 바꿔 쓸 수 있다.
- [ ]은 목적격 관계대명사 which[that]가 생략된 관계사절로 선행사 the fights를 수식한다.

The majority of developing countries are situated / in tropical or subtropical climatic zones. It is also true // that the most economically successful countries are located / in the temperate zone. ¹Although social inequality and institutional factors are widely considered to be of greater importance, // the division cannot simply be attributed to coincidence. The extremes of heat and humidity (in most poor countries) / contribute to deteriorating soil quality and the rapid depreciation (of many natural goods). They are also a factor in the low productivity (of certain crops), the weakened regenerative growth of forests, / and the poor health of animals. ²Extremes (of heat and humidity) not only cause discomfort to workers / but can also weaken their health, limit their desire to engage in strenuous physical work, / and generally reduce their overall productivity and efficiency. Furthermore, malaria and other serious parasitic diseases are often concentrated / in tropical areas.

해석 대부분의 개발도상국은 열대 혹은 아열대 기후대에 위치해 있다. 또한 가장 경제적으로 성공한 국가들은 온대 지역에 위치해 있는 것이 사실이다. 비록 사회적 불평등과 제도적 요인들이 더 중요하다고 일반적으로 여겨지기는 하지만, 이러한 분리가 단순히 우연의 일치 탓으로만 여겨질 수는 없다. 대부분의 가난한 국가들의 극단적인 열기와 습도는 토질 악화와 많은 천연재의 빠른 가치 저하의 원인이 된다. 그것들은 또한 특정 작물의 낮은 생산성, 숲의 약화된 재생적 성장, 그리고 동물들의 좋지 않은 건강 상태의 원인이 된다. 극심한 열기와 습도는 노동자들에게 불편을 야기할 뿐만 아니라 그들의 건강을 약화시키고 힘이 많이 드는 육체노동에 참여하고자 하는 욕구를 제한하며, 일반적으로 그들의 전반적인 생산성과 능률을 저하시킨다. 게다가, 말라리아와 다른 심각한 기생충에 의한 질병이 종종 열대 지역에 집중된다.

어휘 situate 위치시키다, 두다 subtropical 아열대의 climatic zone 기후대 temperate (기후 등이) 온화한 inequality 불평등 institutional 제도적인, 제도상의; 기관의 be attributed to ~의 탓[덕분]으로 여겨지다 coincidence 우연의 일치 humidity 습도; 습기 contribute to ~의 원인이 되다, ~에 기여하다 deteriorate 악화되다, 더 나빠지다 depreciation 가치 저하 natural goods 천연재 crop (농)작물 regenerative 재생의; 재생시키는 strenuous 힘이 많이 드는 efficiency 능률; 효율 parasitic 기생충에 의한 concentrate 집중시키다[하다]; 농축시키다; 농축물

해설 열대 혹은 아열대 기후 지역의 국가들은 온대 기후 지역의 국가들에 비해 경제적으로 낙후된 경향을 보이는데, 이는 극단적인 열기와 습도가 동식물과 토양, 일꾼들의 건강에 악영향을 미치고 이로 인해 생산성이 크게 저하되며 열대 지역에 질병이 집중된다는 내용이다. 따라서 글의 요지로 적절한 것은 ③이다.

오답 Check
① → 글에서 언급되지 않은 내용.
② → 급격한 기후 변화에 대한 내용은 없음.
④ → 환경이 생산성에 중요하다고는 했지만 이것이 글의 요지는 아님.
⑤ → 글에서 언급되지 않은 내용.

PLUS⁺ 변형문제

해석 극심한 열기와 습도와 같은 (A) 불리한 기상 조건은 국가의 경제에 (B) 부정적인 영향을 미칠 수 있다.

해설 극심한 열기와 습도가 미치는 영향들을 나열하며 대부분의 개발도상국이 열대 혹은 아열대 기후대에 있는 것이 단순 우연은 아닐 것이라고 했으므로, 불리한(Unfavorable) 기상 조건이 국가 경제에 부정적인(negative) 영향을 가질 수 있다는 내용의 요약문이다.
① 온화한 – 상당한 → (A), (B) 둘 다 답이 될 수 없음.
② 온화한 – 해로운 → (B)는 답이 될 수 있지만 (A)는 틀림.
③ 위험한 – 되돌릴 수 없는 → 지문에서 추론할 수 없는 오답.
④ 불리한 – 단기적인 → (A)는 답이 될 수 있지만 (B)는 틀림.

구문 ¹Although social inequality and institutional factors are widely considered **to be of** greater **importance**, // the division cannot simply be attributed to coincidence.
• 부사절 내 to be는 목적격보어로, 이처럼 consider는 목적격보어로 to부정사가 올 수 있다.
• of importance는 「of+추상명사」의 구조로 형용사 important의 의미이다.

²Extremes (of heat and humidity) not only cause discomfort to workers / but can also **weaken** their health, **limit** their desire to engage in strenuous physical work, / and generally **reduce** their overall productivity and efficiency.
• 「not only A but also B (A뿐만 아니라 B도)」 구문이 사용되었으며, also 뒤의 동사원형 weaken, limit, reduce는 and로 연결되어 병렬구조를 이룬다.

¹Sometimes one (of the most challenging tasks) is obtaining new evidence / to test a hypothesis or solution. What's the best type of evidence?
주제문
The best [we can do to test our ideas] is / to seek evidence [that will disconfirm them], / rather than look for evidence [that supports them]. Why? ²Because the most informative piece of evidence [we can obtain] is one [that rules out a hypothesis or idea]. Disconfirming evidence proves conclusively // that our idea cannot be true in its current form. In contrast, / confirming evidence only supports our idea. Imagine this: You believe / that you will be contaminated // if you don't wash your hands every two hours. Your hands are always clean, // and you never get contaminated. In this case, you can't be absolutely sure / if you're right // because you can never find / that not washing hands / does not lead to your contamination. But one day, water supply is cut off / and you can't wash your hands for a day, // yet you don't get contaminated. Now you can be absolutely sure // that you were wrong about your belief.

해석 때때로 가장 어려운 과제 중 하나는 어떤 가설이나 해법을 테스트하기 위해 새로운 증거를 얻는 것이다. 무엇이 가장 좋은 유형의 증거일까? 주제문 우리의 생각을 테스트하기 위해 우리가 할 수 있는 최고의 일은 그것들(= 우리의 생각들)을 뒷받침해 주는 증거를 찾기보다는 그것들의 부당성을 증명할 증거를 찾는 것이다. 왜일까? 그 까닭은 우리가 얻을 수 있는 가장 유용한 정보를 주는 증거는 하나의 가설이나 아이디어를 배제시키는 것이기 때문이다. 부당성을 입증하는 증거는 우리의 아이디어가 현재의 형태로는 사실일 리가 없다는 것을 결정적으로 증명한다. 그에 반해서, 확증하는 증거는 우리의 아이디어를 뒷받침해 줄 뿐이다. 다음을 상상해 보라. 당신이 두 시간마다 손을 씻지 않으면 오염될 것으로 믿는다. 당신의 손은 항상 깨끗하고 당신은 결코 오염되지 않는다. 이 경우, 당신은 자신이 맞는지 전적으로 확신할 수 없는데, 손을 씻지 않는 것이 오염으로 이어지지 않는다는 것을 결코 알아낼 수 없기 때문이다. 하지만 어느 날, 단수(斷水)가 되고 당신은 하루 동안 손을 씻지 못하지만, 당신은 오염되지 않는다. 이제 당신은 자신의 생각이 틀렸다는 것을 전적으로 확신할 수 있다.

어휘 obtain 얻다; 획득하다　hypothesis 가설 《pl. hypotheses》 solution 해법; 용액　disconfirm ~의 부당성을 증명하다　informative 유용한 정보를 주는　rule out ~을 배제하다　conclusively 결정적으로　contaminate 오염시키다 cf. contamination 오염　absolutely 전적으로, 틀림없이 [선택지 어휘] modify 수정하다　refute 반박하다

해설 가설이나 해법을 입증하는 가장 확실한 방법은 그것들이 부당하다고 입증할 증거를 찾는 것이라는 내용으로, 최상급 구문이 쓰인 두 번째 문장(The best ~ supports them.)이 주제문에 해당하며, 뒤이어 주제문을 뒷받침하는 이유와 예시가 이어지고 있다. 따라서 글의 주제로 가장 적절한 것은 ⑤ '우리의 신념과 예측을 반박하는 증거를 찾는 것의 중요성'이다.

오답 Check
① 가설을 검증하는 데 있어 증거의 주요한 역할
→ 글의 요지에서 벗어남.
② 새로운 정보에 기반하여 가설을 수정할 필요성
→ 글에서 언급되지 않은 내용.
③ 우리의 생각을 입증하기 위해 정확한 증거를 찾는 방법
→ 정확한 증거를 찾는 방법에 관한 글은 아님.
④ 한정된 증거를 가지고 정확한 가설을 세우는 것의 어려움
→ 지문의 hypothesis를 이용한 오답.

PLUS + 변형문제

해석 우리는 단순히 사실을 확인함으로써는 (B) 명백한 증거를 얻을 수 없기 때문에, 가능한 선택 사항을 (A) 제거하는 것이 어떤 것이 사실임을 증명하는 가장 적절한 방법이 될 수 있다.
해설 우리의 생각을 테스트하기 위한 가장 확실한 방법은 우리의 생각이 부당하다고 입증할 증거를 찾아 이를 제거하는 것(Eliminating)인데, 우리의 생각을 뒷받침하는 증거는 그 생각이 맞는지 명백한(undeniable) 확신을 주지 못하기 때문이라는 내용의 요약문이다.
① 고려하는 것 – 제한된 → (A), (B) 둘 다 답이 될 수 없음.
② 제거하는 것 – 의심스러운 → (A)는 답이 될 수 있지만 (B)는 틀림.
④ 무시하는 것 – 확실한 → (B)는 답이 될 수 있지만 (A)는 틀림.
⑤ 발견하는 것 – 인상적인 → (A), (B) 둘 다 답이 될 수 없음.

구문 ¹Sometimes one (of the most challenging tasks) is obtaining new evidence / **to test** a hypothesis or solution.
              S   V
• 문장의 주어는 one이므로, 단수동사 is가 쓰였다.
• to test 이하는 목적을 나타내는 to부정사의 부사적 용법으로 쓰였다.

²Because *the most informative piece of evidence* [**(that)** we can obtain] is *one* [**that** rules out a hypothesis or idea].
• 첫 번째 [ ] 부분은 목적격 관계대명사 that이 생략된 관계사절로 선행사 the ~ evidence를 수식한다.
• 두 번째 [ ] 부분은 주격 관계대명사 that이 이끄는 관계사절로 선행사 one를 수식하며, 이때 one은 evidence를 지칭하는 대명사이다.

Former Prime Minister of the United Kingdom Margaret Thatcher declared // that there is no such thing as society. In that context, "society" is the same as "government". She made the point [that no government can do anything / except through people, // and people must look to themselves first / and then look after their neighbor]. ¹Political theorists use the term "social capital" / to describe the wealth of trust and reciprocity [that is created / within social groups / as a result of their networks or relationships]. We build norms, rules, and relations [that enable us to cooperate with and depend upon one another]. _{주제문} These connections build social cohesion / and help meet our fundamental human needs, / such as participation, leisure, protection and belonging. ²And it can motivate us by far more / than cost and price. Consider communities [that are low on income but high on social capital]. People in Uganda, for example, could improve the quality and quantity of rural healthcare dramatically / simply by creating a renewed sense of social contract (backed up with public accountability (such as involving local members / in monitoring clinic management and decision making)).

【해석】 전 영국 총리인 Margaret Thatcher는 사회와 같은 것은 없다고 선언했다. 이 문맥에서, '사회'는 '정부'와 같다. 그녀는 어떤 정부도 국민들을 통하지 않고는 아무것도 할 수 없으며, 국민들은 먼저 스스로를 보살펴야 하고 그러고 나서 그들 이웃을 돌봐야 함을 주장했다. 정치 이론가들은 네트워크나 관계의 결과로 사회 집단 내에서 창조되는 신뢰와 상호 관계의 풍부함을 묘사하기 위해 '사회적 자본'이라는 용어를 사용한다. 우리는 서로 협력하고 의지할 수 있는 규범, 규칙, 관계를 구축한다. _{주제문} 이러한 연결은 사회적 응집력을 형성하고 참여, 여가, 보호, 소속과 같은 기본적인 인간의 요구를 충족시키는 데 도움을 준다. 그리고 그것은 비용과 가격보다 훨씬 더 우리에게 동기를 부여할 수 있다. 소득은 낮지만 사회적 자본이 높은 공동체를 생각해보자. 예를 들어, 우간다에 사는 사람들은 진료소 운영을 감독하고 의사 결정을 내리는 데 지역 주민들을 참여시키는 것과 같이 그저 공공의 책임으로 뒷받침되는 새로운 사회적 약속을 만듦으로써 지역 의료의 질과 양을 극적으로 향상시킬 수 있었다.

【어휘】 declare 선언하다; 단언하다 context 문맥 make a point 주장하다 look to ~를 보살피다, 돌보다 (= look after) social capital 사회적 자본 wealth 풍부함, 다량 reciprocity 상호 관계[주의]; 호혜 cohesion 응집력 fundamental 기본적인 contract 약속, 계약 back up 뒷받침하다, 지지하다 accountability 책임, 의무 management 운영, 경영
[선택지 어휘] vulnerable 취약한 redistribute 재분배하다

【해설】 사회의 응집력을 높여주는 사회적 자본에 대한 글이다. 사람들은 관계를 형성하여 인간의 기본 욕구를 충족시키고 이것이 동기 부여에 있어 경제적 요소보다 더 큰 영향력을 미친다는 주제문(These ~ price.)을 제시하고 뒤이어 우간다의 진료소 운영 성공 사례를 들며 사회적 자본이 사회에 미치는 긍정적 영향에 대해 이야기하고 있으므로, 이 글의 제목으로 적절한 것은 ③ '사회적 자본은 인간 상호 작용의 긍정적 산물'이다.

【오답 Check】
① 오늘날 무엇이 사회적 자본을 취약하게 만드는가?
→ 지문에 언급되지 않은 내용.
② 왜 우리는 부를 가난한 이들에게 재분배해야 하는가? → 우간다의 사례는 부의 재분배가 아닌 사회적 자본으로 진료소 운영에 성공한 사례임.
④ 사회적 자본의 기원과 현대적 적용
→ 사회적 자본의 역사에 대한 내용은 없음.
⑤ 사회적 자본의 요소는 신뢰와 상호 관계
→ 사회적 자본의 요소에 대한 것은 글의 내용 중 일부임.

PLUS⁺ _{변형문제}

【어휘】 public good 공익(公益)
【해석】 Margaret Thatcher가 (A) 개인들이 서로에 대해 책임을 져야 한다고 믿었듯이, 다른 정치 이론가들은 공익을 생산해내는 (B) 대인 관계와 사회 활동을 통해 우리가 동기 부여되고 기본 욕구를 충족시킬 수 있다고 생각한다.
【해설】 Margaret Thatcher는 사회에 모든 책임을 전가하기보다 개개인(individuals)이 서로를 보살펴야 한다고 했으며, 이는 사회적 자본, 즉 사회 집단 내의 대인(interpersonal) 관계를 통해 사회를 활성화시킨다는 내용과 상통한다.
① 이웃들 – 신용하는 → (A)는 답이 될 수 있지만 (B)는 틀림.
③ 사회들 – 화합하는 → 글에서 추론할 수 없는 오답.
④ 기구들 – 의존하는 → 글에서 추론할 수 없는 오답.
⑤ 공동체들 – 상호 간의 → (B)는 답이 될 수 있지만 (A)는 틀림.

【구문】 ¹Political theorists use the term "social capital" / **to describe** the wealth of *trust and reciprocity* [**that** is created / within social groups / as a result of their networks or relationships].
• to describe 이하는 목적을 나타내는 부사적 용법의 to부정사구이다.
• [ ] 부분은 주격 관계대명사 that이 이끄는 관계사절로 선행사 trust and reciprocity를 수식한다.

²And it can motivate us **by far** *more* / than cost and price.
• by far는 비교급을 강조하는 부사로 쓰였다. 비교급을 강조하는 부사로는 much, even, still, a lot, (by) far 등이 있다.

22

20 ③ PLUS+ ②

In manufacturing, many companies have embraced continuous improvement. ¹This is the process (of continuously reducing cost, increasing product durability and customer satisfaction, reducing waste and pollution, etc). For any given topic in science, / it should be possible / to improve experimental procedures, develop better statistical tests, explain exceptions, etc. ²Falling in love with a theory and developing that contented glow of companionship / is a guaranteed way (to overlook opportunities (to improve the field)). To put it another way, / the scientist needs to develop an eye for imperfections [which can be improved]. If different individuals seem to debate without resolution, // perhaps it is because they are using terms differently / or perhaps it is because certain phenomena act differently / in different systems. In either case, an opportunity exists for clarification. There are always odd phenomena [that don't fit in], // and they offer opportunities for discovery.

해석 제조업에서, 많은 기업들은 끊임없는 개선을 수용해왔다. 이것은 계속해서 비용 줄이기, 제품 내구성 및 고객 만족 높이기, 폐기물 및 환경 오염 줄이기 등의 과정이다. 과학에서는 주어진 어떠한 주제에 대해서도, 실험 절차를 개선하고, 더 나은 통계 테스트를 개발하고, 이례적인 것들을 설명하는 것 등이 가능해야 한다. ^{주제문} 하나의 이론에 푹 빠져서 (그 이론에) 가까이하고 있다는 만족감을 발전시키는 것은 그 분야를 향상시킬 기회를 간과하는 확실한 방법이다. 달리 말하면, 과학자는 개선될 여지가 있는 불완전한 것에 대한 안목을 개발할 필요가 있다. 만약 제각기 다른 개인들이 해답 없이 토론을 하는 것 같다면, 아마도 그것은 그들이 용어들을 다르게 사용하거나 특정한 현상들이 다른 체제에서 상이하게 기능하기 때문일 것이다. 어느 경우이든지, 명료하게 바로 잡을 기회가 존재한다. 들어맞지 않는 특이한 현상들은 항상 있기 마련이고, 그런 현상들은 발견을 위한 기회를 준다.

어휘 manufacturing 제조업 embrace 수용하다, 기꺼이 받아들이다 durability 내구성 statistical 통계적인 contented 만족하는 glow 감정; 불빛; 홍조 companionship 동료애, 우정 guarantee 확실하게 하다; 보장하다 overlook 간과하다; (건물 등이) 내려다보다 to put it another way 달리 말하면 resolution 해답; 결심; 결의안 term 용어 phenomena 현상 (phenomenon의 복수형) clarification 명료하게 하기; 맑게 함 odd 특이한; 홀수의 fit in 들어맞다, 부합하다

해설 과학자가 발전을 이룰 기회를 얻기 위해 가져야 할 태도에 대해 설명하는 글이다. 과학자는 현상이나 이론을 완전한 것으로 여기기보다 그것에서 개선될 여지가 있는 불완전한 것을 알아볼 수 있어야 한다는 주제문(Falling in love ~ be improved.)을 제시하고, 뒤이어 그 불완전한 것을 명료하게 바로 잡음으로써 새로운 것을 발견할 기회를 얻을 수 있다고 주제문을 뒷받침하고 있으므로, 필자의 주장으로 가장 적절한 것은 ③이다.

오답 Check
①, ②, ⑤ → 지문에 언급되지 않은 내용.
④ → 자연법칙을 찾기 위한 것이 아닌 이론을 발전시킬 기회를 얻기 위함임.

PLUS+ 변형문제

해석 과학자들은 과학에서 (A) 결점을 찾는 것을 배우는 것이 중요한데, 왜냐하면 이것이 발전될 수 있는 분야를 그들이 (B) 식별할 수 있게 해주기 때문이다.

해설 과학자는 한 가지 이론에 안주하면 발전을 이룰 수 없기에 현상의 결점(deficiencies)을 찾는 안목을 기르는 것이 중요하며, 이것은 그들이 발전 가능성이 있는 분야를 식별하도록(discern) 해준다는 내용의 요약문이다.
① 현상 – 해결하다
③ 확실함 – 발명하다
④ 기회 – 토론하다
⑤ 불확실함 – 기여하다
→ ①, ③, ④, ⑤ 모두 지문과 관계없는 내용.

구문 ¹**This** is *the process* (**of** continuously **reducing** cost, **increasing** product durability and customer satisfaction, **reducing** waste and pollution, etc).
• 지시대명사 This는 앞 문장에서 언급된 continuous improvement를 지칭한다.
• 전치사 of의 목적어로 세 개의 동명사구가 나열된 구조이다.

²Falling in love with a theory and developing that contented glow of companionship / is a guaranteed way (**to overlook** opportunities
                                       S   V
(**to improve** the field)).
• 문장의 주어는 Falling in love ~ companionship으로 동명사 주어가 쓰였으므로 3인칭 단수 be동사 is가 쓰였다.
• a guaranteed way를 to overlook 이하가 수식하며, opportunities는 다시 to improve 이하의 수식을 받는다. 여기에서 to부정사구는 모두 명사(구)를 수식하는 형용사적 용법으로 쓰였다.

주제문

¹In order to be no longer a slave / to the character (created by your earliest years) and the compulsive behavior [it leads to], you need to focus on your own <u>alchemy</u>. If you are a hyper-perfectionist [who likes to control everything], // you must redirect this energy into some productive work / instead of using it on people. Your attention (to detail and high standards) is a positive, // if you channel them correctly. If you are a pleaser, // you have developed courtier skills and real charm. If you can see the source of this trait, // you can control the compulsive aspect of it / and use it as a genuine social skill [that can bring you great power]. If you are highly sensitive and prone to take things personally, // you can work / to redirect this into active empathy, / and transform this flaw into an asset (to use for positive social purpose). ²If you have a rebellious character, // you have a natural dislike (of conventions and the usual ways (of doing things)). Channel this into some kind of innovative work, / instead of compulsively insulting and alienating people.

해석 주제문 더 이상 어린 나이에 만들어진 성격과 그것이 야기하는 강박적인 행동의 노예가 되지 않기 위해서는 자신의 연금술에 초점을 맞출 필요가 있다. 만약 당신이 모든 것을 통제하기를 좋아하는 지나친 완벽주의자라면, 당신은 이 에너지를 사람들에게 사용하는 대신 어떤 생산적인 일로 전용해야 한다. 당신이 제대로 그것들을 (적합한 곳에) 쏟는다면, 세부 사항과 높은 기준에 주의를 기울이는 것은 긍정적인 것이다. 만약 당신이 남의 비위를 맞추는 사람이라면, 당신은 남의 시중을 드는 기술과 진정한 매력을 발전시켜 온 것이다. 이 특성의 근원을 알 수 있다면, 그것의 강박적인 측면을 조절하여 당신에게 큰 힘을 가져다줄 수 있는 진정한 사회적 기술로 활용할 수 있다. 만약 당신이 매우 예민하고 상황을 개인적으로 받아들이는 경향이 있다면, 당신은 이것을 적극적인 공감으로 전환시키고, 이 결함을 긍정적인 사회적 목적을 위해 사용할 자산으로 바꾸도록 노력할 수 있다. 만약 당신이 반항적인 성격이 있다면, 관습과 어떤 일을 하는 일반적인 방식들에 대해 선천적인 반감을 갖는다. 강박적으로 사람들을 모욕하고 소외시키는 대신에 이것을 일종의 혁신적인 일에 쏟도록 하라.

어휘 compulsive 강박적인 alchemy 연금술 hyper- 지나친, 과도한 redirect 전용하다, 돌려쓰다 positive 긍정적인 것; 긍정적인 channel (~에) 쏟다[돌리다] pleaser 남의 비위[기분]를 맞추는 사람 courtier (궁정에서 왕을 보필하던) 조신 prone to ~하는 경향이 있는, ~하기 쉬운 empathy 공감, 감정 이입 flaw 결함, 흠 asset 자산 rebellious 반항적인 insult 모욕(하다) alienate 소외시키다

해설 alchemy(연금술)는 구리나 납 같은 것을 금이나 은과 같은 귀금속으로 바꾸는 기술로, 지문에서는 성격의 약점을 강점으로 바꾸는 것을 의미한다. 따라서 밑줄 친 부분의 의미로 가장 적절한 것은 ① '자신의 약점을 강점으로 바꾸는 것'이다.

오답 Check
② 스스로의 삶을 이끌기 위해 진실한 자신의 모습을 찾는 것
→ 진실한 자신을 찾는 내용은 언급되지 않음.
③ 개인의 자질의 근원을 발견하는 것
→ 개인의 자질을 발견하는 내용은 언급되지 않음.
④ 자신의 약점을 극복하기 위해 서로 다른 두 가지 특성을 결합하는 것 → 약점이 되는 성격을 극복하는 내용은 맞지만, 그것을 위해 두 가지 다른 특성을 결합하라는 내용은 없음.
⑤ 부정적인 면을 개선하기 위해 자신의 긍정적인 측면을 전용하는 것 → 약점을 강점으로 탈바꿈하는 지문의 내용과 반대됨.

PLUS⁺ 변형문제

어휘 failing 결점, 결함
해설 우리가 갖는 성격의 약점은 모두 그에 상응하는 강점으로 바꿀 수 있다고 했으므로, 글의 제목으로 적절한 것은 ② '자신의 결점으로부터 성공하라, 즉 변화를 만들어라'이다.
① 약점이 숨겨진 사회적 기술인 이유
→ 약점을 바꾸면 사회적 기술이 될 수도 있다는 것은 일부 내용임.
③ 약점 뒤에 숨는 것을 막는 방법
→ 약점 뒤에 숨는다거나 이를 막는 방법에 대한 언급은 없음.
④ 자신의 긍정적인 측면들과 부정적인 측면들을 발견하라
→ 지문에 쓰인 단어들로 이루어진 제목으로, 글의 요지에서 벗어남.
⑤ 자신을 새로운 사람으로 바꿀 방법을 배워라
→ 자신을 새로운 사람으로 바꾸라는 내용의 글은 아님.

구문 ¹In order to be no longer a slave / to *the character* (created by your earliest years) and *the compulsive behavior* [(which[that]) it leads to], you need to focus on your own alchemy.
• ( ) 부분은 과거분사구로 앞에 있는 명사 the character를 수식한다.
• [ ] 부분은 생략된 목적격 관계대명사 which[that]가 이끄는 관계사절로 선행사 the compulsive behavior를 수식한다.

²If you have a rebellious character, // you have *a natural dislike* (of conventions and the usual ways (of doing things)).
• of conventions ~ things는 전치사구로 앞에 있는 a natural dislike를 수식하고, 그 안의 전치사구 of doing things는 the usual ways를 수식한다.
• 전치사 of의 목적어인 conventions와 the usual ways ~ things가 접속사 and로 병렬 연결되어 있다.

Kids want to learn / and can propel themselves to all kinds of learning // as long as there is a payoff — what is won and achieved inside, / in the sense of self-confidence and competence. But if you put those kids in a lecture hall / and give them a standardized curriculum / with standardized forms (of measuring achievement and ability), // they will learn a different lesson. They might well master / what they are supposed to learn, // but that's not education. When you think of learning / as something external to yourself, // it becomes an assessment, not an asset. ¹Learning, in this sense, is skill and will, an earned conviction [that, faced with a challenge ahead, this past achievement will get one through]. ²You can count on your ability (to learn), // and nowhere is that more important / than when what you've learned in the past / no longer suffices for the future. It is about knowing // that, when tested by the most severe challenges ahead, / you have the capacity (to learn what is required to succeed).

해석 아이들은 이득, 즉 자신감과 능력이라는 의미의 내적으로 획득되고 달성되는 것이 있는 한 배우기를 원하고 모든 종류의 학습으로 스스로를 나아가게 할 수 있다. 그러나 이 아이들을 강의실에 두고 성취와 능력을 측정하는 획일적인 방식을 가지고 획일적인 교육 과정을 제공한다면, 그들은 다른 내용을 배울 것이다. 그들이 배워야 하는 것을 숙달하는 것도 당연하지만, 그것은 교육이 아니다. 학습을 자신의 외부적인 어떤 것으로 생각한다면, 그것은 자산이 아닌 평가가 된다. ᵗʰᵉᵐᵉ 학습은 이러한 점에서 기량이자 의지, 즉 앞에 있는 도전에 직면했을 때 이 과거의 성취가 도전을 극복하게 할 것이라는 획득된 확신이다. 당신은 자신의 학습 능력을 믿을 수 있으며, 과거에 당신이 배운 것이 더는 앞날에 충분하지 않을 경우보다 더 중요한 것은 어디에도 없다. ᵗʰᵉᵐᵉ 그것은 눈앞에 있는 가장 가혹한 도전에 시험될 때, 성공하는 데 요구되는 것을 배울 능력이 있다는 것을 아는 것이다.

어휘 propel 나아가게 하다; 몰고 가다   payoff 이득, 대가   self-confidence 자신(감)   competence 능력, 역량   standardize 획일화하다; 표준화하다   curriculum 교육 과정   measure 측정하다   might well ~하는 것도 당연하다   master 숙달하다   be supposed to-v v해야 한다; v하기로 되어 있다   external 외부적인   assessment 평가   asset 자산, 재산   skill 기량, 노련함; 능력   conviction 확신; 신념   get through (난국을) 극복하다, 벗어나다   count on ~을 믿다   suffice 충분하다   severe 가혹한; 엄격한

해설 학습은 평가를 위한 것이 아닌 학습 능력에 대한 자신감을 기르는 것이라는 요지의 글이다. 과거의 성취가 문제를 해결할 수 있도록 한다는 확신을 얻고 어떤 문제에 직면하더라도 그것을 해결하는 데 필요한 것을 배울 능력이 있음을 자신하는 것이 학습이라고 글의 후반부의 주제문에서 설명하고 있으므로, 이 글의 요지로 가장 적절한 것은 ④이다.

오답 Check
① → 평가에 대한 언급은 획일적인 평가를 위한 학습을 비판하기 위한 것임.
② → 학습 동기에 대한 언급은 없음.
③ → 효과적인 학습이 일어나는 조건에 대한 언급은 없음.
⑤ → 학습의 가치에 대한 언급은 없음.

PLUS + 변형문제

어휘 put in (시간·노력 등을) 쏟다

해석 배우는 것은 우리 인생에 걸쳐 우리가 노력을 쏟은 모든 것이 그것(= 과업)들이 아무리 어려울지라도 우리가 과업들을 (B) 완수할 수 있게 할 것이라는 (A) 자신감을 기르는 것이다.

해설 학습은 내적으로 자신감(confidence)을 성취하는 것으로, 이는 과업을 완수하는(accomplish) 데 요구되는 것을 학습할 능력이 자신에게 있음을 확신하는 것이라는 내용의 요약문이다.
① 인내 – 평가하다 → 글에서 추론할 수 없는 오답.
② 열정 – 분배하다 → 글에서 추론할 수 없는 오답.
③ 확신 – 단순화하다 → (A)는 답이 될 수 있지만 (B)는 틀림.
④ 지능 – 추구하다 → 글에서 추론할 수 없는 오답.

구문 ¹Learning, in this sense, is skill and **will, an earned conviction** [that, **faced** with a challenge ahead, this past achievement will get one through].
- will과 an earned conviction은 동격을 이루며, an earned conviction은 다시 that절과 동격으로 연결된다.
- that절 안의 faced ~ ahead는 시간을 나타내는 분사구문이다.

²You can count on *your ability* (to learn), // and nowhere is **that** *more important* / than (the time) **when** what you've learned in the past / no longer suffices for the future.
- 부사로 쓰인 that은 '그렇게, 그만큼'이란 뜻이며, 뒤의 more important를 수식한다.
- when 이하는 일반적인 선행사 the time이 생략된 관계부사절로 what ~ the past가 주어, no longer suffices가 동사이다.

There is a considerable difference / between cooking a meal versus microwaving a meal. Microwave meals are designed / to save time and effort and be more "efficient." But in that process (of preparing a meal), we are largely passive. The process itself has little meaning / except as a means to an end (of getting the food on the table). ¹Activities (such as cooking a prepackaged meal) / are part (of what philosopher Albert Borgmann has called the "device paradigm,") // which he views as a characteristic way [in which we engage with technology in the contemporary world]. ²Devices make it easier to accomplish tasks, / but this replacement of labor comes at a cost; // it encourages consumption by taking away engagement. We don't have to know anything about the device, // and our interaction with it is minimal. This pattern of disengagement in everyday life / is not always pleasant. Activities (transformed by devices) / are often shallow and monotonous, // and they involve little challenge or depth. Technology can enrich our lives, // but not if it takes away our engagement with reality.

해석 식사를 요리하는 것과 식사를 전자레인지에 익히는 것 사이에는 상당한 차이가 있다. 전자레인지용 식사는 시간과 노력을 절약하고 더 '효율적'이 되기 위해 고안되었다. 하지만 식사를 준비하는 그 과정에서 우리는 주로 수동적이다. 과정 그 자체는 테이블 위에 음식을 차리는 목적을 위한 수단으로서의 의미를 제외하면 의미가 거의 없다. 미리 포장된 음식을 요리하는 것과 같은 활동들은 철학자 Albert Borgmann이 '기구 패러다임'이라고 칭한 것의 일부인데, 그는 이것을 우리가 현대 세계에서 과학 기술과 관계를 맺는 특유의 방식으로 여긴다. 주제문 기구들은 업무를 완수하는 것을 더 쉽게 만들어 주지만, 이러한 노동력의 대체에는 대가가 따르는데, 이는 참여를 없앰으로써 소비를 장려한다. 우리는 기구에 대해서 아무것도 알 필요가 없고, 그것과 우리의 상호 작용은 극히 적다. 일상에서 이러한 비(非)참여의 패턴은 항상 좋은 것은 아니다. 기구에 의해 변화된 활동들은 흔히 피상적이고 단조로우며 어려움이나 복잡성을 거의 수반하지 않는다. 주제문 기술은 우리 삶을 풍요롭게 할 수 있지만, 그것이 우리의 현실 참여를 없앤다면 그렇지 않다.(= 기술이 우리의 현실 참여를 없애지 않아야 우리 삶을 풍요롭게 할 수 있다.)

어휘 considerable 상당한 microwave 전자레인지로 익히다[조리하다]; 전자레인지(용의) largely 주로 passive 수동적인 a means to an end 목적을 위한 수단 prepackaged 미리 포장된 philosopher 철학자 device 장치, 기구 paradigm 패러다임, 이론적 틀[체계] engage with ~와 관계를 맺다 cf. engagement 참여; 약속 disengagement 비참여; 해방 contemporary 현대의; 동시대의 replacement 대체(물) at a cost 대가를 지불하여 consumption 소비 take away 없애다, 치우다 interaction 상호 작용 shallow 피상적인, 얄팍한 monotonous 단조로운 enrich 풍요롭게 하다, 질을 높이다

해설 도입부에서 전자레인지에 음식을 조리하는 것을 예로 들며 기구 패러다임을 설명한다. 기구를 이용함으로써 효율적이게 됐지만, 그 과정에서 사람의 참여가 배제되는 단점을 지적하는 글 중반부 문장(Devices ~ engagement.)과 인간의 현실 참여를 제한하지 않는다는 조건에서 기술은 우리 삶을 풍요롭게 할 수 있다는 마지막 문장(Technology ~ reality.)이 글의 주제문에 해당한다. 따라서 글의 주제로 가장 적절한 것은 ① '오늘날 기술로 인한 수동적인 생활방식에 대한 우려'이다.

오답 Check
② 새로운 과학 기술의 사용에 관심을 가지는 것의 중요성
③ 현대 세계에서 사용되는 과학 기술의 최근 경향
④ 우리가 기기를 사용하는 데 있어서 더 효율적으로 되어야 하는 이유
⑤ 현대 기구들이 우리 삶에 미치는 부정적인 영향을 줄이는 방법
→ ②, ③, ④, ⑤ 모두 지문에 쓰인 표현을 이용하여 구성한 오답.

PLUS + 변형문제

해석 기구를 사용하는 것이 우리의 노력을 줄여줌으로써 우리의 삶에 (A) 이점을 가져다주는 한편, 그것은 또한 우리가 실제 세상에 참여하는 것을 (B) 희생하게 만든다.

해설 '기구'의 예로 든 전자레인지 식품은 우리의 시간과 노력을 절약해준다고 했으므로 기구가 우리의 삶에 이점(advantages)을 준다고 할 수 있지만, 이는 인간의 참여를 배제함으로써 우리가 실제 세상과의 관계를 상실하도록, 즉 희생하게(sacrifice) 만드는 단점이 있다는 내용의 요약문이다.
① 차이점 – 얻다
② 패러다임 – 거절하다
④ 대체물 – 무시하다
⑤ 현대적임 – 지원하다
→ ①, ②, ④, ⑤ 모두 글에서 추론할 수 없는 오답.

구문 ¹Activities (such as cooking a prepackaged meal) / are part (**of what** philosopher Albert Borgmann has called the "device paradigm,") // **which** he **views as** a characteristic way [**in which** we engage with technology in the contemporary world].
• what이 이끄는 관계사절이 전치사 of의 목적어로 쓰였다. what은 동사 has called의 목적어 역할을 하며, the "device paradigm"은 목적격보어이다. (「call A B」: A를 B라고 부르다)
• 「view A as B」는 'A를 B로 보다[여기다]'의 의미이며, 계속적 용법의 관계대명사 which의 선행사인 the "device paradigm"이 A에 해당한다.
• [ ]은 in which가 이끄는 관계사절로 선행사 a characteristic way를 수식한다.

²Devices **make it easier to accomplish tasks**, / but this replacement of labor comes at a cost; // it encourages consumption **by taking away** engagement.
• 「make+가목적어(it)+목적격보어(형용사)+진목적어(to-v)」의 구문으로, '~하는 것을 …하게 만들다'의 의미이다.
• 「by+v-ing」는 'v함으로써'의 의미이다.

Michael Faraday, the father of electromagnetic induction, / is one of history's most influential scientists. ¹Looking back on the man's genius, / Einstein said, "Faraday never went to school, and therefore preserved the rare gift (of thinking freely)." ²Einstein's view, [that schooling affects creativity and genius negatively], / has truth in it. The instinct (of the creative genius) / is to explore alone and to be free to wander at will. This unique genius quality, our authenticity and originality, // which is alive in every individual before schooling starts, / should be recognized and constantly developed in everyone. However, this cannot erase the fact [that schooling is necessary]. All civilized societies require unity and widespread agreement. A school's function is to civilize and discipline people, / not to create explorers. Insofar as schools demand conformity (to certain patterns and structures), // they threaten to undermine 주제문 genius. Friction will always exist / between the demands (of society) and the impulses (of genius).

해석 전자기 유도 (이론의) 아버지인 Michael Faraday는 역사상 가장 영향력 있는 과학자 중 한 사람이다. 그의 천재성을 되돌아보면서 Einstein(아인슈타인)은 이렇게 말했다. "Faraday는 한 번도 학교에 다니지 않았고, 그 때문에 자유롭게 사고하는 귀한 재능을 유지했다." 학교 교육이 창의성과 천재성에 부정적인 영향을 끼친다는 Einstein의 견해는 진실을 내포하고 있다. 창의적 천재들의 본능은 홀로 탐구하며 자신의 마음대로 자유롭게 방랑하는 것이다. 이러한 독특한 천재성, 우리의 진정성, 그리고 독창성은 학교 교육이 시작되기 전부터 모든 개인에게 존재하는데, 이는 모두에게 인식되고 지속적으로 개발되어야 한다. 그러나 이것이 학교 교육이 필요하다는 사실을 없앨 수는 없다. 모든 문명화된 사회는 통일성과 보편적인 합의를 필요로 한다. 학교의 기능은 탐구자들을 만드는 것이 아니라 사람을 문명화하고 (정해진 규율을) 훈련시키는 것이다. 학교가 특정한 유형과 구조에 순응하길 요구하는 한에 있어서는, 학교는 천재성을 침해하겠다고 위협한다. 주제문 사회의 요구와 천재의 충동 사이에는 항상 마찰이 존재할 것이다.

어휘 look back on (과거를) 되돌아보다 preserve 유지하다; 보존하다 schooling 학교 교육 instinct 본능; 직감 wander 방랑하다, 돌아다니다 at will 마음대로 authenticity 진정성, 진실성 originality 독창성 civilize 문명화하다, 개화하다 discipline 훈련[단련]하다 insofar as ~하는 한에 있어서는 conformity 순응, 따름 undermine 침해하다, 악화시키다 friction 마찰, 불화 impulse 충동; 충격 [선택지 어휘] collision 충돌 take a rosy view 낙관적인 견해를 가지다

해설 학교 교육이 천재성에 부정적인 영향을 미친다는 견해가 전반부에 전개되고 역접의 연결어 However 뒤에 문명화를 위해 학교 교육이 필요하다는 반대 견해가 제시된 후, 글의 마지막 문장에서 사회의 요구와 천재의 충동 사이에는 항상 마찰이 존재할 수밖에 없다고 결론을 내리고 있다. 따라서 글의 제목으로 가장 적절한 것은 ① '불가피한 충돌, 즉 학교 교육 대 천재성 개발'이다.

오답 Check
② 창의력과 학교에서의 다양성 간의 관계
→ 학교에서의 다양성은 언급되지 않음.
③ 학교 제도의 한계를 다루는 방법
→ 지문에 언급되지 않은 내용임.
④ 학교 교육의 미래에 대해 낙관적인 견해를 가져라
→ 학교 교육에 대해 가져야 할 견해와 관련된 내용은 없음.
⑤ 무엇이 진정으로 한 사람을 천재로 정의하는가?
→ 천재들의 본능이 언급되긴 했으나 글의 요지는 아님.

PLUS⁺ 변형문제

어휘 strife 분쟁, 다툼
해석 우리의 천재성이 (A) 길러질 필요가 있는 한편 우리가 사회에서 특정한 규칙과 구조를 (B) 따르기를 배우는 것 역시 중요하다는 사실이 개인의 능력과 (사회에의) 순응 사이의 분쟁을 야기한다.
해설 모든 개인에게 존재하는 천재성은 모두에게 인식되고 지속적으로 개발되어 길러질(nourished) 필요가 있으며, 문명화된 사회는 통일성과 보편적인 합의를 필요로 하므로 사회가 우리에게 삶의 특정한 규칙 및 구조를 따르기(follow)를 요구한다는 내용의 요약문이다.
① 바뀌는 - 세우다 → 글에서 추론할 수 없는 오답.
② 육성되는 - 깨뜨리다 → (A)는 답이 될 수 있지만 (B)는 틀림.
④ 검토되는 - 개혁하다 → 글에서 추론할 수 없는 오답.
⑤ 가르침을 받는 - 따르다 → (B)는 답이 될 수 있지만 (A)는 틀림.

구문 ¹**Looking back on the man's genius**, / Einstein said, "Faraday never went to school, and therefore preserved *the rare gift* (of thinking freely)."
• Looking back on the man's genius는 부대상황을 나타내는 분사구문으로 As he was looking back on the man's genius를 의미한다.

²**Einstein's view**, [**that** schooling affects creativity and genius negatively], / has truth in it.
　　　　　S　　　　　　　　　　　　　　　　　　　　　　　　　　　V
• that이 이끄는 절은 앞의 Einstein's view와 동격을 이룬다.

20 ② PLUS✛ ⑤

Self-forgiveness will keep you from hurting yourself more / by bathing you in the lotion of loving kindness, // but it will also increase your compassion for others. ¹It's been my experience with clients // that those [who are the harshest on themselves] also hold others to impossible standards. The ropes of judgement [that imprison us with unrealistic expectations] also keep us from embracing other human beings. When we practice forgiveness (of our own foibles and failings), // we cultivate the capacity (to do the same / for those around us [who need our loving care]). We expand the capacity of our hearts. So when you blow it, // please forgive yourself and move on. As William Durant counsels, "Forget past mistakes. Forget failures. Forget everything / except what you are going to do now." ²You'll be growing your soul as well as your capacity (to change this particular way of being).

해석 자기 용서는 자애심이라는 화장수에 자신을 담금으로써 자신에게 더 많은 상처를 주지 않게 할 것이지만, 그것은 또한 타인에 대한 동정심도 키워 줄 것이다. 자신에 대해 가장 엄격한 사람들이 타인에게도 불가능한 기준을 들이대는 것이 고객들과의 내 경험이었다. 비현실적인 기대치를 가지고 우리를 가두는 판단의 밧줄은 또한 다른 사람들도 포용하지 못하게 한다. 자신의 결점과 실패에 대한 용서를 실천할 때, 우리는 애정 어린 보살핌을 필요로 하는 우리 주변의 사람들에게도 똑같이 행할 능력을 함양하는 것이다. 우리는 마음의 수용력을 확장시키는 것이다. 주제문 그러므로 실수할 때, 부디 스스로를 용서하고 다른 것으로 넘어가라. William Durant가 조언하듯이, "과거의 실수를 잊어라. 실패들을 잊어라. 지금 할 것을 제외한 모든 것을 잊어라." 여러분은 삶의 이 특정한 방식(= 자기 자신을 용서하지 않는 방식)을 변화시키는 능력뿐만 아니라 여러분의 영혼까지도 성장시키게 될 것이다.

어휘 loving kindness 자애심   compassion 동정심   client 고객   harsh 엄격한, 냉혹한   standard 기준   judgement 판단   imprison 가두다, 구속하다   unrealistic 비현실적인   expectation 기대(치)   embrace 포용하다; 수용하다   foible 결점, 흠   cultivate 함양하다, 기르다   capacity 수용력; 능력   expand 확장하다   blow it 실수하다   move on (새로운 일로) 넘어가다[옮기다]   counsel 조언[충고]하다

해설 자신을 용서할 줄 아는 사람이 다른 사람 또한 용서할 수 있다는 내용의 글이다. 필자는 이러한 마음의 수용력을 확장하기 위해서는 실패를 잊고 자신을 용서할 수 있어야 한다고 주제문(So when ~ move on.)을 통해 의견을 제시하고 있으므로, 필자의 주장으로 가장 적절한 것은 ②이다.

오답 Check
① → 지문과 관계없는 내용.
③ → 현재에 집중해야 한다는 것은 지문과 관계없는 내용.
④ → 실수를 자책하지 말라는 내용만 지문에 언급됨.
⑤ → 지문의 impossible standards를 이용한 오답. 지나친 완벽주의에 관한 내용은 언급되지 않음.

PLUS✛ 변형문제

해석 자기 자신에게 갖는 태도는 우리가 다른 사람들을 (B) 대하는 방식에 반영되기 때문에 자신의 실수에 대해 스스로에게 (A) 관용을 갖는 것이 중요하다.

해설 자기 자신에게 먼저 관대해야 다른 사람에게도 관대해질 수 있는 것처럼 자신을 향한 태도가 타인을 대하는(treat) 방식을 결정하므로 아량을 넓히기 위해서는 먼저 자신에게 관용(tolerance)을 갖는 것이 중요하다는 내용의 요약문이다.
① 용서 – 구별하다 → (A)는 답이 될 수 있지만 (B)는 틀림.
② 지지 – 흉내 내다 → 글에서 추론할 수 없는 오답.
③ 염려 – 인식하다 → (B)는 정답이 될 수 있지만 (A)는 틀림.
④ 애정 – 돕다 → 글에서 추론할 수 없는 오답.

구문 ¹**It's** been my experience with clients // **that** *those* [**who** are the harshest on themselves] also hold others to impossible standards.
• It은 가주어, that 이하가 진주어이다.
• [ ] 부분은 주격 관계대명사 who가 이끄는 관계사절로 선행사 those를 수식한다.

²You'll be growing your soul [as well as] *your capacity* (**to change** this particular way of being).
• 「A as well as B」의 구문으로 'B뿐만 아니라 A도'라고 해석한다.
• ( )은 to부정사의 형용사적 용법으로 앞에 있는 your capacity를 수식한다.

24

In the center of Harvard Yard, / there is a big statue (commemorating the life of John Harvard). The bronze figure has a dull coloration, / except for the left shoe, // which always looks shiny. ¹Bronze is a naturally shiny metal, // but it loses its shine naturally / when exposed to the weather. The metal's true color survives only in that shoe, / thanks to the frequent brush (of thousands of tourists [who were told // that rubbing the statue's left toe will bring good luck]). The irregular verbs (in a language) are just like this. When you first encounter them, // you wonder, "How did these strange exceptions get here?" ²But in fact, the irregular verbs obey the same patterns today [that they obeyed many centuries ago]. Frequent contact protected the irregulars from corrosion // while the others lost their original color. They are fossils (of an evolutionary process [that we are just beginning to understand]). Today, we call all those other verbs regular, // but regularity is not the default state of a language.

해석 Harvard Yard의 중앙에는 John Harvard의 생을 기념하는 큰 청동 동상이 있다. 그 동상은 왼쪽 신발만 제외하고는 광택이 없는 색인데, 그것(= 왼쪽 신발)은 항상 반질반질해 보인다. 청동은 본래 반질거리는 금속이지만, 날씨에 노출되면 자연스럽게 광택을 잃는다. 그 동상의 왼쪽 발을 문지르는 것이 행운을 가져다줄 것이라고 들은 수많은 여행객들이 자주 쓸어 만진 것 때문에 그 금속의 본래 색깔은 그 신발에만 남아 있다. 언어의 불규칙 동사들도 이와 마찬가지이다. 당신이 처음 그것들과 마주치면, "이러한 이상한 예외들이 어떻게 여기 있게 되었지?"라고 의아해한다. 그러나 사실상 불규칙 동사들은 그것들이 수 세기 전에 따랐던 똑같은 패턴을 오늘날 따르고 있다. **주제문** 나머지 동사들이 본래의 색깔을 잃어버린 반면, 잦은 접촉이 불규칙 동사들을 부식되지 않도록 보호해 주었다. 그것들은 우리가 이제 막 이해하기 시작한 진화 과정의 화석이다. 오늘날, 우리는 다른 모든 동사들을 규칙 동사라고 부르지만, 규칙적인 것이 언어의 디폴트(기본 설정) 상태는 아니다.

어휘 commemorate 기념하다 dull 광택이 없는; 흐릿한, 칙칙한 coloration 색조; 채색; 천연색 irregular 불규칙적인; 불규칙적인 것 (↔ regular 규칙적인; 보통의) encounter 마주하다, 접하다; 맞닥뜨리다 exception 예외 corrosion 부식 (작용) fossil 화석 evolutionary 진화의, 점진적인 regularity 규칙적임; 질서, 균형 default 디폴트 《컴퓨터의 기본 설정》
[선택지 어휘] evolution 진화; 발전

해설 John Harvard의 동상에서 사람들의 손길이 자주 닿은 부분만 광택이 사라지지 않고 본래의 색을 유지하는 것처럼, 언어도 사람들이 계속해서 사용해야 변하지 않고 존재한다는 내용의 글이다. 불규칙 동사 역시 과거부터 지금까지 사람들이 계속 사용해 와서 그 형태가 화석과 같이 옛 모습 그대로를 유지하고 있다는 의미이므로, 밑줄 친 어구는 ④ '과거로부터의 원래 형태를 지니고 있는 단어들'을 의미한다.

오답 Check
① 연습을 통해 향상된 언어 능력
→ 언어 능력 향상에 관한 내용이 아님.
② 우리가 오늘날 계속해서 연구하는 고대의 언어 사용
→ 글의 내용과 무관함.
③ 과거에 비해 더 흔히 사용되는 단어들
→ 지문의 frequent contact는 언어의 지속성과 연관됨.
⑤ 언어가 하나의 종으로서 우리의 지속적인 진화에 미치는 영향
→ 지문의 evolution, languages를 이용한 오답.

PLUS + 변형문제

어휘 extinction 소멸, 멸종
해설 글 전반부 John Harvard 동상에서 색이 그대로 유지되고 있는 부분에 관한 이야기는 불규칙 동사가 남아 있는 이유에 대한 이해를 돕기 위해 쓰인 비유이며, 글의 핵심 내용은 다른 동사들이 시간이 흐르면서 변하는 동안 불규칙 동사는 지속적으로 쓰이면서 과거의 형태 그대로 남아 있다는 것으로, 글의 후반부 'Frequent contact ~ original color.'가 주제문에 해당한다. 따라서 글의 제목으로 가장 적절한 것은 ③ '사용하지 않으면 잃어버린다, 즉 불규칙 동사가 존재하는 이유'이다.
① 무엇이 언어를 계속 변화하게 만드는가
→ 지문에 언급되지 않은 내용.
② 예외는 불규칙 동사의 비밀 → 글에 자주 등장한 단어 exceptions, irregular, regular, verb를 이용한 오답.
④ 언어 규칙을 유지하는 데 있어 주요 요인들
→ 지문에 언급되지 않은 내용.
⑤ 언어 소멸로부터 당신의 언어를 지켜라
→ 글의 내용에 비해 지나치게 확대 해석된 오답.

구문 ¹Bronze is a naturally shiny metal, // but it loses its shine naturally / **when (it is) exposed** to the weather.
• 부사절의 주어가 주절의 주어와 일치하는 경우, 부사절의 「주어+be동사」는 생략 가능하다. 이 문장에서도 부사절의 주어와 동사가 생략되어 「접속사+과거분사」만 남은 형태이다.

²But in fact, the irregular verbs obey *the same patterns* today [**that they** obeyed many centuries ago].
• [ ] 부분은 목적격 관계대명사 that이 이끄는 관계사절로 선행사 the same patterns를 수식한다. 선행사가 the same, the only, the very 등의 수식을 받는 경우, 주로 관계대명사 that을 쓴다.
• 관계사절의 주어인 they는 the irregular verbs를 지칭한다.

Though the lamp post is only used / for its intended function / during the hours of darkness, // it can be identified to have other objectives, / whether intentional or not. These could include: supporting road signs; attachment of traffic lights; meeting points; perches for birds; and so on. ¹There are many examples of products (being used in ways [that they were perhaps not originally intended]). For designers, observing such modifications / can provide direction (for the development of these products). A lamp post could be developed / to project a shadow on the ground [that indicates a street name / or direction to a nearby street or subway station]. Lamp posts could also perhaps be color coded / to represent different speed limits or districts. Taking products out of context / can lead to exciting developments [that break away from the conventional]. ²As it is not always possible / to know what to look for and what to dismiss, // it is important to deliberately make a physical or mental note (of such adaptations) / when they are seen / so as to provide inspiration / at the idea stage (of product development).

해석 가로등 기둥은 어두운 시간 동안 그것의 의도된 기능으로만 사용되지만, 의도적이든 아니든 다른 목적을 갖는 것을 발견할 수 있다. 여기에는 도로 표지판을 지지하는 것, 신호등 부착, 만남의 장소, 새들이 쉴 곳 등이 포함될 수 있다. 제품이 원래 의도된 것이 아닐 수도 있는 방식으로 사용되고 있는 사례는 많다. 주제문 제품 설계자들에게 있어, 이러한 변경을 관찰하는 것은 이런 제품들의 개발을 위한 방향을 제시할 수 있다. 가로등 기둥은 거리의 이름 혹은 근처 거리나 지하철역으로 향하는 방향을 가리키는 그림자를 바닥에 드리우도록 개발될 수 있다. 가로등 기둥은 또한 각기 다른 제한 속도나 (제한 속도) 구역을 나타내기 위해 색상으로 구분될 수도 있다. 주제문 맥락 밖으로 제품을 꺼내는 것은 인습적인 것에서 벗어나는 흥미진진한 개발로 이어질 수 있다. 무엇을 찾고 무엇을 버릴지 아는 것이 언제나 가능한 것은 아니기에 제품 개발의 아이디어 단계에서 영감을 주기 위해 그러한 적용이 보일 때 의도적으로 그런 적용을 물리적으로 또는 머릿속으로 기록하는 것이 중요하다.

어휘 intended 의도된 cf. intentional 의도적인 attachment 부착; 애착; 부가 장치 perch (사람·동물의) 쉴 곳; (새의) 횃대; 높은 자리 project a shadow 그림자를 드리우다 color code 색상으로 구분하다 conventional 인습적인; 틀에 박힌 dismiss (생각 등을) 버리다; 해산시키다 deliberately 의도[계획]적으로 adaptation 적용, 적응 inspiration 영감; 격려, 고무

해설 글의 전반부에서는 가로등 기둥이 원래의 용도 외에 다른 용도로 이용되는 사례가 제시되고, 이러한 용도 변경을 관찰하는 것이 다른 제품 개발에 도움이 된다는 주제문(For designers, ~ these products.)이 나온 뒤에, 실제 이용되는 사례는 아니지만 가로등 기둥을 활용할 수도 있는 다른 예가 제시되고 있다. 이처럼 다양한 용도를 관찰하는 것이 새로운 용도를 생각해내는 데 도움이 된다는 내용이므로 글의 요지로 가장 적절한 것은 ④이다.

오답 Check
① → 가로등 기둥은 제품의 다양한 용도를 보여주기 위한 예시임.
② → 지문에 언급되지 않은 내용임.
③ → 기록하는 습관은 다양한 용도로 활용되는 제품을 관찰해 제품 개발 시 방향을 얻으라는 핵심 주장을 실천하는 방법임.
⑤ → 제품 개발에 소비자의 편의성을 고려하라는 언급은 없음.

PLUS ⁺ 변형문제

해석 사물의 원래 용도와 상관없이, (A) 다양한 각도에서 적극적으로 그것(= 사물)을 관찰하는 것이 실용적일 수 있는데, 그것은 새로운 제품을 만들 때 우리의 (B) 상상력을 이끌어내는 데 도움이 된다.

해설 가로등 기둥이 원래의 용도 외에 여러 가지 기능을 하듯이, 이런 용도의 변경을 다양한(multiple) 각도에서 관찰하면 새로운 제품을 만들 때 영감을 받고 상상력(imagination)을 자극할 수 있다는 내용의 요약문이다.
① 창의적인 – 정체성 → 글에서 추론할 수 없는 오답.
② 다른 – 적응 → (A)는 답이 될 수 있지만 (B)는 틀림.
④ 올바른 – 방향 → (B)는 답이 될 수 있지만 (A)는 틀림.
⑤ 독특한 – 발전 → (A)는 답이 될 수 있지만 (B)는 틀림.

구문 ¹There are many examples of *products* (being used in *ways* [**that** they were perhaps not originally intended]).
• ( ) 부분은 being 앞에 「주격 관계대명사+be동사」인 which are가 생략된 형태로 볼 수 있으며, 앞에 있는 명사 products를 수식한다.
• [ ] 부분은 관계부사가 이끄는 관계사절로 선행사 ways를 수식한다. 관계부사 how는 선행사 ways와 함께 쓸 수 없기 때문에 that이 대신 쓰였다.

²**As it** is not always possible / **to know what** to look for ⎵and⎵ **what** to dismiss, // **it** is important **to** deliberately **make** a physical or mental note (of such adaptations) / **when they** are seen / **so as to provide** inspiration / at the idea stage (of product development).
• As는 이유를 나타내는 부사절을 이끄는 접속사이다. 부사절 내의 it은 가주어, to know ~ dismiss가 진주어이다. 또한 의문사 what으로 시작하는 두 개의 명사구는 to know의 목적어이며 and로 병렬 연결되어 있다.
• 주절의 it은 가주어, to deliberately make ~ adaptations가 진주어이다.
• when절의 주어 they는 앞에 나온 such adaptations를 가리키며, so as to-v는 'v하기 위하여'라는 뜻으로 '목적'을 나타낸다.

24

Social facilitation was first documented in experiments (conducted at the Hawthorne plant (of the Western Electric Company) / during the late 1920s and early 1930s). These classic studies were originally designed / to evaluate the impact of different work environments. [1]Among other things, researchers varied the levels of illumination / in areas [where workers were assembling electrical components] and found // that production increased when lighting was increased. When lighting was subsequently decreased, however, // production again increased. Faced with these confusing data, / the researchers turned their attention / from physical aspects (of the work environment) / to its social aspects. [2]As it turns out, // one reason [workers' production increased] was / simply because someone else (in this case the researchers) had paid attention to them. The term Hawthorne effect is still used today / to describe

주제문
an artificial change in behavior / due merely to the fact [that a person or group is being studied].

해석 '사회적 촉진'은 1920년대 말과 1930년대 초에 Western 전기 회사의 Hawthorne 공장에서 수행되었던 실험에서 처음으로 기록되었다. 이러한 고전적 연구는 원래 각기 다른 근로 환경의 영향을 평가하기 위해 계획되었다. 연구자들은 다른 무엇보다 근로자들이 전기 부품을 조립하는 구역 내 조명의 정도에 변화를 주었고, 조명이 증가되었을 때 생산량이 증가했다는 것을 발견했다. 그러나 그 후 조명이 감소되었을 때, 다시 생산량이 증가했다. 이러한 혼란스러운 사실에 직면하자 연구자들은 그들의 관심을 근로 환경의 물리적 측면에서 사회적 측면으로 돌렸다. 밝혀진 것에 의하면, 근로자들의 생산량이 증가했던 한 가지 이유는 단순히 다른 사람이 (이 경우에 연구자들이) 그들에게 주의를 기울였기 때문이었다. Hawthorne 효과라는 용어는 오늘날에도 여전히 주제문 단지 사람이나 집단이 연구되고 있다는 사실에 기인한 행동의 인위적인 변화를 기술하는 데 사용된다.

어휘 facilitation 촉진; 용이하게 함　document 기록하다; 문서로 증명하다　conduct 수행하다; 행동하다; 행동　be designed to-v v하도록 계획[고안]되다　evaluate 평가하다　vary 변화를 주다; 다르다　illumination 조명　assemble 조립하다; 모으다　component 부품, (구성) 요소　subsequently 그 후에, 이어서　physical 물리적인; 신체의　aspect 측면; 양상　term 용어; 학기　artificial 인위적인; 인공의　[선택지 어휘] variable 변인, 변수

해설 Hawthorne 효과에 대한 글이다. 물리적 환경이 어떻게 생산력에 영향을 미치는지를 알아보는 실험에서 연구자들은 자신들이 근로자들에게 주의를 기울인 것이 그들로 하여금 더 생산량을 늘리는 데 기여했다는 것을 발견했다는 내용을 사례로 제시하며 글의 마지막 문장에서 결론을 도출하고 있다. 따라서 이 글의 주제로 가장 적절한 것은 ⑤ '실험 대상의 행동을 변화시키는 관심의 영향'이다.

오답 Check
① 공장에서 생산율에 영향을 주는 근로 환경
→ 근로 환경보다 사회적 요소가 더 많은 영향을 미침.
② 생산에서 상품의 품질을 향상시키게 하는 방법들
→ 품질이 아닌 생산량 향상에 대한 연구임.
③ 실험을 설계함에 있어 연구자들이 통제에 실패한 변인들
→ 사회적 요인이 통제에 실패한 변인이라는 언급은 없음.
④ 공장 근로자들에게 개인적인 관심이 주어져야 하는 이유
→ 주제에서 벗어난 내용.

PLUS＋ 변형문제
어휘 conflicting 상충[상반]되는
해석 상충되는 자료는 그들(= 근로자들)에게 기울여진 주의와 같은 사회적 요인들에 의해 근로자들이 더 (A) 동기가 부여된다는 것을 연구자들이 발견하도록 도왔는데, 이에 반하여 그들의 (B) 물리적 환경은 영향력이 많지 않다.
해설 근로자들에게 기울여진 관심이 생산력 증가에 기여했다는 결과는 물리적인(physical) 환경 변화보다 사회적 요소에 의해 근로자들이 더 동기가 부여된(motivated)다는 것을 의미한다.
① 혼란스러운 – 생산인
② 실망한 – 주변의
④ 만족한 – 사회적인
⑤ 지친 – 제한된
→ ①, ②, ④, ⑤ 모두 글에서 추론할 수 없는 오답.

구문 [1]Among other things, researchers varied the levels of illumination / in *areas* [**where** workers were assembling electrical components] and found // **that** production increased when lighting was increased.
• 동사 varied와 found가 and로 병렬 연결되어 있다.
• [ ]은 관계부사 where이 이끄는 관계부사절로 선행사 areas를 수식한다.
• that은 명사절 접속사로 found의 목적어절을 이끈다.

[2]As it turns out, // *one reason* [**(why)** workers' production increased] was / simply **because** someone else (in this case the researchers) had paid attention to them.
• [ ]은 이유를 나타내는 관계부사절로 선행사인 one reason을 수식한다. 여기서 관계부사 why는 생략되었다.
• because가 이끄는 명사절은 be동사 was의 보어 역할을 한다.

We all want to believe // that our brains sort through information / in the most rational way possible. On the contrary, countless studies (by psychologists, educators, and neurobiologists) show // that _{주제문}there are many issues / with human reasoning. For example, confirmation bias is ubiquitous. People pay attention to information [that supports their viewpoints], / while ignoring evidence (to the contrary). [1]Confirmation bias is not the same as being stubborn, / and is not constrained to issues [about which people have strong opinions]. Instead, it acts at a subconscious level (controlling how we gather and filter information). [2]Most of us are not aware of these types of flaws / in our reasoning processes, // but professionals [who work / to convince us of certain viewpoints] study the research (on human decision making) / to determine how to exploit our weaknesses / to make us more susceptible to their messages. Becoming more aware of our own vulnerabilities / inhibits their efforts.

해석 우리 모두는 우리의 뇌가 가능한 가장 합리적인 방법으로 정보를 분류한다고 믿고 싶어 한다. 반대로 심리학자, 교육자, 신경 생물학자의 수많은 연구는 _{주제문}인간의 추론에 많은 문제가 있다는 것을 보여준다. 예를 들어, 확증 편향은 어디에나 존재한다. 사람들은 자신의 관점을 지지하는 정보에 주의를 기울이면서도 반대되는 증거는 무시한다. 확증 편향은 고집이 세다는 것과 같지 않으며, 사람들이 확고한 의견을 가지는 문제에 제한되지 않는다. 대신, 그것은 우리가 정보를 수집하고 걸러내는 방법을 통제하는 잠재의식 수준에서 작용한다. 우리들 대부분은 추론 과정에서 이런 종류의 결함에 대해 알지 못하지만, 특정한 관점을 우리에게 납득시키기 위해 일하는 전문가들은 우리가 그들의 메시지에 더 영향을 받기 쉽게 만들기 위해 우리의 약점을 이용하는 방법을 밝혀내려고 인간의 의사 결정에 관한 연구를 검토한다. 우리 자신의 취약점을 더 잘 파악하는 것이 그들의 노력을 저지한다.

어휘 sort through ~을 분류하다 rational 합리적인, 이성적인 neurobiologist 신경 생물학자 reasoning 추론, 추리 ✪confirmation bias 확증 편향 ubiquitous 어디에나 있는 stubborn 고집이 센 constrain 제한[제약]하다 subconscious 잠재의식의 exploit 이용하다; 착취하다 susceptible 영향을 받기 쉬운; 받아들이는 vulnerability 취약점 inhibit 저지하다, 방해하다 **[선택지 어휘]** unconscious 무의식적인
어휘✪ 확증 편향: 선입관을 뒷받침하는 근거만 수용하고, 자신에게 유리한 정보만 선택적으로 수집하는 것이다. 자기가 보고 싶은 것만 보고 믿고 싶은 것만 믿는 현상인데, 정보의 객관성과는 상관없다.

해설 인간의 추론 능력에 문제점이 있다고 문제를 제기하는 주제문(there ~ reasoning) 이후에 확증 편향을 예로 들며 다른 사람들에 의해 이용당하지 않도록 추론 능력의 허점을 잘 파악하고 있어야 한다고 했으므로, 이러한 내용을 포괄하는 제목으로 가장 적절한 것은 ④ '우리의 제한된 추론 능력에 대한 무지'이다.

오답 Check
① 확증 편향에 속지 마라!
→ 확증 편향은 예로 든 것으로 지문 전체를 아우르는 제목이 될 수 없음.
② 추론에서 약점을 이용하는 방법
→ 추론에서 약점을 이용당하지 않게 조심해야 한다는 내용.
③ 우리가 삶에서 불합리한 질문을 피하는 이유
→ 지문에 언급되지 않은 내용.
⑤ 확증 편향은 우리의 최대 무의식적 약점
→ 확증 편향은 추론 능력의 문제점의 예로 언급된 내용임.

PLUS + 변형문제

해석 우리 정신은 종종 그것(= 정보를 비논리적으로 조직하는 것)을 알지 못하고 정보를 (A) 비논리적인 방법으로 조직하며, 이는 우리의 생각을 (B) 조종하기 위해 몇몇 전문가들에 의해 연구되고 이용될 수 있다.
해설 우리는 종종 우리가 인식하지 못하는 사이에 비논리적인(illogical) 방법으로 유리한 정보만 선택적으로 수용하기도 하는데, 일부 전문가들은 이러한 점을 이용하여 우리의 생각을 조종해(manipulate) 이익을 취하려 한다는 내용의 요약문이다.
① 부당한 – 바꾸다
② 이성적인 – 해치다 → (A)는 정답과 반대되는 내용이며, (B)는 글에서 추론할 수 없음.
④ 특정한 – 침해하다
⑤ 전통적인 – 오염시키다
→ ①, ④, ⑤ 모두 글에서 추론할 수 없는 오답.

구문 [1]Confirmation bias is not the same as being stubborn, / and is not constrained to *issues* [**about which** people have strong opinions].
• 두 개의 동사구 is ~ stubborn과 is ~ issues가 and로 병렬 연결되어 있다.
• about which는 「전치사+관계대명사」의 형태로, 선행사 issues를 수식한다.

[2]Most of us are not aware of these types of flaws / in our reasoning processes, // but *professionals* [**who** work / **to convince** us **of** certain viewpoints] study the research (on human decision making) / to **determine** how to exploit our weaknesses / **to make** us more susceptible to their messages.
• [ ]는 주격 관계대명사 who가 이끄는 관계사절로 선행사 professionals를 수식한다. 관계사절 안의 to convince는 목적을 나타내는 부사적 용법의 to부정사이며, 「convince A of B」는 'A에게 B를 납득시키다'라는 뜻이다.
• 「의문사+to-v」로 구성된 밑줄 친 명사구가 determine의 목적어로 쓰였다. how to-v는 'v하는 방법'이라는 뜻이다.
• to make 이하는 목적을 나타내는 부사적 용법의 to부정사이다.

20 ④ PLUS + ①

¹Many of us were taught from an early age / that if something wasn't going right for us, // whatever it might be, / we just had to work harder at it / to make it succeed. That misguided belief has resulted in a lot of unnecessary misery and distress. There's a big difference / between ongoing effort [that produces satisfaction and good work], / and ongoing effort [that only brings frustration and second-rate results]. Although everybody knows / that you can't fit a square box into a round hole, // it takes courage and clear thinking to know / when it's better / to walk away from something [that just isn't working, rather than to persist in that fruitless endeavor]. 주제문 ²Consider how much better and easier life would be // if you got rid of everything [that doesn't work for you], / and focused instead on what works.

해석 우리 대부분은 어린 시절부터 어떤 일이 잘 되지 않으면 그것이 무엇이든 그 일을 성공시키기 위해 그저 더 열심히 노력해야 한다고 배웠다. 그 잘못 이해한 믿음은 많은 불필요한 고통과 괴로움을 초래해 왔다. 만족감과 좋은 결과를 가져오는 진행 중인 노력과, 좌절감과 썩 훌륭하지 못한 결과만을 가져오는 진행 중인 노력 사이에는 큰 차이가 있다. 비록 모든 이가 정사각형 모양의 상자를 동그란 구멍에 끼울 수 없다는 것을 알고 있지만, 그 성과 없는 노력을 고집하지 않고, 잘 진행되고 있지 않은 일에서 손을 떼는 것이 더 나은 때를 아는 데는 용기와 명확한 사고가 필요하다. 주제문 안 되는 일은 없애고 대신에 되는 일에 집중한다면 인생이 얼마나 더 나아지고 편안해질지 생각해 보아라.

어휘 misguided 잘못 이해한 misery (정신적·육체적으로 심한) 고통 distress (정신적) 괴로움, 고통 ongoing 진행 중인, 전진하는 frustration 좌절감 second-rate 썩 훌륭하지 못한 fit A into B A를 B에 끼우다[맞추다] walk away from ~에서 손을 떼다, 도망치다 fruitless 성과[결실] 없는 endeavor 노력, 시도 get rid of ~을 없애다[제거하다]

해설 안 되는 일을 과감히 포기하라는 내용의 글이다. 필자는 마지막 문장(Consider ~ what works.)에서 명령문을 통해 주장을 잘 드러내고 있다. 따라서 필자의 주장으로 가장 적절한 것은 ④이다.

오답 Check
① → 일의 효율성에 대한 언급은 없음.
② → 남들이 하지 않는 일에 도전하라는 언급은 없음.
③ → 정보 수집에 대한 언급은 없음.
⑤ → 일이 잘 되지 않을 때 더 열심히 노력해서 성공시켜야 한다는 믿음은 바람직하지 않다고 했음.

PLUS + 변형문제

해석 일반적인 생각과는 달리, 잘 안 되는 일을 (A) 계속하는 것은 도움이 되지 않으며, 대신에 잘 되는 일에 (B) 집중하는 것은 당신의 인생을 더 좋게 그리고 더 편안하게 만든다.

해설 일반적으로 우리는 안 되는 일은 계속해(continuing) 더 열심히 노력해서 그 일을 성공시켜야 한다고 생각하지만, 잘 되는 일에 집중해야(concentrating on) 결과적으로 우리 삶이 더 나아질 수 있다는 내용의 요약문이다.
② 계속하는 것 – 미루는 것 → (A)는 답이 될 수 있지만 (B)는 틀림.
③ 완수하는 것 – 받아들이는 것 → (A), (B) 둘 다 답이 될 수 없음.
④ 포기하는 것 – 거절하는 것 → (A), (B) 둘 다 답이 될 수 없음.
⑤ 포기하는 것 – 알아보는 것 → (A)는 정답과 반대되는 내용이며, (B)는 글에서 추론할 수 없음.

구문 ¹Many of us **were taught** from an early age / **that** if something wasn't going right for us, // **whatever** it might be, / we just had to work harder at it / **to make it succeed**.
• that은 동사 were taught의 목적어로 쓰인 명사절을 이끄는 접속사이다.
• whatever는 복합관계대명사로 '~은 무엇이든[무엇이라도]'의 뜻이다.
• to make it succeed는 목적을 나타내는 to부정사의 부사적 용법이다.

²**Consider** how much better and easier life **would be** // **if** you **got rid of** *everything* [**that** doesn't work for you], / and focused instead on what works.
• 밑줄 친 부분은 「의문사+주어+동사」 어순의 간접의문문으로 동사 consider의 목적어 역할을 한다.
• 「S+would+동사원형 … if+S'+과거동사 ~」 구문으로 현재의 일을 반대로 가정하는 가정법 과거 표현이다.
• [ ]은 주격 관계대명사 that이 이끄는 관계사절로 선행사 everything을 수식한다.

주제문
Before beginning to compose some articles, / gauge the nature and extent of the enterprise / and work from a suitable design / to get a satisfactory style. Design informs even the simplest structure, / whether of brick and steel or of prose. You raise a pup tent from one sort of vision, a cathedral from another. ¹This does not mean / that you must sit with a blueprint (always in front of you), // but merely that you had better anticipate / what you are getting into. To compose a laundry list, / you can work directly from the pile of soiled garments, / ticking them off one by one. ²But to write a biography, for example, / you will need at least a rough scheme; you cannot plunge in blindly and start ticking off fact after fact about your subject, // lest you miss the forest for the trees and there be no end to your labors. Columbus didn't just sail, he sailed west, // and the New World took shape / from this simple and sensible design. This is the case in writing too.

[해석] **주제문** 어떤 글을 지으려고 시작하기 전에, 만족스러운 스타일을 얻기 위해 기획의 특징과 범위를 판단하여 적절한 설계도를 가지고 작업을 하라. 벽돌과 철근에 대한 것이든, 신문에 대한 것이든 설계도는 가장 단순한 구조까지 일러준다. 어떤 비전을 가지고서는 소형 천막을, 다른 비전을 가지고서는 대성당을 지어 올린다(= 어떤 비전을 가지고 시작하느냐에 따라서 소형 천막에 그칠 수도, 대성당이 될 수도 있다). 이것은 당신이 항상 앞에 설계도를 가지고 앉아야 한다는 말이 아니라, 그저 당신이 하려는 일을 예상하는 것이 더 좋다는 것이다. 세탁물 리스트를 작성하기 위해, 당신은 더러워진 옷더미들을 하나하나 확인하면서, 그 옷더미들과 바로 씨름할 수도 있다. 그러나 예를 들어 전기를 쓰려면 당신은 최소한 대략적인 계획이라도 필요하다. 나무를 보고 숲을 보지 못하는 일이 없도록 하고, 끝도 없는 고역에 시달리지 않기 위해서는 무턱대고 뛰어들어 당신의 주제에 대한 사실을 하나하나 확인해서는 안 된다. Columbus는 단지 항해를 한 것이 아니라 서쪽으로 항해를 했고, 신세계는 이 단순하고 현명한 설계도에서 형태를 갖추게 된 것이었다. 이것은 글쓰기에서도 마찬가지다.

[어휘] **compose** (글을) 짓다; 구성하다 **article** (신문·잡지의) 글, 기사; 조항 **gauge** 판단하다; 측정하다 **enterprise** 기획; 기업; 진취적 정신 **prose** 산문 **pup tent** 소형 천막 **cathedral** 대성당 **blueprint** 설계도, 청사진 **laundry** 세탁물 **soiled** 더러운, 때 묻은 **garment** 옷, 의복 **tick A off** (이미 처리했음을 나타내기 위해) A에 체크 표시(✔)를 하다 **rough** 대략적인, 대강의; 거친 **scheme** 계획, 설계 **plunge in** (하는 일에) 정신없이 뛰어들기[빠져들기] 시작하다 **blindly** 무턱대고, 맹목적으로 **lest** ~하지 않도록 **sensible** 현명한, 분별 있는 **[선택지 어휘]** **consistency** 일관성, 한결같음 **simplicity** 단순함, 평이함 **when it comes to** ~에 관한 한

[해설] 글을 쓰기 전 설계도를 작성함으로써 시행착오를 피할 수 있다는 내용이므로, 여기에서 'Columbus가 단지 항해를 한 것이 아니라 서쪽으로 항해했다'는 '글을 쓸 때 무턱대고 그냥 쓰는 것이 아니라 대략적인 설계도를 갖고 작성하는 것이 중요하다'는 것을 의미한다고 할 수 있다. 따라서 정답으로 가장 적절한 것은 ⑤ '일을 시작하기 전에 계획이 필요하다.'이다.

[오답 Check]
① 고난이 당신을 강하게 만들어준다.
② 일관성은 만족스러운 결과를 가져다줄 것이다.
③ 논리적 흐름은 글을 쓸 때 중요하게 고려된다.
④ 글쓰기에 관한 한 단순함이 최고이다.
→ ①, ②, ③, ④ 모두 글에 제시되지 않은 내용.

PLUS + 변형문제

[해설] 명령문으로 쓰인 글의 첫 문장이 주제문에 해당한다. 글쓰기를 시작하기에 앞서 적절한 설계도, 즉 계획을 가져야 한다는 내용으로, 어떤 일을 할 때 미리 설계를 하는 경우와 그렇지 않은 경우 결과가 달라진다는 내용이 주제문을 뒷받침하고 있다. 따라서 글의 제목으로 가장 적절한 것은 ④ '당신의 길을 잃지 마라, 즉 당신의 글을 체계화하라'이다.
① 글쓰기에서 목록을 만드는 방법
→ 목록을 만드는 방법은 언급되지 않음.
② 그냥 움직여라 그리고 글쓰기를 멈추지 마라
→ 글쓰기를 멈추지 말라는 내용은 아님.
③ 글쓰기에 있어 두려움은 가장 큰 적이다
→ 글의 내용과 상관없음.
⑤ 단순한 것이 최고이다, 즉 글쓰기에 있어 고려해야 할 것들
→ 글쓰기에서 단순함의 중요성을 강조하는 글은 아님.

25

[구문] ¹This does not mean / that you must sit with a blueprint (always in front of you), // but merely that you had better anticipate / what you are getting into.
- 동사 mean의 목적어로 쓰인 두 개의 명사절 that ~ you와 merely ~ into가 'A가 아니라 B'라는 의미의 「not A but B」로 병렬 연결되어 있다.
- what you are getting into는 선행사를 포함한 관계대명사 what이 이끄는 관계사절로, 동사 anticipate의 목적어이다.

²But to write a biography, for example, / you will need at least a rough scheme; you cannot plunge in blindly and (cannot) start ticking off fact after fact about your subject, // lest you (should) miss the forest for the trees and there (should) be no end to your labors.
- 동사구 cannot plunge in blindly와 (cannot) start ~ subject가 and로 병렬 연결되어 있다.
- lest ~ (should)는 '~하지 않도록'의 의미로 조동사 should는 생략 가능하다. there 다음에 동사원형 be가 쓰인 것은 앞에 should가 생략되었기 때문이다.

We are continually constructing little anticipatory patterns / in our brain / to help us predict the future: If I put my hand here, // then this will happen. If I smile, // then she'll smile. If our model meshes with / what actually happens, // we experience a little drip (of sweet affirmation). If it doesn't // then the brain has to identify the glitch and adjust the model. Often there's tension / between the anticipatory patterns in our mind / and the outer world. ¹So we try to come up with concepts [that will help us understand the world], or changes in behavior [that will help us live in harmony with it]. When we grasp some situation, or master these changes, // there's a surge of pleasure. ²It's not living in perpetual harmony that produces the surge, / but the moment [when some tension is erased]. So a happy life has its recurring set of rhythms: difficulty (to harmony), difficulty (to harmony). And it is all propelled / by the desire for the moment [when the inner and outer patterns mesh].

어휘 construct 구성하다; 건설하다   anticipatory 예측한   mesh 딱 들어맞다   affirmation 긍정; 확언, 단언   glitch 작은 결함[문제]   come up with ~을 찾아내다, 생각해내다   grasp 파악하다, 완전히 이해하다   surge (강한 감정의) 고조, 급증   perpetual 영원한, 영구적인   recurring 순환하는; 거듭 발생하는   propel 추진하다, 나아가게 하다

해설 우리 뇌는 끊임없이 예측 패턴을 만드는데 이러한 예측이 현실과 맞지 않는 경우에 조화를 이루기 위해 노력한다는 내용이 서술되다가 글의 후반부에서 주제문(So ~harmony.)이 드러난다. 어려움이 조화로 변하는 것, 즉 예측과 현실 사이의 차이가 사라지는 것이 반복될 때 행복을 느낀다고 했으므로, 글의 요지로 가장 적절한 것은 ⑤이다.

해석 우리는 미래를 예측하는 데 도움을 주기 위해 '내가 여기에 손을 놓으면 이런 일이 일어날 거야', '내가 웃으면 그녀는 웃을 거야'처럼 우리의 뇌에 작은 예측 패턴을 끊임없이 구성하고 있다. 만약 우리의 모델(= 예상)이 실제로 일어나는 것과 딱 들어맞는다면, 우리는 달콤한 긍정의 작은 물방울을 경험한다. 만약 그렇지 않다면, 뇌는 작은 결함을 찾아내서 모델을 조정해야 한다. 종종 우리 마음속의 예측 패턴과 외부 세상 사이에는 긴장이 있다. 그래서 우리는 우리가 세상을 이해하는 데 도움이 될 개념이나, 그것과 조화를 이루며 살아가는 데 도움이 될 행동의 변화를 찾아내려고 노력한다. 우리가 어떤 상황을 파악하거나 이러한 변화를 완전히 익힐 때, 기쁨이 고조된다. (기쁨의) 고조를 일으키는 것은 영원한 조화 속에 사는 것이 아니라, 어느 정도 긴장이 사라지는 순간이다. _{주제문} 그래서 행복한 삶은 어려움에서 조화로, 어려움에서 조화로 순환하는 일련의 리듬을 가지고 있다. 그리고 그것은 모두 내적, 외적 패턴이 딱 들어맞는 순간에 대한 욕구에 의해 추진된다.

오답 Check
① → 어떤 상황을 이해하고 변화를 완전히 익힐 때 기쁨이 고조된다고 했으나, 이것은 행복의 순환적인 리듬을 설명하기 위한 내용일 뿐 글의 요지는 아님.
② → 예측이 빗나가면 결함을 찾아내고 모델을 조정한다고 했으므로 현실 부정과는 다름.
③ → 예측은 축적된 경험을 기반으로 하는 것은 맞지만, 글의 요지는 아님.
④ → 인간은 세상을 이해하는 데 도움이 될 개념이나 행동의 변화를 찾아내려 노력하며 어느 정도 긴장이 사라진 환경에서 기쁨이 고조된다고 했으므로 글의 내용과 다름.

PLUS+ 변형문제
어휘 sensation 느낌; 감각; 센세이션, 돌풍
해석 우리의 (A) 예측과 우리가 경험하는 현실 사이의 차이가 사라질 때, 우리는 긴장의 (B) 완화로 인한 매우 큰 기쁨을 느끼게 되어 이 느낌을 계속해서 추구한다.
해설 우리가 예측한 것(prediction)과 실제로 경험하는 현실 사이에 차이가 발견될 때, 우리는 예측을 조정하여 그 차이를 완화(release)하면서 기쁨을 느끼고, 그 과정을 반복하는 것이 행복한 삶이라는 내용의 요약문이다.
② 인식 – 보상 → (A), (B) 모두 답이 될 수 없음.
③ 비전 – 관련성 → (A), (B) 모두 답이 될 수 없음.
④ 착각 – 완화 → (B)는 답이 될 수 있으나 (A)는 틀림.
⑤ 기대 – 만족감 → (A)는 답이 될 수 있으나 (B)는 틀림.

구문 ¹So we try to **come up with** *concepts* [**that** will help us understand the world], |or| *changes in behavior* [**that** will help us live in harmony with it].
• 동사 come up with의 목적어 concepts와 changes in behavior가 or로 병렬 연결되며, 각각 주격 관계대명사 that이 이끄는 절의 수식을 받는다.

²**It's** |not| living in perpetual harmony **that** produces the surge, / |but| *the moment* [**when** some tension is erased].
• 'A가 아니라 B'라는 뜻으로 「not A but B」 구문이 쓰였다.
• 「It is ~ that ... (…하는 것은 (바로) ~이다)」의 강조구문이 쓰였다.
• [ ] 부분은 관계부사 when이 이끄는 관계사절로 선행사 the moment를 수식한다.

As the economy expands and organizations grow accordingly, // firms become ever more complex, / both in their tasks and in the markets [they serve]. Thus, the activities of individuals in these firms / are necessarily becoming more specialized. An increasingly global and fast-paced economy requires people (with specialized expertise). Yet the specialists (within a company), / whose knowledge is mostly limited to a particular part of a subject or profession, / need to know how to work together. Moreover, as acquisitions, restructurings, outsourcing, and other structural changes take place, // the need for coordination becomes all the more relevant. [1]Changes (in corporate structure) and increases (in specialization) imply // that there will be new boundaries (between the members of an organization). These boundaries both separate and link teams / within an organization, // although the boundaries are not always obvious. [2]These new relationships require team members / to learn how to work with others / to achieve their goals. Team members must integrate / through coordination (with suppliers, managers, peers, and customers).

해석 경제가 신장하고 그에 따라 (경제) 조직이 성장하면서, 기업은 그들의 임무와 그들이 작동하는 시장 두 가지에서 훨씬 더 복잡해진다. 따라서 이러한 기업에서 개인의 활동은 필연적으로 점점 더 전문화되어가고 있다. 점점 더 세계화되고 급변하는 경제는 전문 지식을 지닌 사람들을 요구한다. 하지만 주제문 회사 내에서의 전문가들은 대개 그들의 지식이 특정한 부분의 주제나 직종에 한정되어 있기 때문에 협력하는 방법을 알아야 한다. 더욱이, 기업 인수, 구조조정, 아웃소싱, 그리고 다른 구조적 변화들이 일어나면서, 협업의 필요성이 더욱 중요해진다. 기업 구조의 변화와 전문성의 증가는 한 조직의 구성원들 간의 새로운 경계가 생길 것을 의미한다. 이러한 경계는 항상 뚜렷하지는 않지만, 한 조직 내에서 팀을 분리하기도 하고 연결하기도 한다. 이러한 새로운 관계는 팀 구성원들이 자신들의 목표를 달성하기 위해서 다른 사람들과 함께 일하는 방법을 배울 것을 요구한다. 팀 구성원들은 공급자, 관리자, 동료, 그리고 고객들과의 조화를 통해 통합되어야 한다.

어휘 accordingly 그에 따라, 그에 맞춰 specialized 전문화된 *cf.* specialist 전문가 specialization 전문화 fast-paced 급변하는, 빨리 진행되는 expertise 전문 지식[기술] acquisition (기업) 인수, 매입; 습득 restructuring 구조조정 outsourcing 아웃소싱 ((경영 효율을 위해 기업 업무의 일부를 제삼자에게 위탁해 처리하는 것)) take place 일어나다, 발생하다 coordination 조화; 조직(화) all the more 더욱 relevant 중요한, 가치 있는; 관련된 corporate 기업의 imply 의미하다; 넌지시 나타내다 boundary 경계(선); 한계 integrate 통합되다, 하나가 되다; 합치다 supplier (부품) 공급자 peer 동료
[선택지 어휘] blur 모호하게 만들다

해설 글의 도입부에서 경제가 확장함에 따라 기업에서 개인의 활동은 전문화되어가고 있다는 내용이 언급된다. 중반부 need to가 쓰인 문장(the specialists ~ work together)에서 필자는 이러한 개인들은 지식이 제한적이기 때문에 서로 협력하는 방법을 알아야 한다고 자신의 의견을 드러내고 있다. 이어서 협력이 필요한 이유를 자세히 서술하다가 마지막 문장에서 주장하는 바를 한 번 더 강조하고 있다. 따라서 글의 주제로 가장 적절한 것은 ④ '기업에서 전문가들이 다른 전문가들과 함께 일해야 할 필요성'이다.

오답 Check
① 좋은 성과를 (내기) 위해 회사 내에서 전문가를 양성하는 방법
→ 전문가를 양성하는 방법은 언급되지 않음.
② 회사의 모든 분야에서 지속적인 개선의 중요성
→ 글에 언급되지 않은 내용임.
③ 고품질 제품을 생산하는 데 있어 개인의 전문된 역할
→ 고품질 제품을 생산하는 것은 언급되지 않음.
⑤ 팀 간의 경계를 모호하게 함으로써 조화를 이루기 위한 노력
→ 팀 간의 경계를 모호하게 한다는 내용은 언급되지 않음.

PLUS+ 변형문제

해석 성장하는 경제는 기업이 더 많은 (A) 전문가들을 갖출 것을 요구하며, 이러한 개인들은 최고의 성과를 내기 위해 다른 사람들과 (B) 협력해야 한다.
해설 경제가 확장하면서 기업은 전문가들(experts)을 필요로 하게 되었는데, 이들의 전문지식은 한정되어 있기 때문에 기업이 성과를 내기 위해서는 전문가들이 서로 협력해야(collaborate) 한다는 내용의 요약문이다.
① 경제학자들 – 공감하다 → (A), (B) 모두 답이 될 수 없음.
② 리더들 – 다루다 → (A), (B) 모두 답이 될 수 없음.
③ 분석가들 – 경쟁하다 → (A), (B) 모두 답이 될 수 없음.
④ 선구자들 – 관계를 맺다 → (B)는 답이 될 수 있으나 (A)는 틀림.

구문 [1]Changes (in corporate structure) and increases (in specialization) **imply** // **that** there will be *new boundaries* (between the members of an organization).
   S1   and   S2   V
• 두 개의 주어인 Changes ~ structure와 increases in specialization이 and로 병렬 연결되어 있다.
• that은 동사 imply의 목적어로 쓰인 명사절을 이끄는 접속사이다.

[2]These new relationships require team members / **to learn** how to work with others / **to achieve their goals**.
• 밑줄 친 how to work with others는 「의문사+to-v」 형태로, to learn의 목적어로 쓰였다. how to-v는 'v하는 방법'이라는 뜻이다.
• to achieve their goals는 목적을 나타내는 부사적 용법의 to부정사구이다.

The crucial role of pleasure in our lives / is stressed by a long tradition [that can be traced back to Plato and Aristotle]. We spend much time and many resources pursuing pleasure / before condemning it. ¹If we think of pleasure / as a sensation (passively experienced) / and (distinct from the activities [that cause it]), // it may seem relatively unimportant / when compared to the actions [through which we accomplish important goals in life]. ²But if we think of pleasure / as the inherent quality of an activity [that makes it rewarding and interesting], // the pleasure would not only accompany / but also motivate everything [we do]. This is because pleasure strengthens our activities / and helps us aim at their successful completion. Thus, pleasure is not some optional pursuit [that we ought to suspend // if we have the willpower]. 주제문 Pleasure matters to us // because it is fundamental to our motivational states — we are wired to care about it.

해석 우리 삶에서 쾌락의 결정적인 역할은 Plato(플라톤)와 Aristotle(아리스토텔레스)까지 거슬러 올라갈 수 있는 오랜 전통에 의해 강조된다. 우리는 쾌락을 비난하기보다 그것을 추구하는 데 많은 시간과 자원을 쓴다. 만약 쾌락을 수동적으로 경험되는 감각으로만 보고 그것을 불러일으키는 활동과 별개의 것으로 간주한다면, 삶의 중요한 목표를 이루기 위해 거치는 행동들과 비교했을 때 쾌락은 상대적으로 중요하지 않아 보일 수 있다. 그러나 쾌락을 보람 있고 재미있게 해주는 어떤 활동의 고유한 요소로 본다면, 그것은 항상 동반될 뿐 아니라 우리가 하는 모든 것의 원동력이 될 수 있다. 그것은 쾌락이 우리의 활동력을 강화하고 성공적으로 활동을 완료하는 것을 목표로 하도록 도와주기 때문이다. 그러므로 쾌락은 의지력을 갖고 있다면 보류해야 하는 어떤 선택적인 추구가 아니다. 주제문 쾌락은 동기가 부여된 상태에 있어 필수적이고 인간은 그것(= 쾌락)에 관심을 가지는 경향이 있기 때문에 우리에게 중요하다.

어휘 stress 강조(하다); 스트레스(를 받다) trace (A) back to B (A의 기원이) B까지 거슬러 올라가다 condemn 비난하다 passively 수동적으로 distinct 별개의, 구별되는; 뚜렷한 relatively 상대적으로; 비교적 inherent 고유의, 내재한 rewarding 보람 있는; 돈을 많이 버는 accompany 동반되다; 동행하다 completion 완료, 완성 suspend 보류하다; 중단하다 motivational 동기가 부여된, 동기 부여의 be wired to-v v하는 경향이 있다, v하도록 (설계)되어 있다

해설 우리의 삶에 있어서 쾌락의 중요성에 관한 글로, 마지막 문장에서 앞 내용을 종합해 쾌락이 동기 부여에 있어 필수적이기 때문에 중요하다는 요지를 드러내고 있으므로, 글의 제목으로 가장 적절한 것은 ③ '우리의 삶에서 쾌락이 중요한 이유'이다.

오답 Check
① 쾌락은 행복으로 이어지지 않는다
→ 지문과 반대되는 내용.
② 목표를 설정하는 것에 더 적극적으로 되라
→ 지문에 언급되지 않은 내용.
④ 어떻게 우리의 활동을 더 즐길 수 있는가?
→ 글의 제목으로는 지나치게 포괄적임.
⑤ 인생이 즐겁지 않은가? 새로운 것을 시도하라
→ 지문과 무관한 내용.

PLUS + 변형문제

해석 쾌락이 우리가 목표를 달성하는 데 (A) 중요한 역할을 하지 않는 것처럼 보이지만, 그것은 사실 목표 달성에 (B) 동기 부여의 토대로써 작용한다.

해설 삶의 중요한 목표를 이루기 위해 거치는 행동들에 비해 쾌락이 상대적으로 중요하지(significant) 않아 보일 수 있지만, 쾌락은 우리가 하는 모든 것의 원동력이 될 수 있으며 동기 부여(motivation)에 필수적이라는 내용의 요약문이다.
① 의미 있는 – 정신 → (A)는 답이 될 수 있지만 (B)는 틀림.
② 불필요한 – 감각 → (A), (B) 둘 다 답이 될 수 없음.
④ 선택적인 – 힘 → (A), (B) 둘 다 답이 될 수 없음.
⑤ 성취할 수 있는 – 자극 → (B)는 답이 될 수 있지만 (A)는 틀림.

구문 ¹If we **think of** pleasure / **as** *a sensation* (passively experienced) / and (distinct from *the activities* [**that** cause it]), // it may seem relatively unimportant / **when** (it is) compared to *the actions* [**through which** we accomplish important goals in life].
• 「think of A as B」는 'A를 B라고 간주하다[여기다]'라는 의미이며, A는 pleasure, B는 and로 연결된 두 개의 형용사구의 수식을 받는 a sensation이다.
• 첫 번째 [ ] 부분은 주격 관계대명사 that이 이끄는 관계사절로 선행사는 the activities이다. 여기서 it은 앞서 언급한 pleasure를 지칭한다.
• when 뒤에는 it is가 생략되어 있다. 주절과 주어가 같고 동사가 be동사이면 부사절의 '주어+be동사'는 생략할 수 있다.
• 두 번째 [ ] 부분은 「전치사+관계대명사」가 이끄는 관계사절로 선행사는 the actions이다.

²But if we think of pleasure / **as** *the inherent quality of an activity* [**that makes** it **rewarding and interesting**], // the pleasure would not only accompany / but also motivate *everything* [**(that)** we do].
• 첫 번째 [ ] 부분은 주격 관계대명사 that이 이끄는 관계사절로 선행사는 the inherent quality of an activity이다. [ ] 내의 동사 makes의 목적어는 it (= pleasure), 목적격보어는 rewarding and interesting이다.
• 「not only A but also B」 구문이 사용되어 accompany와 motivate 두 개의 동사를 연결하고 있다.
• 두 번째 [ ] 부분은 선행사 everything을 수식하는 관계사절로 목적격 관계대명사 that이 생략된 형태이다.

MEMO

MEMO